관상학의 교과서
유장상법

관상학의 교과서
유장상법

원충철 지음
이건일 옮김

들어가는 말

돌이켜 보면 인치(人治)를 특징으로 하는 중국의 전통사회에서 하나의 구성원으로 살아가는 개인에게는 인간관계를 어떻게 설정하고 관리해 나가느냐 하는 것이 무엇보다도 중요했으리라 여겨진다.

특히 정치적 권위와 사회적 지위 및 경제적 부를 얻고 싶어 하는 개인적 가치의 실현은 아마도 중국의 상술(相術)이 절학(絕學)의 운명을 맞지 않고 도도히 수천 년의 세월을 이어오면서 중국인의 일상생활 속에서 일정한 영향력을 유지하게 한 저력이었는지도 모른다.

사실 관상이란 인간의 외모, 표정, 그리고 행동거지를 세밀히 관찰하고 이로부터 그 길흉화복과 수명의 장단 내지는 일생의 운명을 판단하고 예측하는 점법이라고 한다. 그러나 관상에는 사람들에게 심성을 올바르게 갖고 착하게 살아가야 하는 당위성을 일깨워줌은 물론이고, 더 나아가 일신의 수양을 통해 덕성을 계발할 수 있는 지식을 제공해 주는 기능도 내포되어 있다.

요컨대, 《상법》에서는 그 사람의 생김새를 보면 그 사람의 심성을 알게 된다고 한다. 여기서 생김새는 독립변수이고 심성은 종속변수가 되며, 심성은 생김새에 의해 결정된다. 그러나 제한적이긴 하지만 어느 정도는 그 사람의 심성을 보면 그 사람의 생김새가 어떻게 생겼는지도 파악할 수 있다는 반작용의 논리도 성립된다.

상법에 내포되어 있는 이러한 반작용의 논리는 인성의 계발과 덕성의 함양 문제로 직결된다. 게다가 상법이 단순한 억측과 허황된 미신이 아니라 경험적 통계에 기초하고 있는 과학이며 예술이기에 결코 사술로 치부되거나 지나치게 부정되어야 할 이유는 없다.

생각이 여기에 이르게 되니 조금 망설이긴 했지만 욕심이 생기게 되어 중국의 상서를 우리 글로 옮기는 것이야 말로 큰 보람이 있을 거라는 확신이 서게 되었다.

그래서 역자는 자료를 수집하기 시작했으며, 그 과정에서 《유장상법》이 중국의 상법에서 경전으로 일컬어지고 있는 《마의상법》과 쌍봉을 이루고 있는 상서임을 알 수 있었다. 뿐만 아니라 《마의상법》은 일찍이 완역되어 시판되고 있지만, 《유장상법》은 아직도 출시되지 않아 그 학문적 가치와 실용적 영험성이 세인에게 널리 알려지지 않고 있다는 사실도 확인할 수가 있었다.

더구나 《유장상법》의 저자 원충철은 명 왕조 시기에 왕조를 반석 위에 올려 놓았다는 성조 영락 황제와 두터운 교분을 갖고 있었다. 영락 황제가 연왕으로 남경 세력과 4년의 전쟁을 거치고 황제의 자리에 오르는데, 이 과정에서부터 사람을 채용하는데 원충철 부자의 자문을 받았던 사실만으로도 《유장상법》의 가치가 어느 정도인 지를 헤아릴 수가 있었다.

《유장상법》속에 담겨져 있는 심오한 이치와 귀중한 지혜는 현대인에게 처세의 귀중한 귀감이 될 수 있다고 본다. 심성을 바르게 하면 행동거지를 바르게 하게 되고, 행동거지가 바르면 생김새도 온화하고 인자하며 부드럽게 바뀐다는 상법의 평범한 이치는 그 누구에게도 적용될 수 있다는 말이다.

상서를 번역하는 일은 그리 순탄하지만은 않았다. 사람의 생김새나 표정을 글자로 표현한다는 것 자체가 지니는 한계성을 극복하는 데는 무리가 뒤따를 수밖에 없었으며, 뿐만 아니라 서명한 상술가나 상법이 출현하게 된 시대적 상황이나 역사적 배경을 모르고서는 원래의 진의를 옮기기에는 역부족인 경우도 많았음을 밝혀 둔다.

   중국의 역사 지식이 부족하여 늘 힘들어 했던 역자가 좌절하지 않고 본 상서를 완역할 수 있었던 것은 꿈만 같은 일이었다. 때마침 중국의 저명한 상술가들이 살았던 당시의 역사적 배경을 소상히 설명과 함께 격려를 해 주신 권중달 교수님에게 먼저 감사의 말씀을 드리고자 한다.

   그리고 관상에 대한 이해 부족으로 인해 겪을 수 있는 우려를 극복하고 본 《유장상법》의 출간을 위해 고민을 함께 나누었던 도서출판 삼화 대표님과 관계자 여러분에게도 진심으로 감사드린다.

2014년 봄

행륜(行崙) 이건일(李健一)

유장 원충철

《유장상법(柳莊相法)》의 저자인 원충철(袁忠徹, 1377~1459)은 명나라 때 유명한 상술가(相術家)로서, 자는 정사(靜思)이고 호는 유장(柳莊)이었다. 그의 부친 역시 명나라 초기 유명한 상술가였으며, 명나라 영락 황제(永樂帝, 1402~1424)와 교분이 매우 두터운 사이였다고 전해지고 있다.

명나라 태조 주원장(朱元璋)의 넷째 아들로서 연경(燕京)의 번왕(藩王)으로 있던 연왕(燕王) 주체(朱棣)는 조카 건문제(建文帝)의 측간(側奸)을 제거한다는 명분으로 군사를 일으켜서 4년간의 긴 전쟁 끝에 수도인 현재의 남경(南京)을 함락시키고 황제에 즉위하게 되는데, 그가 바로 영락 황제가 된다.

영락 황제는 자신이 연왕이던 시기부터 원충철의 부친인 원공(袁珙)과 교분을 가지고 자문을 받기도 하였으며, 후일 황제에 즉위한 후에도 원공과 그의 아들인 원충철을 각별히 신임하였다고 한다. 원충철은 연왕이 황제에 즉위한 후 상보사소경(尙寶司少卿)에 임명되고 후에 중서사인(中書舍人)이 되었는데, 그 기간 중 영락 황제와 나눈 대화를 정리하여 집필한 것이 곧 〈영락백문(永樂百問)〉이다.

원충철은 당초부터 고향으로 돌아가 농사를 지을 생각이었기 때문에 조정의 관직이나 녹봉은 바라지도 않았었다. 때문에 영락 황제는 그가 절강 지역에 내려가 은거할 수 있도록 100주의 버드나무와 100무의 비옥한 전답을 선물로 하사하면서 유장선생(柳莊先生)이라는 호를 내려주게 된다.

    관상에 상당한 조예가 있었던 영락 황제는 이 〈영락백문〉을 읽어본 후 지혜로운 방법과 이치를 터득한 후 많은 그 어떠한 상법도 이 《유장상법》의 신기함과 오묘함에는 비견될 수는 없다고 하면서 극찬을 아끼지 않았다.

    후일 영락 황제는 《유장상법》을 진동사(秦動士) 장현장(張賢莊)에게 보냈으며, 장현장은 그 책을 받은 후에 호남(湖南)의 조주(潮州)로 떠났고, 그로부터 《유장상법》은 더이상 세상에 알려지지 않았다.

    어쨌든, 원본 《유장상법》은 지금도 여전히 발견되지 않고 있으며, 다만 《사고전서(四庫全書)》속에 수록된 《유장상법》만이 유일하게 남아 전해지고 있다.

《유장상법》의 상술사적 의미

중국에서는 사람의 상을 살펴보는[相人] 점법이 나오기 이전에 이미 말을 살펴보고[相馬], 소를 살펴보는[相牛] 등 가축의 생김새를 보는 상법이 유행하고 있었다.

그 후 전국시기가 도래하면서부터 가축을 살펴보는 점법에서 벗어나 사람의 생김새를 보고 그 길흉화복과 일생의 운명을 판단하는 이른바 상인(相人) 점법으로 전환되었다.

당시 '상(相)'자는 '그냥 본다'는 것이 아니라 '자세히 살펴본다'는 뜻으로 사용되었다. 이러한 상(相)자가 동사가 아닌 명사로서 생김새나 꼴의 의미로 사용되기 시작한 것은 그 후 전국시기에 이르러서였다. 전국시기에 이르러 얼굴 모양이나 생김새는 형상(形相)이라 하였고, 뼈의 모양이나 생김새를 골상(骨相)이라고 하였으며, '사람을 살펴 본다'는 뜻의 상인(相人) 대신에 '사람의 생김새를 본다'는 뜻의 간상(看相)이라는 용어가 사용되기 시작했다.

그리고 동주(東周)의 상술가로서 노나라의 내사(內史) 숙복(叔服)이 있었는데, 그는 당시 재상인 공손오(公孫敖)의 두 아들의 면상을 보고 예언한 것이 적중하여 후일 상법의 효시로 전해오고 있다.

그 후 공자(孔子)의 상을 보고 장차 성인이 될 것이라고 예언한 진(晉)나라의 고포자경(姑布子卿)이 있었고, 전국시기에는 상술로 이름이 높았던 위나라의 당거(唐擧)가 있었다.

당거는 《거(莒)》라는 책을 쓴 일이 있는데, 《순자(荀子)》〈비상(非相)〉 편에 "오늘 세상에는 양(梁, 위나라 도읍)에 당거라는 사람이 있는데 사람의 형상과 얼굴색을 살펴보고 그 사람의 길흉과 요절할지 상서로울지를 알아내서 세속에서 그를 칭송하였다."라는 말이 있을 정도로 유명했다.

특히 전국시기에 이르러 중국의 상법은 다음의 3가지 특성을 지니게 된다. 첫째는 당시 전통철학과의 접목이며, 둘째는 중의학 지식의 유입이고, 셋째는 도가와 불가의 영향이다.

먼저 상술은 당시 전통철학의 중요한 사상이라고 할 수 있는 기(氣)의 이론과 접목되기 시작한다. 특히 만물은 기가 응집과 분산으로 생성하고 발전하며 소멸한다고 해석하고, 생성하는 것은 기가 응집하는 것이요, 소멸하는 것은 기가 분산되는 것으로 보면서 기가 형체를 생성한다는 철학적 관점이 상법에 도입되면서 상법은 새로운 모습으로 태어나게 된다.

또한 상술은 중의학 지식을 흡수하면서 새로운 모습으로 변모하기 시작하게 된다. 다시 말해서 당시의 상술은 인체 내부의 생리적 변화가 있으면 반드시 인체의 외부 및 얼굴 부위에 반영된다고 보는 중의학적 관점에서 얼굴 부위의 기색을 관찰하고, 또 그 결과를 근거로 하여 인생의 길흉화복과 운명을 판단하기 시작하였다.

뿐만 아니라 상술은 종교와도 깊은 인연을 맺게 된다. 당시의 상술은 도가의 도사(道士)와 불가의 대사(大師)들에 의해 전성기를 맞이하고 있었다. 예를 들면, 지금도 도가의 상술가들인 선가(仙家)에서는 눈[眼]을 신(神)이나 용궁(龍宮)이라는 용어로 사용하고 있고, 불가에서는 정사(精舍) 또는 광전(光殿)으로 부르고 있는 것만 보아도 양가가 관상학에 미친 영향력이 얼마나 컸었는지를 이해하게 된다.

그 후 진(秦)의 통일과 전한·후한시기에 이르러 중국의 상술은 다시 한 번 전성기를 구가하게 되는데, 이 시기의 대표적 상술가로 허부(許負)

가 있었으며, 그의 저서인 《상서(相書)》 16편은 현존하는 상서로는 가장 오래된 것으로 알려지고 있다. 그밖에도 유명한 상법 이론인 왕충(王充)의 〈원기설(元氣說)〉과 왕부(王符)의 〈골상설(骨相說)〉이 이때 나오게 된다.

그 뒤 송나라가 일어서기 직전 화산(華山)의 석실(石室)에 은거하고 있던 마의도자(麻衣道者)가 남북조시기 인도에서 온 달마(達磨)가 저술한 《달마상법(達磨相法)》을 포함하여 그때까지 구전이나 비전으로 내려오던 모든 상법을 망라하고 체계화하여 《마의상법(麻衣相法)》을 세상에 내놓게 된다.

명나라와 청나라 때에 이르러서는 송나라의 상술로부터 출발하여 더욱 더 발전을 거듭하게 되는데, 진박(陳搏) 이후 상법의 발전에 지대한 공헌을 한 인물로는 《유장신상(柳莊神相)》의 저자이자 마의도자의 제자인 원충철을 빼어놓을 수가 없다.

송나라 이후 《마의상법》이나 《유장상법》 이외에도 《수경신상(水鏡神上)》, 《신상전편(神相全編)》, 《신상철관도(神相鐵關刀)》, 《상리형진(相理衡眞)》, 《신상금교(神上金較)》 등 수많은 상법이 출현하게 되는데, 각종 유파나 인물에 관계없이 내용이 일부 누락되거나 유실된 부분이 있긴 하지만 이들 모든 상서들은 그대로 전해 내려오고 있다.

예를 들면, 중국의 상법과 관련된 모든 자료들은 명나라 성조(成祖)영락 황제가 해진(解縉)에게 그때까지의 모든 상법을 모아 수록하도록 하명하여 세상에 모습을 드러낸 《영락대전(永樂大典)》, 청나라 강희제(康熙帝) 재위 기간 중에 편찬된 《고금도서집성(古今圖書集成)》, 그리고 건륭제(乾隆帝) 재위 기간 중에 출간된 《사고전서(四庫全書)》속에 수록되어 있어 손쉽게 접할 수가 있다.

《유장상법》의 구성

《유장상법》은 수권을 포함하여 상권, 중권, 하권으로 편성되어 있다.

● 수권(首卷)
'면상의 십삼부위'와 '유년운기부위'의 도해로 단초를 열어가면서 '부귀하고 빈천한 상'과 '장수하고 단명한 상'을 설명하고 있다. 더불어 상법의 기초지식과 기초이론을 개괄적으로 소개하고 있다.

● 상권(上卷)
역대 상술가들의 이론을 계승하고 발전시킴과 동시에 몸의 모든 부위와 기관을 포함하여 부녀와 아동에 이르기까지 그 대상을 확대함은 물론이고, 목소리, 호흡, 걸음걸이, 앉은 자세, 먹는 모습 등 모든 행동거지를 보아 그 길흉화복을 설명하고 있다.

● 중권(中卷)
원충철이 명나라 영락 황제의 질문에 답한 상법의 주요한 내용을 간추려 기록한 〈영락백문(永樂百問)〉이 수록되어 있다.

● 하권(下卷)
'사시기색(四時氣色)', '장심기색(掌心氣色)', '관기색법(觀氣色法)', '길흉

기색(吉凶氣色)', '출하구결(出河口訣)' 등 기(氣), 색(色), 정신(神)을 위주로 하여 상을 보는 방법이 소개되고 있다.

《유장상법》은 《마의상법》의 핵심 내용을 충실히 접수하면서 상술의 대상범위를 인체의 모든 부위로 확대함은 물론이고 남녀노소를 모두 살펴 그 길흉화복과 일생의 운명을 판단하는 점법으로 발전시켰다는 점에서 높이 평가되고 있다.

이와 같이 《유장상법》은 그 계승성과 독창성 및 실용성으로 인하여 오늘날에도 중국 상서의 경전이라고 하는 《마의상법》과 쌍봉을 이루게 되었다.

차례

- 들어가는 말_4
- 유장 원충철_7
- 《유장상법》의 상술사적 의미_9
- 《유장상법》의 구성_12

相法圖解

- 십삼부위도_18 ■ 유년운기부위도_20 ■ 오관도_22 ■ 십이궁도_24 ■ 오악·사독도_26 ■ 육부·삼재·삼정도_28 ■ 사학당·팔학당도_30 ■ 남자의 면지도_32 ■ 여자의 면지도_34 ■ 오성·육요도_36 ■ 천간지지도_38 ■ 면상팔괘도_40 ■ 수상오행팔괘도_42

首卷

- 십삼부위총도가_46 ■ 유년운기부위도가_50 ■ 상을 말하다_56 ■ 상법의 10가지 관점_58 ■ 부유한 사람의 상_76 ■ 귀한 사람의 상_81 ■ 빈천한 사람의 상_86 ■ 외롭고 고생하는 사람의 상_91 ■ 장수하는 사람의 상_94 ■ 단명하는 사람의 상_98

上卷

- 영아통론_102 ■ 소녀의 상_121 ■ 남녀의 형상이 만들어지는 연령_123 ■ 오행과 귀천_125 ■ 영고득실_128 ■ 부귀와 빈천_130 ■ 수요와 득실_136 ■ 인동천지_142 ■ 사계의 추단_144 ■ 오악과 오관_146 ■ 오관설_148 ■ 오성설_156 ■ 육요설_159 ■ 정신과 혈기_162 ■ 유장진영락건곤부_166 ■ 고학사영건부_216 ■ 십이궁_218 ■ 상급의 18가지 귀한 상_231 ■ 중급의 18가지 귀한 상_234 ■ 하급의 18가지 귀한 상_237 ■ 여인의 72가지 천한 상_240 ■ 여인의 36가지 형상을 입히는 상_246 ■ 여

■인의 24가지 고독한 상_249 ■여인의 7가지 어진 상_252 ■여인의 4가지 덕행_253 ■여인이 장수하고 요절하는 상_254 ■남자의 51가지 고독한 상_256 ■남자의 10가지 상극을 가진 상_261 ■처에게 형상을 입히는 12가지 상격_263 ■건통득실_265 ■병난곤영_267 ■기색으로 본 고대 성인의 재난_269 ■걸음걸이로 본 부귀하고 빈천한 상_273 ■앉은 자세로 본 부귀하고 빈천한 상_274 ■누운 자세로 본 부귀하고 빈천한 상_275 ■먹는 모습으로 본 부귀하고 빈천한 상_277 ■말하는 모습으로 본 부귀하고 빈천한 상_278 ■웃는 모습으로 본 부귀하고 빈천한 상_279 ■형상을 논하다_280 ■총론가_285 ■오행부_287

中卷

■영락백문의 유래_292 ■영락백문의 내용_294 ■천·지·인_361

下卷

■춘하추동의 기와 색_376 ■달마다 다른 기와 혈을 논한 시_384 ■기와 색을 전반적으로 논한 시_393 ■손바닥의 기와 색_395 ■기와 색을 관찰하는 법_398 ■5가지 색이 반응하는 날짜_411 ■출하구결_412 ■각종 기색의 길흉을 논하다_414 ■모든 길흉과 기색의 사례_446 ■기색과 방위의 길흉_479 ■크게 꺼리는 5가지 상_481 ■비전구결_483 ■남자가 꺼리는 41가지 상_505 ■여자가 꺼리는 24가지 상_509

附錄

■천금부_512 ■진박 선생의 풍감_518 ■동원경의 잡단가_533 ■통선록_536 ■삽론_552 ■금수의 모양으로 보는 인상_567 ■제반 살성_595

相法圖解

십삼부위총도가

❋ **십삼부위총도가**(十三部位總圖歌)

얼굴의 13개 부위는 얼굴의 정중앙에서 맨 위로부터 아래를 향하여 위치하고 있는 주요한 부위로서 천중(天中), 천정(天庭), 사공(司空), 중정(中正), 인당(印堂), 산근(山根), 년상(年上), 수상(壽上), 준두(準頭), 인중(人中), 수성(水星), 승장(承漿), 지각(地閣)을 말한다.

이들 13개 부위의 좌우에는 가로로 멀어지면서 각기 다른 부위가 위치하는데, 모두 합치면 146개 부위에 이른다.

*십삼부위총도가란 13부위를 외우기 쉽게 만든 노래이다.

● **왼쪽 얼굴**

천중(天中)	천악(天岳)	좌상(左廂)	내부(內府)	고광(高廣)	척양(尺陽)	무고(武庫)	군문(軍門)	보각(輔角)	변지(邊地)
천정(天庭)	일각(日角)	용각(龍角)	천부(天府)	방심(房心)	부묘(父墓)	상묘(上墓)	사살(四煞)	전당(戰堂)	역마(驛馬)
조정(弔庭)	**사공**(司空)	액각(額角)	상경(上卿)	소부(少府)	교우(交友)	도충(道中)	교액(交額)	중미(重眉)	산림(山林)
성현(聖賢)	**중정**(中正)	액각(額角)	호각(虎角)	우각(牛角)	보골(輔骨)	현각(玄角)	화극(畵戟)	화개(華蓋)	복당(福堂)
채하(彩霞)	교외(郊外)	**인당**(印堂)	교쇄(交鎖)	좌목(左目)	잠실(蠶室)	림중(林中)	주준(酒樽)	정사(精舍)	빈문(嬪門)
겁로(劫路)	항로(巷路)	청로(青路)	**산근**(山根)	태양(太陽)	중양(中陽)	소양(少陽)	외양(外陽)	어미(魚尾)	간문(奸門)
신광(神光)	천창(天倉)	천정(天井)	천문(天門)	현무(玄武)	**년상**(年上)	부좌(夫座)	장남(長男)	중남(中男)	소남(少男)
금궤(金匱)	금방(禁房)	적도(賊盜)	유군(游軍)	서상(書上)	옥당(玉堂)	**수상**(壽上)	갑궤(甲匱)	귀래(歸來)	당상(堂上)
정면(正面)	고이(姑姨)	자매(姉妹)	형제(兄弟)	외생(外甥)	학당(學堂)	명문(命門)	**준두**(準頭)	난대(蘭臺)	법령(法令)
조상(杜上)	궁실(宮室)	전어(典御)	원창(圓倉)	후각(後閣)	수문(守門)	병졸(兵卒)	인수(印綬)	**인중**(人中)	정부(井部)
장하(帳下)	세주(細廚)	내각(內閣)	소사(小使)	복종(僕從)	기당(妓堂)	영문(嬰門)	박사(博士)	현벽(懸壁)	**수성**(水星)
각문(閣門)	비린(比隣)	위항(委巷)	통구(通衢)	객사(客舍)	빈관(賓關)	가고(家庫)	상여(商旅)	생문(生門)	산두(山頭)
승장(承漿)	조택(祖宅)	손택(孫宅)	외원(外院)	림원(林院)	하묘(下墓)	장전(庄田)	주지(酒池)	교곽(郊廓)	황구(荒丘)
도로(道路)	**지각**(地閣)	하사(下舍)	노복(奴僕)	대마(碓磨)	갱참(坑塹)	지고(地庫)	피지(陂地)	아압(鵝鴨)	대해(大海)
주거(舟車)									

● **오른쪽 얼굴**

호각(虎角), 월각(月角), 조정(弔庭), 역마(驛馬), 복당(福堂), 변하(繁霞), 주서(奏書), 명문(命門), 소녀(小女), 중녀(中女), 장녀(長女), 와잠(臥蠶), 누당(淚堂), 현벽(懸壁), 등사(螣蛇), 수대(壽帶), 정위(廷尉), 뺨(腮), 턱(頤), 아래턱(頷)

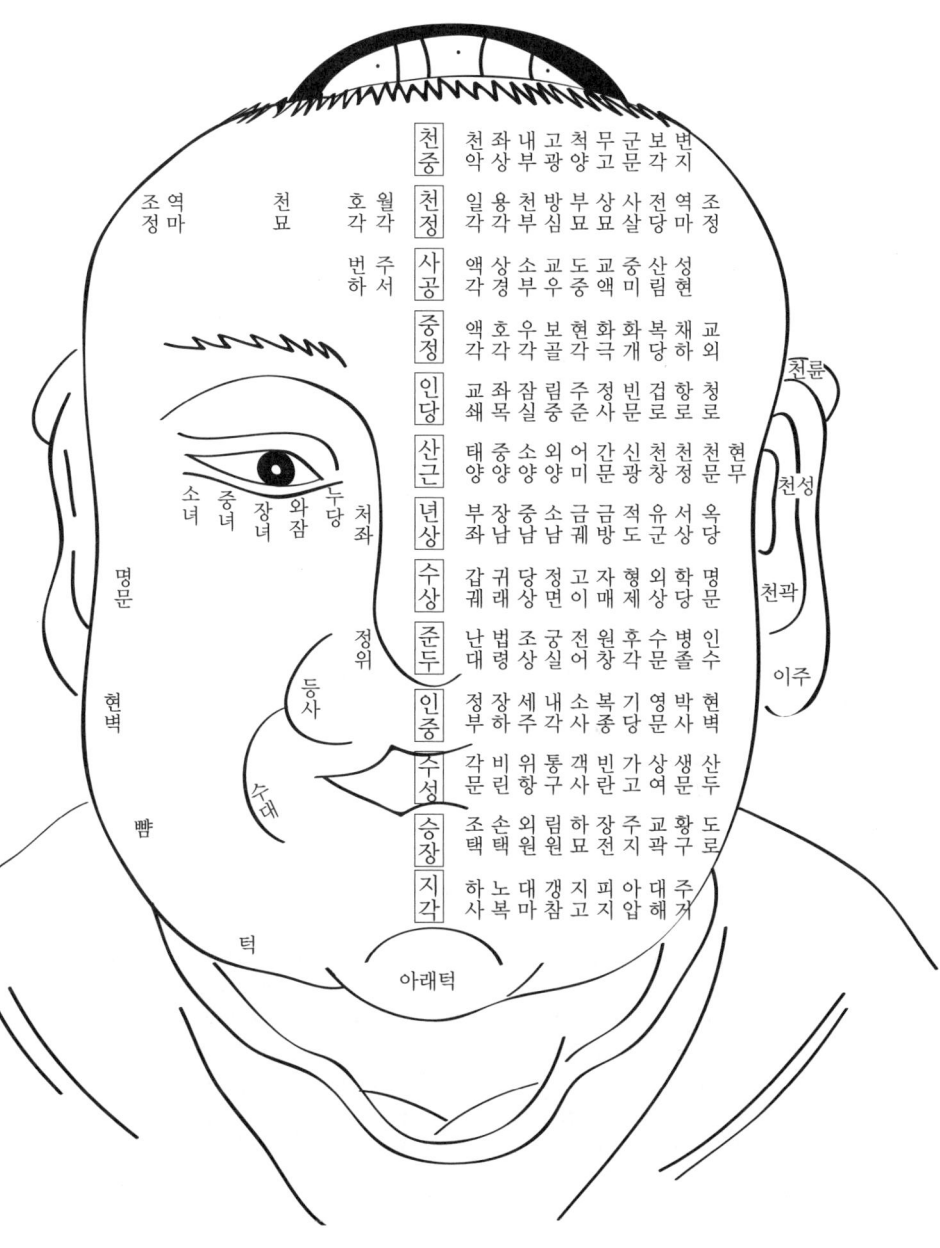

십삼부위총도가

유년운기부위도

🏵 유년운기부위도(流年運氣部位圖)

유년(流年)이란 해가 가면서 흘러가는 운을 말한다. 상술가는 상을 보는 사람의 나이에 근거하여 운세를 예측하는데, 그 유년의 운세는 주로 기색을 근거로 추론하게 된다.

한 사람의 기색은 연령이 다르면 그 좋고 나쁨이 얼굴의 서로 다른 부위에 나타나므로, 어떤 사람이 특정한 부위에의 기색이 좋으면 그 사람은 해당 연령에서 길한 일이 생긴다고 본다.

유년으로 상을 보는 방법은 출생하여 76세에 이르기까지 8단계의 연령대로 구분하며 특정한 연령단계에서 특정한 부위의 기색을 본다. 그리고 76세에 이르면 얼굴의 가장자리를 돌아가면서 12지지의 자위(子位)로부터 보아 100세에 이른다.

천륜(天輪)1·2 천성(天城)3·4 천곽(天廓)5·6·7 천륜(天輪)8·9 인륜(人輪)10·11·12 지륜(地輪)13·14 액각(額角)15 천중(天中)16 일각(日角)17 월각(月角)18 천정(天庭)19 보각(輔角)20·21 사공(司空)22 변성(邊城)23·24 중정(中正)25 구릉(丘陵)26 총묘(塚墓)27 인당(印堂)28 산림(山林)29·30 능운(凌雲)31 자기(紫氣)32 번하(繁霞)33 채하(彩霞)34 태양(太陽)35 태음(太陰)36 중양(中陽)37 중음(中陰)38 소양(少陽)39 소음(少陰)40 산근(山根)41 정사(精舍)42 광전(光殿)43 년상(年上)44 수상(壽上)45 관골(顴骨)46·47 준두(準頭)48 난대(蘭台)49 정위(廷尉)50 인중(人中)51 선고(仙庫)52·53 식창(食倉)54 녹창(祿倉)55 법령(法令)56·57 호이(虎耳)58·59 수성(水星)60 승장(承漿)61 지고(地庫)62·63 피지(陂池)64 아압(鵝鴨)65 금루(金縷)66·67 귀래(歸來)68·69 송당(頌堂)70 지각(地閣)71 노복(奴僕)72·73 뺨(腮)74·75 자(子)76·77 축(丑)78·79 인(寅)80·81 묘(卯)82·83 진(辰)84·85 사(巳)86·87 오(午)88·89 미(未)90·91 신(申)92·93 유(酉)94·95 술(戌)96·97 해(亥)98·99

*표와 그림에서 표시한 숫자는 나이를 뜻한다.

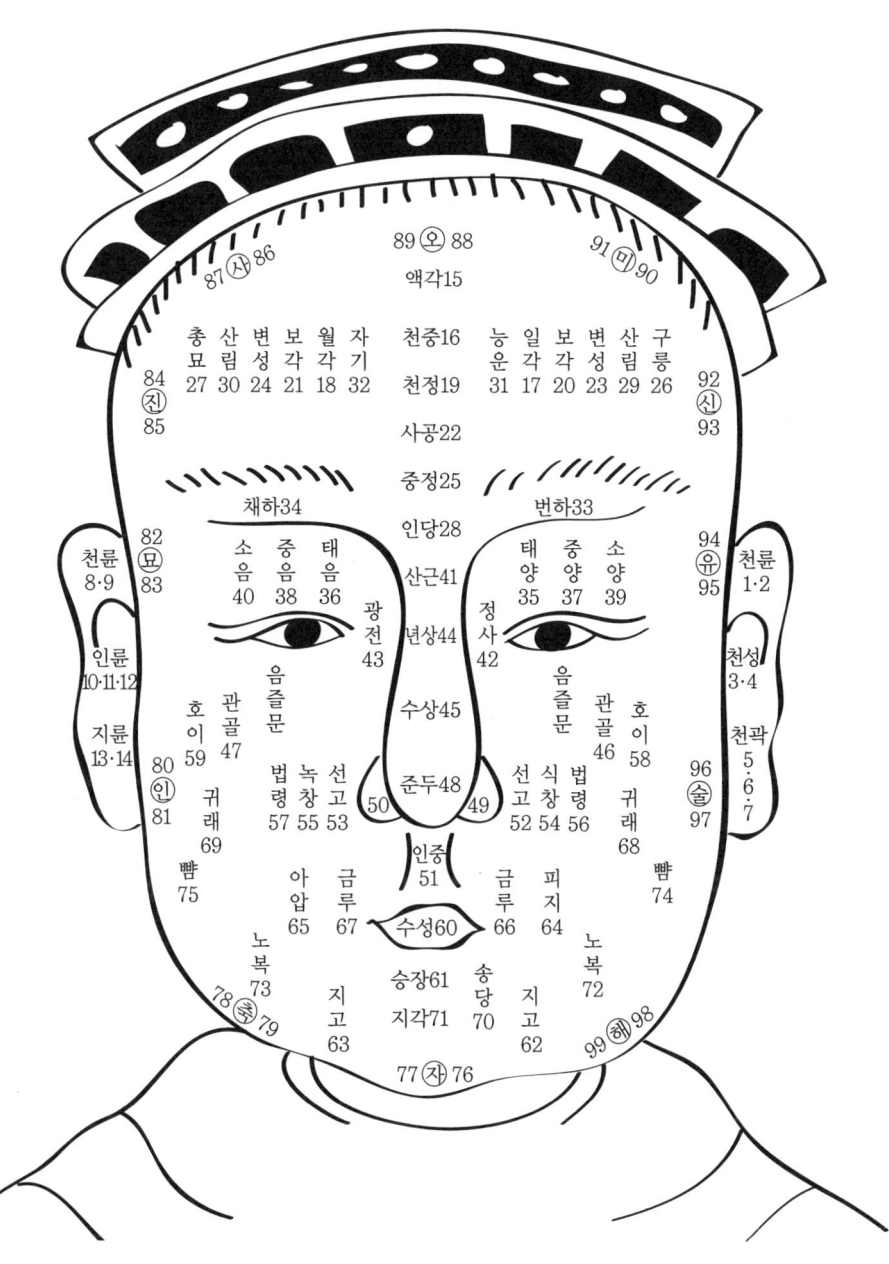

유년운기부위도

오관도

오관도(五官圖)

오관은 얼굴에서 가장 중요한 부위이며, 이들 부위가 반듯하고 청수하게 자라면 부귀를 누리고, 만약에 결함이 있으면 흉한 상이 된다.

① 귀는 채청관(採聽官), ② 눈썹은 보수관(保壽官), ③ 눈은 감찰관(監察官), ④ 코는 심변관(審辨官), ⑤ 입은 출납관(出納官)이다.

이들 오관 중에 하나의 관이라도 좋으면 십 년 동안 부귀를 누리게 되며, 만약에 오관 모두가 좋으면 평생 부귀를 누린다.

* 귀, 눈썹, 눈, 코, 입의 상이 보여주는 내용을 관직과 연계해서 설명하여 이해하기 쉽게 하였다. 귀는 듣는 역할, 눈썹은 가려주는 역할, 눈은 살피는 역할, 코는 조사하여 분별하는 역할, 입은 들고 나는 역할을 하는데, 이것이 바르면 길상인 것이고, 그렇지 못하면 흉상이 된다.

오관도

십이궁도

🏵 십이궁도(十二宮圖)

상법에서는 길흉화복(吉凶禍福)과 영고성쇠(榮枯盛衰)의 근본이 되는 각각의 운을 보는 얼굴 부위가 12개로 정해져 있는데, 이를 십이궁이라고 한다. *궁(宮)은 터 또는 자리의 의미를 갖는다.

①명궁(命宮)은 양 눈썹 사이와 산근 부위의 위에 있으며 인당이라고 한다. ②재백궁(財帛宮)은 코에 있으며 재성이라고 하여 재물을 나타낸다. ③형제궁(兄弟宮)은 양쪽 눈썹에 위치하며 형제, 자매, 부모, 친구의 관계를 나타낸다. ④전택궁(田宅宮)은 눈과 눈썹 사이에 위치하고 있으며, 이 부위가 넓고 살집이 풍만하며 맑고 윤택하면 가업을 이어가며 귀인의 도움을 받는다. ⑤남녀궁(男女宮)은 눈 아래에 위치하고 있으며, 남녀 간의 감정과 자식 문제를 나타낸다. ⑥노복궁(奴僕宮)은 아랫입술 부위에 위치하고 있으며 관운과 가업을 본다. ⑦처첩궁(妻妾宮)은 양쪽 눈 가의 어미 부위에 위치하고 있으며 간문이라고도 한다. ⑧질액궁(疾厄宮)은 인당 아래에 위치하고 있으며, 건강과 영예욕 등을 나타낸다. ⑨천이궁(遷移宮)은 눈썹 모서리에 위치하고 있으며 이동과 승진 등을 나타낸다. ⑩관록궁(官祿宮)은 천정 부위의 아래에 위치하고 있으며, 사업의 성패 여부를 나타낸다. ⑪복덕궁(福德宮)은 눈썹 모서리의 윗 부분에 있으며, 초년과 말년의 운을 나타낸다. ⑫상모궁(相貌宮)은 얼굴 각 부위를 통틀어 보는 것이며, 오관을 종합적으로 보아 대운을 판단하게 된다.

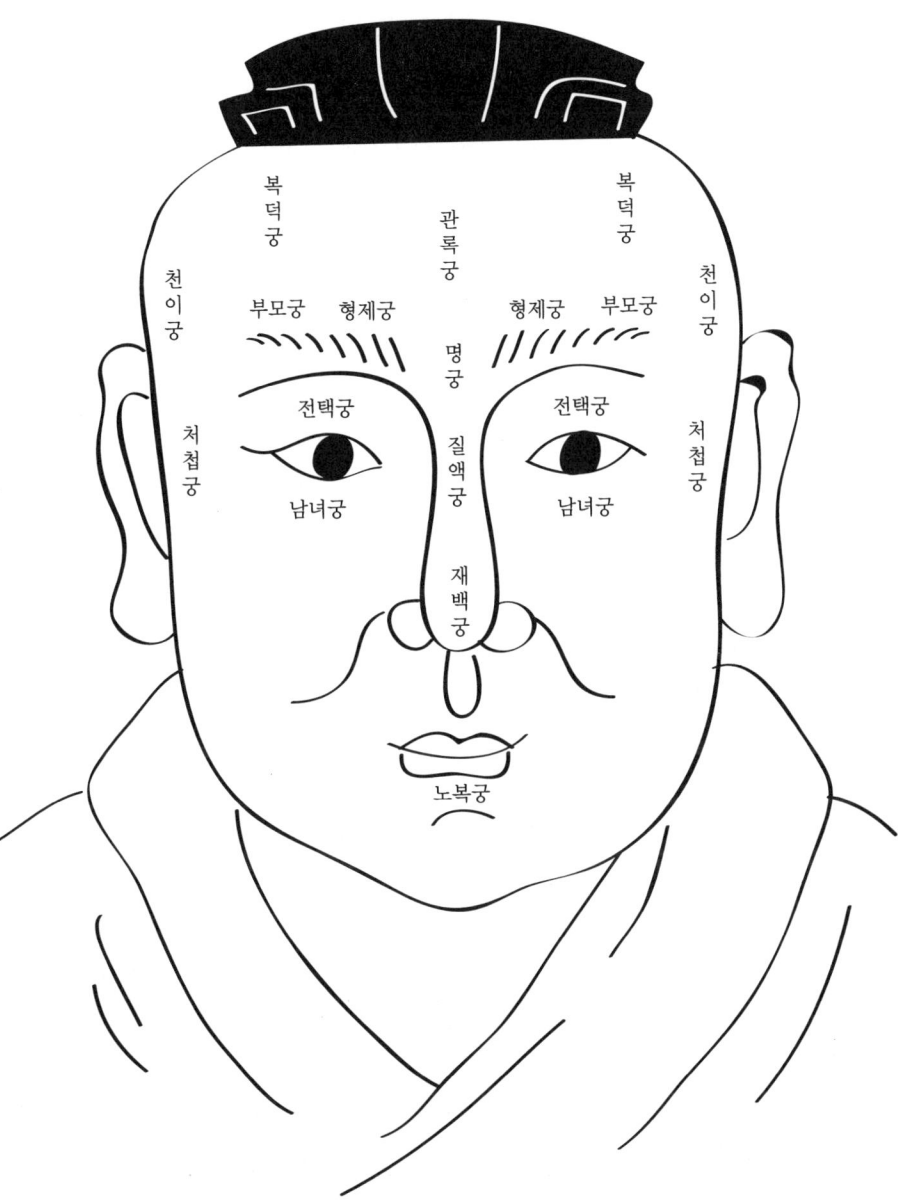

십이궁도

오악 · 사독도

❀ 오악(五岳)
중국에서 동서남북과 중앙을 대표하는 다섯 명산을 사람의 얼굴에 비유하여 설명한 것이다. *악(岳)은 산을 의미한다.

①이마는 남악(南岳)인 형산(衡山), ②아래턱은 북악(北岳)인 항산(恒山), ③코는 중악(中岳)인 숭산(嵩山), ④왼쪽 관골은 동악(東岳)인 태산(泰山), ⑤오른쪽 관골은 서악(西岳)인 화산(華山)이다.

오악은 중악을 중심으로 중악을 둘러싼 나머지 사악(四岳)이 서로 마주 향해 있으면 귀하고, 만약 하나의 악이라도 응하지 않으면 깨지고 망하는 상으로 본다.

❀ 사독(四瀆)
중국을 대표하는 네 줄기 큰 강을 사람의 얼굴에 비유하여 설명한 것이다. *독(瀆)은 강 또는 하천을 의미한다.

①귀는 장강(長江)으로 강독(江瀆), ②눈은 황하(黃河)로서 하독(河瀆), ③입은 회수(淮水)로서 회독(淮瀆), 코는 제수(濟水)로서 제독(濟瀆)이라고 한다.

귓구멍이 깊으면 총명하고 재물이 있으며, 눈이 깊으면 장수하며, 눈이 작고 길면 다복하고, 입이 모가 나고 입술이 합해지면 귀하며, 코가 풍만하며 빛이 나고 윤택하면 부자가 된다.

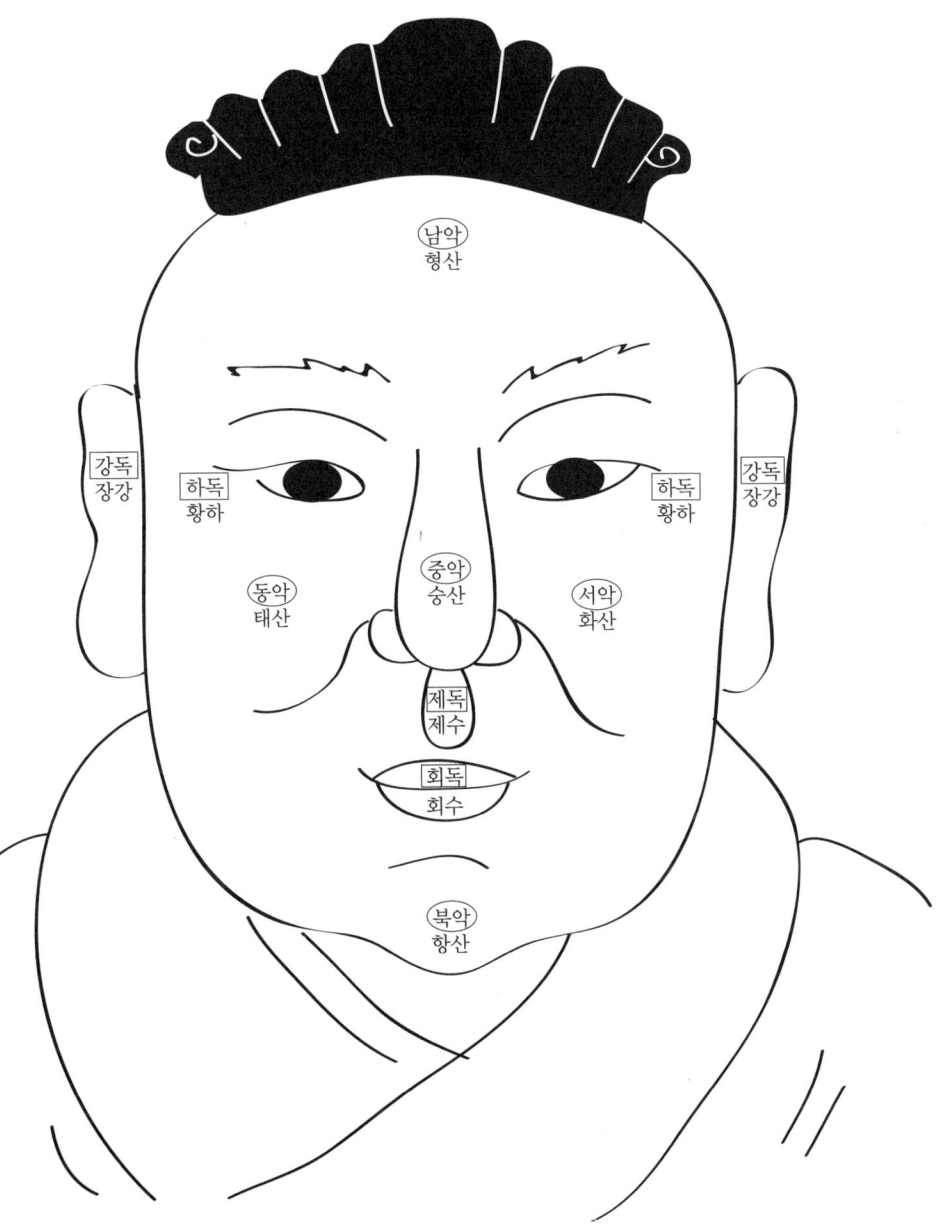

오악 · 사독도

육부 · 삼재 · 삼정도

육부(六府)

상2부인 보각(輔角)에서 천창(天倉)까지의 양쪽 보골(輔骨, 이마), 중2부인 명문(命門)에서 호이(虎耳)까지의 양쪽 관골(顴骨, 광대뼈), 그리고 하2부인 이골(頤骨, 턱)에서 지각(地閣)까지의 양쪽 이골을 말한다. 육부가 결함이 없고 상호보완적인 사람은 재물을 모으고 부유하게 지낸다.

삼재(三才)

이마, 코, 아래턱을 말한다. 이마는 하늘[天]이며 둥글고 넓으며 윤택하면 천자(天者)로서 귀하고, 코는 얼굴의 가운데 축이며 바르고 가지런하면 인자(人者)로서 장수하며, 아래턱은 땅[地]이며 모가 나고 넓으면 지자(地者)로서 부자가 된다.

삼정(三停)

발제(髮際, 머리카락 경계 부분)부터 인당(印堂)까지가 상정(上停)으로서 초년운을 나타내며, 산근(山根)에서 준두(準頭)까지는 중정(中停)으로서 청장년기의 운명을 나타낸다. 그리고 인중(人中)에서 지각까지는 하정(下停)으로서 노년의 운을 나타낸다.

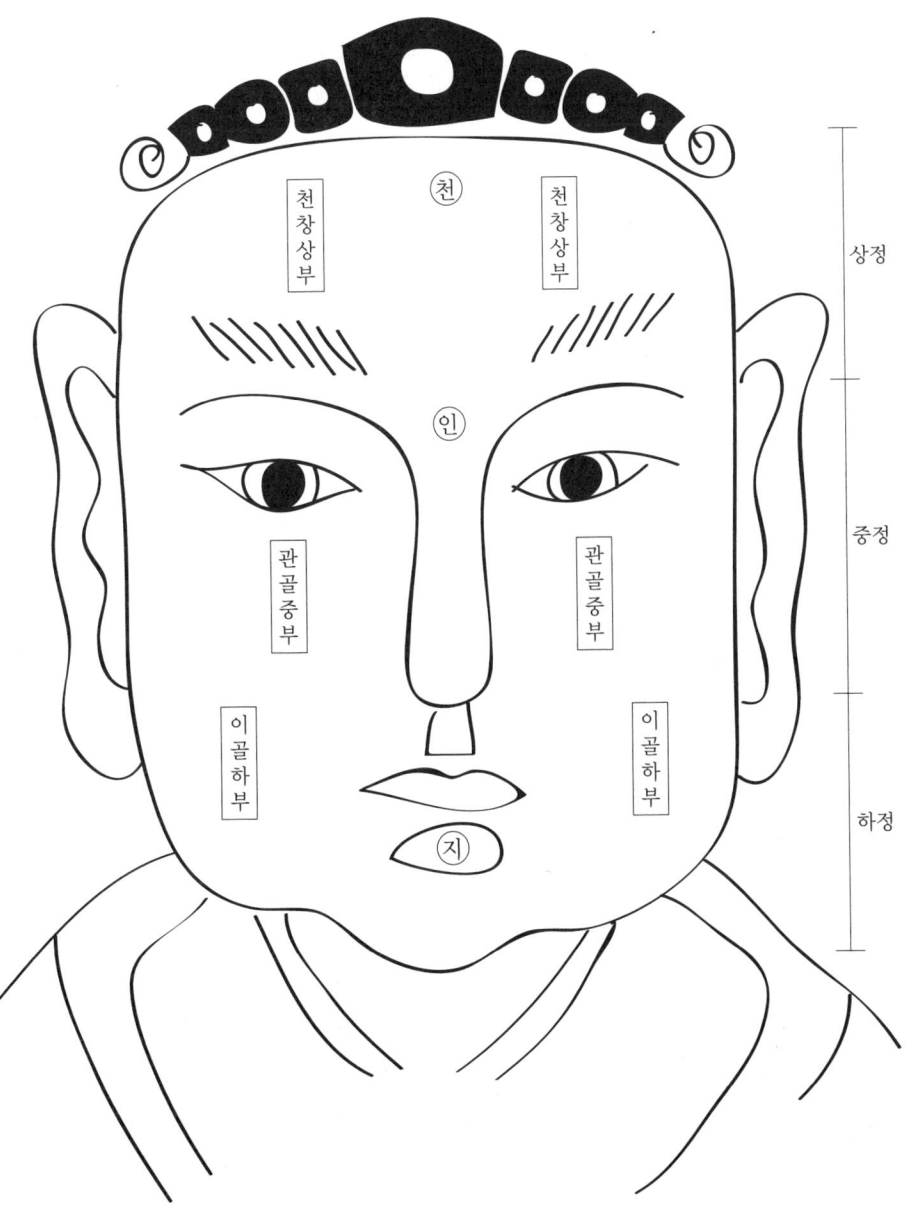

육부 · 삼재 · 삼정도

사학당 · 팔학당도

🏵 사학당(四學堂)

① 관학당(官學堂)은 눈으로, 눈이 가늘고 길며 눈빛이 맑으면 관운이 있다.
② 녹학당(祿學堂)은 이마로, 이마가 넓고 평평하면 관운이 있으며 장수한다.
③ 내학당(內學堂)은 앞니로. 앞니가 반듯하고 조밀하면 충과 효가 지극하다.
④ 외학당(外學堂)은 귀의 앞 부위로, 이 부위가 풍만하고 윤택하면 총명하고 지혜로운 반면, 그렇지 않으면 어리석다.

🏵 팔학당(八學堂)

① 고명학당(高明學堂)은 윗 이마로, 윗 이마는 둥글고 윤택해야하며 만약 이 골이 돌출해 있으면 매우 좋다. ② 고광학당(高廣學堂)은 이마의 툭 튀어나온 부분으로, 이 부위가 맑고 윤택해야하며 뼈가 튀어나오면 더욱 좋다. ③ 광대학당(光大學堂)은 인당으로, 인당은 풍만하고 깨끗해야 하며, 만약에 흉터나 점이 있으면 불길하다. ④ 명수학당(明秀學堂)은 눈 부위로, 눈 속에 검은 색이 많고 흰 색이 적으면 부귀하다. ⑤ 총명학당(聰明學堂)은 귀로, 귀가 윤곽이 있고 홍색을 띠며 윤택하거나 또는 밝고 황색을 띠면 좋다. ⑥ 충신학당(忠信學堂)은 입속으로 치아가 조밀하며 옥과 같이 맑고 희면 크게 길하다. ⑦ 광덕학당(廣德學堂)은 혀로, 혀가 길고 혓바닥이 붉고 윤택하면 부귀하다. ⑧ 반순학당(班箏學堂)은 눈썹 부위로, 눈썹에 줄무늬가 구부러져 있으면 매우 좋다.

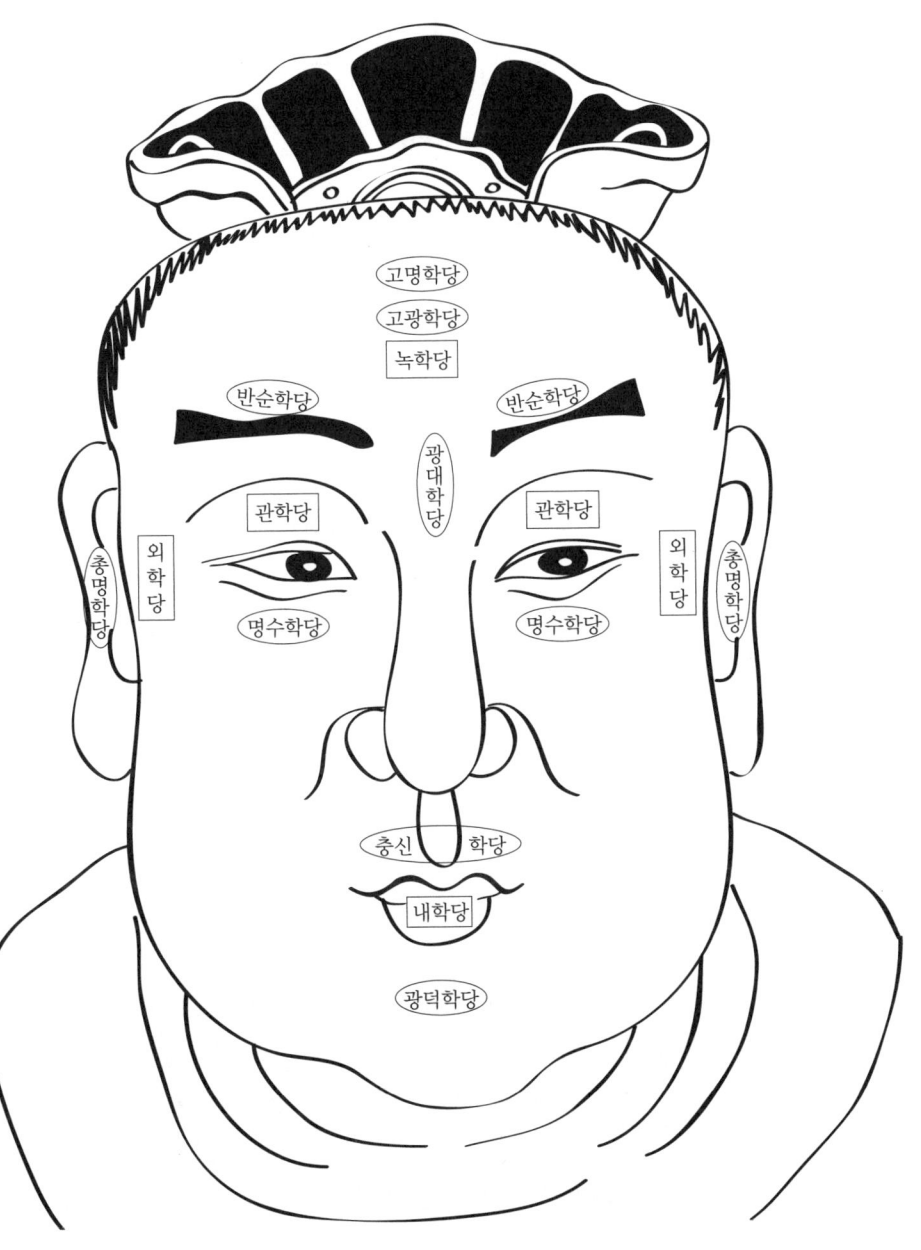

사학당 · 팔학당도

남자의 면지도

❀ 남자의 면지도(面痣圖, 얼굴에 난 점 그림)

상법에서는 점을 여러 가지로 구분하는데, 지(痣)란 살보다 약간 높이 솟은 것으로서 사마귀를 말한다. 흔(痕)이란 살보다 낮고 파인 것으로 흠이나 곰보를 말하고, 점(点)이란 살 속에 묻혀 평평한 것으로서 점이나 주근깨라고 하며, 반(斑)이란 살 위로 약간 솟아있거나 평평한 것으로서 검버섯이나 저승꽃이라고 한다.

점은 여러 가지 색으로 나타나는데, 흑색은 사망과 사고, 형벌과 상병을 나타낸다. 백색은 슬픈 일과 놀라는 일 및 상복을 입는 일을 나타내며, 황색은 실물과 도난을 나타내고, 청색은 근심과 걱정을, 그리고 적색은 관재구설과 송사 및 화재를 나타낸다.

점은 보이는 점과 숨은 점으로 구분되는데, 얼굴에 생긴 것은 보이는 점이고, 몸에 난것은 숨은 점이다.

점 위에 털이 나면 좋은 점으로 교양이 있고, 가슴에 점이 나면 지혜로우며, 배에 점이 나면 관리가 되어 복록을 먹는다.

1●길(吉) 2●성폭(性暴) 3●방부(妨父) 4●호관(好官) 5●공사(公事) 6●대부(大富) 7●대길(大吉) 8●객사(客死) 9●거부(巨富) 10●불의입산(不宜入山) 11●수요(壽夭) 12●대부(大富) 13●관귀(官貴) 14●산재(散財) 15●대관(大官) 16●흉(凶) 17●의관(宜官) 18●부(富) 19●흉(凶) 20●액(厄) 21●흉(凶) 22●관(官) 23●흉(凶) 24●패(敗) 25●흉(凶) 26●흉(凶) 27●방남(妨男) 28●방부(妨父) 29●방처(妨妻) 30●방녀(妨女) 31●소녀(少女) 32●방자(妨子) 33●길(吉) 34●파(破) 35●수액(水厄) 36●수액(水厄) 37●소재(少財) 38●식록(食祿) 39●주주(主酒) 40●소전택(少田宅) 41●아사(餓死) 42●방노비(妨奴婢) 43●구설(口舌) 44●득외재(得外財) 45●귀(貴) 46●길(吉)

남자의 면지도

여자의 면지도

🌸 여자의 면지도(面痣圖)

무릇 여자들은 자신의 얼굴이 깨끗하고 맑고 희기를 바라는데, 만에 하나라도 얼굴에 흉터나 점이 생기면 눈에 거슬리고 보기가 싫다고 하여 그냥 두지를 않는다. 그러나 얼굴에 난 점은 반드시 무엇인가를 예시하고 있는 것이기에, 무조건 없애기 보다는 그것이 장차 어떠한 영향을 미칠 것인가를 알아보는 지혜도 필요하다.

여자의 점은 남자의 점과 다른 방법으로 달리 해석해야 한다. 같은 부위에 난 점이라도 그 길흉화복이 여자와 남자는 서로 다르게 나타난다. 따라서 남자의 점을 보는 방법과는 달리 점이 난 부위와 점의 색깔을 보고 그것이 한평생의 운명에 어떠한 영향을 미치게 될 것인지를 살펴야 한다.

1●군왕부(君王夫) 2●구부(九夫) 3●방부모(妨父母) 4●소노(少奴) 5●재가(再嫁) 6●해친(害親) 7●방부(妨父)·방부(妨夫) 8●객사(客死) 9●손부(損夫) 10●산액(産厄) 11●방부(妨夫) 12●길(吉) 13●부리(夫離) 14●의부(宜夫) 15●옥(獄) 16●의잠(宜蚕) 17●의자(宜子) 18●귀부(貴夫) 19●방부(妨夫) 20●장명(長命) 21●액(厄) 22●겁도(劫盜) 23●장길(長吉) 24●호간(奸妍) 25●소자(少子) 26●화액(火厄) 27●흉(凶) 28●방자(妨子) 29●곡부(哭夫) 30●호색(好色) 31●자진(自盡) 32●투기(妬忌) 33●수액(水厄) 34●쌍생(雙生) 35●살사자(殺四子) 36●구설(口舌) 37●방부(妨夫) 38●경부(敬夫) 39●총명(聰明) 40●수액(水厄) 41●질고(疾苦) 42●소전택(少田宅) 43●방비(妨婢)
*대귀(大貴) 살부(殺夫) 자해(自害)

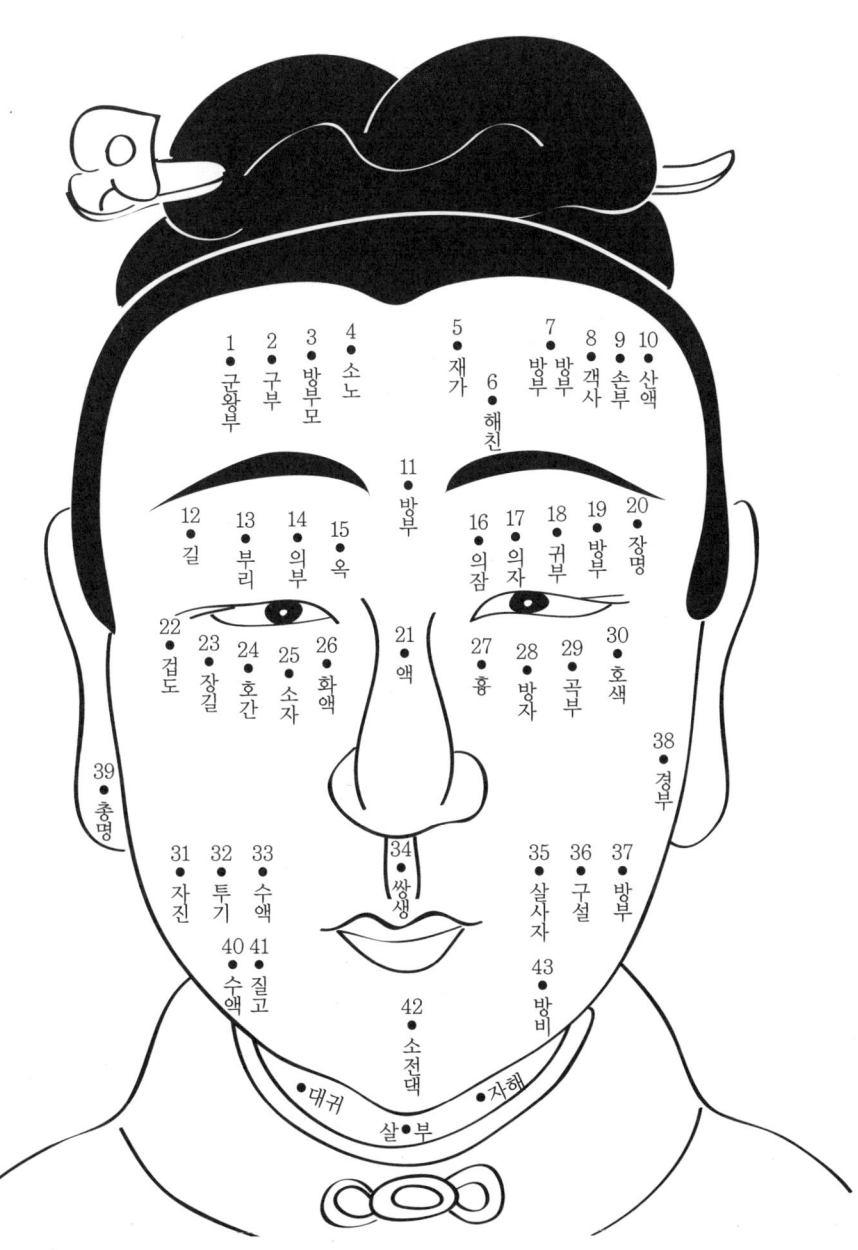

여자의 면지도

오성·육요도

오성(五星)
①금성(金星) ②목성(木星) ③수성(水星) ④화성(火星) ⑤토성(土星)

육요(六曜)
①태양성(太陽星) ②월패성(月孛星) ③자기성(紫氣星) ④태음성(太陰星) ⑤ 나후성(羅睺星) ⑥계도성(計都星)

* 상을 천문에 비하여 이름을 붙여서 이해하기 쉽게 하기 위한 부위의 설명이다.

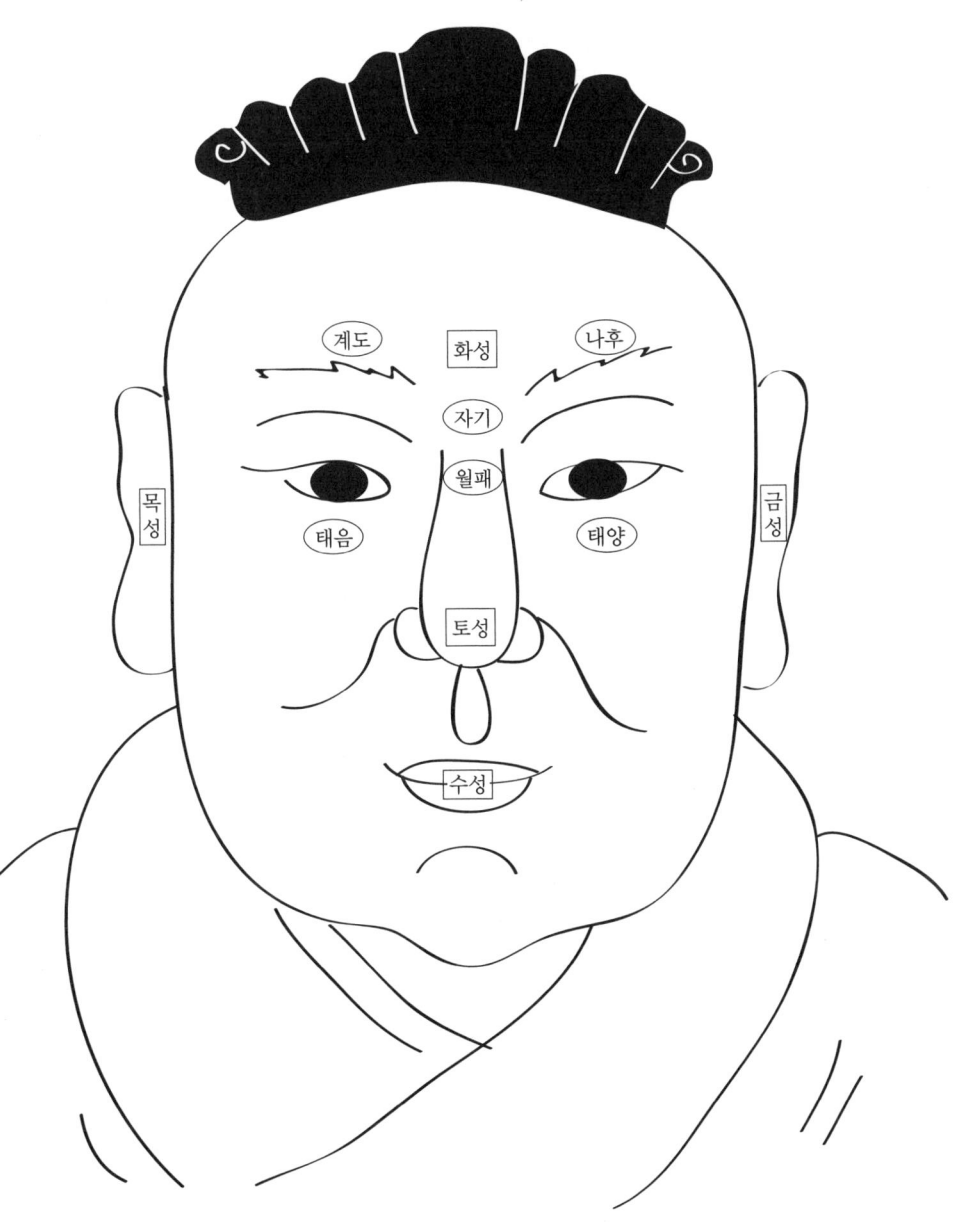

오성 · 육요도

천간지지도

❀ **천간**(天干)
①갑(甲) ②을(乙) ③병(丙) ④정(丁) ⑤무(戊) ⑥기(己) ⑦경(庚) ⑧신(辛) ⑨임(壬) ⑩계(癸)

❀ **지지**(地支)
①자(子) ②축(丑) ③인(寅) ④묘(卯) ⑤진(辰) ⑥사(巳) ⑦오(午) ⑧미(未) ⑨신(申), ⑩유(酉), ⑪술(戌), ⑫해(亥)

* 얼굴 부위를 10간 12지의 운행 원리로 이해하는 방법이다.

천간지지도

면상팔괘도

🌸 **팔괘**(八卦)
① 건괘(乾卦) : 금(金)·부친(父親)
② 태괘(兌卦) : 금(金)·소녀(少女)
③ 리괘(離卦) : 화(火)·중녀(中女)
④ 진괘(震卦) : 목(木)·장남(長男)
⑤ 손괘(巽卦) : 목(木)·장녀(長女)
⑥ 감괘(坎卦) : 수(水)·중남(中男)
⑦ 간괘(艮卦) : 토(土)·소남(少男)
⑧ 곤괘(坤卦) : 토(土)·모친(母親)

* 상을 주역의 8괘에 상응하여 이해하려는 방법이다.

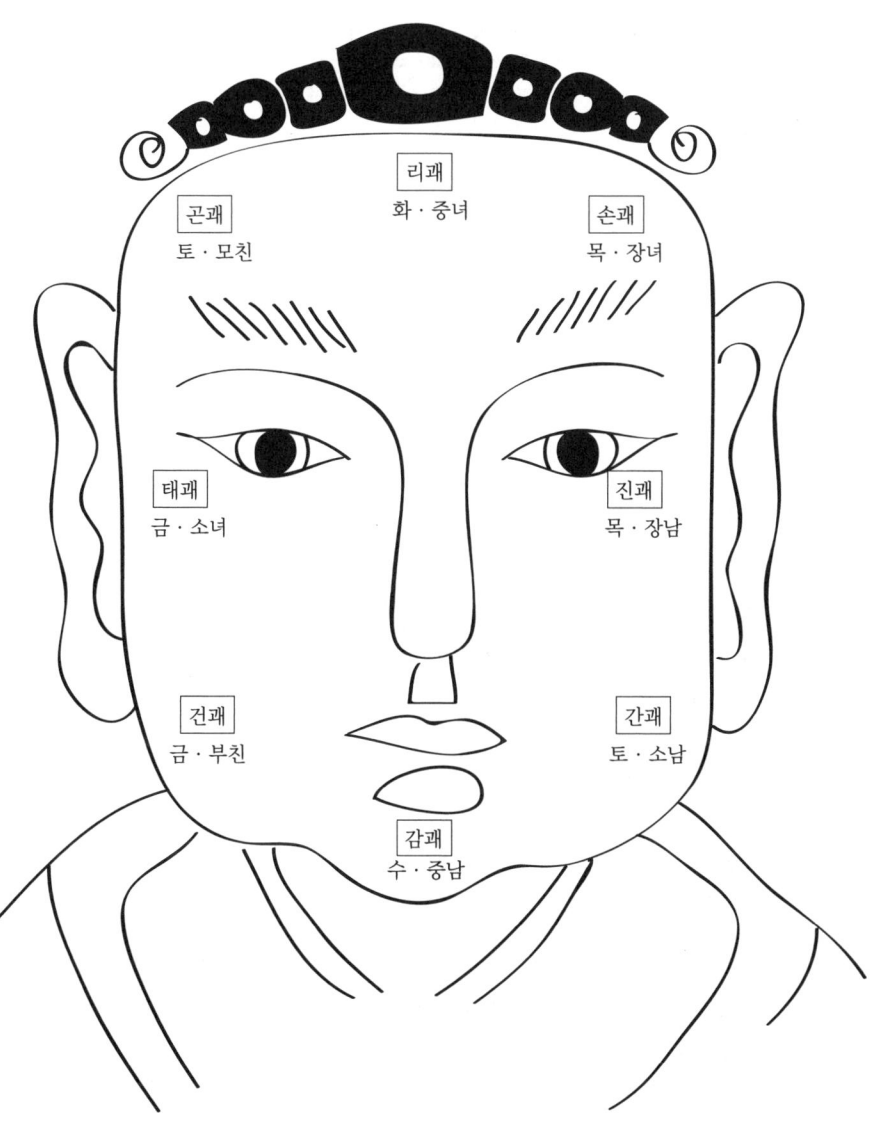

면상팔괘도

수상오행팔괘도

🏵 수상오행팔괘도(手相五行八卦圖)

①진궁(震宮) : 봄을 대표하며 목(木)에 속하고 청색으로 나타나며 음력 2월의 묘(卯)와 배합한다. *전택(田宅)을 본다.

②손궁(巽宮) : 봄에서 여름으로 넘어가는 때를 대표하며 목(木)에 속하고 3월인 진(辰)과 4월인 사(巳)에 위치한다. *재물을 본다.

③이궁(離宮) : 여름을 대표하며 화(火)에 속하고 적색을 나타내며 5월인 오(午)와 배합된다. *공로와 명성을 본다.

④곤궁(坤宮) : 여름에서 가을로 넘어가는 때를 대표하며 토(土)에 속하고 6월인 미(未)와 7월인 신(申)에 위치한다. *자손을 본다.

⑤태궁(兌宮) : 가을을 대표하며 금(金)에 속하고 백색을 나타내며 8월인 유(酉)에 위치한다. *결혼을 본다.

⑥건궁(乾宮) : 가을에서 겨울로 넘어가는 때를 대표하며 금(金)에 속하고 9월인 술(戌)과 10월인 해(亥)에 위치한다. *부자(父子)를 본다.

⑦감궁(坎宮) : 겨울을 대표하며 수(水)에 속하고 흑색을 나타내며 11월인 자(子)에 위치한다. *조상을 본다.

⑧간궁(艮宮) : 겨울에서 봄으로 넘어가는 때를 대표하며 토(土)에 속하고 12월인 축(丑)과 1월인 인(寅)에 위치한다. *형제를 본다.

⑨현궁(玄宮): 명당(明堂)으로 황색을 나타낸다. *길흉을 본다.

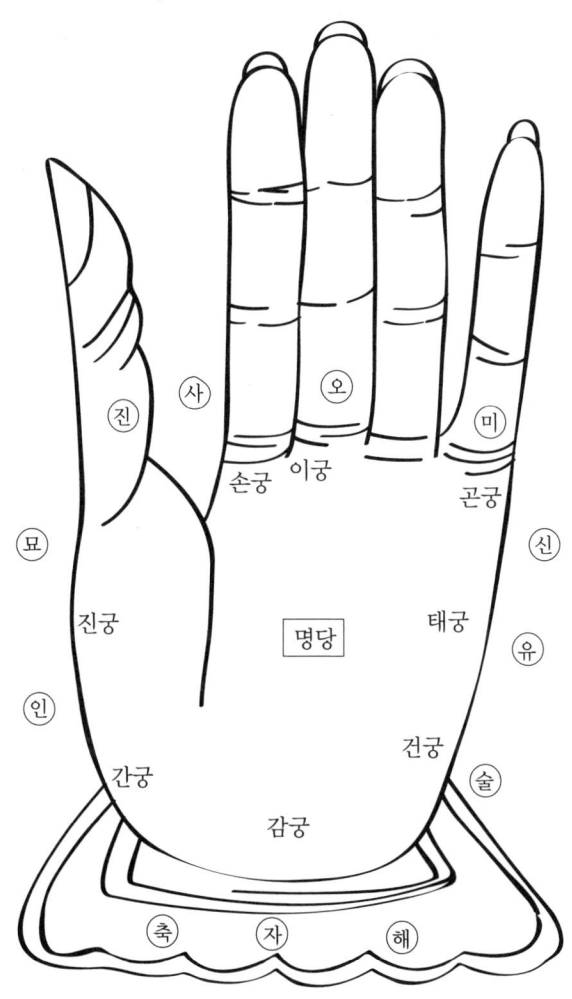

【일러두기】

각 부위의 명칭 옆에 [ ]로 그 위치를 표시하였다.
그러나 이것은 이해를 돕기 위한 대략적인 위치일 뿐,
정확한 위치는 그림 설명을 보고 확인해야 할 것이다.

首卷

십삼부위총도가
十三部位總圖歌

사람의 얼굴에는 코를 기축선으로 위로부터 아래로 향해 13개의 중요한 부위가 있다. 그리고 이들 각 부위의 좌우에 모두 146개의 부위가 있다. 특히 얼굴 한 가운데의 위에서 아래에 이르는 13개 부위는 천중, 천정, 사공, 중정, 인당, 산근, 년상, 수상, 준두, 인중, 수성, 승장, 지각이라고 한다.

*십삼부위총도가란 13부위를 외우기 쉽게 만든 노래이다.

❈ 제1부위는 천중[이마]이라고 한다. 천중을 기점으로 하여 수평으로 천악을 마주하고 있고, 좌상[오른쪽은 우상]과 내부가 서로 잇따라 이어져 있다. 고광, 척양, 무고가 같이 있고, 군문, 보각, 변지가 넉넉하게 있어야 한다. (第一天中對天岳, 左廂內府相隨續, 高廣尺陽武庫同, 軍門輔角邊地足.)

❈ 제2부위는 천정[이마]이라고 한다. 천정을 기점으로 하여 수평으로 일각, 용각, 천부, 방심, 부묘가 있고 상묘[오른쪽은 천묘], 사살, 전당이 연결되어 있으며, 역마와 조정으로 좋고 나쁨의 구분이 있다. (第二天庭連日角, 龍角天府房心父墓, 上墓四煞戰堂連, 驛馬弔庭分善惡.)

❋ 제3부위는 사공[이마]이라고 한다. 사공을 기점으로 하여 수평으로 액각이 앞에 있다. 상경과 소부가 서로 연결되어 있고, 교우, 도중, 교액이 좋으며, 중미, 산림, 성현을 본다. (第三司空額角前, 上卿少府更相連, 交友道中交額好, 重眉山林看聖賢.)

❋ 제4부위는 중정[이마]이라고 한다. 중정을 기점으로 하여 수평으로 액각이 머리가 된다. 호각, 우각, 보골이 사귀고 있으며, 현각, 화극 및 화개가 있고, 복당, 채하, 교외가 나란히 모여 있다. (第四中正額角頭, 虎角牛角輔骨遊, 玄角畵戟及華蓋, 福堂彩霞郊外求.)

❋ 제5부위는 인당[눈썹사이]이라고 한다. 인당을 기점으로 하여 수평으로 교쇄가 이웃하고 있으며, 좌목, 잠실, 림중이 솟아 있으며, 주준, 정사가 빈문을 마주하고 있고, 겁로, 항로, 청로가 뒤를 따르고 있다. (第五印堂交鎖裏, 左目蠶室林中起, 酒樽精舍對嬪門, 劫路巷路靑路尾.)

❋ 제6부위는 **산근1**[콧등]이라고 한다. 산근을 기점으로 하여 수평으로 태양을 마주하고 있으며, 중양, 소양 및 외양이 있고, 어미, 간문, 신광이 이어져 있으며, 천창, 천정, 천문, 현무가 감추어져 있다. (第六山根對太陽, 中陽少陽及外陽, 魚尾奸門神光接, 天倉天井天門玄武藏.)

❋ 제7부위는 **년상2**[콧등]이라고 한다. 년상을 기점으로 하여 수평으로 부좌[오른쪽은 처좌]가 나란히 하고 있으며, 장남, 중남 및 소남이 있고, 금궤, 금방과 나란히 적도가 있으며, 유군, 서상, 옥당, 암자가 거닐고 있다. (第七年上夫座參, 長男中男及少男, 金匱禁房幷賊盜, 游軍書上玉堂庵.)

---

1 산근을 기점으로 얼굴의 왼쪽은 태양, 중양, 소양, 오른쪽은 태음, 중음, 소음이 있다.
2 년상을 기점으로 얼굴의 왼쪽은 장남, 중남, 소남, 오른쪽은 장녀, 중녀, 소녀가 있다.

❀ 제8부위는 수상[콧대]이라고 한다. 수상을 기점으로 하여 수평으로 갑궤가 의지하고 있으며, 귀래, 당상, 정면이 있고, 고모와 이모, 자매, 형제가 좋게 있으며, 외생, 명문, 학당이 자리를 잡고 있다. (第八壽上甲匱依, 歸來堂上正面時, 姑姨姉妹好兄弟, 外甥命門學堂基.)

❀ 제9부위는 준두[코끝]라고 한다. 준두를 기점으로 하여 수평으로 난대가 바르게 있고, 법령, 조상, 궁실이 왕성하게 자리하며, 전어, 원창, 후각이 연결되어 있고, 수문, 병졸, 인수가 기록되어 있다. (第九準頭蘭臺正, 法令灶上宮室盛, 典禦園倉後閣連, 守門兵卒記印綬.)

❀ 제10부위는 인중[코와 입 사이]이라고 한다. 인중을 기점으로 하여 수평으로 정부를 마주하고 있으며, 장하, 세주, 내각이 붙어 있고, 소사, 복종, 기당이 앞에 있으며, 영문, 박사, 현벽의 길이 있다. (第十人中對井部, 帳下細廚內閣附, 小使僕從妓堂前, 嬰門博士懸壁路.)

❀ 제11부위는 수성[입]이라고 한다. 수성을 기점으로 하여 수평으로 각문이 마주 하고 있으며, 비린, 위항, 통구에 이르고 있고, 객사, 빈란 및 가고가 있으며, 상여, 생문, 산두가 기탁하고 있다. (第十一水星閣門對, 比隣委巷通衢至, 客舍賓蘭及家庫, 商旅生門山頭寄.)

❀ 제12부위는 승장[입술밑]이라고 한다. 승장을 기점으로 하여 수평으로 조택이 편안하게 있으며, 손택, 외원, 림원이 보이고, 하묘, 장전, 주지가 있으며, 교곽, 황구, 도로가 곁에 있다. (第十二承漿祖宅安, 孫宅外院林苑看, 下墓庄田酒池上, 郊廓荒丘道路傍.)

❀ 제13부위는 지각[턱]이라고 한다. 지각을 기점으로 하여 수평으로 하

사가 따르고 있고, 노복, 대마, 갱참이 바르게 있으며, 지고, 피지 및 아압이 있으며, 대해와 주거는 근심과 의심이 없다. (第十三地閣下舍隨, 奴僕碓磨坑塹危, 地庫陂地及鵝鴨, 大海舟車無憂疑.)

유년운기부위도가
流年運氣部位圖歌

나이에 따라서 변해 가는 운을 말한다. 사람의 얼굴에는 1백여 개의 부위가 있는데, 각 부위는 1년을 대표한다. 나이를 근거로 하여 그 나이에 상응하는 특정한 부위의 기색을 관찰함으로써 사람의 유년 운세를 판단한다.

* 나이에 따른 운수를 보는 부위를 노래말로 표현하여 외우기 좋게 구성되어 있다.

❀ 나이가 바뀜에 따라서 해당되는 해의 운기를 알고자 한다면 남자는 왼쪽을, 그리고 여자는 오른쪽을 각각 분명하게 살펴야 한다. (欲識流年運氣行, 男左女右各分明.)

❀ 1·2세의 초년 운은 천륜[남자는 왼쪽 귀, 여자는 오른쪽 귀]을 보며, 3·4세의 운은 두루 흘러 천성에 이르기까지를 본다. (天輪一二初行運, 三四周流至天城.)

❀ 5·6·7세의 운은 천곽과 수주를 보며, 8·9세의 운은 천륜[남자는 왼쪽 귀, 여자는 오른쪽 귀]의 윗부분을 본다. (天廓垂珠五六七, 八九天輪之上停.)

✿ 10·11세의 운은 이륜[남자는 오른쪽 귀, 여자는 왼쪽 귀]을 보며, 이륜이 날아가 버리고 이곽이 뒤집혀 있는 사람은 반드시 형(刑)상을 입게 되는 상으로 본다. (人輪十歲及十一, 輪飛廓反必相刑.)

✿ 12·13·14세는 지각[턱]과 지륜[귓바퀴 아래부분]이 입을 향하고 있으면 장수하며 강녕하다고 본다. (十二十三幷十四, 地輪朝口壽康寧.)

✿ 15세의 운은 이마의 정중앙에 있는 화성을 보며, 16세는 천중을 보는데, 이때 이마 부위는 이미 골상이 형성되어 있다. (十五火星居正額, 十六天中骨格成.)

✿ 17·18세는 일각과 월각을 보며, 19세를 맞게 되면 운은 천정에서 화답하는지를 본다. (十七十八日月角, 運逢十九應天庭.)

✿ 20·21세의 운은 보각을 보며, 22세의 운은 사공에 이르는 모습을 본다. (輔角二十二十一, 二十二歲至司空.)

✿ 23·24세는 변성을 보며, 25세는 중정을 만나는 것을 본다. (二十三四邊城地, 二十五歲逢中正.)

✿ 26세의 운은 구릉에까지 이르는 것을 보며, 27세는 총묘를 본다. (二十六上至丘陵, 二十七年看塚墓.)

✿ 28세에는 인당이 평평함을 만나는 모습을 본다. (二十八遇印堂平.)

✿ 29·30세에는 좌우에 있는 산림 부위를 보고, 31세의 운은 능운에서

본다. (二九三十山林部, 三十一歲凌雲程.)

⚜ 32세에는 자색 기운이 생기는 것을 보아야 한다. (三十二遇紫氣生.)

⚜ 33세에는 번하 위를 지나가는 모습을 보며, 34세에는 채하의 밝음을 본다. (三十三行繁霞上, 三十四有彩霞明.)

⚜ 35세의 운은 태양[왼쪽 눈] 위에 위치한 것을 보며, 36세에는 태음[오른쪽 눈]에서 만난다. (三十五上太陽位, 三十六上會太陰.)

⚜ 37세는 중양에 해당하며, 38세는 주로 중음에서 형통한다. (中陽正位三十七, 中陰三十八主亨.)

⚜ 39세는 소양에 해당하며, 40세는 소음을 보면 반드시 틀림이 없다. (少陽當年三十九, 少陰四十看須眞.)

⚜ 41세는 산근의 길을 멀리 가고, 42세는 정사에 궁이 만들어진 것을 본다. (山根路遠四十一, 四十二造精舍宮.)

⚜ 43세에는 광전에 오르며, 44세에는 년상에 더해진다. (四十三歲登光殿, 四十有四年上增.)

⚜ 45세는 수상을 만나며, 46·47세에는 양쪽 관골[광대뼈]이 만들어진 것을 본다. (壽上又逢四十五, 四十六七兩顴宮.)

⚜ 48세는 준두에 즐거이 자리를 차지하고 있는 지를 보며, 49세에는

난대 속으로 들어가는 모습을 본다. (準頭喜居四十八, 四十九入蘭臺中.)

❋ 50세는 정위에서 똑바로 만나는 지를 보며, 51세는 인중을 본다. (廷尉相逢正五十, 人中五十一人驚.)

❋ 52·53세에는 선고에 머무는 모습을 보며, 54세에는 식창이 가득 찾는 지를 본다. (五十二三居仙庫, 五十有四食倉盈.)

❋ 55세에는 녹창에서 쌀을 청하여 얻는 것을 보며, 56·57세에는 법령이 밝은 지를 본다. (五十五得請祿倉米, 五十六七法令明.)

❋ 58·59세의 운은 호이에서 만나는 것을 보며, 이순의 나이인 60세는 수성[입]에서 만나는 것을 본다. (五十八九遇虎耳, 耳順之年遇水星.)

❋ 61세의 운은 승장에 바로 있는 것을 보며, 62·63세는 지고에서 만난다. (承漿正居六十一, 地庫六十二三逢.)

❋ 64세의 운은 피지 안에 머물고 있는 것을 보며, 65세는 아압이 우는 상황에 있는 것을 본다. (六十四居陂池內, 六十五處鵝鴨鳴.)

❋ 66·67세의 운은 금루를 입는 것을 보며, 68·69세의 운은 귀래하는 정도를 본다. (六十六七穿金縷, 歸來六十八九程.)

❋ 유구의 나이인 70세는 송당을 만나는 것을 보며, 71세의 운은 지각[턱]이 빠지는 지 더해지는 지를 본다. (逾矩之年逢頌堂, 地閣頻添七十一.)

❀ 72·73세에는 노복이 많은 지를 보며, 74·75세는 똑같이 뺨을 본다. (七十二三多奴僕, 腮骨七十四五同.)

❀ 76·77세에는 자(子) 부위를 찾아 보며, 78·79세에는 축(丑) 부위에서 소가 밭을 가는 것을 본다. (七十六七尋子位, 七十八九丑牛耕.)

❀ 태공의 나이인 80세에 1세를 더해 81세가 되면 다시 인(寅) 자리에 임하여 호랑이 상이 치우친 지 영험한 지를 본다. (太公之年添一歲, 更臨寅虎相偏靈.)

❀ 82·83세에는 묘(卯) 자리에서 토끼 자리를 보며, 84·85세에는 진(辰) 자리에서 용이 가는 모습을 본다. (八十二三卯兎宮, 八十四五辰龍行.)

❀ 86·87세에는 사(巳) 부위에서 뱀의 모습을 보며, 88·89세에는 오(午) 자리에서 말이 민첩한 지를 본다. (八十六七巳蛇中, 八十八九午馬輕.)

❀ 90·91세는 미(未) 자리에서 양이 밝은 지를 보며, 92·93세에는 신(申) 부위에서 원숭이가 열매가 맺은 것을 본다. (九十九一未羊明, 九十二三猴結果.)

❀ 94·95세에는 유(酉) 부위에서 닭소리를 듣는 지를 보고, 96·97세에는 술(戌) 부위에서 개가 달을 향해 짖는 지를 본다. (九十四五聽雞鳴, 九十六七犬吠月.)

❀ 98·99세에는 해(亥) 부위에서 돼지를 사서 삼켜버리는 지를 본다. (九十八九亥猪吞.)

❀ 만약에 인생이 100세를 넘긴다면, 조상의 도움으로 긴 생이 얼굴을 두루 돌아 온 것이기에 초년운 부위로부터 차례대로 수를 세어 다시 시작하게 된다. (若問人生過百歲, 順數朝上保長生.)

❀ 한 바퀴를 돌아서 다시 얼굴에서 도는 것을 시작하니, 주름과 검은 점 및 결함이 있으면 화가 가볍지 않다. (周而復始輪於面, 紋痣缺陷禍非輕.)

❀ 운의 한계는 밝음과 어두움에 함께 부딪쳐 분별해야 하며, 다시 깨지고 실패함을 만나게 되면 저승으로 가게 된다. (限運並衝明暗辨, 更逢破敗屬幽冥.)

❀ 또한 기와 색을 겸하여 서로 형극을 이루면 육친과 혈육이 깨지고 패하여 홀로 외롭게 지낸다. (又兼氣色相刑剋, 骨肉破敗自伶仃.)

❀ 그러나 만약에 운이 부위의 좋음을 만나면 기색이 빛나고 맑게 보인다. (倘若運逢部位好, 順時氣色見光晶.)

❀ **오악과 사독**[1]이 서로 마주 향하여 손을 마주잡고 있으면서 서로 도와 떠받치면 마음대로 1만 리를 날아 높이 솟아 오른다. (五嶽四瀆相朝拱, 扶搖萬里任飛騰.)

❀ 그 누군가 신선의 참되고 오묘한 비결을 알고자 하면, 서로 만나 담소하며 세상 사람들을 놀라게 할 것이다. (誰識神仙眞妙訣, 相逢談笑世人驚.)

---

1 오악(五岳)은 이마, 코, 턱, 양쪽 광대뼈를 말하고, 사독(四瀆)은 귀, 눈, 입, 코이다.

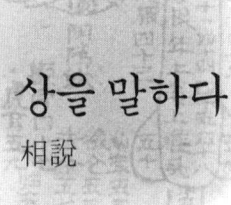

상을 말하다
相說

● 무릇 사람의 용모를 보는 데는 먼저 골격을 보고, 그 다음에 오행을 본다. (大凡觀人之相貌, 先觀骨格, 次看五行.)

● **삼정**[1]의 길고 짧음을 헤아리고, 얼굴 부위의 가득참과 이지러짐을 살핀다. 눈썹과 눈의 맑고 빼어남을 보고, 신기(神氣)의 영화로움과 쇠락함을 보며, 손과 발의 두터움과 얇음을 본다. (量三停之長短, 察面部之盈亏, 觀眉目之淸秀, 看神氣之榮枯, 取手足之厚薄.)

● 수염과 머리카락이 성기고 혼탁한지를 보며, 몸집이 크고 작은 지를 헤아리고, 오관[눈, 코, 입, 귀, 눈썹]이 이루어진 것을 본다. 육부[양 이마, 양 광대뼈, 양 턱]가 가지런하게 갖추어져 있는지, 오악[이마, 코, 턱, 양 광대뼈]이 코를 향해 모여서 균형을 이루고 있는지를 보며, 천창[양 이마]과 지고[양 턱] 부위가 풍만한지를 살핀다. (觀須髮之疏濁, 量身材之長短, 取五官之有成, 看六府之有就, 取五岳之歸朝, 看倉庫之豊滿.)

● 음과 양의 왕성함과 쇠약함을 보고, 풍채가 위엄과 법도가 있는지 없는지를 살핀다. 형체와 용모가 순박하고 돈후한지를 구분하며, 기(氣)와

---

1 삼정(三停)은 얼굴과 몸, 2종류가 있는데, 얼굴 부위는 발제에서 인당까지의 상정, 산근에서 준두까지의 중정, 인중에서 지각까지의 하정으로 구분된다.

색(色)이 좋은지 막혀있는지를 보고, 살결이 보드랍고 매끄러운지를 본다. (觀陰陽之盛衰, 看威儀之有無, 辨形容之敦厚, 觀氣色之喜滯, 看體膚之細膩.)

❀ 머리가 모가 졌는지 둥근 지, 정수리가 평평한지 무너졌는 지, 골상이 귀한 지 천한 지, 골격과 살집이 거칠고 투박하거나 듬성듬성한 지, 숨결[氣息]이 가빠져 기가 죽지 않았는 지, 말을 할 때의 목소리가 크게 울리는 지, 그리고 마음씨가 착한 지 나쁜 지를 본다. (觀頭之方圓, 頂之平塌, 骨之貴賤, 骨肉之粗疏, 氣之短促, 聲之嚮亮, 心田之好歹.)

❀ 이러한 모든 것들은 '십삼부위도'와 '유년운기부위도'에 근거하여 헤아리며, 또한 그 골격과 형체가 배치된 구도에 따라 판단한다. 뿐만 아니라 절대로 시류를 따라 아첨하며 영합해서는 안 되며, 스승이 전하는 것을 손상시키는 일을 해서도 안 된다. (俱依部位流年而推, 骨格形局而斷. 不可順時趨奉, 有玷家傳.)

❀ 그러나 한 사람의 운수는 하늘의 별자리, 부귀와 빈천, 장수와 요절, 궁함과 통달함, 영화와 몰락, 득과 실, 나이에 따른 시운의 길함과 흉함, 이 모두가 이미 주도면밀하게 갖추어져 있는 것이니 사람의 상을 볼 때에는 절대로 하나라도 잘못 보거나 빠뜨려서는 안 된다. (但于星宿, 富貴, 貧賤, 壽夭, 窮通, 榮枯, 得失, 流年休咎, 備皆周密, 所相于人萬無一失.)

❀ 학자라면 역시 응당 상세히 참고해야 하고 그 참된 오묘함을 헤아려 구해야 하며, 이런 것을 소홀히 해서는 안 된다. (學者亦宜參詳, 推求眞妙, 不可忽諸.)

상법의 10가지 관점
十觀

하나, 풍채와 의용이 위엄과 절도가 있는지를 본다. (一取威儀.)

❀ 호랑이가 산을 내려오니 온갖 짐승들이 두려워서 벌벌 떠는 것과 같으며, 매가 하늘로 오르니 여우와 토끼가 자연히 전율을 느끼는 것과 같다. (如虎下山, 百獸自驚 如鷹升騰, 狐兎自戰.)

❀ 이러한 사람은 화를 내지 않더라도 다른 사람이 위풍당당하게 느끼게 한다. 풍채와 위엄은 눈빛 속에서 나타나게 되며, 역시 관골[광대뼈]을 살펴 그 신기를 취해야 한다. (不怒而威. 不但在眼, 亦觀顴骨神氣取之.)

둘, 몸집이 돈후하고 온중한지, 그리고 그 정신이 양호한지를 본다. (二看敦重及精神.)

❀ 몸집이 1만 곡을 실은 배와 같다면 거대한 풍랑을 헤쳐나가면서 흔들어도 움직이지 않고, 끌어도 끌려가지 않는다. (身如萬斛之舟, 駕于巨浪之中, 搖而不動, 引之不來.)

❀ 앉고 눕고 기거하면서 신기가 맑고 영험하며, 오래 앉아 있어도 어리

석지 않으며, 오히려 정신이 더욱 더 맑아지는 것이 마치 해가 동쪽에서 떠오르면서 남의 눈을 부시게 할 정도로 강렬한 빛을 발하는 것과 같다. (坐臥起居, 神氣淸靈. 久坐不昧, 愈加精采. 如日東升, 刺人眼目.)

● 또한 가을 달이 밝은 거울 속에 걸려 있는 것과 같이 빛이 비추어 밝고 깨끗하다면, 얼굴과 눈동자가 신선하기가 모두 해와 달처럼 밝음을 갖추었을 것이니, 빛이 맑고 깨끗하게 비추어 자연스럽게 사랑스럽고 밝으며 깨끗해져서, 오래 보아도 혼란스럽지 않다. (如秋月懸鏡, 光輝皎洁. 面神眼神, 俱如日月之明, 光輝皎皎, 自然可愛, 明明潔潔, 久看不昏.)

● 바로 이러한 상(相)을 가진 사람은 크게 귀하지는 않더라도 조금은 귀하게 되며, 부유함 역시 기대해볼 수 있지만 함부로 단정할 수는 없다. (如此相者, 不大貴亦當小貴. 富亦可許, 不可妄談定.)

셋, 기색이 맑은지 탁한지를 본다. (三取淸濁.)

● 몸집이 두터운 사람은 자연히 부귀할 상이며, 기색이 맑은 사람은 설사 말랐다 하더라도 정신이 좋으면 반드시 귀한 상으로 헤아려 본다. (但人體厚者, 自然富貴.)

● 기색이 탁한 사람은 맑은 정신이 두텁다[厚]고 말하는데, 두터운 사람은 대부분이 부귀하다. 기색이 탁한데 맑은 정신이 없으면 그것을 연하다[軟]고 말하는데, 연한 사람은 반드시 고독하지만 일찍 죽지는 않으며, 고독하지 않다면 요절한다. (淸者, 縱瘦神長, 必以貴推之. 濁者, 有神謂之厚, 厚者多富. 濁而無神, 謂之軟, 軟者必孤, 不孤則夭.)

넷, 머리가 둥글고 정수리와 이마가 높은지를 본다. (四看頭圓頂額高.)

❁ 사람의 머리는 몸의 주인이며, 사지를 지휘하는 우두머리이다. 머리 모양이 모가 난 사람이 정수리가 높으면 귀함이 천자의 상이며, 이마가 모가 난 사람이 정수리가 튀어나오면 국가의 동량이 되는 신하이다. 머리 모양이 둥근 사람은 부유할 뿐만 아니라 장수한다. (但人頭爲一身之主, 四肢之元. 頭方者, 頂高則爲居尊天子. 額方者, 頂起則爲輔佐良臣. 頭圓者, 富而有壽.)

❁ 이마가 넓은 사람은 귀함을 자랑한다. 머리가 평평한 사람은 오래오래 복을 누리며 장수하게 된다. 머리가 치우친 사람은 이른 나이에 막힘이 많고 머뭇거리게 된다. (額闊者, 貴亦堪夸. 頭平者, 福壽綿遠. 頭扁者, 早歲迍邅.)

❁ 이마가 무너져 뒤로 넘어진 사람은 젊었을 때 헛되이 보내며, 이마가 낮은 사람은 형극을 당하며 어리석고 고집이 세다. 앞이마에 살기가 서린 사람은 어릴 적에 딱하고 어렵게 지낸다. (額塌者, 少年虛耗. 額低者, 刑剋愚頑. 額門殺重者, 早年困苦.)

❁ 머리 부위가 기울고 움푹 패여 있고, 발제[머리카락 경계 부분]가 가지런하지 못한 사람은 형과 극을 동시에 참고하면서 구체적으로 결정해야 하며 일률적으로 논해서는 안 된다. 만약에 그렇게 하지 않는다면 상을 보는 방법에서 잘못을 저지르게 된다. (部位傾陷, 髮際參差者, 照依刑剋兼觀, 不可一例而言, 有誤相訣.)

다섯, 오악 및 삼정을 본다. (五看五岳及三停.)

❀ 왼쪽 관골은 동악으로서 어느 한 쪽으로 지나치거나 모자람이 없이 곧고 반듯해야 하며, 지나치게 투박하고 드러나거나 기울거나 자빠지고 움푹 파여서도 안 된다. (左顴爲東岳, 俱要中正, 不可粗露傾塌.)

❀ 이마는 남악으로서 반듯해야 하며, 뒤로 넘어가서도 안 되고 낮거나 꺼져서도 안 된다. 오른쪽 관골은 서악으로서 역시 왼쪽 관골과 같이 단정해야 하며 기울거나 치우쳐서도 안 된다. (額爲南岳, 亦喜方正, 不宜撒竹低塌. 右顴爲西岳, 亦與左顴相同.)

❀ 지각[턱]은 북악으로서 모가 나고 원만하게 솟아나야 하며, 칼로 깎이듯이 뾰족하거나 치우치고 기울어져 있으면 안 되며, 돌돌 말린 꼬리 모양처럼 되어서도 안 된다. 코는 중악으로서 역시 반듯해야 하며, 인당[눈썹사이]까지 두툼하게 솟아 있어야 한다. (地閣爲北岳, 喜在方圓隆滿, 不可尖削歪斜, 卷竅兜上. 土星爲中岳, 亦宜方正, 聳上印堂.)

❀ 이와 같이 하여 오악이 이루어진다. 《상서(相書, 관상에 관한 책)》에 다음과 같이 이르고 있다 : "오악이 코를 향해 균형을 이루고 있는 사람은 귀함이 조정의 수장으로서 문무백관을 거느릴 뿐만 아니라 많은 재물을 모으게 된다." (五岳成也. 書云: "五岳俱朝, 貴壓朝班, 亦且錢財自旺.")

❀ 삼정은 이마, 코, 턱을 가리키며, 이것을 얼굴 부위의 삼정이라고 한다. 얼굴 부위의 삼정은 삼재(三才), 삼주(三主) 혹은 삼표(三表)라고도 한다. 삼정은 모두가 균등하여야 한다. 만약에 상정[이마에서 눈썹 사이]이 길면 젊었을 때 바쁘고 고달프며, 중정[눈썹에서 코끝 사이]이 길면 복록이 창

성하며, 하정[코끝에서 턱 사이]이 길면 늙어서 만사여의하고 길한 일이 생긴다. (三停者, 額門, 準頭, 地閣, 此面部三停也. 又爲三才, 又爲三主, 又名三表, 俱要平等. 上停長, 少年忙; 中停長, 福祿昌; 下停長, 老吉祥.)

❀ 삼정이 균등한 사람은 일생동안 의식주를 걱정하지 않으며, 만약에 삼정이 뾰족하고 깎여 있고 기울고 치우쳐 있으며, 투박스럽고 뼈가 튀어나와 있다면 길하지 않고 이롭지 않다. 그밖에도 유년 부위의 기색을 참조하여 헤아릴 수 있으나 함부로 속단하는 것은 금물이다. (三停平等, 一生衣祿無虧. 若三停尖削, 歪斜, 粗露, 俱不利也. 可照流年部位氣色而推, 不可一體而斷.)

여섯, 오관과 육부를 본다. (六取五官六府.)

❀ 눈썹은 보수관으로서, 맑고 높으며 속살이 보일 정도로 성기고 빼어나며 약간 굽어지고 긴 것이 좋다. 또한 눈에서 1촌 정도 높이가 좋으며, 눈썹 꼬리가 천창[양 이마] 부위를 덮고 있으면 주로 총명하고 부귀하며, 잔꾀와 솜씨가 있고 복을 누리며 장수하는데, 이런 경우에 보수관이 격국(格局, 격에 맞는 상황)을 이룬 것이 된다. (眉爲保壽官, 喜淸高疏秀彎長, 亦宜高目一寸. 尾拂天倉, 主聰明富貴, 機巧福壽, 此保壽官成也.)

❀ 그러나 만약에 눈썹이 거칠고 짙거나 누런색을 띠고 엷으며, 흩어져 있고 혼란스러우며 아래로 낮게 누르고 있으면 형상을 당하고 파패할 것이며, 이런 경우는 보수관이 격국을 이루지 못한 것이 된다. (若粗濃黃淡, 及散亂低壓, 乃刑傷破敗, 此一官不成也.)

● 눈은 감찰관으로서, 흑백이 분명하거나 또는 봉황의 눈, 코끼리의 눈, 소의 눈, 용이나 범의 눈, 학의 눈, 원숭이의 눈, 공작의 눈, 원앙새의 눈, 사자의 눈, 까치의 눈과 같아야 한다. 눈이 숨겨져 있고 밖으로 드러나지 않으며, 눈동자가 옻칠을 한 것처럼 검고, 눈이 구슬과 같이 희며, 눈빛이 번쩍번쩍 빛나며 맑고 빼어나며 위엄이 있으면 바로 감찰관은 격국을 이루게 된다. (眼爲監察官, 黑白分明, 或鳳眼, 象眼, 牛眼, 龍虎眼, 鶴眼, 猴眼, 孔雀眼, 鴛鴦眼, 獅眼, 喜鵲眼, 神藏不露, 黑如漆, 白如玉, 波長射耳, 自然淸秀有威, 此監察官成也.)

● 그러나 만약에 뱀의 눈, 벌의 눈, 양의 눈, 쥐의 눈, 닭의 눈, 돼지의 눈, 물고기의 눈, 말의 눈, **화륜안**, **사백안1**이거나 또는 눈에 희고 붉은 핏줄이 많으며, 눈동자에 검은 색과 흰색이 혼잡하게 섞여 있고, 눈빛이 지나치게 노출되고, 눈이 맑지 않고 흐리멍덩하다면 이런 경우는 감찰관이 격국을 이루지 못한 것이 되며, 게다가 어리석고 고집이 세며 흉한 일을 당하고 파패하게 된다. (若蛇, 蜂, 羊, 鼠, 鷄, 猪, 魚, 馬, 火輪, 四白等眼, 赤白紋侵, 睛圓黑白混雜, 神光太露, 昏昧不淸, 此監察官不成也, 又且愚頑凶敗.)

● 귀는 채청관으로서, 그 크고 작음을 불문하고 이륜[귓바퀴]과 이곽[귓바퀴]이 분명해야 하고 얼굴 부위보다 희고 밝아야 한다. 물의 귀, 흙의 귀, 쇠의 귀, 소의 귀, 둥근 바둑돌과 같은 귀, 머리에 붙은 귀, 마주 보아 보이지 않는 귀 등은 좋은 상이다. (耳爲採聽官, 不論大小, 只要輪廓分明, 喜白過面, 水耳, 土耳, 金耳, 牛耳, 圓棋耳, 貼腦耳, 對面不見耳.)

---

1 이백안(二白眼)은 검은 눈동자 좌우가 흰색인 정상적인 눈이며, 삼백안(三白眼)은 눈동자가 위나 아래로 붙어 있어 좌우와 위 또는 아래가 모두 흰색인 눈이며, 사백안(四白眼)은 눈동자가 매우 작고 그 주위가 모두 흰색인 눈을 말한다. 그리고 화륜안(火輪眼)은 눈동자가 붉은 눈을 말한다.

❀ 또한 귀가 눈썹 보다 1촌 높고, 이륜은 두텁고 이륜과 이곽은 견실하며, 붉은 색을 띠고 윤택하며, 귓구멍 속에 솜털이 길게 나 있고, 귓구멍이 크지 않고 작으면 채청관이 격국을 이루었다고 한다. (高眉一寸, 輪厚廓堅, 紅潤姿色, 內有長毫, 孔小不大, 此採聽官成也.)

❀ 그러나 쥐의 귀, 나무의 귀, 불의 귀, 화살깃과 같은 귀, 돼지의 귀와 같이 생기고, 꽃이 피어나듯 귓바퀴가 없으며, 귀 가운데 부위가 뒤집히거나 또는 낮거나 작거나 엷은 귀는 모두 채청관이 격국을 이루지 못했다고 한다. 이러한 귀는 소년기에 어려움을 많이 겪게 되며, 심지어 육친을 잃게 된다. (或鼠耳, 木耳, 火耳, 箭羽耳, 猪耳, 輪飛廓反不好之耳, 或低小軟弱, 此採聽官不成也, 不利少年, 損六親.)

❀ 코는 심변관으로서, 역시 풍만하고 우뚝 솟아 있으며 곧고 뼈가 드러나지 않게 살집이 있어야 한다. 코뿔소의 코, 용의 코, 호랑이의 코, 사자의 코, 소의 코, 호양의 코, 대통을 잘라놓은 것 같은 코, 두터운 주머니와 같은 코, 쓸개를 걸어놓은 것 같은 코 등은 좋은 상이다. 또한 기울거나 치우치지 않고 단정하며 투박하지 않고 작지 않으면 심변관은 격국을 이루었다고 한다. (鼻爲審辨官, 亦宜豊隆聳直有肉, 伏犀, 龍, 虎鼻, 獅, 牛, 胡羊鼻, 截筒, 盛囊, 懸膽鼻, 端正不歪不偏, 不粗不小, 此審辨官成也.)

❀ 그러나 개의 코, 붕어의 코, 매부리코, 칼날 같은 코, 콧대가 곧지 않고 구부러진 코, 콧대 위에 3갈래의 구부러진 길이 있는 코, 콧구멍이 위로 들린 들창코, 작고 낮으며 약한 코, 등마루가 나온 코, 뼈가 나온 코, 매우 큰 코, 홀로 높게 우뚝 선 봉우리와 같은 코에 성격이 흉악하거나 간사하고 탐욕스럽고 빈곤하다면 되는 일이 없다. 이럴 경우 심변관은 격국을 이루지 못하게 된다. (若狗鼻, 鯽魚, 鷹嘴, 劍鋒, 反吟復吟, 三曲三彎, 露

孔, 仰灶, 扁弱, 露脊, 露骨, 太大, 孤峰, 況又凶惡, 貧苦無成, 刑惡奸貪, 此審辨官不成也.)

❀ 입은 출납관으로서, 입술은 붉고 치아는 희며, 양쪽 입술이 가지런하며 풍만하고, 인중은 깊고 길며, 입술 모양은 달을 우러러보거나 활을 당긴 것처럼 생기고, '사(四)'자와 같이 모가 나고 바르며, 소나 용이나 호랑이의 입과 같고, 양쪽 입술이 뒤집히거나 튀어나오지 않고, 위로 치켜져 있거나 뾰족하지 않으면 출납관은 격국을 이루게 된다. (口爲出納官, 脣, 紅齒白, 兩脣齊豊, 人中深長, 仰月彎弓, 四字口方, 牛龍虎口, 兩脣不反不昂, 不掀不尖, 此出納官成也.)

❀ 그러나 돼지의 입, 개의 입, 양의 입, 배가 뒤집힌 모양의 입, 메기의 입, 붕어의 입은 나쁜 상이다. 또한 먹는 모습이 쥐나 양과 같고, 입술이 짧고 치아가 밖으로 드러나 있으며, 입술이 검고 주름이 많으며, 윗입술은 엷은데 아랫입술은 뒤집혀 있고, 수염이 누렇고 메마르고 거칠고 탁하면 출납관은 격국을 이루지 못하게 된다. (或猪, 狗, 羊口, 覆船, 鮎魚, 鯽魚, 鼠食羊食, 脣短齒露, 脣黑脣皺, 上脣薄, 下脣反, 須黃焦枯粗濁, 此出納官不成也.)

❀ 《상서》에 다음과 같이 이르고 있다 : "일단 오관[눈, 코, 입, 귀, 눈썹] 중에서 하나의 관이 격국을 이룬 사람은 10년 동안 부귀와 복록을 향유하게 되며, 하나의 관도 격국을 이루지 못한 사람은 10년 동안 빈곤을 벗어나지 못하게 된다." (書云: "但一官成者, 掌十年之貴祿富豊; 不成者, 必主十年困苦.")

❀ 육부[양 이마, 양 광대뼈, 양 턱] 중에서 천정[이마], 일각[이마], 월각[이마]은 천부(天府)가 되며, 천부는 모가 나고 둥굴며 밝고 깨끗하고, 골격이 밖으

로 드러나지 않으면 격국을 이루게 된다. 그러나 기울거나 깎여 있고 낮거나 무너지고 뾰족하다면 천부는 격국을 이루지 못하게 되며, 이럴 경우 주로 초년에 뜻을 이루지 못하고 불우하게 지낸다. (六府者, 天庭, 日月二角爲天府, 宜方圓明淨, 不宜露骨, 天府成也. 或欹削低塌偏尖, 天府不成也, 主初年運蹇.)

● 양쪽 관골은 인부(人府)가 되며, 인부는 방정하며 귀밑털 부위까지 뻗어 있지 않으며, 투박하지 않고 밖으로 드러나 있지 않으며, 크기가 같고 가지런히 모여 코를 향해 마주보고 있으면 격국을 이루게 된다. (兩顴爲人府, 宜方正揷鬢, 不粗不露, 齊揖方拱, 此人府成也.)

● 그러나 만약에 투박하거나 골격이 지나치게 튀어나오거나 심하게 높거나 낮으며, 지나치게 뾰족하거나 지나치게 둥글고, 북의 표면과 같이 매우 팽팽하면 인부는 격국을 이루지 못하게 되며, 이럴 경우 주로 중년에 운이 막히게 된다. (若粗露高低, 尖圓繃鼓, 此人府不成也, 主中年運否.)

● 지각[턱]과 변시[뺨]는 말년의 운명과 관계되는 지부(地府)가 되며, 지부는 지각과 현벽[뺨 가장자리] 부위가 균형을 이루고, 어둡지 않고 수척하지 않으며, 뾰족하지 않고 기울어 있지 않으며, 투박하지 않고 크지 않으면 격국을 이루게 된다. (地閣邊腮爲末景地府, 喜輔地閣懸壁, 不昏不慘, 不尖不歪, 不粗不大, 地府成也.)

● 그러나 만약에 지부가 너무 높거나 낮고, 너무 투박하거나 뼈가 튀어나오고, 너무 말라 깎여 있거나 모양이 뾰족하며, 뺨 부위가 지나치게 귀를 가로막고 있으면 지부는 격국을 이루지 못한다. (若高低粗露削尖, 耳後見重腮, 地府不成也.)

🌸 《상서》에 다음과 같이 이르고 있다 : "육부 중에서 1개 부위가 격국을 이룬 사람은 10년 동안 부귀를 누리게 되며, 그렇지 못한 사람은 10년 동안 흥패를 당하게 된다." (書云: "一府就, 掌十年之富盛; 相反者, 主十年之凶敗".)

일곱, 허리가 둥글고 등이 두터운지, 가슴이 평탄한지, 배는 아래로 늘어져 있는지, 삼갑과 삼임의 상태가 좋은지, 그리고 몸과 피부가 가늘고 여린지의 여부를 본다. (七取腰圓背厚, 胸坦腹墜, 三甲三壬, 體膚細嫩, 可也.)

🌸 등은 두텁고 넓으며, 허리는 둥글고 딴딴해야 한다. 등의 척추에 골이 파여 있으며, 등이 엷고 어깨가 아래로 처져 있거나 어깨가 위로 솟아 있고 목이 깎여 있는 것이 제일 나쁘다. (背厚闊, 腰硬腰圓. 最嫌背脊成坑, 背薄肩垂, 肩昂頸削.)

🌸 허리는 둥글어야 하고 두터워야 하며, 커야 하고 평평해야 하며, 가늘거나 연약해서는 안 된다. 기울고 굽어져 궁둥이가 없어서도 안 되고, 궁둥이가 말라서 뾰족하며 깎여 있어도 안 된다. (腰宜圓宜厚, 宜大宜平, 不可細小軟弱, 崎彎無屁股, 臀薄尖削露.)

🌸 궁둥이는 두텁고 무거워야 하며, 너무 밖으로 우뚝 솟아나서는 안 된다. 가슴은 평평하고 풍만해야 하며, 흉골[가슴뼈]은 투박하고 크거나 밖으로 드러나지 않아야 하고, 목 부위는 살집이 풍만하여 2줄이 나 있으며, 명치는 함몰되어 있지 않아야 한다. (臀宜厚重, 不宜太翹. 胸宜平滿, 骨莫粗露, 項下雙條, 心窩不陷.)

🏶 배는 호리병과 같아야 하며, 배꼽 아래 살집은 가로로 나야 하며 뾰족하거나 깎여서는 안 된다. 그러나 만약에 배가 까치의 가슴과 같고, 개의 배와 같으며, 가슴은 닭의 가슴과 같다면 그것은 견딜 수 없을 정도로 좋지 않은 것이다. (腹宜有如葫蘆, 臍下肉橫生, 不宜尖削, 或如鵲肚, 鷄胸, 狗肚, 此不堪也.)

🏶 《상서》에 다음과 같이 이르고 있다 : "허리는 둥글고 등은 두터워야 비로서 관리가 매는 옥으로 만든 허리띠[玉帶]와 조정에 나갈 때 입는 제복을 가질 수 있다." 이러한 상을 가진 사람은 갑자기 태산이 무너져도 머뭇거리지 않고 침착하며, 불의를 보면 남 보다 더 울분을 토로하며 참지 못하고, 반드시 발전하고 성공하여 부귀를 향유하게 된다. (書云: "腰圓背厚, 方保玉帶朝衣." 驟然不豫, 慷慨過人, 必主發達富盛.)

🏶 가슴이 평평하고 배는 주머니 같은 사람이 반드시 자줏빛 도포를 몸에 걸칠 고관의 상이며, 비록 부귀가 타인을 앞서지는 않는다고 하더라도 결코 보통 사람에 들어가지는 않으며 반드시 크게 발전하게 된다. (胸平腹囊, 故宜紫袍挂體, 雖不出前, 不入凡流, 必須發達.)

🏶 등 부위에는 **삼갑**[1]이 있는데, 목 뒤에는 살집이 두툼하고, 양쪽 어깨는 팽팽하고 살집이 두툼해야 한다. 배에는 **삼임**[2]이 있으며, 배꼽 아래의 살집은 두툼하고, 양쪽 넓적다리 가장자리의 살집은 길어야 한다. (背如三甲, 項后肉厚, 兩肩繃肉厚, 腹如三壬, 臍下肉厚, 兩腿邊肉長.)

---

1 삼갑(三甲)은 등 뒤를 3개 부위로 나눈 것을 말한다. 삼갑은 삼관(三關)이라고도 한다. 삼갑은 머리 뒤 부위를 옥침관(玉枕關), 등꼴뼈를 록고관(轆轤關), 그리고 미추골에서 음부에 이르는 부위를 미려관(尾閭關)이라 하며, 삼갑에서 피부와 살집이 풍만하고, 움푹 들어가지 않고 결함이 없는 사람은 장수한다.
2 삼임(三壬)은 배를 3개 부위로 나눈 것을 말한다. 삼임은 아랫배가 크게 나온 형상을 말한다.

🏵 《상서》에 다음과 같이 이르고 있다 : "등에는 3개 산을 짊어지고 있는데, 이것은 마치 보호하는 갑옷과 같고, 배꼽은 깊어서 오얏을 거두어 들여 저장할 수 있고, 배는 키를 드리우는데, 바로 이러한 상이라면 반드시 크게 귀하게 되며, 설사 귀하지 않더라도 매우 부유하게 된다." (書云: "背負三山如護甲, 臍深納李腹垂箕. 如此之相必大貴, 不貴之時富可夸.")

🏵 그러나 머리는 큰데 모난 곳이 없고, 배는 큰데 주머니가 없으면 농부가 아니면 반드시 백정이고, 성격이 거친 사람이 아니면 반드시 목공이다. 만약에 (허리, 등, 배, 배꼽, 어깨 등이) 뾰족하고 깎여 있으며 움푹 파이고 연약하며, 개의 창자와 같고, 닭의 가슴과 같으면 설사 부유하더라도 반드시 바라는 결과를 얻지 못하게 된다. (但頭大無角, 腹大無囊, 不是農夫, 必是屠博. 不是粗人, 必是木作. 若尖削陷軟, 狗肚, 鷄胸, 縱富必無結果.)

🏵 《상서》에 다음과 같이 이르고 있다 : "남자는 허리가 작으면 집안에 재물을 모으기가 어려우며, 또한 단명한다. 만약에 가슴이 돌출되고 궁둥이가 심하게 밖으로 드러나면 일생동안 가난과 고생을 면하지 못하며, 남자는 종이 되고 여자는 간부가 된다." 그러니 이러한 상들을 상세히 헤아려야 하며, 절대로 소홀히 취급해서는 안 된다. (書云: "男子腰小, 難主家財, 亦且夭折. 凸胸露臀, 當成酸窮, 男子爲仆, 女子爲奸." 相中最宜推詳, 不可忽略.)

여덟, 손과 발을 보는데, 손과 발은 곱고 부드러우며 두툼해야 한다. (八取手足, 宜細嫩隆厚.)

🏵 손바닥의 한 가운데에는 팔괘의 주름이 있어야 하는데, 그것이 선명

하여 마치 피를 뿜는 것 같아야 한다. 손바닥에는 **삼봉1**이 뾰족하게 튀어나와 있는데, 주름이 기이해야 한다. 손가락 마디는 마치 달걀과 같이 둥글어야 하고, 손가락은 뾰족하며 서로 보완적이어야 하고, 손가락의 크기는 적당해야 한다. (掌有八卦紋路, 鮮明或如噀血. 尖起三峰, 奇紋異紋. 節如鷄彈, 指尖相輔, 指大相停.)

● 손바닥은 거울과 같이 평탄하며, 솜과 같이 보드랍고, 주먹을 쥘 때는 용과 호랑이가 서로 삼킬 듯이 손가락을 꽉 쥘 수 있어야 한다. 손바닥과 손등은 두껍고 팔뚝은 작고 팔꿈치는 둥글어야 한다. (掌平如鏡, 或軟如綿, 龍虎相呑. 掌厚背厚, 腕扁肘圓.)

● 발등에는 살이 있어야 하며 발바닥에는 주름과 점이 있어야 하며, 발바닥은 활과 같이 굽어 있어야 한다. 손등에는 근골이 거칠게 드러나서는 안 되며, 손가락 마디는 틈이 갈라지고 새어나가서는 안 된다. (足背有肉, 足底有紋, 有痣, 掌略帶彎. 手背不宜粗露筋骨, 指節不宜漏縫.)

● 《상서》에 다음과 같이 이르고 있다 : "손가락 마디가 부르트고 크거나 틈이 벌어져 있으면 신색이 어둡고 게으르다. 손과 발의 근골이 들떠 보이면 겉으로는 즐거운 것 같으나 마음속으로는 근심이 있다. 맑은 피가 뿜어나오듯 손바닥이 붉으면 부귀가 끊이질 않는다. 손이 솜과 같이 보드라우면 한가롭게 지낼 뿐만 아니라 재물이 있다. 손바닥의 삼봉이 솟아 있는 사람은 말년에 복을 누린다. 손바닥이 거울과 같이 평탄하면 맨손으로 시작하여 집안을 일으킨다. 손바닥의 주름살이 드러나 보이고 거칠면 말년에 의식주를 걱정하지 않는다." 그러나 손바닥을 보는 비결

---

1 삼봉(三峰)은 손바닥 위의 살집이 돌기한 부분으로서, 손바닥의 손(巽) 부위, 리(離) 부위, 그리고 곤(坤) 부위 위에 높게 솟은 3개 산봉우리를 가리킨다.

은 뒤에 다시 서술할 것이니 전후를 참조하여 보아야 한다. (書云: "腫節漏縫, 神昏神懶. 浮筋露骨, 身樂心慢. 掌紅噗血, 富貴綿綿. 手軟如綿, 閑且有錢. 尖起三峰, 福生晚景. 掌平如鏡, 白手興家. 紋露粗率, 晚年衣祿平常."但相掌訣法, 有載于後, 宜與前後兼觀.)

아홉, 목소리와 마음씨를 본다. (九取聲音與心田.)

❀ 《상서》에 다음과 같이 이르고 있다 : "마음씨가 좋은지 나쁜지를 판단하려면 그 사람의 눈빛이 맑은지의 여부를 보아야 한다." 눈은 마음의 문이다. 그 눈의 착함과 악함을 보면 반드시 마음씨가 좋은지 나쁜지를 알게 된다. 마음이 바른 사람은 눈동자가 맑고, 마음이 바르지 못한 사람은 눈동자가 흐리다. (書云: "要知心裏事, 但看眼神淸." 眼乃心之門戶. 觀其眼之善惡, 必知心事之好歹. 其心正, 則眸子瞭焉. 心不正, 則眸子眊焉.)

❀ 눈으로 위를 향해 보는 사람은 그 마음이 반드시 높고 거만하며, 눈으로 아래를 향해 보는 사람은 마음이 매사 심사숙고한다. 눈알을 굴리면서 말을 하지 않는 사람은 마음속에 의심이 많다. 그리고 눈을 흘겨보는 사람은 옳은 말을 하지만 마음은 다르며, 자기 것만 챙기고 남에게 해를 끼치고 자기 말만 하고 듣지는 않는다. (眼視上, 其心必高. 眼視下, 心有感思. 眼轉動而不言, 心有疑慮. 眼視斜而口是心非, 益己害人, 言不可聽.)

❀ 눈을 똑바로 쳐다보는 사람은 사람됨이 정직하고, 파벌을 조성하거나 편파적이지 않다. 눈이 악하면 반드시 마음도 반드시 악하고, 눈이 자비로우면 마음도 반드시 자비롭다. (眼正視, 其人中正, 無黨無偏. 眼惡心必惡, 眼慈心必慈.)

❀ 눈 아래 음즐문[1]이 있으면 재난에 처한 사람을 구해주고, 어려움에 처한 사람을 구해주며, 가난한 사람을 구제해 주고, 사람의 생명을 구해준다. 또한 음란하지 않고 난잡하지 않으며, 재물이 넉넉하고 남을 위해 베푸는 도량이 매우 크다. (有陰騭者, 或救人難厄, 或救人危險, 濟人貧窮, 救人性命, 不淫不亂, 財寬量大容物).

❀ 눈 밑의 와잠이나 인당[눈썹사이]과 복당[이마] 부위에 자색, 황색, 홍색의 기색이 나타나면 설사 용모가 마음씨만큼 좋지 않더라도 결국에는 부귀를 누리게 된다. (人俱有紫黃容紅氣色, 發見于眼下臥蠶之宮, 印堂福堂之位, 縱相貌不如其心田好, 終有富貴.)

❀ 용모는 당당한데 마음속으로 바라는 일이 간사하고 음험하다면 설사 부귀하더라도 오래지 않아 가난하고 궁색하게 된다. (若相貌堂堂, 心事奸險, 縱然富貴, 不久貧窮.)

❀ 《상서》에 다음과 같이 이르고 있다 : "얼굴 모습을 보지 않고 먼저 마음씨를 본다." 외모만 있고 마음이 없으면, 외모는 마음을 쫓아 없어지며, 마음만 있고 외모가 없으면 외모는 마음을 쫓아 생긴다. (書云: "未觀相貌, 先看心田," 有相無心, 相從心滅; 有心無相, 相從心生.)

❀ 옛날 배도(裴度, 당대의 명재상)는 굶어죽을 빈상이었지만 마음씨가 너무 선량하여 재상이 되었고, 송교(宋郊, 송대의 인물)는 개미에게 물을 건너가게 하여 살도록 도와주었으며, 염파(廉頗, 전국시대 명장)는 위기에 처한 사람을 구해 강을 건너게 하였는데, 이들은 모두 천금과도 바꿀 수 없는

---

[1] 음즐문(陰騭紋)은 음덕문(陰德紋)이라고도 하며, 사람이 좋은 일을 하거나 나쁜 일을 한 후에 얼굴에 나타나는 주름살을 가리킨다.

좋은 마음씨를 가지고 있었다. 이들은 원래 부귀한 상은 아니지만 나중에 크게 귀하게 되었는데, 그것은 모두가 음덕을 쌓았기 때문이다. (昔裵度還帶, 宋郊渡蟻, 廉頗臨危救人過渡, 雖千金不受, 本是不貴之相, 後反大貴, 而陰騭扶之.)

❀ 목소리는 크고 낭랑해야 하며, 단전[배꼽 아래 1촌 되는 부위]으로부터 나와야 한다. 목소리가 귀를 뚫을 듯한 천둥소리와 같거나, 혹은 구리종에서 울려나오는 맑은 옥 소리와 같거나, 혹은 항아리 속에서 울리는 소리와 같거나, 혹은 구리 징과 구리 북과 같거나, 혹은 금속성 소리와 같거나, 혹은 길게 울려 퍼지면서 끝에는 북소리처럼 크게 나면 모두가 맑고 윤택하면, 설사 용모가 조금 부족하더라도 주로 부귀를 누리게 된다. (聲音宜嚮亮, 出自丹田[臍下一寸是也]. 聲嚮如雷灌耳, 或如銅鐘玉韵, 或如瓮中之聲, 或如銅鑼銅鼓, 或如金聲, 或聲長尾大如鼓之嚮, 俱要淸潤, 縱相貌不如, 亦主富貴.)

❀ 몸통은 마르고 작은데 소리가 크거나, 혹은 몸통도 크고 소리도 크면 모두 깊고 먼 음질을 필요로 하며, 단전에서 나오는 소리는 부귀가 끊이질 않는 상이다. (或人小聲大, 人大聲雄, 俱要深遠, 丹田所出, 此富貴綿遠之相也.)

❀ 단명하고 빈천한 사람의 목소리는 가볍고 목멘 소리를 내며, 들떠있고 흐트러지며, 작고 낮으며, 혹은 징과 북이 깨지는 소리와 같으며, 말이 타들어가 듯 약하게 쉬고, 처음에는 크나 나중에는 기어들어가고, 크지만 둥글고 윤택하지 않다. (夭折貧賤之人, 聲輕聲噎, 聲浮聲散, 聲低聲小, 或如破鑼鼓, 語音焦枯, 聲大尾焦, 聲雄不圓.)

❀ 《상서》에 다음과 같이 이르고 있다 : "부귀한 사람의 목소리는 단전에서 나오며, 단명하고 비천한 사람의 목소리는 입 끝에서 나온다." 혹

시 여음이 있어도 쉬고 갈라지고 깨지며 세찬 목소리를 내면, 어린 시절을 되는 일 없이 보내게 되며, 노년에 이르러 주로 발전하여 지위를 얻게 된다. (書云: "富貴之聲出于丹田, 天賤之人聲出口端." 或有餘音, 縱焦枯烈, 早年虛耗, 晩主發達矣.)

❀ 상법의 비결에서 다음과 같이 이르고 있다 : "말이 입에서 나오지 않았는데 얼굴색이 먼저 변하거나, 말이 다 끝나지 않았는데 숨결이 이미 끊어지거나 하면 그 모두가 단명하거나 비천한 사람이다. 목소리를 관찰하면 상의 근본을 알게 되며, 음즐[눈밑]을 관찰하면 상의 원래의 신색을 알게 된다. 얼굴과 몸을 보는 것은 목소리와 음즐문을 보는 것에 지나지 않는 것이다. 얼굴 부위가 좋지 않더라도 이러한 상을 가진 사람은 결국에는 부귀를 누리게 된다. 그러나 목소리가 맑고 낭랑한 사람은 비록 빈천하다 하더라도 결국에는 발전하여 좋은 지위를 얻게 되니 여우처럼 지나치게 의심할 필요가 없다."(訣曰: "言未擧而色先變, 話未盡而氣先絶, 俱天賤之人. 觀聲音, 知爲相之根本; 觀陰騭, 知爲相之元神, 形貌莫外乎聲音陰騭. 部位不好, 有此相者, 竟許富貴. 但聲音響亮者, 雖貧賤, 終能發達, 不必狐疑".)

열, 생김새와 오행을 본다. (十觀形局與五行.)

❀ 생김새란 사람 몸의 관문이다. 만약 생김새가 용형, 호랑이형, 학형, 사자형, 공작형, 황새형, 황소형, 원숭이형, 표범형, 코끼리형, 봉황형, 원앙형, 백로형, 낙타형, 황붕형[몸집이 거대한 상상의 새], 물까치형 등과 같다면 이러한 것들은 모두 부귀의 형상이다. (形局者, 乃人一身之大關也. 或如龍形, 虎形, 鶴形, 獅形, 孔雀形, 鸛形, 牛形, 猴形, 豹形, 象形, 鳳形, 鴛鴦形, 鷺鷥, 駱駝, 黃鵬, 練雀 等 形, 此富貴形相.)

❀ 만약에 돼지형, 개형, 양형, 말형, 사슴형, 까마귀형, 쥐형, 여우형과 같은 형상이라면 흉폭하고 가난하며 박복하고 단명하는 상이다. (或猪形, 狗形, 羊形, 馬形, 鹿形, 鴉形, 鼠形, 狐狸形, 此凶暴貧薄夭折之相也.)

❀ 오행은 금, 목, 수, 화, 토이다. 《상서》에 다음과 같이 이르고 있다 : "금형인이 금의 상을 얻으면 의지가 굳고 깊으며, 목형인이 목의 상을 얻으면 재부가 풍족하고, 수형인이 수의 상을 얻으면 문장력이 뛰어나며, 화형인이 화의 상을 얻으면 기지와 과단성이 있고, 토형인이 토의 상을 얻으면 집안의 재산이 풍족하다." (五行者, 金, 木, 水, 火, 土也. 書云: "金得金, 剛毅深. 木得木, 淨財足. 水得水, 文章貴. 火得火, 見機果. 土得土, 厚豊庫.")

❀ 금형인은 백색이므로 백색을 좋아한다. 목형인은 깡마르고 청색을 좋아한다. 수형인은 살이 찌고 흑색을 좋아한다. 화형인은 뾰족하게 깎인 것을 꺼리지 않으며 적색이어야 좋다. 토형인은 후중하며 황색이어야 한다. 이것은 오행의 올바른 형국이다. (金形白色, 喜白. 木形瘦, 喜青. 水喜肥黑. 火不嫌尖, 宜赤色. 土喜厚金, 色宜黃. 此五行正局也.)

❀ 이러한 특징에 부합하는 사람은 부귀와 수복을 모두 누리게 되지만, 이와 반대인 사람은 빈천하고 단명하다. 그러나 상을 보는 데는 오행과 골격을 겸하여 참조하면서 미루어 단정해야 한다. 상법에는 그 찾아가는 실마리가 허다하니 종합적인 관점에서 추단함이 올바른 이치가 된다. (合此者富貴福壽, 反此者貧賤夭折. 但相者凭五行兼骨格推斷. 相法多端, 理居總斷.)

부유한 사람의 상
富相

형체는 넉넉하고 정신이 평안하며, 기색은 맑고 목소리는 상쾌하며, 목덜미는 크고 이마는 풍만하면서 솟아 있으며, 눈은 밝고 눈썹은 넓으며, 귀는 두터우며 입술은 홍색을 띠고, 코는 반듯하게 정돈되고 얼굴은 모가 나며, 등은 두텁고 허리는 바르며, 피부는 매끄럽고 배는 아래로 늘어져 있고, 소의 이빨과 같이 크고 학의 걸음걸이처럼 걸으면 이 모두가 부자가 되는 상이다. (形厚神安, 氣淸聲暢, 項大額隆, 眼明眉闊, 耳厚脣紅, 鼻整面方, 背厚腰正, 皮滑腹垂, 牛齒鶴行, 皆富相也.)

《시》에 이르기를... (詩曰)

❀ 오형은 도탑고 두터우며 형체는 풍만해야 하며, 지각[턱] 부위는 모가 나고 평평하며, 귀는 머리 옆에 붙어 늘어져 있어야 한다. (五形敦厚形豊足, 地閣方平耳伏垂.)

❀ 말할 때의 목소리는 종을 치고 항아리 속에서 울려 나오는 소리와 같으며, 치아는 석류와 같아야 하고, 목덜미의 피부는 늘어져야 한다. (口帶鐘音瓮中響, 齒如榴子項余皮.)

❀ 등은 (거북의) 껍데기를 짊어지고 있듯이 3개 산봉우리가 솟아있어야 하며, 배꼽은 깊을 뿐만 아니라 오얏이 들어갈 수 있을 정도가 되어야 하고, 배는 아래로 귀처럼 늘어져 있어야 한다. (背聳三山如負甲, 臍深納李腹垂箕.)

❀ 삼양[1][눈] 부위의 와잠[눈밑]은 손가락을 가로로 눕힌 것과 같고, 코가 평평하고 곧게 난 사람은 낙천적이고 화목하다. (三陽臥蠶如臥指, 鼻梁平直樂且宜.)

❀ 호랑이의 머리와 제비의 이마를 하고 산림[양 이마] 부위가 빼어나며, 일각[이마]이 넓고 천정[이마] 부위가 양쪽 눈썹을 품을 정도로 풍만해야 한다. (虎頭燕額山林秀, 日角珠庭抱兩眉.)

❀ 사독[눈, 코, 입, 귀]이 서로 통하고 서로 배반하지 않으며, 천창[양 이마] 부위가 풍만하면 복이 더디게 온다. (四水流通不相反, 天倉俱滿福遲遲.)

❀ 눈썹 털은 난잡하고 추하지 않으며, 코[중악]는 바르며 반듯하고 쓸개를 걸어놓은 것과 같고 수염은 적어야 한다. (眉毛不欺中岳正, 鼻如懸膽須毛微.)

❀ 입은 '사(四)' 자 모양이고 치아는 바르고 평평해야 하며, 음식을 먹을 때 소처럼 씹고 양처럼 삼킨다면 모두가 본보기가 되는 좋은 상이 된다. (四字之口齒平正, 牛嚼羊吞悉有儀.)

❀ 잠을 자는 자세는 호랑이가 자고 용이 서린 것과 같아야 한다. 숨을

---

1 삼양(三陽)은 태양(太陽), 중앙(中陽), 소양(少陽)을 가리킨다.

쉬는 소리도 커서는 안 되며, 눈썹은 드물고 윤기가 나며 눈동자는 감추어져 있어야 한다. (虎睡龍蟠息不聞, 眉疏有彩眼藏神.)

❀ 산근[콧등] 부위는 끊어져 있으면 안 되며, 콧등 위의 년상과 수상 부위는 윤택해야 한다. 귀의 이륜과 이곽 부위는 분명히 구분될 수 있어야 하며, 살집도 평평하게 머리 옆쪽에 붙어 있어야 한다. (山根不斷年壽潤, 輪廓分明貼肉平.)

❀ 얼굴의 삼정[상정, 중정, 하정]은 단정하고 균등해야 하는데, 마치 뿔이 난 것 같고, 오악[이마, 코, 턱, 양 광대뼈]은 풍만하고 높이 솟아 있으면서 서로 조응하며 팔괘는 가득 차 있어야 한다. (三停端正如角起, 五岳隆高八卦盈.)

❀ 몸은 우뚝 솟은 산악처럼 후중하고 알차며, 피부는 매끄럽고 힘줄은 밖으로 튀어나와 있지 않으며 뼈대는 더욱 깨끗해야 한다. (山移岳峙身軀重, 肉滑筋藏骨更淸.)

❀ 얼굴 전체가 티끌로 뒤덮여 회색으로 변해 있더라도 골상이 좋은 사람은 처음에는 가난하지만 나중에는 부자가 될 수 있다. (欲識始貧終富者, 滿面塵埃骨法成.)

❀ 무릇 오행에서 복록이 있으려면 오직 풍만해야 하며 치우쳐 있어서는 안 된다. (凡在五行皆有祿, 只宜豐滿不宜偏.)

❀ 천창 부위가 융기되어 있으면 평생 재물이나 녹봉이 풍부하며, 지각 부위가 바르고 평평하면 1만 이랑이나 되는 큰 밭을 가지게 된다. (天倉隆

起多財祿, 地閣方平萬頃田.)

🌸 등이 거북이 등과 같이 넓으면 주로 귀하며, 이마가 봉황과 같이 높으면 주로 복이 있다. (背闊似龜還主貴, 額高如鳳主福堅.)

🌸 거위나 오리처럼 걷고 허리가 두텁고 단단한 사람은 반드시 부귀영화가 자자손손 대를 이어 전해진다. (鵝行鴨步身腰厚, 須信榮華家世傳.)

또 이르기를... (又曰)

🌸 뼈대는 무겁고 피부는 보드랍고 말랑말랑한 사람은 지고[양 턱]와 창고[식창과 녹창]에 접하여 가산이 풍족하며, 입이 모가 나고 치아와 잇몸이 흰 사람은 창고와 궤짝에 금과 옥이 가득하다. (骨重皮膚慢, 豊隆接地倉, 口方齒齦白, 金玉滿倉箱.)

🌸 머리가 작고 이마와 관골[광대뼈]이 밝으며, 정신집중을 잘 하고 체형과 골격이 크며, 목소리가 가라앉으면서 멀리까지 퍼져나가는 사람은 많은 보물을 수중에 넣게 된다. (頭小額顴光, 神凝體骨寬, 語聲沉更遠, 珠玉掌中看.)

🌸 현벽[뺨 가장자리] 부위가 숫돌과 같이 평평하고 난대[왼쪽 콧망울]가 넓고 더욱 길면, 비록 형체가 아름답지 않고 기색이 혼탁하더라도 아주 쉽게 재물을 획득하게 된다. (懸壁平如砥, 蘭臺闊更長, 雖然形氣濁, 其奈蓄金囊.)

🌸 금궤[눈밑] 부위의 골상이 귀골이고, 더욱 풍만하고 단정하며 솟아 있

고, 손바닥이 피를 뿜어내는 것처럼 홍색을 띠면 금방울이 달린 향주머니를 차고 다니듯이 거부가 된다. (貴骨連金匱, 豊隆聳更端, 掌紅如噀血, 幃幄似金鑾.)

❀ 대체적으로 몸의 형체가 마르고, 목소리는 높고 혈기는 막힘이 없고 후련하며, 귀는 입을 향해 있고 입술이 단정하면 재물을 모아 쌓아 놓고 스스로 기뻐하게 된다. (大抵身形瘦, 聲高氣韻舒, 耳朝方口正, 積聚自愉如.)

귀한 사람의 상
貴相

《시》에 이르기를... (詩曰)

🌸 반고[1]가 혼돈의 껍질을 뚫고 나와 천지개벽하면서 세계가 창조된 이래 음과 양 2개의 기(氣)가 나오자 맑음과 혼탁함의 구분이 생기게 되었다. (自從鑿開混沌殼, 二氣由來有淸濁.)

🌸 맑은 기로서 잉태한 사람은 성현을 낳고, 탁한 기로서 잉태한 사람은 어리석고 순박한 사람의 상이다. (孕其淸者生聖賢, 孕其濁者生愚朴.)

🌸 귀한 상은 그 유래가 반드시 한 가지만은 아니어서, 혹은 자신이 스스로 수련하여 얻은 상도 있고, 혹은 태어날 때 신이 부여한 천생적인 상도 있으며, 혹은 하늘의 별자리가 인간 세상에 내려와 준 상도 있고, 혹은 신선이 태아로 변하여 생겨난 상도 있다. (貴相之來固非一, 或自修來或神匦, 或是星辰謫降靈, 或自神仙假胎息.)

---

[1] 반고(盤古)는 중국의 천지창조 신화에 등장하는 거인신이다. 암흑과 혼돈상태에서 반고가 태어나면서 하늘과 땅이 생겼으며, 반고가 자라면서 머리는 하늘을 떠받치고 다리는 땅을 지탱하였다고 한다. 또한 양(梁)나라 임방(任昉)이 쓴 《술이기(述異記)》에 의하면, 반고가 죽은 후에는 그의 시신이 화생(化生)하여 머리는 사악(四岳), 눈은 일월(日月), 기름은 바다가 되었고, 피는 기름, 핏줄은 길, 머리카락은 초목이 되었으며, 그의 입에서 나오는 기(氣)는 바람과 구름이 되고, 목소리는 천둥이 되었고, 몸은 산이 되고, 뼈는 바위와 돌이 되었다고 한다.

❀ 귀한 상을 가진 사람은 정신이 맑고 깨끗하며 골격은 두텁고 깨끗하고, 의지가 굳고 바다와 같이 넓어서 그 누구라도 가히 알수 있는 상이다. (精神澄徹骨隆淸, 剛毅汪洋誰可識.)

❀ 기색이 가파른 바위와 같아서 돌고 돌아 생기고, 구름이 흘러가듯 걸어가고 반석과 같이 앉아 있는 상이다. (巉岩氣宇旋旋生, 行若浮雲坐若石.)

❀ 설사 몸이 작더라도 목소리가 커서 큰 강을 사이에 두고도 또렷하게 들을 수 있으며, 일각[이마] 부위는 용의 얼굴과 같이 평평하고 반듯하며 풍만한데, 이마에 걸려 있는 상이다. (身小聲大隔江聞, 日角龍顔額懸生.)

❀ 눈빛은 샛별이 매달려 있듯이 반짝반짝 비추고 빛나며, 콧대는 천중[이마] 부위로 관통할 정도로 곧게 솟아 있는 상이다. (目光爛若曙星懸, 鼻梁聳貫天中出.)

❀ 등 뒤에서 말하는 것을 듣고 대답할 때 몸을 돌아서지 않으며, 체형은 가냘프고 얼굴은 조잡하며 성품은 온화한 상이다. (背後接語身不轉, 體細面粗性情怡.)

❀ 눈썹 뿌리는 가는 실과 같아 보드랍고 눈썹 모양은 초승달과 같으며, 산처럼 홀로 앉아 있어서 허리와 등은 두텁고 풍만한 상이다. (眉根細絲新月分, 獨坐如山腰背積.)

❀ 지초와 난초 같은 향초를 지니지 않아도 몸에서 저절로 향기가 나며, 상체는 길고 하체는 짧으며, 손은 아래로 내리면 무릎까지 가는 상이다. (不帶芝蘭身自香, 上長下短手垂膝.)

❀ (고대 중국의 순 황제처럼) 한 눈에 눈동자가 2개이고 한 팔에 팔꿈치가 2개인 사람은 만나기가 어려운 상이다. (重瞳二肘人難會.)

❀ 이마는 풍만하고 우뚝 솟아있고, 목소리는 종이 울리는 것과 같으며, 얼굴은 모가 나고 크며 1척이 되는 상이다. (龍顙鐘聲面盈尺.)

❀ 대변은 중첩된 띠와 같고 소변은 구슬 방울과 같으며, 피부는 응결된 기름과 같고 눈동자는 옻칠을 한 것처럼 검은 상이다. (糞如疊帶尿若珠, 膚如凝脂目如漆.)

❀ 몸은 '구(具)'자와 같이 생기고 얼굴 모양은 '전(田)'자와 같으며, 용이 오르고 호랑이가 달리듯이 자태가 자연스럽고 뛰어난 상이다. (身如具字面如田, 虎驟龍奔自飄逸.)

❀ 관골은 솟아나 평탄하며 옥침골은 풍만하고, 혀는 길게 뻗으면 준두[코끝] 부위에 이르고 긴 주름이 있는 상이다. (顴骨隆平玉枕豊, 舌至準頭有長理.)

❀ 귀는 매우 가까운 거리에서도 마주한 사람에게 보이지 않으며, 정면으로 보면 우뚝한데 마치 손바닥으로 가린 것과 같은 상이다. (相對咫尺不見耳, 正面巍然如隱指.)

❀ 입술은 붉고 윤택하며, 등은 두텁고 튼튼하며, 피부는 비늘이 나 있으며, 천정[이마] 부위와 지각[턱] 부위가 서로 향하여 마주보고 있으며 골격이 일어난 상이다. (口丹背負皮生鱗, 天地相朝生骨起.)

🌸 깨끗하고 귀한 것 중에도 혼탁하고, 혼탁한 것 속에도 깨끗하며, 다리 아래 잔털과 검은 점이 있는 상이다. (清中識濁濁中淸, 足下生毛兼黑痣.)

🌸 손바닥은 넓고 크며, 손가락은 둥글고 길어야 하는데, 손바닥이 손가락 보다 길면 용이 와서 호랑이를 삼키는 상이며, 살집과 골격이 목에서부터 위로 솟아 귀 사이에에 이르는 상이다. (龍來吞虎指圓長, 肉骨出項聳耳間.)

🌸 얼굴 위의 **구주**[1]는 자세히 관찰해야 하는데, 역마[이마 모서리] 부위가 풍만하고, 변지[이마 모서리] 부위도 높게 솟아 있으면 좌절이나 곤경은 겪지 않게 된다. (九州相繼驛馬豊, 邊地隆高無蹇否.)

또 이르기를... (又曰)

🌸 골격이 가늘고 피부가 매끄러우면 귀인이 되는 상임을 알아야 한다. (骨細皮膚滑, 應知是貴人.)

🌸 앉아 있을 때 신기가 안정되면 반드시 큰 공을 세우는 신하가 되는 상이다. (坐時神氣穩, 須作大功臣.)

🌸 앉아 있을 때는 깨우치고, 체형은 육중하며, 걸을 때는 날아가듯이 빠르고, 말하면서 웃는 소리가 멀리까지 전해지는 사람은 금의환향할

---

1 구주(九州)는 《상학》에서 형(荊), 양(揚), 서(徐), 예(豫), 기(冀), 청(靑), 량(梁), 무(无), 옹(雍)을 칭한다. 여기서 이마는 양주(揚州), 아래턱은 기주(冀州), 코는 예주(豫州), 왼쪽 눈 부위는 형주(荊州), 오른쪽 눈 부위는 서주(徐州), 왼쪽 관골은 청주(靑州), 오른쪽 관골은 량주(梁州), 입 부위의 왼쪽은 무주(无州), 입 부위의 오른쪽은 옹주(雍州)가 된다.

상이다. (坐覺身形重, 臨行疾似飛, 語聲聞遠處, 先看錦衣歸.)

❀ 목소리는 오직 금이나 옥과 같이 윤택하며, 봄바람이 일듯 담소를 나누고, 형체가 준수하고 신기가 맑고 상쾌한 사람은 아주 오랜 세월동안 이름이 남아 전해질 상이다. (聲地金玉潤, 議論春風生, 若也形神秀, 留傳萬古名.)

❀ 얼굴 모습은 순박하고 맑으며 남달리 특이하고, 목소리는 맑고 쟁쟁하며 뼈가 솟아 있다면, 주의 자사가 아니면 조정의 삼공으로 귀하게 될 상이다. (古貌淸奇怪, 聲淸骨更隆, 不爲州刺史, 便作國三公.)

빈천한 사람의 상
貧賤相

머리는 작고 이마는 좁으며, 귀는 얇고 피부는 거칠고, 입은 작고 살집은 느슨하고, 형체는 저속하며, 정신은 겁을 먹고, 기는 탁하며, 목소리는 깨지고, 허리는 잘리며, 등은 얇고, 다리는 길며, 어깨는 좁고, 쥐같이 먹고 뱀처럼 걸어가니, 이 모두가 빈천한 상이다. (頭小額窄, 耳薄皮粗, 口小肉緩, 形俗神怯, 氣濁聲破, 腰折背薄, 脚長肩促, 鼠食蛇行, 皆貧賤相也.)

※

《시》에 이르기를... (詩曰)

❀ 빈천한 사람의 형체와 얼굴은 콧구멍이 하늘을 향해 바라보고 있고, 산근[콧등] 부위가 움푹 들어가 있으며, 치아가 밖으로 드러나 있다. (欲知貧賤人形貌, 鼻仰無梁露齒牙.)

❀ 배는 참새의 배와 같고, 하체는 가볍고 상체는 무거우며, 눈썹은 모여 주름이 나 있고, 이마는 줄어들어 좁고 머리카락이 서로 엉켜있는 상이다. (雀腹下輕空上重, 攢眉蹙額髮交加.)

❀ 등은 풍만하지 않고 움푹 파여 구덩이가 나 있고, 가슴에 뼈가 드러나

있고, 젖꼭지는 바늘과 같이 작고 가늘며, 이마는 기울고 깎여 있는 상이다. (背陷成坑胸露骨, 乳細如針額削瓜.)

● 허리는 넓고 팔은 투박하고 눈썹은 눈을 누르고 있으며, 몸과 피부는 거칠고 검은 색이 나며, 얼굴의 피부는 꽃과 같이 여린 상이다. (腰闊露臂眉壓眼, 身粗藏黑面如花.)

● 입을 열고 말을 하려고 하면 침이 먼저 흘러나오고, 무릎은 주먹처럼 작고 어깨는 높이 솟아있으며 걷는 자세가 기울고 불안정한 상이다. (開口欲言涎已墜, 膝拳肩卓步欹斜.)

● 입 모양은 뾰족하고 불을 뿜어내는 것과 같으며, 팔을 흔들고 머리를 저으며 입을 딱 벌리고 탄식하는 상이다. (口尖一攝如吹火, 掉臂搖頭喜嗟呀.)

● 사수[1]가 반대로 기울고 신색이 곤궁한 것 같으며, 삼정[상정, 중정, 하정]의 길고 짧음이 가지런하지 못하며 콧구멍이 지나치게 큰 상이다. (四水反傾神似困, 三停長短鼻門余.)

● 먹는 것이 느리고, 뒷간에서 보는 일은 빠르며, 잠을 잘 때는 시체와 같고, 등사 즉, 법령[코옆]의 주름이 입 속으로 들어가는 상이다. (食遲溷速如尸睡, 縱紋入口號螣蛇.)

● 허리는 벌처럼 매우 가늘고 목소리는 빠르고 메마르며, 간과 쓸개는 나빠 숨소리가 짧고 가파른 상이다. (蜂腰聲速及聲干, 氣短來從肝膽間.)

---

1 사수(四水)는 얼굴의 사독(四瀆)으로서 귀는 장강(長江), 눈은 황하(黃河), 입은 회수(淮水), 코는 제수(濟水)를 말한다.

❀ 얼굴은 잘 생겼으나 형체는 좋지 않으며, 기색이 좋지 않으니 운기가 어찌 편안하겠는가. (形過于體體不足, 色因其色又奚安.)

❀ 준두[코끝]의 살집이 아래로 늘어져 있을 뿐만 아니라 준두가 뾰족하고 짧으며, 수상[콧대] 부위가 걸려있는 바늘과 같이 지나치게 가늘며 작고, 입은 자루처럼 오그라들어 있는 상이다. (準頭垂肉頭尖短, 壽上懸針口縮囊.)

❀ 얼굴색이 청색과 남색을 띠며, 얼굴에 티끌이 생기고, 피부가 마른 섶과 같고, 의식과 녹봉을 아끼는 상이다. (青藍滿面生塵垢, 皮若枯柴食祿慳.)

❀ 눈언저리가 메마르고 깊게 파여 있으며, 눈가의 간문 부위가 솟아 있고, 말을 하면서 웃을 때 법도가 없으며 자중할 줄을 모르는 상이다. (眼堂枯隱奸門聳, 笑語無規身束寒.)

❀ 뱀처럼 걷고 목소리는 참새와 쥐처럼 찍찍거리는데 크게 둔탁하며, 얼굴은 파리와 같이 더부룩하고, 머리카락은 털로 만든 공과 같이 난잡하며, 주로 간사한 상이다. (蛇行雀鼠聲雄濁, 蠅面球頭發主奸.)

❀ 입 속에서 냄새가 나고 코 밑에 난 수염이 지각 부위를 둘러싸고 있으며, 코 위에 굽은 주름이 길게 나 있는 것이 반드시 보이는 상이다. (口臭生髭箠顧地, 勾紋鼻上切須看.)

❀ 몸의 형태가 오형에 속하지 않고, 몸이 기울고 치우쳐 있으며, 말하면서 웃으며, 입술이 가지런하지 않고, 치아가 밖으로 드러나 있는 상이

다. (五形不正體偏斜, 笑語蹇脣露齒牙.)

❀ 이마는 작고 머리는 뾰족하고 아래턱은 좁으며, 얼굴 모습은 매우 초췌하고, 머리카락은 제멋대로 엉켜 있는 상이다. (額小頭尖頤頰窄, 面容憔悴髮交加.)

❀ 항상 울고 있는 것처럼 슬픈 기색을 품고 있으며, 미간은 아주 오그라들어 원망하고 탄식하는 듯한 상이다. (常懷悲色如啼泣, 銷魘眉頭有怨嗟.)

❀ 이상의 상을 가진 사람은 마지막과 처음이 박복하게 되어 있으니, 반드시 사람이 죽고 집안이 망하는 것을 예방하여야 한다. (此相定知終始薄, 仍須防害破人家.)

또 이르기를... (又曰)

❀ 얼굴은 가늘고, 뼈대는 지나치게 굵직하고 투박하며, 피부는 건조하며 손톱도 메마르고, 준두가 뾰족하기도 하고 가늘기도 한, 바로 이러한 상을 가진 사람이라면 그 어찌 평생을 편안하게 지내는 것을 알겠는가. (面細骨頭粗, 膚干爪更枯, 準頭尖且細, 那解得安居.)

❀ 귀가 엷고 정신이 혼탁하며, 이마가 높고 쥐의 배와 같이 뾰족하게 나와 있고, 입은 불을 뿜어내는 모양과 같이 오므라져 뾰족한, 바로 이러한 사람은 남들이 꺼릴 정도로 빈천하게 살 상이다. (耳薄精神濁, 額高鼠腹尖, 聚口如吹火, 貧賤得人嫌.)

❀ 입가에 항상 침이 흐르는데 거두어들이지 않고, 입술은 위로 치켜 올라가면 반드시 집안을 망치게 되는 상이다. (口潤無收拾, 掀脣定破家.)

❀ 하체는 마르고 약하며, 상체가 무거우면, 그 어찌 부귀영화를 보겠는가. (下輕空上重, 怎見得榮華.)

❀ 걸음을 걸을 때 몸이 한 쪽으로 기울며, 정신은 술에 취한 듯 바보처럼 멍한 상태이고, 입에서는 말이 맴돌아 말하는 것이 전혀 조리가 없이 우왕좌왕하면, 바로 이러한 사람은 후대가 끊어져 아이를 기르지 못할 상이다. (行步身欹側, 精神似醉痴, 口渦言語亂, 不是養兒家.)

❀ 뺨 부위가 모두 기울어 넘어지고, 머리는 뽀족하고 지각 부위가 없으며, 콧구멍은 위를 향해 드러나 있고, 얇고 가느다란 손가락 끝이 거친 상이다. (墻壁皆傾倒, 頭尖地閣無, 鼻頭仍露孔, 貧薄指頭粗.)

외롭고 고생하는 사람의 상
孤苦相

《시》에 이르기를... (詩曰)

🌸 인생이 고독하고 고생스러운 것은 뺨에 생긴 뼈대가 높고 기가 온화하지 못하기 때문이다. (人生孤獨事因何, 頰骨高兮氣不和.)

🌸 그것은 또 어미[눈옆] 부위가 메마르고 살집이 없으며, 울대뼈[목젖]가 튀어나오고 눈썹이 높이 솟아 있고, 코뼈는 밖으로 드러나 있을 뿐만 아니라 가지런하지 않은 상이다. (更兼魚尾枯無肉, 喉結眉高鼻骨皻.)

🌸 귀는 엷고 귓바퀴가 없으며, 입술은 가냘프고 맵씨가 있으며, 누당[눈밑] 부위는 움푹 들어가 있고, 눈썹은 높은 상이다. (耳薄無輪脣略綽, 淚堂坑陷及眉峨.)

🌸 인중 부위에 수직으로 주름살이 서 있으면 마땅히 아들을 두게 되는데, 산근이 가로로 절단되어 있으면 혈육이 없어 외로운 상이다. (立理人中應抱子, 山根斷折六親孤.)

🌸 말이 달리듯 빨리 걷고, 머리를 앞으로 내밀고 걸어가며, 돼지가 먹는 것처럼 게걸게걸 줄줄 흘리면서 먹는 상이다. (行如馬驟頭先進, 食似猪食

淋漓多.)

🏶 목은 짧고, 치아는 드문드문 나 있고, 관골은 높으며, 가슴은 돌출하고, 이마는 깎여서 넘어지고, 피부는 악어 등과 같이 갈라지고 거친 상이다. (項短齒疏顴骨高, 突胸削額皮如鼉.)

🏶 눈썹은 걸려 있고, 눈썹 속의 모서리뼈가 튀어나와 있으며, 눈동자는 양의 눈과 같이 흰자가 많고, 조정[이마 가장자리] 부위는 좁고 낮으며, 발제[머리카락 경계 부분] 부위는 지나치게 낮은 상이다. (眉揭露稜羊目眼, 弔庭低窄發生過.)

🏶 얼굴에 도화색을 띤 사람은 자립할 수 없고, 목구멍에서 나오는 소리가 바삭바삭하고 작으면 먹고 살기 위해 바쁘게 뛰어다니는 상이다. (色帶桃花仍不立, 喉音焦細走奔波.)

🏶 보골[이마] 부위에 푸른 힘줄이 드러나고, 년상[콧등] 부위에 주름이 있으며, 준두[코끝]는 항상 적색을 띠고 있으며, 자주 땀을 흘려 강물을 이루는 상이다. (輔骨露筋年上紋, 準頭常赤汗河頻.)

🏶 발을 내딛을 때 발꿈치가 땅에 닿지 않으며, 눈썹은 짧아서 눈을 덮지는 않는 상이다. (擧步脚根不至地, 眉短何曾覆眼論.)

🏶 일각[이마]은 낮고 결함이 있으며, 발바닥이 가로로 평평하여 평발이면 20세의 성인이 되기 전에는 어렵고 힘든 날을 보낼 상이다. (日角缺陷足橫平, 才發揮惊弱冠人.)

● 척양[이마] 부위에 주름이 조잡하게 있으면 도적이 되며, 등이 움푹 들어가 골이 생겨 있으면 역시 주로 가난한 상이다. (尺陽紋理粗者賊, 背陷成坑亦主貧.)

● 이처럼 때마다 이상의 비결에 의거하여 스승으로 삼는다면 상을 보는데 있어서 십중팔구는 확실하게 판별할 수 있다. (若是時師依此訣, 相中十有九人眞.)

장수하는 사람의 상
壽相

《시》에 이르기를... (詩曰)

🏵 부귀는 하늘에 있다고 말하지만 부귀한 사람은 아주 쉽게 알아볼 수가 있으며, 세상에서 알기가 어려운 것이 있다면 그것은 오직 사람의 수명이 긴지 짧은지를 알아내는 것이다. (富貴在天誠易見, 世所難知惟壽焉.)

🏵 형체와 용모에 근거하여 수명의 장단을 확정할 수는 없으며, 일반적으로 장수하는 사람은 거북이나 학과 같이 반드시 특수한 얼굴 모습을 하고 있는 것은 아니다. (休將形樣定長短, 龜鶴未必其可然.)

🏵 정신이 건전하고, 골격이 맑고 준수하며, 살집 또한 견실하고, 목소리가 맑고 우렁차게 공중으로 퍼져나가는 상이다. (神粹骨淸肉又堅, 朗朗聲韵空中傳.)

🏵 등 부위는 거북이 등과 같이 엷고, 행동도 거북이처럼 느리며, 인중 부위에는 수염이 가득하고, 손은 솜과 같이 보드라운 상이다. (背薄如龜行亦似, 人中髭滿手如綿.)

🏵 손바닥 위에 웃는 모양의 주름이 있으며, 법령[코옆] 부위의 주름은 입

으로 들어가 추하게 보이지 않고, 지각의 넓은 것을 침범하는 상이다. (筝紋隱隱朝書上, 法令相侵地閣寬.)

● 형체는 학과 같이 맑고 귀하며, 숨 쉬는 것은 거북이와 같이 느리며, 두피는 두텁고, 관골[광대뼈]은 가로로 향해 귀와 이어져 있는 상이다. (鶴形龜息頭皮厚, 顴骨橫飛與耳連.)

● 귓속에 잔털이 나고, 눈썹 털이 길어 눈을 덮고 있으며, 목 아래는 주름이 2줄 있으며, 골격은 단단하고 튼튼한 상이다. (毫生耳內眉長目, 項下雙條成骨堅.)

● 양기가 가볍고 들떠 있지 않으며, 피부는 느슨하지 않고, 정력이 충만하고 정신이 신령하며, 잠을 자는 것을 탐하지 않는 상이다. (陽不輕浮肉不緩, 精實神靈及省睡.)

● **복서골1**의 3갈래 길은 천량 부위를 관통하고 있으며, 인중의 푹 파인 도랑은 깊고 넓으며 더욱 긴 상이다. (伏犀三路貫天梁, 溝洫深平闊更長.)

● 음즐[눈밑]과 용궁 부위는 깊을 뿐만 아니라 풍만하며, 얼굴 부위의 **구주2**는 균형을 맞추어 분포되어 있는 상이다. (陰騭龍宮更深滿, 荊揚徐豫冀相當.)

---

1 복서골(伏犀骨)은 인당(印堂)에서 발제(髮際)에 이르는 부위에 손으로 만지면 딱딱한 세 갈래의 모서리를 말한다.
2 구주(九州)는 중국을 크게 9개의 주로 나눈 것을 말하는데. 얼굴 부위도 9개로 나눈 위치로 보고 있다. 원문에 보이는 것은. 형주(荊州), 양주(陽州), 서주(徐州), 예주(豫州), 기주(冀州) 등 5개만 적혀 있다.

❁ 수상[콧대] 부위는 뼈대가 있어 풍만하고 수염이 돋아나 있으며, 치아는 견고하고 촘촘하며 가지런하고 반듯한 상이다. (壽上有骨須隆起, 固密齊平瓠齒方.)

❁ 눈빛이 밝고 빛나며, 드러나지 않고 감추어져 있으며, 천정 부위의 중앙에는 이골(異骨)이 있는 상이다. (目有守睛神隱藏, 天庭生骨居中央.)

❁ 천근 부위에 종기가 2개 있고, 등 부위에 삼갑이 있고 배에 삼임이 고향으로 들어가면 장수하는 상이다. (更若天根有雙腫, 三甲三壬入老鄉.)

또 이르기를... (又曰)

❁ 근육이 느슨하고 정신은 상쾌하며, 등 부위가 거북이 등과 같이 풍만하면 장수하는 상이다. (肉緩精神爽, 如龜背脊豊.)

❁ 목 아래 세로로 주름이 2줄이 나 있으면 참죽나무나 소나무 보다도 더 오래 살 상이다. (雙條垂項下, 此壽比椿松.)

❁ 귀가 크고 이륜[귓바퀴]과 이곽[귓바퀴]이 분명하며, 인중은 깊고 더 길며, 눈썹은 높고 잔털이 희게 나 있으면 노인향으로 들어가니 마땅히 고수(高壽)를 누릴 상이다. (耳大分城廓, 人中深更長, 眉高毫出白, 宜入老人鄉.)

❁ 얼굴 모양이 순박하게 생기고 양쪽 눈썹이 높게 일어서 있으며, 정신이 맑고 눈은 매우 깊으며, 게다가 배에 삼임이 있으면 장수를 누리게 될 상이다. (古貌雙眉起, 神淸眼更深, 自然期上壽, 何必問三壬.)

❀ 앉아 있을 때는 배가 자루와 같고, 입술은 홍색을 띠고 입은 모가 나며, 숨소리는 가쁜하고, 살집은 두텁고 토실토실하면, 높은 집에서 복을 누릴 상이다. (安坐腹如囊, 脣紅口更方, 氣寬皮肉厚, 享福坐高堂.)

❀ 수상과 인당 부위가 깊어 손가락 하나가 들어갈 정도의 사람은 반드시 장수함을 알게 될 상이다. (壽堂深一指, 知是老人鄕.)

❀ 눈썹과 귀에 잔털이 나고 긴 눈을 가진 사람은 한가하고 여유롭게 지내면서 100세를 누리게 될 상이다. (眉耳毫長目, 閑居百歲長.)

단명하는 사람의 상
天相

《시》에 이르기를… (詩曰)

🏵 단명하는 사람의 형상은 산근[콧등] 부위에 청색 기운이 나타나는데, 이를 두고 혼이 떠나는 것이라고 말한다. (欲識人間速死期, 山根靑氣號魂離.)

🏵 나이가 어린데 살이 찌고, 숨소리는 짧고 가파르며, 기색은 차분하지 못하고 들떠 있어 부자연스럽고, 눈빛은 산란하여 광채가 나지 않으며, 살집은 진흙과 같은 상이다. (少肥氣短色浮繁, 眼泛神光肉似泥.)

🏵 걸음걸이가 뱀이 기어가는 것과 같고, 허리는 굽어지고, 푸른 힘줄이 묶여서 꼼작하지 못하며, 콧구멍은 하늘을 쳐다보고 있고, 눈썹은 오그라들어 아래로 늘어져 있어 슬퍼 보이는 상이다. (蛇行腰折筋寒束, 露鼻眉挂麤似悲.)

🏵 중정[이마] 부위에 잔털이 나 있으며, '팔(八)'자 눈썹을 하고 있고, 귀는 엷고 이근[귀뿌리]이 없을 뿐더러 낮게 있다. (中正生毛眉八字, 耳薄無根肉且低.)

🏵 인중[코와 입 사이] 부위가 조금씩 꽉차가고, 입술은 먼저 오그라들어가

며, 하고자 하는 의지를 상실하고 정신이 산만하며, 앉고 걷는 모습이 삐뚤어지고 바르지가 못하는 상이다. (人中漸滿脣先縮, 失志溶溶坐立欹.)

❀ 눈알이 튀어 나오고, 목이 잘린 듯이 굽어져 있으며, 귀와 코 모두 솜과 같이 부드럽고, 말이 우는 목소리를 내는 상이다. (睛凸露兮項欲折, 耳鼻如綿聲似嘶.)

❀ 목은 움푹 들어가고, 등은 깊게 파여 도랑이 있으며, 허리는 마르고 가늘며, 변지[이마 모서리] 부위는 없으며 역마[이마 모서리] 부위는 여위고 파리한 상이다. (項陷背深腰又薄, 邊地全無驛馬羸.)

❀ 정신은 술에 취하지 않아도 술에 취한 것 같이 보이며, 콧털이 자라서 밖으로 나오고, 귀밑털이 아래로 늘어져 있는 상이다. (精神不醉看如醉, 鼻毛反出鬢毛垂.)

❀ 눈썹 끝이 서로 교차하면서 인당[이마]을 가두어 가리고 있으면 처에게 형극을 당하며, 기색이 차디차고 형체와 용모가 초췌하다면 어찌 장수함이 마땅하다 하겠는가. (眉交鎖印妻刑克, 氣冷形衰壽豈宜.)

또 이르기를... (又曰)

❀ 숨이 짧고 가파르며, 치아가 드문드문 나 있고, 신색이 검은 연기에 덮인 것처럼 어둡고 뒤지며, 3개의 긴 것[삼장]과 3개의 짧은 것[삼단]이 있다면 바로 이러한 사람이 어찌 장수를 누릴 수 있겠는가. (氣短兼疏齒, 神遜色帶烟, 三長更三短, 那得有長年.)

❀ 살집은 부드럽고 아래로 늘어져 있고, 피부는 매우 탄력이 있고 팽팽하다. 정신은 강하지만 숨소리는 편안하지 않으며, 울대뼈[목젖]가 튀어나오고 치아가 밖으로 드러나 있다. 바로 이러한 사람은 중년에 목숨을 잃는 상이다. (肉垂皮膚急, 神强氣不舒, 結喉連露齒, 夭折在中殂.)

❀ 호흡은 짧고 가파르게 하며, 정신은 흐리멍덩하고 아둔하며, 눈썹은 짙고 두터우며, 눈은 가물가물하고 침침하며, 머리카락은 메마르고 곱슬거리며, 입술은 흰색을 띠고 있다. 바로 이러한 사람은 해를 가리키면서 푸른 산을 반려로 삼듯이 멀지 않아 세상을 떠나게 되는 상이다. (氣短精神慢, 眉濃目色花, 髮焦脣更白, 指日伴靑山.)

❀ 얼굴색이 구름처럼 낀 연기가 일어나듯 매우 검게 보이고, 형체는 마르고 작게 이지러져 있고, 골격은 융기되어 있지 않고 연약하며, 눈은 기울어져 옆으로 보고, 정신도 매우 산만하다. 바로 이러한 사람은 36세에 천국으로 갈 상이다. (黯黑云烟起, 形虧骨不隆, 眼斜神更亂, 四九歸冥空.)

❀ 입은 뾰족하고 가슴은 튀어나오고, 머리는 낮고 시골[腮]은 넓고 크며, 살이 쪄서 숨이 가쁘면 일찍 죽게 되니, 처자가 빈 방을 지키게 될 상이다. (口細胸脯凸, 頭低腮下昂, 肥人如氣促, 妻子守空房.)

上卷

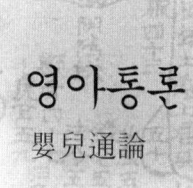

영아통론
嬰兒通論

하나, 배 속의 아이가 태어나기 전에 귀하게 될지 천하게 될지를 미리 안다.(未出腹中, 豫知貴賤.)

● 이것은 배 속에 잉태된 태아의 운명을 말하는 것이다. 무릇 남아는 어미를 마주 보고 있으며, 여아는 어미를 등지고 있다. 태아의 위치가 너무 위에 있거나 너무 아래에 있으면 그 태아는 장차 단명하게 되며, 너무 왼쪽으로 치우쳐 있거나 오른쪽으로 치우쳐 있으면 그 태아는 장수하게 된다. (解曰: 此言腹中之妊. 凡男抱母, 女背母. 或上或下爲夭胎, 或左或右爲壽胎.)

● 귀한 상을 가진 태아는 움직임이 반드시 규칙적이고 고르며, 자연히 병도 없고 독성도 없다. 천한 상을 가진 태아는 배 속에서 움직임이 많으며, 그 어미는 항상 질병에 시달린다. (貴胎, 動必停勻, 自無毒病. 賤胎, 腹內多動, 母常有病.)

● 광감(廣鑑) 선생이 다음과 같이 이르고 있다 : "남아를 회임한 어미는 그 기혈이 모두 매우 풍족하고, 정신도 매우 맑으며, 여아를 회임한 어미는 그 기혈이 모두 부족하고 정신도 혼란스럽고 산만하다. 평상시에 맑은 목소리를 내는 여인은 반드시 복이 많고 장수하는 자식을 낳게 되며, 평상시에 탁한 목소리를 내는 여인은 반드시 외롭고 고생하는 자식을 낳

게 된다."(廣鑑先生曰: "男胎母氣足, 神常淸; 女胎母氣不足, 神多亂. 平常聲淸, 懷孕必生福壽之男; 平常聲濁, 懷孕必生孤苦之子.")

🏵 또 다음과 같이 이르고 있다 : "임부가 입술이 희게 되면 대부분 난산을 하게 되며, 곧 해산하려고 할 때 평온과 안정을 찾아야 한다." (又曰: "脣白多難産, 臨盆欲安靜.")

🏵 크게 부귀한 상의 태아는 스스로 안정감을 보여주며, 비천한 상의 태아는 어지럽게 움직인다. 장수하는 상의 태아는 그 어미가 반드시 편안하고, 단명하는 상의 태아는 그 어미가 병이 많다. (大富貴者, 胎自安, 賤者, 胎亂動, 壽者, 母必安, 夭者, 母多病.)

🏵 장수하는 상을 가진 태아는 그 어미의 인당[눈썹사이]이 분홍색이고, 단명하는 상을 가진 태아는 그 어미의 입술이 희다. 귀한 상을 가진 태아는 그 어미의 신기가 맑고 광채가 비치며, 천한 상을 가진 태아는 그 어미의 신기가 산만하다. (壽者, 母印紅, 夭者, 母脣白, 貴者, 母精光, 賤者, 母神散.)

둘, 배 속의 태아가 남자인지 여자인지를 먼저 안다. (在腹先知男女.)

🏵 남자 태아는 그 움직임이 반드시 규칙적이고 고르며, 그 어미의 양쪽 눈 아래가 구슬같이 희며, 준두[코끝] 부위가 밝고 인당이 윤기가 난다. 여자 태아는 그 어미의 눈 위 부위가 검푸르고, 주로 난산을 하게 된다. (解曰: 男胎動必勻停, 母雙眼下白瑩, 準明印潤 女胎眼上靑暗, 又主難産.)

셋, 출산일자는 정해진다. (臨盆可定日期.)

❀ 임부의 인당이 홍색이면 주로 병일(丙日)과 정일(丁日)에 생산하는데, 병일과 정일은 화(火)에 속하므로 화가 왕성하니 반드시 남아를 낳는다. 임부의 준두가 황색이면 주로 무일(戊日)과 기일(己日)에 생산하는데, 무일과 기일은 토(土)에 속하므로 토가 왕성하니 반드시 남아를 낳는다. (解曰: 印堂紅, 主丙丁日火旺, 必生男, 準頭黃, 主戊己日土旺, 必生男.)

❀ 임부의 입 부위가 밝으면 임일(壬日)과 계일(癸日)에 생산하는데, 임일과 계일은 수(水)에 속하므로 수가 왕성하니 반드시 여아를 낳는다. 양쪽 관골이 밝으면 주로 갑일(甲日)과 을일(乙日)에 생산하는데, 갑일과 을일은 목(木)에 속하므로 목이 왕성하니 반드시 남아를 낳는다. 천창[양이마]과 하고[호이와 귀래, 노복] 부위가 밝으면 주로 경일(庚日)과 신일(辛日)에 생산하는데, 경일과 신일은 금(金)에 속하므로 금이 왕성하니 여아를 낳으면 반드시 난산을 하게 되지만, 만약에 남아라면 난산을 하지 않는다. (水星口角明, 壬癸日水旺, 必生女, 雙顴明, 主甲乙日木旺, 必生男, 天倉下庫明, 主庚辛日金旺, 生女必難産, 是男不妨.)

❀ 무릇 임부의 얼굴에 나타난 기색이 어둡고 밝아지지 않는다면 며칠 후에 해산을 하게 된다. 얼굴에 화색이 돌고 밝아지면 비로소 해산을 하게 된다. 그런데 임부의 얼굴색이 한번 밝았다가 갑자기 다시 어두워지면 반드시 죽게 된다. (凡面上俱暗色不開, 還有幾日. 只待何處明, 方許臨盆. 忽然一明復一暗, 必死無疑.)

❀ 무릇 여인은 해산을 할 때 오른쪽 손바닥의 한 가운데를 보며, 건궁 위치에서 홍색이 나면 귀한 자식을 낳으며, 감궁 위치에서 홍색이 나면

부유한 자식을 낳을 뿐만 아니라 그 아이는 잘 자란다. (凡女人臨産之時, 看右手心, 紅在乾宮, 貴子, 紅在坎宮, 富子, 又好養.)

● 손바닥의 한 가운데가 인당과 마찬가지로 밝고 붉으며 윤택하다면 반드시 복을 누리고 장수하는 남아를 낳는다. 만약에 임부의 손바닥 가운데에 청색이 나타나면 반드시 패가망신시키는 자손을 낳는다. 만약에 푸르기도 하고 검기도 한 색이 보이면 난산을 피하기는 어렵다. 위에서 언급된 모든 것은 산부와 관련된 비결이다. (在掌心爲明堂紅潤, 必生福壽之男; 若是靑色, 必産破家之裔, 再靑再暗, 未免難産, 以前俱論産婦之訣.)

넷, 영아의 상을 보기가 어렵다는 말을 하지 말라. 출생하면 곧 그 운명을 알게 된다. (莫道嬰兒難相, 一生出腹可知.)

● 태어난 영아의 피부가 홍색이나 흑색을 띠면 길한 상이며, 백색을 띤다면 주로 한 달 내에 사망하게 된다. (解曰: 凡下地小兒, 紅黑色爲妙, 白色主月內身亡.)

● 영아의 몸에 백창이 생겨 풀과 같이 끈적끈적하며 미끄럽고, 임부가 해산에 임박하여 성관계를 지나치게 많이 하여 상처를 입었다면 장차 부스럼이 자주 나고 병에도 많이 걸리게 된다. (身生白瘡, 滑如糊, 因臨盆房事多傷, 主生瘡疾, 多病.)

● 영아는 7종류의 상황 아래에서 잘 자랄 수 있다. 무릇 남아는 머리카락과 눈썹이 가지런하면 잘 자라며, 복이 많고 이로움이 많으며, 두피가 넓고 부드러우면 잘 자랄 뿐만 아니라 크게 귀한 상이다. (有七件, 好養: 凡

男兒頭髮齊眉, 好養, 多福利; 頭皮寬, 好養, 大貴.)

❀ 콧구멍을 통해 숨을 쉬며, 입을 다물고 잠을 자면 잘 자라며, 코가 높고 입술이 홍색이고 두터우면 잘 자라고, 소리 내어 울 때 정신이 있으며 우는 소리가 높고 크게 울려 퍼지면 잘 자라며, 음낭이 크고 주름이 있고 검으며 활처럼 되어 있으면 잘 자란다. (鼻孔出氣閉口睡, 好養; 鼻高脣紅厚, 好養; 有神, 啼得聲高厚響大者, 好養; 陰囊大, 縐黑而有弦者, 好養.)

❀ 영아는 21종류의 상황 아래에서는 잘 자라지 못한다. 두피가 팽팽하고 질긴 영아는 3세에 일생의 큰 고비를 맞게 되며, 얼굴이 크고 콧대가 없는 영아는 1세에 고비를 맞게 된다. (有二十一件不好養: 頭皮急, 三歲關; 面大無鼻樑, 一歲關.)

❀ 콧대가 일어서지 않고 푹 들어가 있으면 1세에 사망하게 되며, 눈동자가 검은 콩과 같으면 1주 내에 사망하고, 눈이 닭의 눈과 같으면 1주 내에 알 수 있게 되며, 귀가 솜과 같이 부드러우면 3세를 넘기기가 어렵다. (鼻樑不起, 一歲至死; 睛如黑豆, 身不滿週; 睛圓如雞, 一週可知; 耳軟如綿, 三歲不全.)

❀ 발꿈치가 없는 영아는 2세를 넘기기가 어렵고, 목소리가 처음에는 크지만 나중에는 작아지는 영아는 1주를 보장하기가 어렵다. (沒有脚根, 難過二春; 聲大後小, 一週難保.)

❀ 살집이 진흙과 같이 지나치게 무겁고 고우며 골격이 작으면 반드시 단명하여 3세에 사망하고, 곡도[항문] 부위에 이음새가 없으면 1년을 살기가 어렵다. (肉重如泥, 骨少必夭, 三歲死; 穀道無縫, 難過一春.)

❀ 입술이 종이와 같이 엷으면 1세에 반드시 사망하고, 귀 뒤에 이근[귀뿌리]이 없으면 3세를 넘기기가 어렵다. (脣薄如紙, 一歲必死; 耳後無根, 不滿三春.)

❀ 귀 뒤에 있는 작고 높은 뼈는 옥침(玉枕) 또는 수근(壽根)이라고도 한다. 상서에 이르기를 "옥침이 없으면 말할 수는 있으나 사망한다"고 했는데, 바로 이에 부합하는 것이다. (耳後小高骨, 又名玉枕, 又名壽根, 書云, 玉枕不成, 能言而亡, 正合此也.)

❀ 귓구멍에 보필하는 뼈가 있으면서 단지 14세에 나오면 좋지만, 귀가 천정[이마] 위로 나가는데, 이 뼈가 발제[머리카락 경계 부분]에 너냐 하는데, 만약 이 뼈가 없는 사람은 14세에 죽는다. (沒有輔弼, 只好二七十四歲 出耳行天停上, 此骨在髮邊, 如無此骨者, 十四歲主死.)

❀ 살이 지나치게 찌고 뼈가 약하면 1주 내에 사망하며, 머리가 크고 목이 가늘면 1주 내에 사망하고, 양쪽 눈에 정신이 없으면 3세를 넘기지 못한다. (肉多骨軟, 一週不滿; 頭大頸細, 一週不滿; 雙目無神, 不過三春.)

❀ 눈물을 머금은 듯한 눈을 가지면 오직 2세 밖에 살지 못하고, 머리가 뾰족하고 엷으면 5세에 재앙을 맞게 된다. (眼如含淚, 只好二歲; 頭尖又薄, 五歲妨厄.)

❀ 배가 너무 크고 창자가 너무 작으면 3세에 반드시 사망하며, 머리카락이 노랗고 드문드문 나 있으면 2세에 사망한다. (腹大肚小, 三歲必了「此言無肚也」; 髮黃又疎, 二歲而死.)

❋ 눈썹이 없고 치아가 너무 빨리 생기면 3세에 죽는다. (無眉齒早, 三歲而死.)

❋ 치아가 1주 내에 생기면 반드시 잘 자라고, 1주를 지나 생기면 크게 귀하게 되며, 5~6개월이 지나서야 나면 죽게 된다. 아랫니가 먼저 나는 영아가 대부분이며, 윗니가 먼저 나는 영아는 매우 총명하지만 주로 모친에게 해를 끼친다. (凡齒一週內生, 必好養, 一週外生, 大貴, 五六月生主死, 下齒先生者極多, 如上齒先生者, 主大聰明, 主妨母.)

❋ 영아의 정수리는 평평하고, 귀는 단정하고 단단하며, 목소리는 높고 기세가 넉넉하고, 정신이 맑으면, 이는 길한 상이다. 《상서》에 다음과 같이 이르고 있다 : "정신이 희미하고 기가 어두우면 반드시 가난하고 궁색한 사람이다." (凡小兒欲頂平, 耳正兼硬, 聲高氣足, 神爽方好. 書云: "神昏氣暗, 必是貧窮之漢.")

❋ 무릇 소아는 목소리가 높고, 맑으며, 울려 퍼지고, 힘이 있으면 길한 상으로서 귀하지 않으면 부유하다. 이 상은 세상에 태어난 지 백일이 안 되는 영아를 보는 상법의 비결이다. (凡小兒欲聲高, 淸, 嚮亮而堅者爲妙, 非貴卽富. 以前相下地百日內之訣.)

다섯, 태어난 지 3일 된 영아를 보고 그 일생의 운명을 안다. (三日知一生.)

❋ 이것은 세상에 태어난 영아를 말하는 것이며, 그 영아는 선천적인 기를 따르고 있으며 지극히 영험하다. (解曰: 此言下地小兒, 乃原秉氣, 極驗.)

❀ 영아가 태어날 때 우는 소리가 크면 잘 자라며, 깨어나서 몸을 뒤집기를 어려워하면 3일을 관찰한다. (後來恐吼, 好養, 起來轉難, 看三日.)

❀ 만약 영아의 입술이 붉고 두터우면 반드시 귀하고, 귀가 단단해도 반드시 귀하다. (若脣紅又厚必貴, 耳硬必貴.)

❀ 영아가 울 때 연달아 서너 번 소리를 내면서 숨을 내쉬거나 들여마시지 않으면 크게 부귀한 상이다. (一連三四聲, 不換氣, 大富貴.)

❀ 영아가 울 때 스스로 몸을 움직이고, 크게 자란 후에 힘이 있으면 무공을 잘 한다. (啼叫自動, 大來有力, 善武.)

❀ 영아가 눈을 굴리면서 보면 반드시 귀하다. (睛轉看者, 必貴.)

❀ 입술이 너무 엷으면 좋지 않다. 영아가 자기 혼자서 머리를 움직이면 크게 자란 이후에 재능이 있는 사람이 된다. (脣薄不爲妙, 自能動頭者是能人.)

❀ 울 때 힘이 없는 영아는 평생동안 뜻대로 되는 일이 없다. (啼叫無力者, 一生不如.)

여섯, 3세에 정해진 운명이 80세까지 간다. (三歲定八十.)

❀ 이 말은 영아가 3세에 이르러 젖을 먹지 않을 때 소아의 오관[눈, 코, 입, 귀, 눈썹], 육부[양 이마, 양 광대뼈, 양 턱], 삼정[상정, 중정, 하정]과 골격을 잘

보면 그 성정이 어진지 또는 어리석은지가 저절로 보인다는 뜻이다. (解曰: 此言三歲已不食乳, 好看了五官六府三停骨格, 性情賢愚自見.)

❀ 소아 때 골격이 단단하며, 정력이 건장하고 기력이 왕성하면 일생동안 질병에 적게 걸린다. (小兒骨堅者, 精壯神足, 一生病少.)

❀ 입을 다물고 자고, 치아를 드러내지 않고 말하는 사람은 늙어서 복을 누리고 장수하는 상이다. (寐口合, 語不露齒, 乃福壽到老之相.)

❀ 3세에 노년의 운명이 정해진다는 속설이 있는데, 상서에도 이러한 말이 있다. (俗說三歲定老, 相上原有此說.)

❀ 3·4세 소아의 땀 냄새는 마땅히 향기로워야 하고, 목소리는 맑고 울려 퍼져야 하며, 눈썹은 검어야 하고, 머리카락은 가늘고 검은색이어야 한다. 머리카락이 황색이고 가늘면 좋지 않다. (三四歲之童, 汗宜香, 聲宜淸嚮, 眉宜黑, 髮宜細黑, 黃細亦不妙.)

❀ 귀의 위치가 지나치게 낮으면 백 가지 일을 해도 하나도 이루지 못하며, 귀밑머리가 짙고 조밀하면 주로 어리석고 비천하고, 천정 부위가 잘 생기면 주로 어질고 귀하다. (耳低百無一成, 多因髮生角, 主愚賤, 生天停, 主賢貴.)

❀ 대체적으로 소아의 상을 볼 때는 주로 정신[神], 혈기[血], 호흡[氣], 골격[骨]을 오형의 이치에 따라 살피게 된다. 정신과 의지는 맑고 밝아야 하고, 혈기는 밝고 윤택해야 하며, 호흡은 조화로워야 하고, 골격은 견실해야 한다. (大槪相童之法, 要神血氣骨, 爲五形之理. 神欲淸而欲明, 血欲明, 氣欲

和, 骨欲堅.)

❀ 소아는 골격이 단단해야 하고, 어른은 골격이 유연해야 한다. 피부는 토(土)에 속하므로 피토(皮土)라고 부른다. (小兒骨欲硬, 大人骨欲軟. 皮屬土, 故爲皮土.)

❀ 피부는 신하이고 골격은 군주이며, 군주와 신하의 관계가 화합을 이루어야 하듯이 피부와 골격은 균등해야 한다. (皮爲臣, 骨爲君, 君臣宜配, 皮骨欲勻.)

❀ 피부가 엷고 뼈대가 두텁고 무거우면 젊은 나이에 사망한다. 또 피부가 두텁고 뼈대가 가벼워도 단명한다. (皮薄骨高, 少年死. 皮厚骨少, 少年亡.)

❀ 정신, 혈기, 호흡, 골격, 살집 등 5가지 중에서 하나라도 잘 생기지 못하면 가난하거나 단명하게 된다. (此五者有一件, 非貧卽夭.)

일곱, 상술에는 비결과 법도가 없다고 하지만 함부로 말해서는 안 된다. (相無訣法, 不可亂言.)

❀ 이 말은 뒤에 있는 상법을 기억한 후, 다시 고서에 나오는 부위에 근거하여 대조해야만 만에 하나라도 실수가 없다는 뜻이다. (解曰: 此說可記 後邊斷法, 再依古書部位, 萬無一差.)

❀ 하나의 부위가 좋다고 해서 전체가 좋다고 말해서는 안 되며, 하나의 부위가 나쁘다고 해서 전체를 흉하다고 말해서도 안 된다. 상법은 가감

승제의 원칙에 따라 종합적이고 구체적으로 판단하는 것이다. (不可以一美而言善, 莫以一惡而言凶. 是相有乘除加減之法也.)

여덟, 사람은 소년일 때는 먼저 동자상을 보는 것을 우선으로 하며, 골격이 완전히 성장하지 않아도, 5·6세에 삼정은 정해진다. (人從少長, 先觀童相爲先, 骨格未成, 五六三停可定.)

❀ 이는 소아의 상을 살필 수 있다고 말하는 것이다. (解曰: 此言小兒不可不相.)

❀ 무릇 소아의 상은 대체적으로 형체를 먼저 보아야 하는데, 그 형체가 바르고 곧으며 기개가 당당하면 크게 될 인물이다. (凡小兒大槪先看形體. 正直, 氣象昂然, 此乃大成.)

❀ 몸이 두툼하면 장수하고, 몸이 엷으면 복이 적으며, 천정[이마] 부위가 깎이고 좁으면 형상을 입게 되고, 지각[턱] 부위가 깎이고 뾰족하면 빈궁하고 비천하다. (厚者有壽, 薄者少福. 天削刑傷, 地削貧賤.)

❀ 눈이 황색을 띠게 되면 어리석고 고집이 세며, 코가 작으면 크게 패한다. 머리가 뾰족하고 치우치면 큰 그릇이 되기가 어렵고, 귀가 낮고 뒤집혀 있으면 반드시 빈궁한 길을 걷는다. (睛黃愚頑, 鼻小大敗. 頭偏尖, 不成器. 耳低反, 必窮途.)

❀ 정신이 지나치게 산만하면 승려의 길로 들어서며, 또한 패가망신하고 음험하다. 귀가 낮게 있으면 반드시 빈궁한 길로 가게 되어 있다. 또

정신이 산만하면 대부분 미친 듯 깨지고 음란하다. (神散多狂僧道. 耳低, 必定窮途. 神散多狂破而淫.)

🏵 오(五)는 오관을 가리키고, 육(六)은 육부를 가리키며, 삼정은 천(天), 지(地), 중(中)을 가리킨다. (夫五者五官, 六者六府, 三停, 天地中爲三停.)

🏵 소아의 골격이 비록 완전히 형성되어 있지 않더라도 오관과 육부는 이미 형성되었으니, 이치에 따라 자세히 보지 않을 수 없으며, 어느 하나의 관(官)이 좋은지, 어느 한 곳이 좋지 않은지를 본다. (小兒骨格雖未成, 但五官六府已成, 不可不依理細看, 何一官好, 何一處不如.)

🏵 일생의 운은 모두 머리를 위주로 보아야 한다. 천정 부위가 좋지 않으면 일생동안 길하지 않다. 되는 일이 없는 사람에게 천정 부위가 잘 생겼다고 하는 것은 정말로 함부로 하는 말이다. (一生全要以頭爲主. 天停不好, 一生不妙. 不成事人, 言過此方好, 乃是亂道.)

🏵 머리에는 기(氣)가 24개, 뼈가 24개 있으며, 각각 이름을 가지고 있으니 자세히 체험하여 터득해야 한다. 뒤에 〈영락백문(永樂百問)〉이 나오니 상세히 보면 알게 된다. (頭有二十四氣, 有二十四骨, 各有一名, 要細體認. 後有永樂百問, 詳看方知.)

아홉, 갓난아이와 어린아이는 각기 일설이 있다. (嬰孩童子, 各有一說.)

🏵 이것은 단번에 미루어 헤아릴 수는 없음을 말하는 것이다. (解曰: 此言不可一槪而推.)

❀ 3세 아동은 신기를 살피되 오관은 살피지 않는다. (三歲爲嬰孩, 相神氣, 不相五官.)

❀ 12세 전후의 아동은 오관, 육부, 삼정, 십이궁을 위주로 하여 살피며, 어린아이의 상을 보듯이 해서는 안 된다. (十二歲內外爲童子, 還相五官六府三停十三官爲主, 不可以乳童論.)

열, 여자 갓난아이와 여자 어린아이는 별도로 다른 상을 가지고 있다. (嬰女童女, 另有一相.)

❀ 여아의 상은 남아의 상과 다르다. (解曰: 嬰女之相, 與男不同.)

❀ 여아는 천정 부위가 높고, 관골[광대뼈]이 솟아있고, 목소리가 크며, 눈이 크고, 눈썹이 짙고, 성격이 조급한 것을 꺼린다. 이들 중에서 몇 개가 해당된다면 주로 모친에게 해를 끼치며, 형제가 적을 뿐더러 집안을 깨고 망하게 만든다. (忌天庭高, 顴骨聳, 聲大, 睛大, 眉重, 性躁, 此數件俱主妨母, 少兄弟, 又主破家.)

❀ 10세의 여아는 목소리가 높은 것을 꺼린다. (十歲爲童女, 忌聲高.)

❀ 《상서》에 다음과 같이 이르고 있다 : "남편을 죽이는 여인은 그 관골이 매우 높은 상이고, 남편에게 해를 끼치는 여인은 그 이마가 평평하지 않은 상이며, 여러 번 출가한 여인은 그 목소리가 남자의 목소리와 같다." (書云: "殺夫三顴面, 妨夫額不平, 欲知三度嫁, 女作丈夫聲.")

❀ 여아는 기색이 밝고 온화하며 윤택하면 길한 상이다. (相女之法, 和潤色明爲妙.)

❀ 여아는 치아가 희거나, 가늘고 뾰족하며, 누렇고 크며, 드문드문 나 있는 것을 꺼리며, 이 4가지에 해당되면 길한 상이 아니다. (第一件, 忌齒白細, 尖, 黃大, 疎稀, 四者不妙.)

❀ 대체적으로 귀한 남자는 천한 귀를 가지고 있지 않으며, 귀한 여자는 천한 치아를 가지고 있지 않다. (大槪貴男無賤耳, 貴婦無賤齒.)

❀ 남자의 귀가 좋지 않으면 '금나무에 꽃이 핀다'고 하며, 평생 성취하는 것도 많지만 실패하는 것도 많고, 많이 배워도 이루는 것은 적다. (男若耳不好, 爲金木開花, 一世多成多敗, 多學少成.)

❀ 여자가 치아가 희고 뾰족하다면 주로 대부분 음란하고, 자식이 적으며, 좋지 않은 상이다. (女如齒白尖, 主多淫, 少子, 不妙.)

열하나, 삼악을 먼저 말하는데, 삼악은 배 속에서 형성되어 나오는 것이다. (先言三岳, 乃出胎腹所成)

❀ 이마는 남악, 지각은 북악, 오른쪽 관골은 서악, 왼쪽 관골은 동악, 코는 중악이며, 이것을 오악이라고 한다. (解曰: 額爲南岳, 地閣北岳, 右顴西岳, 左顴東岳, 鼻乃中岳, 此乃五岳.)

❀ 먼저 삼악을 본다는 것은 무슨 말인가. 그것은 이마, 코, 지각[턱]을

보는 것을 말하는데, 이것들은 얼굴 부위의 삼정으로서 태어날 때에 이미 형성되어 있는 것이며, 유독 완전하게 형성되어 있지 않은 것은 관골[광대뼈]이라고 한다. (先看三岳何說. 額鼻閣, 乃面部三停, 出胎已成, 獨顴骨還未成.)

❃ 무릇 소아는 그 삼악을 제일 중요하게 보아야 하며, 특히 중정[이마] 부위가 무너져 넘어가 있지 않은 것을 최상으로 여긴다. (凡小兒最要此三岳, 中正不塌爲上.)

❃ 만약 남악[이마]가 높으면 복이 많고 이로움이 많으며 재앙이 적어 잘 자란다. (如南岳高, 多福利, 少災, 好養.)

❃ 만약에 중악[코]가 반듯하고 높으면 큰 그릇이 되며, 잘 자란다. (如中岳高, 成大器, 好養.)

❃ 만약 북악[턱]이 모가 나고 둥글며 풍만하면 주로 큰 부자가 된다. (如北岳方圓隆滿, 主有大富.)

❃ 천정[이마] 부위가 높이 솟아있고 풍만하면 주로 귀하며, 지각[턱] 부위가 두텁고 풍만하면 주로 부유하다. (乃天高主貴, 地厚主富.)

❃ 만약에 삼악 중에서 하나의 악(岳)이라도 좋지 않으면 성장하기가 어려우며, 비록 성장한다 하더라도 패가망신시키는 자식이 된다. (如一岳不成者, 難養, 不大, 雖養大, 亦是敗子.)

❃ 상악[이마]이 낮으면 부모에게 해를 끼치며, 중악[코]이 낮고 푹 들어가

있으면 조상이 닦아놓은 토대를 무너뜨리고, 하악[턱]이 깎여 있으면 평생 곤궁하며, 이는 모두가 부족한 상이다. (上岳低, 則妨父母, 中岳陷, 則敗祖基, 下岳削, 則一生窮困, 此皆不足之相也.)

열둘, 다음에는 오관을 보는데, 오관은 자라면서 수시로 바뀌게 된다. (次看五官, 誠恐後來更改.)

● 무릇 소아의 상을 볼 때는 그 얼굴 부위의 오관을 기준으로 삼아서는 안 된다. 아마도 소아는 성장한 이후에 얼굴 부위가 많이 바뀌게 되고, 이로 인해 그 귀함과 천함을 보기가 어렵기 때문일 것이다. 때문에 소아의 상은 정신[神], 안색[色], 혈기[氣], 살집[肉] 등 4가지만 보면 된다. (解曰: 凡小兒不可以面上爲驗, 恐後來有改換之處, 難看貴賤, 只看神色氣肉四件爲妙.)

열셋, 지나치게 규칙에 얽매이지 않으며, 때에 따라 살펴야 한다. (不可認眞, 還宜動察.)

● 좋은 면만 보고 그 운명이 좋다고 말할 수 없으며, 나쁜 면을 보고 그 운명이 흉하다고 말해서는 안 된다. 그 속에서 다른 곳이 있으니 하나의 이치만을 가지고 단언해서는 안 된다. (解曰: 不可以美而言好, 莫以惡而言害, 其中還有異處, 不可定一理而推.)

● 더욱더 목소리를 자세히 살펴야 하고, 또다시 오관과 육부를 살펴야 한다. 만약에 이상의 모든 것이 좋지 않아도 하나만 취할 수 있다면 귀하거나 부유할 가능성이 있다. (更宜細審聲音, 再察五官六府, 如俱不得好處, 還有

一件可取, 或貴或富.)

❀ 만약에 이상의 모든 것이 좋더라도 단지 1곳이라도 깨질 곳이 있다면 이롭지 않다. (若有一面好, 相得一件破處, 卽不利也.)

열넷, 상은 신선이 알려주는 것이며, 보통 사람과는 다른 안목을 가져야 한다. (相乃仙傳, 要人眼力.)

❀ 이른바 상을 보는 사람의 안목은 눈빛이 밝아야 하고, 상서에 정통해야 하며, 마음과 힘을 쓰는 것이 세심해야 한다. 상체와 하체를 포함하여 몸 전체를 살펴보면서, 곳곳에 붉은 색의 흉터, 반점, 모발, 점 등을 놓치지 않고 살피면 만에 하나라도 실수가 없게 된다. (解曰: 眼力者, 眼明, 書熟, 用心細, 用力細, 看一身上下, 並處處紅痕, 班點, 毛髮, 痣損, 則萬無一失.)

열다섯, 상술에 관한 이론은 매우 많으며, 한 번에 모두 적용할 수가 없다. 당시의 상황에 따라 응용해야 하며, 고서에만 의존해서는 어렵다. (多相多般, 一時難遍, 今時氣數, 難依古書.)

❀ 이 두 구절은 옛날 진희이(陳希夷)의 상법으로, 진희이의 상법은 마의(麻衣) 원조가 석실 속에서 진옹(陳翁)에게 전수하여 만들어진 것이며, 후일 진옹이 세상에 음덕을 쌓은 것임을 말하는 것이다. (解曰: 此二句, 乃言古之希夷相法, 是麻衣老祖在石室中授陳翁, 後陳翁以爲積陰德於世.)

❀ 상술은 크게는 사람의 생명을 구하며, 작게는 고통을 받고 있는 사람

을 구하고, 선인과 현인을 천거하며, 길흉을 아는 것이니, 그 어찌 뒤에서 돕는 숨은 공이 아니겠는가? (大則救人性命, 小則救人困苦, 擧善薦賢, 知凶知吉, 豈不是陰功?)

❋ 그 후에 또 여조(呂祖), 달마(達摩), 귀곡(鬼谷), 당거(唐擧) 등 선현이 나왔으며, 모두 73개 학파의 상법이 존재하였고, 그 논법도 서로 달랐다. (後有呂祖, 達摩, 鬼谷, 唐擧諸先賢, 共有七十三家相法, 論各不同.)

❋ 또 후일 송나라 사람이 〈인상편(人相編)〉을 저술하였는데, 그 총론에 다음 같이 적고 있다. "상술에는 많은 종류가 있지만 상생과 상극의 도리를 벗어나기가 어려우며, 상법의 이치가 비록 다를지라도 각 학파의 상법 마다 비밀로 전해 내려오는 것이 있다." (後宋人著爲〈人相編〉, 總云: 相有萬般, 難逃生剋之中, 理雖各別, 一身相有秘傳.)

❋ 현재는 천도(天道)가 남행을 하고 **하원갑자**[1]에 처해 있으며, 옛 사람과 같이 기색이 왕성하고 몸이 건강하며 정신이 여유롭고 살집이 두텁지 않다. 지금은 몸이 마르고 허약한 사람이 많으며, 그 중에는 크게 부귀한 사람이 있다. (今時天道南行, 下元甲子, 非若古人氣壯身强, 生得神餘肉厚, 今人薄削枯乾者極多, 內中有大富大貴.)

❋ 바로 지금에 이르러 세상을 살아가는 올바른 도리가 무너져 사람들의 타고난 기품이 박약하기 때문에 체형과 골격의 상이 고대 상서 속에 묘사된 내용과는 부합하지 않는다. (今因世弱, 故人稟得薄, 不合古書.)

---

1 하원갑자(下元甲子)는 음양설(陰陽說)에서 180년마다 시대가 크게 변하는 것으로 보고 한 세대(世代)가 차차 이우는 단계로 잡는 그 세 번째 갑자년(甲子年)으로부터의 60년이다. 한 시대가 차차 쇠약해지는 단계로 본다.

🌸 유장 선생은 이와 같이 일반 관상가들이 마음을 헛되이 써가면서 비결과 방법을 체득할 수 없는 것을 심히 우려한 나머지, 이를 마음의 거울로 삼고서 한가한 틈을 타 자신의 상법을 널리 전수하고자 황색 종이와 붉은 붓을 사용하여 책을 써 사위에게 전하였다. (柳莊老子深恐此等俗士, 空費心神, 不知訣法, 故用黃紙朱筆, 閒中作此心鏡, 立書授婿, 以廣其傳.)

열여섯, 소아는 정수리가 평평하고, 눈썹은 무겁고 두피는 넉넉하고 느슨해야 잘 자란다고 말할 수 있다. (小兒頂平, 眉重皮寬, 可言好養.)

🌸 무릇 소아는 머리가 작으면 반드시 성장하여 어른이 되기가 어려우며, 정수리가 뾰족하면 성장하여 큰 그릇이 될 수 없다. 때문에 소아의 정수리는 평탄한 것이 제일 중요하다. (解曰: 凡小兒頭小, 必不成人, 尖頭大來不成器, 故要頂平爲主.)

🌸 소아는 눈썹이 너무 가벼우면 장수하지 못하며, 성인은 눈썹이 가벼워야 한다. 따라서 소아는 눈썹이 무거워야 한다. (眉輕無壽, 大人欲眉輕. 小兒欲眉重.)

🌸 소아는 두피가 느슨하면 반드시 잘 자라고, 두피가 팽팽하면 성질이 조급하며 잘 자라기가 어려워서, 10명 중에 1명 정도도 살아남을 수 없다. (皮寬者定是好養, 皮急者性亦急, 又主難養, 十無一生.)

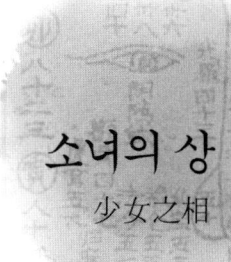

소녀의 상
少女之相

소녀는 머리카락이 검고, 눈은 수려하며 귀가 단정하면 가히 귀한 남편을 만나게 된다.(少女髮黑, 眼長耳正, 可許貴夫.)

❦ 소녀는 13・14세일 때, 머리카락은 가장 검고 밝아야 하며, 귀는 단정하고, 눈은 수려해야 한다. (解曰: 少女乃十三四之時, 最喜髮黑偏一, 耳正眼秀.)

❦ 《상서》에 다음과 같이 이르고 있다 : "봉황의 목과 봉황의 어깨에 더하여 봉황의 눈을 가진 여인은 가히 군왕의 배필이 될 수 있다." (書云: 鳳頸鳳肩兼鳳目, 女人可許配君王.)

❦ 옛날 사람들은 몸이 크고 얼굴도 컸으며 눈은 1촌을 넘었지만, 오늘날의 사람들은 얼굴이 3촌 반에 지나지 않으니 그 어찌 1촌이 넘는 눈을 가질 수 있겠는가? (古人身長面大, 而眼大一寸, 今人面闊三寸半, 豈有一寸之目.)

❦ 눈이 길고 가늘며, 눈빛이 안으로 숨겨져 있고 빼어나면 좋은 상이다. 어깨가 둥글고 등이 두터우면 귀한 상이고, 목이 길어도 귀한 상이다. (不過細長藏秀爲妙, 肩圓背厚爲貴, 項長爲貴.)

❀ 목이 짧고 머리카락이 긴 소녀는 반드시 남자를 3번 만나며, 귀가 뒤집혀 있고 이마가 넓은 소녀는 시집을 4번 가게 된다. (項短髮長, 必有三郞, 耳反額方, 四度成雙.)

❀ 일반적으로 말해서, 눈썹은 미세해야 하고, 눈은 길어야 하며, 준두[코끝]는 둥글어야 하고, 이마는 평평해야만 길한 상이다. (大槪欲細眉, 長目, 準圓, 額平爲妙.)

남녀의 형상이 만들어지는 연령
男女成相年齡

남자의 상은 16세에 형성되고, 여자의 상은 14세에 정해진다. (男相十六可成, 女相十四可定.)

● 무릇 남자는 16세가 되면 몸은 이미 성장하여 성인이 되며, 여자는 14세가 되면 월경을 시작한다. (解曰: 凡男相十六, 遇身已定, 女人十四, 癸水已至.)

● 만약에 이때 남녀 모두 피부와 혈색이 윤택하지 않고, 기색이 왕성하지 않으면 반드시 가난하다. 그런데 만약에 얼굴에 기름과 같이 광택이 나면 주로 음란하다. (皆至此而皮血不潤, 神氣不旺, 必賤. 若面光如油, 又主淫亂.)

● 일반적으로 말해서 너무 지나치지도 말고 너무 모자라지도 말며, 중간을 유지하는 것이 길한 상이다. (大槪不宜太過不及, 要中和爲妙.)

● 남자는 16세에 이미 성장하여 어른이 되니 너무 지나치거나 너무 모자라는 것을 꺼리지 않는다. 오직 살집이 많아 들뜨고, 안색이 흐리며,

피가 막히고 정신이 쇠약한 것을 꺼리며, 이러한 것들이 좋지 않으면 주로 단명하게 된다. (男人十六已成也, 不忌太過不及, 惟忌肉浮光少, 血滯神衰, 不好, 主夭.)

❀ 만약에 남자가 정신이 맑고 기색이 왕성하며, 살집이 두툼하고 골격이 단정하면, 하늘을 떠받치고 땅 위에 우뚝 서듯 영웅적 기개를 지닌 인물이 된다. (若神足氣壯, 肉實骨正, 眞成立之人也.)

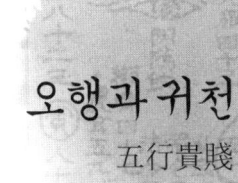

오행과 귀천
五行貴賤

오행의 귀천은 상생과 왕성함의 범위를 벗어나기가 어렵다. (五行貴賤, 難逃生旺之中.)

🌸🌸🌸

❁ 오행은 금, 목, 수, 화, 토이다. 오행에는 어느 것이 크고 어느 것이 작을 수 없는데, 서로 짝을 이루지 않으며 서로 대응하지도 않고, 주도면밀하지 않고, 서로 부합하지도 않는다. (解曰: 五行乃金木水火土爲五行. 不可一大一小, 不配不停, 不遇不合.)

❁ 왼쪽 귀는 금성이고, 오른쪽 귀는 목성이며, 이마는 화성이고, 입은 수성이며, 코는 토성이다. (左耳金星, 右耳木星, 額爲火星, 口爲水星, 鼻爲土星.)

❁ 이마가 지나치게 높고 귀가 (꽃이 피듯) 뒤집혀 있으면 화가 금을 이기는 상으로 부모의 가업이 종국에는 흐트러지고 없어지게 된다. (額高耳反火剋金, 父母可財總是空.)

❁ 입이 지나치게 크고 이마가 뾰족하면 수가 화를 이기는 상으로서,

15세에 이르러 한 번 크게 바뀌어 큰 어려움을 겪게 된다. (口大額尖水剋火, 一交十五身受苦.)

❋ 입이 지나치게 크고 눈동자가 맑으며 이마가 높으면 반드시 어질고 덕이 있는 대인이거나 또는 영웅호걸이다. (口大睛淸額又高, 定是高賢大英豪.)

❋ 코가 크고 입이 작으면 토가 수를 이기는 상으로서, 13·14세에 고향을 떠난다. (鼻大口小土剋水, 十三十四離鄕間.)

❋ 오행에서 하나의 상극이 있으면 좋은 상이 아니다. 그러나 하나의 상생을 얻으면 크게 좋다. (五行但有一剋, 不爲好相, 但得一生者大好.)

❋ 또 오관이라고 부르는 것이 있다. 눈썹은 보수관이며, 눈은 감찰관이고, 코는 심변관이며, 귀는 채청관이고, 입은 출납관이다. (又名五官: 眉爲保壽官, 眼爲監察官, 鼻爲審辨官, 耳爲採聽官, 口爲出納官.)

❋ 또 육부라고 부르는 것이 있다. 천창[양 이마]은 얼굴 윗부분에 2개 부이고, 관골[양 광대뼈]은 얼굴 가운데부분의 2개 부이며, 지고[양 턱]는 얼굴 아랫부분의 2개 부이다. (又名六府: 天倉爲上二府, 顴骨中二府, 地庫下二府.)

❋ 삼정이 균등하게 위치하고, 육부가 서로 균형을 이루고 있으며, 오관이 모두 반듯하면 크게 부귀한 상이다. (三停得均, 六府相勻, 五官俱正, 自大富大貴之相也.)

❋ 만약에 천창은 잘 생겼는데 지고가 신통치 않으면 초년에는 영화를

누리지만 노년에 가서는 실패한다. (如有天倉而無地庫, 初榮暮敗.)

🌸 만약에 지고는 잘 생겼는데 천창에 결함이 있으면 초년에는 고생을 하지만 노년에 이르러 영화를 누리게 된다. (有地庫而欠天倉, 初困暮榮.)

🌸 만약에 관골은 잘 생겼는데 천창과 지고가 신통치 않다면 역시 좋지 않으며, 주로 매우 고독한 상이다. (如有顴骨而無天倉地庫, 亦不好, 主大孤獨之相.)

🌸 또 육요라고 부르는 것이 있다. 첫째 자기(紫氣), 둘째 월패(月孛), 셋째 라(羅), 넷째 계(計), 다섯째 일(日), 여섯째 월(月)이다. (又名六曜: 一紫氣, 二月孛, 三羅四計, 五日, 六月也.)

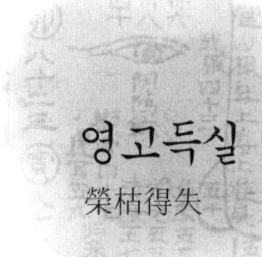

영고득실
榮枯得失

번영[榮], 쇠락[枯], 이득[得], 손실[失] 이상 4가지는 모두 온전하기가 어려운 것이다. (榮, 枯, 得, 失, 此言四者人皆難全.)

❀ 만약에 천정[이마] 부위가 높고 지각[턱] 부위가 날아가 버리고, 코가 반듯하고 관골[광대뼈]이 넓고 크면 번영과 이득을 누리는 상격이다. (解曰: 如天高地翼, 土正顴開, 乃有榮有得之格.)

❀ 만약에 천정 부위가 깎여 들어가 좁아지고, 양쪽 눈이 맑고 밝으며, 눈썹이 빼어나면 어린 나이에는 전부 좋은 것만은 아니고, 가업의 바탕도 적지만, 30세 이상의 중년기에 접어들면 계속하여 운세가 피어나고 다시는 잃는 것이 없게 된다. (如天停削, 日月明, 眉毛秀, 少年未必全美, 祖業根基小, 在中年三十以外, 一路行來方好, 再無失損.)

❀ 만약에 하정[코 끝에서 턱 끝까지 이르는 부위]이 이즈러진 것이 있으면 또 한번 실패하여 다시 고생길로 들어서게 된다. (如下有虧, 還有一失, 復困苦也.)

❀ 《상서》에 다음과 같이 이르고 있다 : "천정 부위가 높이 솟아있고 지각[턱] 부위가 마르고 엷으면, 초년에는 발달하지만 중년에는 사업을 이루기가 어렵다. 코가 반듯하고 관골이 높으면 중년에 이르러 사업의 기반을 이룰 수가 있다. 코가 쓸개를 거꾸로 매달아놓은 것과 같은 사람은 맨손으로 가업을 일으킨다. 관골이 깎여있고 코가 낮으면 평생동안 빈궁하게 고통 속에서 살아간다." (書云: "天高地薄, 初發達, 中建難成. 中正顴高, 到中年可成基業. 鼻如懸膽, 白手興隆. 顴削鼻低, 一世窮苦到老.")

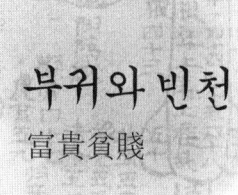

부귀와 빈천
富貴貧賤

이것은 부함[富], 귀함[貴], 가난함[貧], 천함[賤]의 4가지를 말한다. (富, 貴, 貧, 賤, 此言四者.)

❁ 무릇 부유함을 추구하는 사람은 반드시 다음과 같아야 한다. 살이 찌고 뚱뚱해야 자연히 재운이 따라 오며, 정신이 맑아야 재부(財富)가 들어오는데, 살이 찌지 않으면 재운이 오지 않고, 정신이 맑지 않으면 재물을 모으기가 어렵다. (解曰: 凡富須要身發財自發. 神來財自來. 身不發, 財不來. 神不來, 財定難發.)

❁ 정신을 보면서 상을 보는데, 마른 사람은 목형의 상격이다. 만약 목형인이 정신이 맑다면 재물은 반드시 일어나게 되며, 만약 목형인이 정신이 흐리멍덩하다면 재물은 반드시 손상을 입게 된다. (言神相人, 瘦取木形之格. 木若有神, 財必發, 木若無神, 財必傷.)

❁ 상등급의 사람은 재물이 일어나지만, 몸은 뚱뚱하지 않고, 중등급의 사람은 몸이 뚱뚱하지만 재물은 들어오며, 하등급의 사람은 비록 몸이 뚱뚱하지만 재물은 보이지 않는다. 사람의 몸이 흙과 같이 탁하면 살집

또한 알차지 않는다. 그러므로 살집이 풍풍해도 재물은 들어오지 않는 것이다. (上等人發財不發身, 中等人身發財發, 下等人身雖發, 不見財. 乃一身如土之濁, 肉又不實也, 故肉長財不來.)

🏵 만약에 살집이 알차게 발달하고, 골격과 살집이 균형을 맞추어 어우러져야 비로소 재물이 들어오는 길한 상이 된다. 만약에 살집이 많고 골격이 작으면 36세에 보장하지 못한다. (若肉發宜實, 骨肉兩配方妙. 如肉多骨少, 四九不保.)

🏵 만약에 체형이 건장하고 살집이 알차더라도, 골격이 바르고 정신력이 강하면 크게 부자가 될 상이다. (若體厚肉實, 骨正神强, 大富之相.)

🏵 무릇 귀한 상은 부유한 상과 크게 보면 같지 않지만, 단지 맑고 깨끗함을 취하면 제일 좋다. 그리고 끝까지 맑고 깨끗해야 하며 조금도 혼탁한 면이 있어서는 안 된다. 이것은 형체를 개괄적으로 말한 것이며, 다시 오관, 육부, 십이궁도 보아야 한다. (凡貴與富大不同, 只取淸爲妙. 淸要到底, 不宜一濁. 此乃槪論形局, 還要看五官, 六府, 十二宮.)

🏵 귀한 상은 첫째, 머리와 목이 단정해야 하며, 둘째, 귀가 단단해야 하고, 셋째, 어깨가 높아야 하고, 넷째, 관골은 높아야 하며, 다섯째, 눈이 맑아야 하고, 여섯째, 입술은 붉어야 하고, 일곱째, 치아가 두터워야 하며, 여덟째, 허리가 둥글어야 하고, 아홉째, 손가락이 길어야 하고, 열 번째, 머리카락은 검고 윤이 나야 한다. (貴, 一要頭項平, 二要耳硬, 三要肩高, 四要顴高, 五要睛淸, 六要脣紅, 七要齒厚, 八要腰圓, 九要指長, 十要髮黑潤.)

🏵 그런데 이 10가지를 모두 갖추고 있다 하더라도 아직도 구하게 되기

어려우니 다시 자세히 살펴야 할 곳이 있으니, 10가지 맑음[十淸]과 10가지 아름다움[十美]을 보아야 할 것이다. (此十件俱全, 還難得貴, 更有細看處, 有十淸, 再有十美.)

✿✿✿

❀ 10가지 맑음[10청] 중에서 말할 때 목소리는 크며 울려 퍼지고, 처음에는 낮고 나중에는 커지는 것이 1청이다. (聲音嚮, 先小後大, 爲一淸.)

❀ 옛 사람은 다음과 같이 말하였다 : "귀인의 목소리는 단전에서 나오는데, 목소리는 넓고 무거우며, 또 길게 울려 퍼지는 것 또한 단단하다." (古人云: 貴人聲韻出丹田, 氣實喉寬嚮又堅.)

❀ 또 다음과 같이 말하였다 : "목(木)의 목소리는 높고 맑으며, 화(火)의 목소리는 조급하며, 온화하고 윤기가 도는 금(金)의 목소리는 다복과 장수를 넉넉하게 누린다." (又云: 木聲高唱火聲焦, 和潤金聲福壽饒.)

❀ 몸에 나는 모발이 가늘고 부드러워야 하는 것이 2청이다. 모발은 산림과 같이 윤기가 나고 맑으며 부드럽고 가늘어야 한다. (身上毛髮宜細軟, 爲二淸. 髮毛卽如山林, 欲潤而淸, 軟而細.)

❀ 치아가 옥과 같아야 하는 것이 3청이다. 《상서》에 다음과 같이 이르고 있다 : "고관대작과 같은 귀인의 두둑한 녹봉을 얻으려면 반드시 귀인의 치아를 가져야 한다." (齒如玉爲三淸. 書云: 欲食貴人祿, 須生貴人齒.)

❀ 손바닥이 붉고 윤택하며, 손바닥의 주름은 실과 같이 가늘고 보드랍

고, 손가락은 긴 것이 4청이다. (掌紅潤, 紋如絲, 指長, 爲四淸.)

❀ 귀의 색깔이 흰색인데 그 속에 붉고 윤기가 나는 것이 5청이다. (耳白色兼紅潤, 爲五淸.)

❀ 《상서》에 다음과 같이 이르고 있다 : "귀의 색깔이 얼굴 보다 흰 사람은 조야에 이름이 알려진다." 또 다음과 같이 이르고 있다 : "귀가 희고 입술은 붉은데 눈이 빼어나면, 어찌 과거의 급제를 발표한 방에 이름이 적혀있지 않을까봐 걱정하겠는가?" (書云: 耳白過面, 朝野聞名, 又云: 耳白脣紅兼眼秀, 何愁金榜不題名.)

❀ 머리카락이 윤택하고 눈썹이 검은 것은 6청이다. 발제[머리카락 경계 부분]가 가지런하여 명문[눈과 귀 사이]을 넘어서면 7청이다. 매우 말랐지만 살집이 윤택하고 골격이 드러나 있지 않으면 8청이다. 이러한 상을 가진 사람은 매우 귀하다. (髮潤眉黑, 爲六淸, 髮齊過命門, 爲七淸, 至瘦極血潤不露骨, 爲八淸. 此件極貴.)

❀ 매우 말랐지만 유두가 단단하면 9청이고, 배꼽이 깊은 것이 10청이다. 만약에 이들 10청 중에서 1~2개만 취할 수 있으면 귀한 격이 된다. (至瘦乳硬爲九淸, 臍深爲十淸, 此十淸如得一二可取, 有貴之格.)

<hr />

❀ 10가지 아름다움[10미]이란 무엇을 말하는가? 손바닥이 솜과 같이 보드라운데 겸하여 눈이 빼어나며, 주먹이 충분히 입 속으로 들어가면 1미이며, 주로 2품이 되는 상격이다. (十美何說? 掌軟如綿兼目秀, 自能將拳入口

中, 爲一美, 主二品之格.)

● 몸의 살집이 주옥과 같으면 2미이며, 주로 3품이 되는 상격이다. 몸이 마르고 머리가 둥글면 3미인데, 그러나 작게 귀한 상격에 지나지 않는다. (一身之肉, 如玉如珠, 爲二美, 主三品之格. 凡瘦頭圓, 爲三美, 然不過小貴.)

● 귀 뒤에 살집이 일어나 있으면 4미이며, 주로 부귀하다. 음낭의 색깔이 은은하고 윤기가 나며, 흘러오는 땀이 향기로우면 5미이고, 주로 많은 사람들 중에서 뛰어나며 크게 귀한 상이다. (耳後肉起, 爲四美, 主富貴. 陰囊香汗, 潤色長明, 爲五美, 主大貴超羣.)

● 얼굴과 몸은 검은데 손바닥 한 가운데가 희면, 음(陰) 속에서 양(陽)이 생기는 것이니 6미이며, 문무를 겸비하며 높은 벼슬을 하게 된다. 눈동자가 맑고 입술이 홍색을 띠면 7미이며, 주로 무관직을 얻게 된다. (身面黑而掌心白, 乃陰內生陽, 爲六美, 文武職大顯. 睛淸脣紅, 爲七美, 主武職.)

● 체형은 왜소하지만 목소리가 맑으면 8미이며, 눈동자가 야간에도 광채가 나면 9미이다. 18세에 수염이 날 뿐만 아니라 그 수염이 맑고 빼어나면 10미이며, 반드시 일찍 과거에 급제하여 이름을 올리게 된다. (人小聲淸, 爲八美, 目有夜光, 爲九美, 十八生鬚淸秀者, 爲十美, 早登科甲.)

● 앞에서 말한 빈궁한 상을 가진 사람은 오관이 어떠하고 육부가 어떠한가? 가난한 사람의 오관, 육부, 삼정은 귀한 상을 가진 사람과는 비교가 될 수 없다. (前言貧者, 何官何府也. 五六三停, 自然不同.)

● 빈궁한 사람은 정신이 쇠약하고 안색이 어두우며, 천정은 치우쳐 있

고 지각은 뾰족하고 깎여 있으며, 양쪽 눈이 밝지 않다. 또한 오악은 서로를 향해 마주보고 있지 않고, 사독[눈. 코. 입. 귀]은 맑지 않으며, 머리카락은 윤택하지 않고, 피부는 맑고 윤기가 나지 않으며, 혈기는 충만하지 못하다. 바로 이 모든 것들이 빈궁한 상에 속하는 것으로서, 하늘과 땅 사이에 부정한 기가 쌓여 형성된 것이다. (神衰色暗, 天偏地削, 日月不明, 山岳不朝, 河海不淸, 林木不潤, 皮土不瑩, 血氣不華, 俱是貧窮之相, 乃天地不正之氣也.)

❀ 비천한 상은 빈궁한 상과는 또 다르다. 천한 사람은 말이 많고 시끄럽게 떠들며, 머리는 뾰족하고 이마는 좁고 깎여 있으며, 눈은 움푹 들어가 있고, 육요가 균형을 이루지 못하고 있으며, 부위가 적당하게 분포되어 있지 않고, 삼정은 길고 짧은 것이 잘 어울리지 않았으니, 바로 이 모든 것들은 비천한 상격이다. (夫賤者, 又與貧相不同. 語言多泛, 頭尖額削. 日月失陷, 星辰不勻, 部位不停, 長短不配, 俱乃賤格也.)

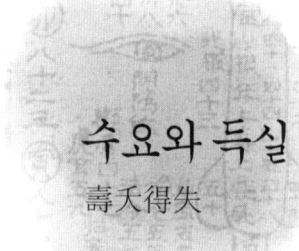

수요와 득실
壽夭得失

장수함[壽], 단명함[夭], 얻음[得], 잃음[失], 이 4가지는 각기 나름대로의 설법이 있다. (壽, 夭, 得, 失, 此四者, 各有一說.)

❦

하나, 장수하는 사람은 골격이 단정하고 견실하며, 피부와 혈색은 윤기가 흐른다. 늙어서는 눈썹이 있고, 귀의 잔털이 길며, 검버섯이 있고, 침골 부위에 주름이 있으며, 주름살이 검을 뿐만 아니라 견실하다. 만약에 늙어서 입술이 검푸르면 주로 굶어죽는다. (解曰: 夫壽者, 骨正堅實, 肉血自潤. 凡老來最宜眉毫, 耳毫, 壽斑, 枕骨陰有紋, 縐硬黑堅. 若老來脣靑暗, 主飢死.)

❀ 소아가 귀가 어두운 색을 띠면 3년 내에 사망하고, 귀가 야위면 2년 내 사망하며, 소년이 귀가 야위고 어두운 색을 띠면 매우 빈궁하고 실패하는 일생을 보내게 된다. (耳暗, 三年內死, 耳乾枯, 二年死, 少年耳乾暗, 主大窮大敗.)

❀ 중년에 귀가 마르면 주로 좋은 운이 없고, 다만 귀가 밝고 윤택하게 되면 비로소 형통하게 된다. 만약에 늙어서 귀가 검으면 주로 사망하게 된다. 때문에 양쪽 귀는 밝지 않으면 안 된다. (中年耳枯, 主無運, 直待明潤,

方得亨通, 老來耳黑, 主死, 故金木不可不明.)

❀ 목의 피부가 여위면 주로 몹시 곤궁하며, 만약에 늙어서 두피가 계속 건조하게 되면 의심의 여지가 없이 죽는다. (項皮乾, 主大受窮苦, 若老來頭皮一乾, 卽死無疑.)

❀ 입가에 누런빛이 나고, 입술 주위가 검푸른 색을 띠게 되면 고생하면서 죽는다. 40세가 지나서 눈썹에 수미[긴 털]가 나면 귀인의 도움을 받게 되며, 50세를 넘겨 수미가 나도 역시 좋다. 만약에 수미가 아래를 향해 길게 난다면 형상을 입히거나 상극을 하지 않으며, 만약에 위를 향해 길게 난다면 주로 고독하게 지낸다. (黃光生口角, 暗色繞脣靑, 卽苦死. 眉毫于四十外生, 有人扶助, 五十外生, 亦好. 如朝下方, 不刑剋, 若朝上, 主孤獨.)

❀ 60세를 넘겨 얼굴에 검버섯이 생기고, 또 검버섯이 검고 맑으면 크게 복(福)과 수(壽)를 누리게 된다. 하지만 50세가 되기 이전에 검버섯이 생기면 바로 죽는다. (面上六十外生斑, 宜黑亮, 方有大福大壽, 五十內生, 卽死.)

❀ 늙어서 머리카락이 길면 좋지 않으며, 처를 극하고 자식을 잃게 된다. 단지 장수할지의 여부는 두피를 위주로 보아야 한다. (老來生髮不宜, 主剋妻喪子. 只主有壽, 還看頭皮爲主.)

둘, 단명하는 상은 무엇을 말하는가? 인간은 하늘과 땅 사이에 존재하면서, 해와 달의 정화를 물려받으며, 하늘과 땅의 빼어난 기를 빼앗아 가지고 있으니, 만약에 어느 한 부위가 손상을 입는다면 곧 단명하는 상이 된다. (夭者何說, 人生天地, 不過稟日月精華, 奪天地秀氣, 若有一損, 卽成夭相.)

❀ 소년이 머리가 아래로 수그러지면 목이 기울어 무너진 것이니 주로 사망하게 된다. 양쪽 눈에 광채가 나지 않으면 바로 죽는다. 일상적으로 눈이 작고 광채가 나지 않는 사람은 30세를 넘기지 못하며, 머리가 크고 정수리가 뾰족하고 또 피부가 건조한 사람은 36세에 수명을 다 한다. (少者垂首, 爲天柱傾頹, 主死. 日月無光, 卽死. 常時目小無光, 不滿三十之外. 頭大頂尖皮又乾, 四九之壽.)

❀ 《상서》에 다음과 같이 이르고 있다 : "안회(顔回)가 단명한 것은 모두가 신기가 산만하고 눈빛이 들떠 있었기 때문이며, 강태공(姜太公)이 80세까지 산 것은 오직 귀가 서리와 눈 같이 희기 때문이었다." (書云: "顔回壽短, 皆因神散光浮; 太公八十, 只爲耳如霜雪.")

❀ 코에 콧대가 없으면 단지 27세까지 살며, 양쪽 눈이 진흙과 같이 흐리고 어두우면 25세까지 산다. (鼻無梁, 三九之後, 雙目如泥, 二十五歸.)

❀ 양쪽 눈썹이 싸움닭과 같이 모여 있으면 36세까지 보장하기 어렵다. 양쪽 눈썹과 산근[콧등] 부위가 연결되어 있으면 30세에 반드시 요절한다. (眉如鬪雞, 四九難保. 羅計日月孛交加, 三十之年定折.)

❀ 눈썹이 눈을 짓누르고 있으면 30세 전후에 절에 들어가 승려가 되며, 그렇지 않으면 요절한다. (羅計日月交增, 三十前後, 入寺爲僧, 不然也夭.)

❀ 몸이 큰데 목소리가 크고 울리지 않으면 30세를 지나면 세상을 떠나며, 살이 찌고 기가 완전하지 않으면 40세를 지나면 수명을 다 한다. 눈이 튀어나오고 코에 콧대가 없으면 38세에 사망한다. (身大聲不響, 三十外歸. 身肥氣不完, 四十外歸. 眼露鼻無梁, 三十八殺傷.)

❀ 또 다음과 같이 이르고 있다 : "머리카락이 풀과 같이 누렇고 호흡이 거칠고 무거우면 반드시 어리석고 고집이 세며 떠돌이 생활을 하게 되어 있으며, 주로 30세를 지나서 횡사한다. 몸에 핏빛이 있고 재액의 기운이 있으면 36세에 죽는다. 머리카락이 길고 머리에 광택이 없으며, 눈에 정신이 없으면 36세에 죽는다."(又云 : "髮黃如草氣粗, 必是愚頑定配徒. 三十外主凶身死. 身因血災光, 四九定歸陰. 髮長頭眼無神, 四來九內三春.")

❀ 또 다음과 같이 이르고 있다 : "머리가 작고 머리카락이 길고 종적이 흩어지며, 머리카락이 길고 머리가 좁은 사람도 수명을 예측하기가 어렵다. 머리카락이 귀까지 나면 반드시 굶어죽으며, 머리카락이 소라처럼 돌돌 말려 있으면 반드시 상처를 입게 된다."(又云 : "頭小髮長踪跡散, 髮長頭窄命難量. 髮生到耳須飢死, 髮捲如螺必有傷.")

셋, '얻는 것'이란 무엇을 말하는 것인가? 사람이 오래도록 곤궁할 상이지만 종국에는 한 번 기회를 만나게 되는 징조를 얻는다는 말이다. (得者, 言人久困之相, 而得一遇之兆.)

❀ 곤경에 오래 처한 사람이라도 준두[코끝] 부위가 밝고, 명궁인 인당[눈썹사이]이 막혀있던 것이 만약 확 열리면 한 번의 기회를 얻어 진사에 급제한다. (如人久困, 準頭一明, 印乃命宮, 若一開, 卽得一遇, 爲得弟也.)

❀ 곤경에 오래 처한 사람이라도 갑자기 눈빛이 밝고 신기가 풍족하면 귀인의 도움을 받게 된다. 그리고 만약에 목소리가 갑자기 크게 울리면 반드시 기회를 얻게 된다. (若人久困, 雙眼忽然神足, 大遇一貴. 聲音一嚮, 必有一得.)

❀ 사람의 부위는 원래 좋은데 단지 기색이 흐리고 막혀있기 때문이라면, 또 만약에 기색이 열리고 정신이 풍족하면 청운의 뜻을 갖게 된다.
(如人部位原好足, 因色不開, 色若一開, 神若一足, 乃有萬里雲霄之志.)

❀ 기와 혈이 오랫동안 열려 밝지 않아 막혀있다면 기와 혈이 순조롭게 흐른다면 막혔던 것은 단번에 밀려나며, 형극을 당하지 않고 살 수 있다.
(如血色久不開明, 乃多滯, 若得一明, 滯自退矣, 未刑得生.)

넷, '잃는 것'이란 무엇을 말하는 것인가? 이는 흉운으로 바뀌는 설법이며, 사전에 예방을 잘 하면 절반의 재앙을 면할 수 있다. (失者, 乃交敗運之說, 預防可免一半.)

❀ 기색이 좋으면 재물이 모이지만, 만약에 부위가 좋지 않은 곳에 이르게 되면 반드시 재물을 잃어버리게 된다. (如人氣色好, 也發得財. 若到部位不足之處, 必失矣.)

❀ 눈썹과 눈은 맑고 산근은 움푹 들어가 있으면 반드시 40세 이후에 잃을 운이 있는 것을 예방해야 한다. 천정 부위가 높으면 부모와 형제의 운이다. (眉眼淸而根陷, 須防四十外失. 天停高, 乃父兄之運.)

❀ 눈썹과 눈이 잘 생기지 못하면 30세에 이르면 자리를 잃고 집안을 망친다. (若眉眼不如, 到三旬, 則失位破家.)

❀ 코는 잘 생겼는데 귀가 못생기고 아울러 창고[식창과 녹창] 부위가 뾰족하고 깎여 있으면 54세 전에 크게 꺼릴 일이 있다. (如土星好, 木星不好, 兼

倉庫削, 六九前大忌有亏.)

❀ 평생 영화를 누리다가 자혈[턱 부위]에 이를 때 변하여 빈궁하게 된 사람을 만나는 것은 모두 와잠[눈밑] 부위가 어둑컴컴하고 입술이 푸르기 때문이다. (一世身榮, 到子穴之時, 轉遭窮困者, 皆因臥蠶黑暗上脣青.)

❀ 노년에 먹을 양식조차 없이 가난한 운을 맞게 되는 것은 단지 혀 아래가 단단하게 되어 혓바닥 밑에 가로로 딱딱한 이물질이 생기고 있기 때문이다. (老運無糧, 只爲舌下跟生硬, 乃舌底下橫生一硬也.)

인동천지
人同天地

인간은 천지와 같은데, 그 어찌 한 가지 일이 이루어지지 않겠는가? 그러나 만약 손상을 입거나 부족함이 있다면 평생토록 복을 누리지 못한다.(人同天地, 豈可一事無成? 若有一損, 終身不成發.)

❀ 이는 자연계의 하늘은 큰 하늘이며, 인간은 작은 하늘임을 말하는 것이다. (解曰: 此言天乃一大天, 人乃一小天.)

❀ 하늘에는 해와 달이 있으며, 사람에게는 양쪽 눈이 있다. 하늘에는 사시[사계절]가 있으며, 사람에게는 사지[양쪽 팔다리]가 있다. 하늘에는 황금과 돌이 있으며, 사람에게는 근육과 뼈대가 있다. (天有日月, 人有雙目, 天有四時, 人有四肢, 天有金石, 人有筋骨.)

❀ 하늘에는 오악[이마, 코, 턱, 양 광대뼈]이 있는데, 사람에게는 오관[눈, 코, 입, 귀, 눈썹]이 있다. 하늘에는 금, 목, 수, 화, 토의 오행이 있는데, 사람에게는 심장, 간, 지라, 폐, 신장의 오형이 있다. (天有五嶽, 人有五官, 天有金木水火土, 人有心肝脾肺腎爲五形.)

❀ 일반적으로 말해서 머리가 둥근 것은 하늘을 닮은 것이고, 발이 모가 난 것은 땅을 닮은 것이며, 몸 전체는 산림을 닮고, 목소리는 천둥과 벼락을 닮았다. (大槪頭圓像天, 足方像地, 遇身像山林, 聲音像雷霆.)

❀ 하늘에는 바람과 구름, 천둥번개, 비가 있지만, 사람에게는 기쁨, 화남, 슬픔, 즐거움이 있다. 하늘에는 예측하기 어려운 바람과 구름이 있으며, 사람에게는 짧은 시간에 벌어지는 화와 복이 있다. (天有風雲雷雨, 人有喜怒哀樂, 天有不測風雲, 人有旦夕禍福.)

❀ 하늘은 높으려 하고, 땅은 두터우려 하며, 산림은 빼어나려 하고, 해와 달은 밝으려 하며, 천둥과 벼락은 우렁차려 하고, 강물은 잘 흘러가려 하며, 산악은 높게 솟으려 하고, 황금과 바위는 단단하려 하고, 겉 흙[피부]은 두텁고 건장하려 한다. (天欲高, 地欲厚, 山林欲秀, 日月欲明, 雷霆欲響喨, 江湖欲通流, 山嶽欲高聳, 金石欲堅實, 皮土欲厚壯.)

❀ 이상의 몇 가지 중에서 하나라도 완성되지 않으면 부귀와 장수를 누리는 상이 아니다. (此數件內有一件不成者, 則非富壽之相也.)

사계의 추단
四季推斷

❋ 심장은 화(火)에 속하는데, 나타나는 기(氣)가 메마르며, 색(色)은 홍색이고, 대부분 인당[눈썹사이]에 있다. (解曰: 心屬火, 發出氣燥, 色紅, 多在印堂.)

❋ 지라는 토(土)에 속하는데, 기는 어둡고, 색은 황색이며, 대부분 토성[코]에 있다. (脾屬土, 氣暗色黃, 多在土星.)

❋ 폐는 금(金)에 속하며, 나타나는 기는 청색이고, 색은 백색이며, 대부분 사고[천창과 지고]에 있으니, 그러므로 금은 대부분 사지로 떠돌아다닌다. (肺屬金, 色白而氣靑, 多在四庫, 故金行四肢.)

❋ 신장은 수(水)에 속하며, 나타나는 기는 탁하며 색은 검고, 양쪽 현벽[뺨 가장자리]에 있는데, 지고[양 턱]는 각각 부위에 가지고 있다. (腎屬水, 氣濁色黑, 多在兩懸壁地庫, 各有部位.)

❋ 만약 화(火)에 속하는 인당 부위가 어두운 색깔을 띠면, 수는 화를 이기는 것이니, 오행에 의거하여 상생과 상극을 말하지 않을 수 없다. (如印堂屬火之位, 若暗色, 乃水剋火也, 不可不依五行生剋言之.)

❋ 만약에 토(土)에 속하는 코가 청색을 띠게 되면 목(木)이 토(土)를 이기

는 것이니 반드시 사망한다. (土星屬土, 如靑, 則木克土也, 卽死.)

❀ 그 밖의 다른 것도 이와 같다. 이상은 기와 색의 길함과 흉함이며, 뒤에 나오는 〈영락백문〉에서 상세히 설명된다. (其外倣此. 以上氣色吉凶, 後有百問詳明.)

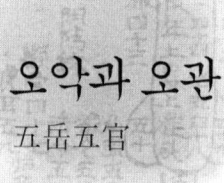

오악과 오관
五岳五官

먼저 오악과 오관을 나누어 보고서 성패를 안다.(先分五岳五官, 或成或敗.)

※

❁ 오악은 다음과 같다. 이마는 남악이며, 양쪽 관골[광대뼈]은 동악과 서악이고, 코는 중악이고, 지각[턱]은 북악이다. (解曰: 五岳者, 額爲南岳, 兩顴爲東西岳, 土星中岳, 地閣北岳.)

❁ 만약에 악이 하나라도 높지 않다면 격국은 형성되지 않고, 귀한 상이 아니다. 만약에 천정[이마] 부위와 지각 부위가 서로 향하여 마주 보지 않고, 천창[양 이마] 부위와 지고[양 턱] 부위가 움푹 파이고 깎여 있으며, 유독 관골만 높으면 역시 길한 상은 아니다. (若有一岳不高, 不成格局, 不爲貴相. 若天地不朝, 倉庫陷削, 獨顴高也不爲妙.)

❁ 《상서》에 다음과 같이 이르고 있다 : "관골이 높은 사람은 크게 귀한데, 다만 다른 사악과 서로 조화를 이루되어야 한다." (書云: "顴高大貴, 要四岳相顧.")

❁ 오늘날 《상서》에 다음과 같이 이르고 있다 : "유독 관골이 높게 생기

면, 농토를 지키기가 어렵고, 자식이 죽고 처가 상해를 입으며, 아주 흉한 상이다. 만약에 다른 사악은 깎여 있고 좋지 않은데, 유독 코만 높고 풍만하며 산봉우리처럼 외롭게 홀로 우뚝 서 있으면, 처와 자식을 말하기가 어려우니 고독한 상이다."(今書言: "獨顴高生, 而田園不守, 子死妻傷, 大不妙之相也. 如獨土星高滿而俱削, 爲孤峯獨聳, 妻子難言, 孤獨之相也.")

오관설[1]
五官說

첫째, 귀는 채청관이고, 둘째, 눈썹은 보수관이고, 셋째, 눈은 감찰관이며, 넷째, 코는 심변관이고, 다섯째, 입은 출납관이라고 한다. (解曰: 一曰耳, 爲採聽官, 二曰眉, 爲保壽官, 三曰眼, 爲監察官, 四曰鼻, 爲審辨官, 五曰口, 爲出納官.)

※ 〈대통광감(大統廣鑑)〉에 다음과 같이 이르고 있다: "오관[눈, 코, 입, 귀, 눈썹] 중에 1개의 관(官)이라도 잘 생기면 10년 동안 귀하고 드러나게 되며, 육부[양 이마, 양 광대뼈, 양 턱] 중에 1개의 부(府)라도 밝으면 10년 동안 부를 누리고, 오관이 모두 잘 생기면 평생을 부귀하게 지낸다." (〈大統廣鑑〉書云: "一官成十年貴顯, 一府明十載富豊, 五官俱成, 終身富貴.")

※ 귀는 반드시 색깔이 밝고 윤택하야 한다. 귀가 눈썹 보다 높게 솟아있고, 이륜과 이곽은 잘 형성되며, 양쪽 머리 측면에 살집이 두텁게 붙어있고, 명문[눈과 귀 사이]이 넓고 크면, 이른바 채청관의 격국이 형성되었다고 한다. (耳須要色明, 高聳過於眉, 輪廓完成, 貼肉敦厚, 命門寬大, 謂之採聽官成.)

---

1 이 오관설(五官說)과 뒤에 나오는 오성육요(五星六曜)의 시(詩)는 모두 고각로(高閣老)가 지은 것이다. (此五官說, 及後五星六曜之詩, 俱高閣老所作.)

❀ 눈썹은 반드시 넓고 맑으며 길어야 한다. 양쪽 눈썹이 빈모[귀밑털]에 들어가 있고, 매달려 있는 무소뿔이나 초승달과 같으며, 앞 머리부터 끝까지 풍만하게 가득 차 있으며, 이마 한 가운데 높게 자리를 잡고 있으면 이른바 보수관의 격국이 형성되었다고 한다. (眉須要寬廣淸長, 雙分入鬢, 或如懸犀新月, 首尾豊盈, 高居額中, 乃謂保壽官成.)

❀ 눈은 반드시 드러나지 않고 숨겨져 있어야 하는데, 흑백이 분명하고, 눈동자는 단정하며, 눈빛은 상대방을 비추듯 빛나고, 봉황의 눈과 같이 가늘고 길며 드러나지 않고 빼어나면 이른바 감찰관의 격국이 형성되었다고 한다. (眼須要含藏不露, 黑白分明, 瞳子端正, 光彩射人, 或鳳目細長藏秀, 乃爲監察官成.)

❀ 코는 반드시 콧대가 밝고 곧아야 한다. 위로는 높게 솟아 산근[콧등] 부위에 연결되고, 인당[눈썹사이]은 밝고 윤택하며, 아래로는 년상[콧등]과 수상[콧대] 부위에 연결되어 있어야 한다. 그리고 콧대는 높고 솟아 있어야 하고, 마디가 일어서서는 안 되며, 준두[코끝]는 일어나야 하고, 매달린 쓸개 모양과 같아야 하며, 코는 대나무 통을 쪼개놓은 듯 해야 하고, 황색을 띠며 밝고 선명하면 이른바 심변관의 격국이 형성되었다고 한다. (鼻須要樑柱明直, 上接山根, 印堂明潤, 下連年壽. 高隆, 不宜起節, 準頭庫起, 形如懸膽, 鼻如截筒, 黃明色鮮, 爲審辨官成.)

❀ 입은 반드시 각궁[활]과 같아야 하며, 열면 크고 다물면 작고, 아랫입술과 윗입술이 잘 어울리고, 입술과 치아가 잘 어울리며, 입의 모양이 '사(四)' 자 모양으로 모가 나면, 이른바 출납관의 격국이 형성되었다고 한다. (口須要角弓開大合小, 上下脣配齒配, 四方, 爲出納官成.)

하나, 귀는 채청관이다. (耳爲採聽官.)

🌸 귀가 기울고 삐뚤어지면 하는 일마다 실패한다. 총명한 사람은 귀가 높고 솟아 있다. 귀가 옥과 같이 희면 젊어서 셋으로 나뉘어 살이 붙고, 눈썹까지 드리워서 붉고 윤기가 나면 자연스럽게 재산을 갖게 되고, 재물과 녹봉이 형통하게 된다. (解曰: 成敗傾攲, 聰明高聳, 色白如玉, 年少作三分貼肉, 垂眉紅潤, 自然置産, 財祿亨通.)

🌸 만약에 귀가 크고 작기가 바로 화살의 깃털과 같이 뾰족하면 어찌 외롭고 궁하지 않겠는가? (若大小, 直如箭羽, 安得不孤窮.)

🌸 명문이 손가락이 들어갈 수 없을 정도로 작으면 수명이 짧고, 성취하려는 의지가 약하며 어리석다. (命門窄, 難容指, 壽元短促, 志淺愚蒙.)

🌸 귓바퀴가 없고 뒤집혀 있는데 검고 얇다면 집안은 깨지고 주머니는 텅빈다. 귓구멍 속에서 긴 털이 자라면 80세가 넘어서야 생을 마감하게 된다. (無輪反薄黑, 室破囊空. 其因毫生竅內, 天年八十方終.)

🌸 귀가 두텁고 크며 주홍색을 띠면 지극히 귀한 상이며, 백발노인이 머리를 아래로 숙이고, 등과 허리가 활처럼 굽어진 채로 천천히 앞을 향해 걸어가는 자세라면 **용종1**이라고 하여 80세까지 살 수 있다. (厚大珠紅極貴, 白頭壽老龍鐘, 頭垂地, 又背腰弓, 八十壽方終.)

---

1 노인이 머리를 아래로 향하고, 등은 굽어진 채로, 아주 천천히 앞을 향해 걸어가는 것을 이른 바 용종이라고 한다. (老人行路, 頭垂背屈, 逶迤(迤)不前, 謂之龍鐘.)

둘, 눈썹은 보수관이다. (眉爲保壽官.)

❋ 눈썹이 짙고 두터우면 타향에 머물게 되고, 눈썹이 엷고 드문드문 나 있으면 평생을 고독하게 산다. 눈썹이 짧고 촘촘하면 형제가 마땅하지 않게 지낸다. (解曰: 濃厚淹留. 薄疎孤獨. 短促兄弟非宜.)

❋ 눈썹 속에서 모서리 뼈가 툭 튀어나오면, 성정이 용감하여 온갖 나쁜 짓을 저지르기를 좋아한다. 눈썹이 초승달과 같이 청수하고 굽어 있으면 문장이 뛰어나고 특별히 부귀영화를 누린다. (骨稜高起, 性勇好爲非. 淸秀灣如新月, 文章顯耀榮奇.)

❋ 인당 부위가 넓고, 쌍으로 나뉘어 눈썹이 빈모[귀밑머리]에 길게 들어간 사람은 존귀하며 의심의 여지없이 지위가 구경이나 재상에 오른다. (印堂廣, 雙分入鬢, 卿相貴何疑.)

❋ 눈썹이 뻣뻣하게 서면 살기를 가져서 성격이 매우 강하고 흉폭하며 앞뒤를 가리지않으면서 생각이 적다. (豎毛多主殺, 神剛性暴, 少思維.)

❋ 양쪽 눈썹이 서로 연결되어 있어 인당 부위가 좁은 사람은 관록을 등지어서 살기 위해 평생을 바쁘게 뛰어다닌다. (交連幷印促, 背祿奔馳.)

❋ 가로로 된 눈썹이 일어나 있으면 처에게 해를 끼치고 자식과 싸운다. 소라와 같은 나선형 눈썹을 가진 사람은 창과 군대의 깃발을 잡고 있는 군인이 된다. (橫豎妨妻剋子. 旋螺多執槍旗.)

❋ 눈썹이 낮아 눈을 짓누르고, 서로 끊이지 않고 연결되어 있으면 반드

시 이그러진 운을 만나며, 30세 이후에 이러한 상을 가지게 되면 좋지 않다. (眉低壓眼, 相連不斷, 運至必遭虧, 三十外到此, 不好.)

셋, 눈은 감찰관이다. (眼爲監察官.)

❀ 양쪽 눈이 붉게 들떠 있고, 양쪽 눈동자에 붉은 핏줄이 있는 사람은 살인을 하는 도적이거나 간사한 모략을 좋아한다. (解曰: 兩眼火浮, 雙輪噴火, 殺人賊, 好奸謀.)

❀ 눈동자가 옻칠을 한 것처럼 검고 맑으면 반드시 평범한 사람이 아니다. 눈이 큰 사람은 대부분이 예술분야에 종사한다. (睛如點漆, 應不是常流. 眼大者, 多攻藝業.)

❀ 눈을 위로 향해 보는 사람과는 사귀지 말아야 한다. 곁눈질을 하는 사시 눈을 가진 사람은 스스로 강하여 혼자만 이기기를 좋아하고 인색할 뿐만 아니라 더욱 탐욕스럽다. (上視者, 勿與交遊. 斜視者狠, 自强獨勝, 慳吝更貪求.)

❀ 눈동자가 둥글고 크며 눈빛이 밖으로 드러나면 흉악한 마음을 품고 있으며, 송사에 휘말려 근심하게 된다. (圓大神光露, 心懷凶狠, 訟獄堪憂.)

❀ 눈이 닭, 뱀, 쥐의 눈과 같은 사람은 음란하지 않으면 반드시 강도나 도둑질을 하게 된다. 눈이 삼각형인 사람은 깊이 감추는데 독과 해침이 같은 무리가 되며 보더라도 좋은 친구가 없다. (似鷄蛇鼠目, 不淫須偸. 三角深藏, 毒害同倫, 視定無良儔.)

❁ 양쪽 눈이 신색이 맑고 정기가 상쾌하며 봉황의 눈과 같이 길게 자라면 반드시 일찍이 제왕이나 제후가 된다. (神淸爽, 長如鳳目, 身早作王侯.)

넷, 코는 심변관이다. (鼻爲審辨官.)

❁ 코가 좁고 작은 사람은 인색하고 탐욕스럽다. 콧등이 높고 솟아있으면 드러나고 귀한 상이며, 코가 기울고 삐뚤어지고 굽어 있고 움푹 들어가면 방탕하게 된다. (解曰: 竅小慳貪, 高聳顯貴, 偏斜曲陷堪蕩.)

❁ 코가 짧고 작으면 감히 부귀와 번창을 누리지 못한다. 코는 하늘을 향해 치켜들고 있는 들창코를 제일 무서워한다. 만약에 코가 매달려 있는 쓸개와 같은 모양이면 반드시 조정의 관리가 된다. (若還短促, 未敢許榮昌, 最怕十分昂露, 若如懸膽, 必作朝郞.)

❁ 년상과 수상 부위에 종횡으로 주름살이 있으면 가정이 파탄나서 고생스러워 살기 위해 바쁘게 뛰어다닌다. (年壽縱橫紋理, 家破苦奔忙.)

❁ 산근은 가로로 짤려 있는 것을 무서워하는데, 그렇게 되면 논밭을 지키지 못할 것이며, 처자가 먼저 죽는다. (山根怕折. 田園不守, 妻子先亡.)

❁ 코의 모양이 매의 부리와 같은 매부리코는 사람 됨이 교활하고 독살스러워 상대하기가 어렵다. 코가 넓고 크며 높이 솟아 있으면 반드시 안정되며 광택이 나면 주로 재물과 녹봉이 다른 상이다. (形如鷹嘴, 狡狠難當. 廣大朝高須穩, 光明主財祿殊當.)

❀ 특히 준두가 흑색을 띠고, 난대[왼쪽 콧망울]와 정위[오른쪽 콧망울]가 검푸르면 10일 내에 죽게 된다. (準頭黑, 蘭臺黟黯, 旬日出身亡.)

다섯, 입은 출납관이다. (口爲出納官.)

❀ 입은 짧고 작으며, 입술은 치켜 올라가고 청색을 띠고 있으며, 치아는 기울고 치우쳐 있는 사람은 육친이 애태운다. (解曰: 短促, 脣掀, 色靑, 齒偏斜, 骨肉熬煎.)

❀ 입이 넓고 단정하지 않은 사람은 허황되고 사기성이 농후하여 감히 그 말을 감당할 수 없다. 입이 뾰족하고 입술이 엷으면 양쪽에 말을 옮겨 싸움을 붙인다. (闊而不正, 虛詐豈堪言. 尖薄是非.)

❀ 입이 주사(朱沙) 가루를 칠한 것처럼 홍색을 띠면 재상이 되어 그 명성이 널리 전해진다. (口有如硃抹, 宰相名傳.)

❀ 입술이 자색을 띠면 고관이 되어 1천 석의 봉록을 받으니 의식주는 자연히 풍족하다. (脣裏紫, 食祿千鍾, 衣祿自天然.)

❀ 말할 때 아랫입술과 윗입술이 서로 덮고 있고 주름이 많이 생기는 사람은 남의 허물이나 나쁜 것을 감싸주니, 자손들은 대부분 현인이 될 수 있다. (覆言上下脣載, 多生紋理, 掩人過惡, 得子孫多賢.)

❀ 식사할 때 목이 메이는 일이 많은 사람은 반드시 매사에 머뭇거리며 뜻을 이루지 못한다. 입을 다물지 않고 잠을 자는 사람은 원기가 새어나

가며, 요절하게 된다. (食餐多硬噎, 必定主迍遭. 睡中不合, 洩元氣, 夭折天年.)

❀ 가까이 보아서 양쪽 입가 모서리가 아래로 늘어진 사람은 항상 남들에게 혐의를 받는다. (親曾見, 低垂兩角, 常被人嫌.)

오성설
五星說

하나, 귀는 금(金)과 목(木) 2개 성(星)이다. (耳爲金木二星.)

❋ 양쪽 귀가 쌍으로 된 이륜[귓바퀴]과 이곽[귓바퀴]이 있으며, 귓구멍에 손가락이 들어가는 사람은 주장이 강하고, 귀가 단정하고 솟아서 눈썹을 향하고 있으면 부귀영화가 하루하루 새롭게 된다. (解曰: 金木成雙廓有輪, 風門容指主張明. 端聳直朝羅計上, 富貴榮華日日新.)

❋ 또 다음과 같이 이르고 있다 : "왼쪽 귀의 이륜과 이곽이 꽃이 피듯 벌어지면 평생 가난하게 지내며, 이륜이 없고 귀가 뒤집혀 있으면 고생스럽게 애쓰며 부지런히 산다. 중간에 관리가 된다고 하여도 끝내 승진하지도 못하고 보잘 것이 없는 것을 벗어나지 않는다." (又曰: "金若開花一世貧, 輪飛廓反有辛勤. 於中若有爲官者, 終是區區不出塵.")

둘, 입은 수성(水星)이다. (口爲水星.)

❋ 입의 형상이 '사(四)' 자와 같고, 입은 주사(朱沙) 같은 주홍색을 띠며, 양쪽 입가에 굽은 활과 같이 모서리가 있는 사람은 반드시 문장이 뛰어나고 총명한 준걸로서 어린 나이에 과거에 급제하여 늙어서도 영화를 누

린다. (解曰: 口含四字似硃紅, 兩角生稜同上弓. 定是文章聰俊士, 少年及第老來榮.)

🏵 또 다음과 같이 이르고 있다 : "입의 양쪽 모서리가 대략 아래로 늘어지고, 입이 뾰족하고 얇으며 입술의 모서리가 없는 사람은 거지가 된다. 만약에 입이 기울고 삐뚤어져 있으며, 입을 함부로 씰룩거리는 시비를 걸고 간사하며 속이니 적당한 것을 좋아하지 않는다." (又曰: "水星略縱兩頭垂, 尖薄無稜是乞兒. 若是偏斜多亂動, 是非奸詐愛何宜.")

셋. 이마는 화성(火星)이다. (額爲火星.)

🏵 이마의 가운데가 넓고, 모나고 평평하며, 윤택하고 주름이 없으며, 기색이 맑고 깨끗해야 한다. (解曰: 火星宮中闊方平, 潤澤無紋氣色新.)

🏵 이마의 뼈에 '천(川)'자와 같이 주름이 3줄 솟아있는 사람은 어린 나이에 과거에 급제하여 **공경1**의 노릇을 하게 된다. (骨聳三條川字樣, 少年及第作公卿.)

🏵 또 다음과 같이 이르고 있다 : "이마가 뾰족하고 좁은 사람은 평범한 사람이다. 이마에 주름이 종횡으로 문란하게 나 있으면 주로 귀양가거나 감옥에 갇힌다. 양쪽 눈에 붉은 힘줄이 2줄 나 있어서 두 눈을 침범하면 전쟁이 일어나 돌아오지 못하고 타향에서 사망하게 된다." (又曰: "火星尖窄似常流. 紋亂縱橫主配囚. 赤脈兩條侵日月, 刀兵起法死他州.")

---

1 공경(公卿)은 삼공(三公)과 구경(九卿)을 아울러 이르는 말이다.

넷, 코는 토성(土星)이다. (鼻爲土星.)

❀ 코가 대나무 통을 잘라놓은 것과 같이 단정하고, 콧구멍이 큰 사람은 삼공의 높은 벼슬을 얻게 된다. (解曰: 土星端正似截筒, 竈門孔大是三公.)

❀ 난대[왼쪽 콧망울]와 정위[오른쪽 콧망울]가 서로 상응하면 반드시 그 몸과 명예가 군왕의 귀에 들어가게 된다. (蘭臺廷尉來相應, 必定身名達帝聰.)

❀ 또 다음과 같이 이르고 있다 : "코가 기울고 삐뚤어진 사람은 고생을 하며, 준두[코끝]가 뾰족하고 깎여 있는 사람은 주로 고독하고 가난하게 지낸다. 준두가 곁에서 보아 매의 부리와 같이 갈고리처럼 굽어 있으면 마음속이 간사하며 반드시 남을 해친다." (又曰: "土宿偏斜受苦辛, 準頭尖削主孤貧. 傍觀勾曲如鷹嘴, 心裏奸邪必害人.")

육요¹설
六曜說

하나, 자기(紫氣) : 자색 기운

🏵 자색 기운이 나는 곳[자기궁]이 이 윤택하고 모가 나면 조정에서 군왕을 보좌하는 현명하고 어진 사람이다. (解曰: 紫氣宮中潤又方, 拱朝帝主是賢良.)

🏵 난대[왼쪽 콧망울]와 정위[오른쪽 콧망울] 부위가 서로 호응하면 말년에 영화를 누리며 나날이 번창한다. (蘭臺廷尉來相應, 末主宮榮日月昌.)

🏵 또 다음과 같이 이르고 있다 : "자기궁의 가운데가 좁고 뾰족하며, 또 작고 짧아서 뺨이 없고, 게다가 수염이 없는 사람은 어려서부터 사람됨이 실제적인 배움이 없기 때문에 일생을 허송세월로 보낸다." (又云: "紫氣宮中狹又尖, 小短無腮更少髥, 自小爲人無實學, 一生虛耗不堪言.")

둘, 패요(孛曜 또는 脖曜) : 콧등이 빛남

---

1 육요(六曜)란 6가지 빛나는 것을 말한다.

❁ 월패[산근:콧대]의 위치는 높아야 하며 낮아서는 안 되고, 광채가 유리와 같이 투명해야 한다. (解曰: 月孛宜高不宜低, 瑩然光彩似琉璃.)

❁ 위와 같은 상격의 사람이 관리가 되니 반드시 충신이 될 상이며, 어진 부인과 훌륭한 자식을 두게 된다. (爲官必主忠臣相, 更主賢妻又好兒.)

❁ 또 다음과 같이 이르고 있다 : "월패의 가운데가 좁고 뾰족하며, 작고 짧은 사람은 집안이 깨지고 실패하는 일이 이어지는데, 이런 상을 가진 사람이 관리가 된다 해도 높은 봉록과 부귀영화를 누리기가 어려우며, 학문을 해도 이루지 못하고 어린 나이에는 고생스럽다." (又曰: "月孛宮中狹又尖, 小短破敗事相連. 爲官豈得榮高祿, 學問無成困少年.")

셋·넷, 라계요(羅計曜) : 양 눈썹의 반짝임

❁ 양쪽 눈썹[나후와 계도]은 수려할 뿐만 아니라 길어야 하며, 윤곽이 분명하고, 살이 붙어 있으며, 삼양[눈]에 호응해야 한다. 이러한 얼굴을 가진 사람은 벼슬살이를 올바르게 할 뿐만 아니라 옳은 것을 말하는 것이 밝게 빛나서 사방으로 널리 퍼져나간다. (解曰: 羅計星君秀且長, 分明貼肉應三陽. 不惟此顏居官正, 言義彰明播四方.)

❁ 또 다음과 같이 이르고 있다 : "양쪽 눈썹이 드문드문 나고, 눈썹 속의 모서리뼈가 솟아나오면 성질이 몹시 조급하며 또 흉한 일이 이어진다. 눈썹이 수양버들처럼 늘어진 사람은 간사하다. 눈썹에 나선형 주름이 있으면 형제 간에 원수로 지낸다." (又曰: "羅計稀疏骨聳稜, 爲人性急又兇連. 奸邪狀似垂楊柳, 兄弟如讎有旋紋.")

다섯·여섯. 일월요(日月曜) : 두 눈의 반짝임

❀ 눈은 일월(日月)로서 태양과 같이 밝으면, 정신과 광채가 일반적으로 강하다. (解曰: 眼爲日月似太陽, 精神光彩一般强.)

❀ 이러한 상을 가진 사람이 관리가 된다면 조정의 재상에 임명되거나 또한 재주가 많아서 국가의 동량이 되기에 합당하다. (爲官不作當朝相, 也合才高作棟樑.)

❀ 또 다음과 같이 이르고 있다 : "양쪽 눈이 삐뚤어지고 짧으며, 붉은 핏줄이 눈동자를 관통하고 있고, 게다가 눈빛이 밖으로 드러나 있고 정신이 없으며, 음양이 자리를 잃으면 대부분 칼에 찔려 죽게 된다. 눈이 메마르고 어둑침침한 사람은 장년에 이르러 반드시 횡사한다." (又曰: "日月斜短赤貫瞳, 更兼孤露又無神, 陰陽失位多刀死, 枯暗長年必惡終.")

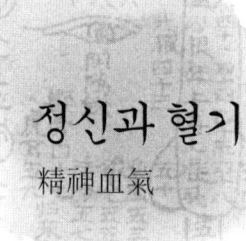

정신과 혈기
精神血氣

남자는 정신으로 부귀를 살피며, 여자는 혈기로서 영화를 살핀다. (男以精神富貴, 女以血氣榮華.)

✥✥✥

❀ 남자는 정신을 위주로 보며, 여자는 혈기를 위주로 본다. 남자는 정기로 몸을 낳고, 여자는 혈기로 생명을 기른다. (解曰: 男以精神爲主, 女以血氣爲主. 男以精生身, 女以血養命.)

❀ 남자는 일단 정기가 메마르면 즉사하며, 여인도 피가 메마르면 즉사한다. 그런데 비록 정기가 남자의 정신을 위주로 본다고 하여도, 과연 몸의 어느 부위를 볼 수 있는지 알지 못한다. (男子精乾卽死, 女人血枯卽亡, 然雖以精神爲主, 不知何處可觀.)

❀ 하늘은 일월을 정화라고 하고, 사람은 양쪽 눈을 정신이라고 한다. (夫天以日月爲精華, 人又以雙目爲精神.)

❀ 신(神)은 정기의 싹이니, 정기가 건장하면 신이 맑고, 신이 맑으면 눈이 수려하다. 때문에 남자는 눈이 검어야 하고, 남을 쏘아보듯 광채가 빛

나야 한다. (神乃精之苗, 精壯則神淸, 神淸則目秀. 故男人要眼黑, 光彩射人.)

❀ 《상서》에 다음과 같이 이르고 있다 : "눈이 검은 빛깔로 옻칠한 점과 같은 사람은 평생 가업이 영화로우며, 정신이 충만하고 신기가 왕성한 사람은 맨손으로 가업을 일으켜 세운다." 때문에 남자는 정신을 위주로 보는 것이다. (書云: "眼如點漆, 終身家業榮華; 神足氣壯, 白手創成家業." 故男子以精神爲主也.)

❀ 만약 여인이 혈기를 위주로 본다면 몸의 어느 부위로부터 가히 찾아 볼 수 있겠는가? (若女以血爲主, 何處可驗?)

❀ 피[血]는 피부 속에 있으니, 혈색은 피부 밖으로 나타난다. 만약 피부 속에 피가 충분하면 피부 밖은 반드시 밝게 빛난다. 피는 몸 안에 있으며, 혈색은 몸 밖으로 나타나니 하나의 뿌리와 하나의 싹이 되며, 뿌리가 있으면 싹이 있듯이 피가 있음으로 해서 혈색이 있게 된다. (血在皮內, 色在皮外. 皮內若血足, 皮外必光明. 血內色外, 乃爲一根一苗, 有根方有苗, 有血方有色.)

❀ 무릇 혈기와 혈색 2가지 모두를 가진 사람은 길한 상이다. 만약에 혈색이 윤택하지 않으면 길하지 않은 상이니, 뿌리는 있으나 싹이 없는 격이다. (凡血色兩件俱有者, 爲妙. 如色不潤, 亦不妙, 爲有根無苗.)

❀ 만약에 피부의 색깔이 밝고 윤택한데 몸속의 혈기가 왕성하지 못하면, 싹은 있으나 뿌리가 없는 격이니 주로 음탕한 상이 된다. (如色明內無血, 爲有苗無根, 主淫之相.)

🏵 만약에 피는 윤택한데 화사하지 않으면 주로 요절하는 상이다. 피는 빛나는데 피부 색깔이 들떠서 맑지 않으면 주로 음탕하다. 피부 색깔이 어둡고, 입술이 메마르고 흰색을 띠게 되면 주로 요절하며, 혈기가 윤택하지 않으면 아들을 낳기가 어려우며 비천한 여인이 된다. (若血潤不華, 主夭. 血光色浮, 主淫. 色暗, 脣皮乾白, 主夭, 乃爲血不潤, 不出子, 賤婦也.)

🏵 머리카락은 혈기가 밖으로 나타난 것이니, 만약에 머리카락이 드문드문 나고 가늘며 황색을 띠면 좋지 않다. 머리카락이 검은 색이면 귀한 상이며, 머리카락이 길면 어진 상이다. (又髮乃血之餘, 髮若疎薄黃短, 亦不如也. 靑黑爲貴, 長爲賢.)

🏵 《상서》에 다음과 같이 이르고 있다 : "머리카락이 검은 여인은 부귀영화를 누리는 상이며, 머리카락이 길고 윤기가 나는 여인은 아이를 낳으면 반드시 부귀영화를 누리게 된다. 만약에 머리카락이 소라처럼 말려있을 뿐만 아니라 짧고 가늘면 그러한 여인은 빈천하며, 남편의 길을 막고, 자식들에게 해를 끼친다."(書云: "髮靑之女貴榮高, 長潤生兒定富榮. 若是旋螺幷短薄, 貧賤妨夫殺子苗.")

🏵 남자는 눈이 맑아야 하며, 여자는 머리카락이 두텁고 조밀해야 한다. (夫男子要目淸, 女人要髮厚.)

🏵 또 다음과 같이 이르고 있다 : "피부는 흰데 광채가 나지 않고, 혈기는 왕성하지 않고, 관골[광대뼈]은 지나치게 높고, 이마는 깎여 있어 좁으며, 눈은 둥글고 사시이며, 입은 뾰족하고, 궁둥이는 당겨진 활처럼 볼록 나와 있으며, 가슴이 밖으로 드러나 있는, 이러한 여인은 30년 동안에 7번 시집간다."(又曰: "皮白無光血不華, 顴高額削目圓斜. 嘴尖臀驕箕胸露,

三十年來嫁七家.")

🏵 또 다음과 같이 이르고 있다 : "여인이 등이 움푹 파여 도랑을 이루고 있으면 좋지 않고, (부인의 등은 복덕을 나타낸다) 가슴이 높게 일어서 있는 여인은 잘못을 저지르는 것을 좋아한다. 눈동자가 황색을 띠고 있고, 얼굴이 홍색을 띠고 있으며, 입술이 드러나고 치켜 올라가 있는 여인은 어질지 못하고 효성이 부족하며 가정을 파패 시킨다."(又云: "背陷成坑婦不宜「婦人背爲福德」, 胸膛「堂」高起好爲非. 睛黃面赤脣掀露, 不孝不賢破敗家.")

🏵 또 다음과 같이 이르고 있다 : "여인이 눈이 가늘고 길며, 눈빛이 드러나지 않고, 피부가 보드랍고 윤기가 나면 현량한 상이다. 얼굴색이 깨끗하고 맑으며 윤택하고, 얼굴이 오리 알 형상과 같은 여인이 낳은 아들은 반드시 관리가 된다. 배우자를 고를 때 반드시 미모를 따지지 않는다. 어깨가 둥글고, 등이 두터운 여인은 소나무와 같이 장수한다. 코는 높게 융기되고, 봉황 눈이며, 눈썹이 갈고리 모양과 같이 휘어지고, 아래 끝이 평평한 여인이 기른 아이는 반드시 조정의 관리가 된다."(又云: "婦女睛長不露光, 皮香肉潤好賢良. 色瑩和澤碧蛋面, 生子須當拜聖王. 擇婦何須擇美容. 肩圓背厚壽如松. 鼻隆鳳目眉勾額「勾如線紋, 下平爲妙, 得配爲奇」, 養子須當拜聖君.")

🏵 또 다음과 같이 이르고 있다 : "관직에 봉해져 상소를 하고 성상을 배알하는 사람은 부인의 얼굴색이 옥과 같이 맑기 때문이다. 이러한 부인은 남편을 도와 가업을 융성하게 하는데, 이는 오직 목소리가 부드럽고 기가 충만하기 때문이다." 여인이 아들이 아닌 딸을 낳는 것은 기가 거칠고 조잡하며 불량하고 비천한 무리에 속하기 때문인 것이다. (又云: "封章拜聖明, 蓋因色如瑩玉. 助夫壻興家, 只爲聲和氣足." 婦人産女, 氣粗, 乃不良下賤之輩.)

유장진영락건곤부[1]
柳莊進永樂乾坤賦

🌸 서언(敍言)

❀ 《주역》의 상에서 다음과 같이 이르고 있다 : "**건도**는 남자를 이루고, **곤도**[2]는 여자를 이룬다. 음과 양은 구별이 있으며, 강직함과 부드러움은 형체가 있다." 때문에 여자의 상은 남자의 상과 다르다. (象曰: "乾道成男, 坤道成女. 陰陽有別, 剛柔有體." 故男相與女相不同.)

❀ 여자의 상은 따뜻하고 부드러운 것을 근본으로 하는데, 굳세고 강직한 것을 형체로 하며, 맑은 것을 귀한 것으로 삼고, 탁한 것을 천한 것으로 여긴다. (女相以柔爲本, 以剛爲形, 以淸爲貴, 以濁爲賤.)

❀ 여자가 인당[눈썹사이]이 단정하면 남편을 도와 돈을 벌어 치부하며 가업을 흥하게 한다. 여자가 눈이 빼어나고 그 안에 신기를 숨기고 있으면 과거에 급제하여 관직에 오르는 아들을 얻게 된다. (印堂一正, 助良人發福興家. 目秀藏神, 得桂子九秋步月.)

---

1 유장진영락건곤부(柳莊進永樂乾坤賦)는 유장 선생이 영락 황제에게 올린 건곤부로써, 여인을 전문적으로 논하는 설법[專論女人之說]이다.
2 건도(乾道)는 지극히 강건한 하늘의 도를 나타내는데, 양성(陽性)인 건도를 얻은 자가 남성이 된다. 곤도(坤道)는 대지(大地)의 도를 나타내며 음성(陰性)인 곤도를 얻은 자가 여성이 된다.

❀ 코가 매달려 있는 쓸개 모양과 같고, 구름은 머리카락이 양쪽으로 내려오면 금관을 갖을 상이다. 얼굴의 관골이 유독 우뚝 튀어나와 있는 여인은 자식과 남편을 이길 뿐만 아니라 성격이 매우 조급하다. (鼻如懸膽, 雲髮雙鬢擁金冠. 面顴獨高, 剋子刑夫多性躁.)

❀ 여인의 눈동자가 황색빛이 나고 머리카락이 적색을 띠게 되면 30세에 이르러서야 뒤늦게 결혼을 하게 된다. 등이 솟아 나오고 어깨가 마르고 깎여 있으면 유년에 가난하며 천하다. 여인이 금과 옥을 쌓아 부유해지는 것은 대부분 콧망울이 넓기 때문이다. (睛黃髮赤, 三十成婚. 背聳肩寒, 幼年貧賤. 堆金積玉, 多因門灶寬舒.)

❀ 여인이 비단옷을 입고 주옥을 감추어 두며 부귀영화를 누리는 것은 다만 얼굴이 풍만하고 단정하기 때문이다. 여인의 얼굴이 지나치게 넓고 크며 관골이 너무 튀어나오면 영화를 누리지 못하며, 여인의 이마가 깎여 있고 너무 좁으면 귀하지 않다. (衣錦藏珠, 祇爲面圓方正. 女面大槪, 顴高不榮, 額削不貴.)

❀ 여인이 얼굴 양쪽의 관골이 푹 들어가 있으면 홀로 빈 방을 지킨다. 만약에 기색이 선명하면 반드시 영웅호걸을 낳는다. (面顴兩凹, 蘭房獨守. 色若鮮明, 必産英豪.)

❀ 여인의 인당이 피를 뿜는 것과 같이 선홍색을 띠면 과거에 급제하는 아들을 낳는다. 만약에 손바닥이 길고 홍색을 띠면 고위직인 상서에 오를 수 있는 아들을 낳는다. (印堂血噀, 可産及第之男. 掌若長紅, 當生尙書之子.)

❀ 여인이 얼굴이 맑고 빼어나면 과부가 되어 규중을 지킨다. 혈색이 붉

고 윤기가 나면 평생을 수절한다고 말하기는 어렵다. (顔淸貌秀, 可爲媚婦 守閨門. 血潤色紅, 到底難言通貞節.)

❀ 봉황의 눈을 가지고 있으며, 뺨은 둥글고, 이마는 반듯하고 바른 여인은 최고의 상류층 부인이 된다. 그러나 천정이 낮고 깊게 파여 있으며, 지각 부위는 깎여 무너지고, 관골이 가로로 넓게 있는 여인은 비천하기가 이를 데 없으며 언급할 가치조차 없다. (鳳目腮圓額正, 可爲極品夫人. 天陷地削顴橫, 下賤不堪言論.)

❀ 양 귀비[1]가 색을 좋아한 것은 모두 눈빛이 밖으로 드러나 있기 때문이며, 사도온[2]이 재능이 뛰어났던 것은 오직 혈기가 매우 부드럽고 밝으며 윤기가 있었기 때문이었다. (楊妃好色, 皆因眼露光深; 謝女才高, 只爲血和明潤.)

❀ 녹주[3]가 누각에서 몸을 던져 떨어진 것은 인당이 낮고 움푹 파여 있었기 때문이며, 무측천[4]이 출가하여 비구니가 되었지만 당 고종(唐高宗)을 만나게 된 것은 그의 얼굴이 둥글고 입술이 붉었기 때문이었다. (綠珠身墜樓前, 可恨印堂一陷; 武則尼遇高宗, 實乃面圓脣硃.)

---

1 양 귀비(楊貴妃, 719~756)는 당 현종(玄宗)의 비(妃)로 절세미인에 총명하여 현종의 마음을 사로잡아 황후 이상의 권세를 누렸다. 안사의 난이 일어나 도주하던 중 살해되었다. 중국의 4대 미녀 중 1명이다.
2 사도온(謝道韞)은 동진(東晉)의 명재상 사안(謝安)의 조카딸이며, 왕응지(王凝之, 왕희지(王羲之)의 차남)의 처로 총명하고 재변이 있기로 유명하였다.
3 녹주(綠珠, ?~300)는 서진(西晉)시대 석숭(石崇)의 애첩으로 아름답고 요염했으며 피리를 잘 불었다.
4 무측천(武則天, 624~705)은 당 고종(高宗)의 황후였지만 690년 국호를 주(周)로 고치고 스스로 황제가 되어 15년 동안 중국을 통치하였다. 중국 역사에서 여성으로 유일하게 황제가 되었다.

❀ **목계영**[5]의 능력이 천문을 깰 수 있었던 것은 그녀가 16세에 허리가 4척에 이를 정도로 투박하고 튼튼하였기 때문이었으며, **왕소군**[6]이 변방으로 가서 북쪽 오랑캐를 막다가 죽은 것은 입이 작고 이마가 어두우며 치아가 뾰족했기 때문이었다. (桂英力破天門, 十六腰圓四尺; 昭君北番身殞, 口小額暗牙尖.)

❀ 오 부인(吳夫人)이 2명의 영웅호걸을 낳은 것은 탄알을 숨겨놓을 수 있을 정도로 배꼽 속이 깊기 때문이었으며, 주매신[7]의 처가 남편을 오랫동안 발전할 수 없게 한 것은 입이 크고 목소리가 차분하지 않으며 허리가 가늘었기 때문이었다. (吳夫人産二英, 臍內深藏彈子; 買臣妻夫不貴, 闊口聲橫細腰.)

❀ 어떤 연유로 인해 여인이 장수가 될 수 있는가? 그것은 그녀가 눈이 크고 눈썹이 가로로 나 있어 사나운 눈초리를 하고 있기 때문이다. 여인이 출가한 후에 남편을 왕성하게 하고 아들을 낳는 것은 준두가 밝고 입술이 홍색을 띠며 인당이 윤기가 나기 때문이다. (何故女人爲將, 蓋因目大眉橫. 出嫁旺夫生子, 準明脣紅印潤.)

❀ 늦게 결혼하는 여인은 얼굴색이 어둡고, 목소리가 조급하고 시끄러우며, 허리가 튼튼하다. 한평생 복록이 있지만 대부분 음탕한데 그 얼굴색이 붉고 윤기가 나며, 눈빛은 들떠 있고 피부색은 빛난다. (半世不能婚

---

5 목계영(穆桂英)은 전국시대 목우의 딸로 무예의 고수였다.
6 왕소군(王昭君) 중국 전한(前漢) 원제(元帝)의 후궁이었으나 황제의 사랑을 받지 못하고 흉노의 호한야 선우에게 시집보내졌다. 중국의 4대 미녀 중 1명이다.
7 주매신(朱買臣)은 전한시대 사람으로 학문을 좋아하면서도 집안이 가난하여 나무를 팔아 생계를 유지했는데, 아내가 이를 부끄럽게 여겨 헤어졌다. 훗날 구경(九卿)의 반열에 올랐고, 승상장사(丞象長史)가 되었다.

配. 色暗聲躁腰粗. 一生福祿多淫, 光浮色瑩.)

● 한 쌍의 아름다운 눈을 가지고 있는데, 자연스러우면 성격이 총명하다. 그리고 두 갈래의 활과 같이 굽어진 눈썹을 가지고 있는 여인은 자연히 어질고 착한 사람을 배필로 맞이하게 된다. (一雙好目天然, 性格聰明. 兩道弓眉, 自有賢良作配.)

● 손가락이 봄에 나는 죽순과 같이 가늘고 길며, 피부가 부드럽고 연하며, 살집이 윤기가 흐르는 여인은 제왕과 제후를 배필로 삼을 수 있다. 그러나 얼굴빛이 희미하고, 낯가죽이 약하고 엷은 여인은 반드시 음탕하고 비천하다. (指如春筍, 皮香肉潤, 配王侯也. 若光浮, 面皮衰薄, 必須淫賤.)

● 여인의 목소리가 음악을 연주하는 것과 같고, 그 음운이 멀리 오랫동안 울려 퍼지면 종국에는 부귀를 누리게 되며, 용모가 단정하며 온화하고 우아하면 반드시 남편이 부귀영화를 누린다. (聲如奏樂韻悠揚, 終須富貴; 容貌端正多溫雅, 必定夫榮.)

● 가난한 사람의 부인이 그 어찌 혈색이 윤택하고 맑게 빛나는 피부를 가질 수 있겠는가? 부유한 집안의 부인은 반드시 배꼽이 깊고 배가 두텁다. (窮人之婦, 何曾血潤光瑩. 富室之妻, 定是臍深腹厚.)

● 궁둥이 넓고 배가 큰 여인이 어찌 자식이 없고 먹을 양식이 없겠는가? 입술이 엷고 피부가 야위고 건조한 여인은 아침부터 저녁까지 온종일 수다를 떤다. (臀寬腹大, 何曾無子無粮. 脣薄皮乾, 朝夕閑口閑舌.)

● 젖꼭지가 검고 배꼽이 깊은 여인이 낳은 아들은 반드시 귀해지며, 젖

꼭지가 작고 배꼽이 얕은 여인이 낳은 자식은 저속하고 무능하다. (乳頭黑, 肚臍深, 生子必貴. 乳頭小, 肚臍淺, 子俗無能.)

❀ 일반적으로 말해서 인당이 밝고 혈색이 밝으며 빛나는 여인은 자식을 이기고 남편을 죽게 한다. 준두가 어둡고 인당 부위에 주름이 많으며, 눈이 크고 관골이 높게 솟아있는 여인은 반드시 남편의 권력을 빼앗아 자신이 집안을 책임진다. (大槪總言, 蓋印明, 血色光華, 剋子喪夫. 準暗印多紋理, 眼大顴高, 夫權必奪自當家.)

❀ 발제[머리카락 경계 부분] 부위에 뿔이 나듯 뼈가 솟아 있는 여인은 자식을 잃고 남편을 해치며 또 가정을 파탄으로 몰고 간다. 뼈대가 튼튼하고 살집이 단단한 여인은 음탕하며, 남편을 잃을 뿐만 아니라 가정을 파패시킨다. (髮生公角, 喪子刑夫還破敗. 骨粗肉硬, 喪夫淫破定無疑.)

❀ 내조를 잘하며 어질고 능력이 있는 여인은 반드시 입술이 붉을 뿐만 아니라 눈이 빼어나다. 걸을 때 머리를 좌우로 흔들고 손을 흔들며, 몸은 날아갈 듯 가벼우나, 걸음을 무겁게 내딛는 여인은 하류층의 사람이다. 그리고 말을 부드럽게 하는 여인이 집안을 다스리고 잘 정돈하는 것은 말할 필요도 없다. (內助賢能, 須要脣紅並眼秀. 搖頭擺手, 身輕脚重下流人. 語言和潤, 治家整內不須言.)

❀ 이상은 여인의 상이 길함과 흉함을 본 것인데, 구태여 밖을 향해서 애써 물어볼 필요가 있겠는가? (觀此可定女相, 何必務外而來.)

머리(頭)

머리는 6가지 양(陽)의 우두머리이며, 그 상은 하늘에 부합된다. (頭爲六陽魁首, 象合於天.)

✿ 천정[이마]은 경양(景陽)이고, 천창[양 이마]은 태양(太陽)이며, 머리의 뒷면은 후양(後陽)이고, 천령은 영양(靈陽)이며(여자는 이 천령 뼈가 없다), 좌우의 일각[이마]과 월각[이마]은 화양(華陽)인데, 이것이 6양이다. (解曰: 天頂爲景陽, 天倉爲太陽, 後腦爲後陽, 天靈爲靈陽(女無此骨), 左右日月角爲華陽, 此乃六陽也.)

✿ 그밖에도 24골이 있는데, 각각 이름을 가지고 있으며, 그것들은 24절기와 서로 배합된다. 때문에 머리는 몸의 주재자이니 기울거나 함몰되는 결함이 있어서는 안 된다. (還有二十四骨, 各有一名, 爲二十四氣. 故頭爲一身之主, 不可欠缺偏陷.)

✿ 머리가 한 쪽으로 기울고, 낮고 움푹 파여 있으며, 비스듬하고, 여위고 얇으며, 뽀족하게 깎여 있으면 좋지 않은데, 이 몇 가지 가운데 한 가지라도 해당되면 깨지는 상이다. (偏陷歪斜薄削, 此數者, 有一件, 乃破相也.)

✿ 머리는 평평하고 둥글어야 하는데, 만약에 뼈마다 솟아있고 머리 위에 모가 난 사람은 뜻한 바를 이루게 되고, 머리가 모가 나고 넓으면 유용한 사람이다. 만약에 6가지 양 중에서 하나의 양이라도 이루어지지 않았으면 역시 유용한 상은 아니다. (最要平圓, 骨骨起, 角角有成, 方爲有用, 六陽之中, 如一陽不成, 亦不能用.)

눈(眼)

눈은 일월[해와 달]의 정수로서 몸의 빼어난 기를 관장하고 있다. (眼爲日月精華, 秉一身秀氣.)

● 눈은 몸의 태양(太陽)이며, 태양은 하늘에 있는 해와 달과 같으며 밝고 빼어나야 한다. (解曰: 眼爲太陽, 太陽與同天之日月, 要明要秀.)

● 사람에게 몸의 근본은 두 눈에 있다. 눈은 흑백이 분명해야 하며, 상대에게 광채가 비추어야 하고, 눈동자가 단정하며, 말을 할 때 위나 아래를 향해 보지 않고, 옆 눈질이나 흘겨보지도 않으며, 훔쳐보지 않아야 유용한 상이다. (一身之本, 定在雙睛. 黑白分明, 光彩射人, 眸子端正, 不上不下, 不歪不斜, 不偸, 方爲有用.)

● 《상서》에 다음과 같이 이르고 있다 : "쳐다 보는 것이 평평하고 바른 사람은 강직하고 심지가 공평하며, 위를 쳐다보면서 말하는 사람은 대부분 실패하고, 아래를 내려다보면서 말하는 사람은 대부분 간사하며, 모로 뜨거나 곁눈질을 하면서 말하는 사람은 대부분 도둑질을 잘 하고, 희미한 눈빛이면 음탕하며, 정신이 나가 멍한 눈빛을 보이면 대부분 요절한다." (書云: "瞻視平正, 爲人剛介心平. 上視多敗, 下視多奸, 斜視多偸, 浮光多淫, 露神多夭.")

● 이상 몇 가지 중에서 한 가지라도 범하게 되면 써 먹을 수 없는 상이 아니며, 귀인이 아니다. (此數者若犯一件, 不爲取用, 卽非貴人也.)

귀(耳)

귀는 넉넉한 잘 가다듬어진 풍채로서 얼굴의 위엄 있는 자태에 일조한다.(耳爲豊神精采, 助一面威儀.)

❀ 귀는 금성과 목성 2개를 가지고 말하는데, 희고 밝아야 한다. (解曰: 論耳金木二星, 宜明宜白.)

❀ 때문에 다음과 같이 이르고 있다 : "금(金)이 맑고 목(木)이 빼어나야 비로소 급제하여 금방(金榜)에 이름을 올릴 수가 있지만, 금이 어둡고 목이 마르면 어찌 평생 동안 복받는 이로움을 얻을 수 있겠는가?" (故曰: "金淸木秀, 方言及第登科; 金暗木枯, 豈得終身福利.")

❀ 1세에서 14세까지 사람의 운명은 귀에 있기 때문에 귀는 '터줏대감'이라고 한다. 귀는 낮게 아래로 늘어지거나 뒤집히거나 또는 엷어서도 안 되며, 야위거나 깎여져 비스듬하거나 기울어져 있어서도 안 된다. (一歲至耳, 十四歲方止. 又名根基家官. 不欲低垂反薄, 枯削偏斜.)

❀ 《상서》에 다음과 같이 이르고 있다 : "금과 목[양쪽 귀]이 완전히 형성되어 있지 않으면 공을 세우기가 어렵다. 귀는 평평하고 열려 있으며, 살점이 달라붙어 있어야 좋은 상이다." (書云: "金木無成浪建功, 宜平宜開宜貼肉爲妙.")

❀ 또 다음과 같이 이르고 있다 : "금과 목[양쪽 귀]이 꽃이 피듯하여 이륜[귓바퀴]과 이곽[귓바퀴]이 없으면, 평생 명예를 얻고 이로움을 갖으려는 것은 헛 일이다." (又云: "金木開花, 一世虛名虛利.")

❀ 또 다음과 같이 이르고 있다 : "이륜[귓바퀴]이 진흙과 같이 어둡고 광택이 나지 않으면 죽을 날이 멀지 않으며, 어린아이의 귀가 적색을 띠게 되면 병이 온다. 만약에 귀가 빛이 나고 밝은 것이 밀가루와 같이 희면 복과 장수를 다 갖게 되고 하는 일마다 성공한다." (又云: "輪暗如泥死必知, 小兒赤色病來隨. 若是光明如粉白, 福壽雙全事事宜.")

❀ 또 다음과 같이 이르고 있다 : "얼굴을 마주 보고 있는데 그 사람의 귀가 보이지 않으면, '어느 집의 아이냐'고 묻는다. 그리고 얼굴을 마주 보아 그 사람의 뺨이 보이지 않으면, '이 사람이 어느 곳에서 왔는가'라고 묻는다." 이런 사람은 모두 복을 누리기 때문에 그리 묻는 것이다. (又云: "對面不見耳, 問是誰家子. 對面不見腮, 斯人何處來.")

눈썹 (眉)

눈썹은 수명을 지키는 것이서, 그 높음과 낮음을 살피지 않을 수 없다. (眉爲保壽, 不可不察高低.)

❀ 눈썹은 라후와 계도 2개 성으로서, 높아야 하고 낮아서는 안 되며, 길어야 하고 짧아서는 안 되고, 맑아야 하고 탁해서는 안 된다. (解曰: 眉爲羅計二星, 宜高不宜低, 宜長不宜短, 宜淸不宜濁.)

❀ 만약에 눈썹이 진하고 무겁고, 낮으며 내려 앉아 있고, 탁하며 짧려 있으면 평생 부모의 정을 말하기가 어렵다. (如眉濃低濁斷, 終身難問親情.)

❀ 눈썹이 흩어져 있고 성글게 나 있으면 형제자매가 마치 길에서 만나서 모르는 사람처럼 지낸다. (眉散又疏, 手足如同陌路.)

❀ 눈썹이 길어 눈을 지나가면 형제가 대여섯 명이나 되고, 형제간에 반드시 신의가 있다. (眉長過目, 兄弟五六, 須信有之.)

❀ 따라서 얼굴 부위에서 가장 중요한 것은 눈썹이 맑고 빼어나야 하는 것이다. (所以, 面上最要眉秀.)

❀ 《상서》에 다음과 같이 이르고 있다 : "등과하는 것은 두 눈에 달려있고, 급제하는 것은 두 눈썹에 달려 있다." (書云: "登科一雙眼, 及第兩道眉.")

❀ 또 다음과 같이 이르고 있다 : "관직이 없고 권력이 없는 것은 단지 양쪽 눈썹이 수려하지 않기 때문이다." (又云: "無職無權, 只爲雙眉不秀.")

❀ 만약에 눈썹이 좋지 않으면 30세 이후에 반드시 깨지고 망하며, 늙어서 눈썹에 잔털이 나지 않으면 60세까지 살기가 어렵다. (如眉不好, 三十外可知破敗, 老不生毫, 難許花甲一周.)

코(鼻)

코는 대들보와 기둥과 같아서 얼굴의 근본이다. (鼻同梁柱, 爲一面之根本.)

❀ 코는 얼굴의 근본이며, 위로는 천정으로 이어지고, 아래로는 입과 통하고 있다. 코는 토성이라고도 하고, 중악이라고도 하며, 재백궁이라고도 한다. (解曰: 鼻爲一面之本, 上接天庭, 下通海口. 又名土星, 又名中岳, 又名財帛宮.)

❀ 코는 매우 중요하다. 만물은 흙속에서 생장하므로 토성이라고 하는

코는 얼굴의 근본이 된다. (最要者乃鼻也. 萬物生於土, 故爲一面之根本.)

❃ 코는 기울거나 삐뚤어지거나 굽어서는 안 되며, 산근이 절단되어서도 안 되고, 년상과 수상 부위에 마디가 생겨도 안 되며, 콧구멍이 통하지 않아도 안 된다. (不可偏斜勾曲, 不宜山根折斷, 不宜年壽起節, 不宜灶門不通.)

❃ 이상의 몇 가지 중에서 한 가지라도 범하게 되면 빈궁한 상이다. 산근 부위가 높게 일어서고, 년상[콧등]과 수상[콧대] 부위가 평평하고 밝으며, 준두[코끝]가 풍만하고, 금궤와 갑궤 부위가 완전히 가지런하면 평생 재물과 녹봉이 풍족하며 부귀할 상이다. (此數件若犯一件, 乃是貧窮之相. 山根高起, 年壽平明, 準頭豊滿, 金甲齊完, 乃一生財豊祿足, 富貴之相.)

❃ 《상서》에 다음과 같이 이르고 있다: "코는 재성(財星)이며, 41세에 시작해서 51세까지로 중년의 조화를 관장한다." (書云: "鼻乃財星, 管中年之造化, 四十一起, 至五十一止.")

입(口)

입은 큰 바다여서 수많은 물줄기에서 흘러오는 물을 받아들인다. (口爲大海, 容納百道之流.)

❃ 입은 수성이니, 그러므로 해구라고 부른다. (解曰: 口爲水星, 故名海口.)

❃ 입은 수많은 물줄기에서 흘러오는 물을 받아들이며, 위로는 사악[이마, 양 광대뼈, 코]과 통하면서 양분을 흡수하여, 아래로는 온몸을 윤택하게 한다. 입이 홍색을 띠고 윤기가 나며 크고 두껍고, 치아는 희고 입술은

가지런하고, 아랫입술과 윗입술이 잘 어울려야 비로소 귀한 상이 된다. (容納百流, 上通四岳(額, 兩顴如鼻爲四岳), 下潤一身. 最宜紅潤大厚, 齒白脣齊, 上下得配, 方爲貴相.)

❋ 《상서》에 다음과 같이 이르고 있다 : "입술이 홍색을 띠고 치아가 흰 사람은 대부분 녹봉을 받으며, 입술이 얇고 작으며 뾰족하고 삐뚤어진 사람은 복이 없다. 입은 60세 때부터 10년 동안의 운세를 관장한다." (書云: "脣紅齒白人多祿, 薄小尖偏福不宜. 六十至此, 管十年事.")

❋ 《상서》에 다음과 같이 이르고 있다 : "눈이 맑고 입이 크면 문장이 뛰어난 사람이다. 만약에 눈이 어둡고 입이 뾰족하면 빈궁한 사람이다. 얼굴이 크고 입이 작으면 반드시 기이한 사람이다. 얼굴이 작고 입이 크면 말할거리가 못 된다. 오직 얼굴이 둥글고 입이 커야 비로소 녹봉을 받아먹는 벼슬아치가 된다." (書云: "睛淸口闊, 文章高人. 若目暗口尖, 宜多貧之輩. 面大口小, 何足爲奇. 面小口大, 何足以道. 面圓口闊, 方是食祿之人.")

목(項)

목은 전달하는 통로이니 긴 지 짧은 지, 가는 지 둥근 지를 관찰한다. (項爲達道, 可觀長短細圓.)

❋ 목은 위로는 육양을 떠받치고 있으며, 아래로는 몸통과 사지로 통하고 있으니 자세히 살펴야 한다. (解曰: 夫項者, 上載六陽, 下通百谷, 不可不觀.)

❋ 고대 상서에는 오직 목구멍만 보았으며 목을 보는 내용은 없었다. 목은 몸의 주인인데 어찌 그 상을 보는 법이 없겠는가? (古人之書, 只有相喉,

未有相項之說. 項者乃一身之主, 豈無相乎.)

❀ 무릇 여인의 상은 목이 둥글고 길면 좋다. 남자는 다른데, 마른 사람은 목이 길어야 하고, 살찐 사람은 목이 짧아야 한다. (凡女相, 項圓長爲妙. 男人不同, 瘦人項欲長, 肥人項欲短.)

❀ 만약에 마른 사람이 목이 짧으면 30세 전후에 벗어나기 어렵게 되고, 살찐 사람이 목이 길면 40세에 이르러서 생명을 보장받을 수가 없다. (瘦人項短, 三十前後難逃. 肥人項長, 四十不能保身.)

❀ 무릇 목은 첫째로 울대뼈[목젖]가 지나치게 튀어나온 것을 꺼리고, 둘째로 희미하고 푸른 힘줄이 드러나 보이는 것을 꺼리며, 셋째로 화가 날 때 뼈가 살 밖으로 드러나 보이는 것을 꺼리며, 넷째로 골격이 드러나는 것을 꺼리는데, 이들 4가지는 모두 빈궁한 상이다. (凡項, 一忌結喉, 二忌浮筋, 三忌露骨, 四忌動氣, 此四者, 俱貧窮之相.)

❀ 마른 사람이 울대뼈가 크면 평생 발전하지 못하고, 살찐 사람이 울대뼈가 크면 방랑하다가 타향에서 객사한다. (瘦人結喉, 不過困守. 肥人結喉, 浪死他州.)

❀ 유장 선생이 다음과 같이 이르고 있다 : "목의 피부가 팽팽하고 살집이 느슨하고 들떠 있으며, 게다가 울대뼈가 큰 사람은 평생을 고생스럽게 지내며 타향으로 달아난다. 목이 여위고 혈색이 없으며, 근골이 밖으로 드러난 사람은 40세가 되기 전에 반드시 사망하게 된다." (先生曰: "皮急肉浮又結喉, 平生辛苦走他州. 血枯若露雙全者, 四十之前壽必休.")

❀ 또 다음과 같이 이르고 있다 : "목이 둥글고 피부가 두텁고 층층이 주름이 있으면, 반드시 총명하고 준수한 사람이다. 양쪽 등과 어깨가 목과 서로 잘 어울리는 사람은 빈한한 가정에서 태어나 교육을 받아도 반드시 높은 벼슬의 공경[삼공과 구경]이 된다." (又曰: "項圓皮厚有重紋, 定是聰明俊秀人. 兩背兩肩來湊遇, 管敎白屋出公卿.")

❀ 때문에 머리가 길고 둥글며 목이 가늘다면 장수한다고 말하기 어렵다. 목에 층층이 주름이 있는 것을 '목줄(項條)'이라고 하며, 이는 장수하는 상이니 평생 흉한 일을 불러들이지 않는다. (故頭縱圓項若細, 難言有壽. 項有重紋爲項條, 主大壽, 一生不招凶.)

등(背)

등은 음과 양 2개의 길에 합쳐지니, 그 평평함과 높음을 살펴 정해야 한다. (背合陰陽二道, 不可不定平高.)

❀ 등이 움푹 들어가 구덩이가 생기고, 가슴에 흉골[가슴뼈]이 돌출되면, 집안에 하룻밤을 묵을 양식도 없다. (解曰: 背陷成坑胸露骨, 家無隔宿之糧.)

❀ 일반적으로 말해서, 등은 높아야 하고 가슴은 평평해야 하며, 어깨는 넓어야 하고 솟아올라서는 안 된다. 만약에 어깨가 위로 솟아올라 있으면 가난하고 천한 사람이다. (大槪背欲高而胸欲平, 肩欲闊而不欲聳. 凡聳爲寒也.)

❀ 《광감집》에 다음과 같이 이르고 있다 : "등에 삼갑(삼갑은 3개의 甲字, 즉 배(背)자이다)이 있고, 배에 삼임(삼임은 3개의 壬字, 즉 수(垂)자이다)이

있으면 의식이 풍족하며, 부귀영화를 누린다."(《廣鑑集》云: "背有三甲(三甲乃背字也), 腹有三壬(三壬乃垂字也), 衣豐食足, 富貴安榮.")

❁ 가슴은 열리고 넓어야 하며, 좁고 작아서는 안 된다. 가슴에 뻣뻣한 잔털이 나는 것을 꺼리며, 부드러운 잔털이면 괜찮다. (凡胸宜開闊, 不宜窄小. 胸上有毫爲忌, 軟者還可.)

❁ 명치 부위가 깊고 푹 들어가 있으면 사람됨이 간사하다. 만약에 등에 구덩이가 생겼다면 늙어서 먹을 양식이 없을 뿐만 아니라 수명이 단축된다. (心窩深陷, 爲人心事奸邪. 背若成坑, 到老無粮, 而且壽促.)

❁ 수형인과 토형인은 등이 높아야 하고, 목형인은 등이 평평해야 한다. (水形土形背宜高, 木形背宜平.)

❁ 속담에 다음과 같이 이르고 있다 : "좋은 얼굴은 좋은 몸만 못하다." 가슴과 등은 몸을 구성하는 주축이다. (俗云: "好面不如好身." 胸背乃一身之主.)

❁ 《상서》에 다음과 같이 이르고 있다 : "음인 등이 비어 있는 것과 가슴이 꺼져서 들어가 비어 있는 것은 똑같이 나쁜 상이다." 등은 음이고 가슴은 양이며, 양은 비워 있으면 안 되고 음은 드러나서도 안 된다. (書云: "陽空陰沒亦同途." 背爲陰, 胸爲陽, 乃陽不可空, 陰不可露.)

유방(乳)

유방은 후손의 뿌리와 싹이니, 검고 커야 하며, 모지고 둥글고, 견고하고 단단해야 한다. (乳爲後裔根苗, 最宜黑大, 方圓, 堅硬.)

🌸 무릇 유방은 작아서는 안 된다. 금, 목, 수, 토 4개 형은 살이 많고 피부가 두터워야 한다. 피부가 엷으면 유방도 반드시 엷으며, 피부가 알차면 유방도 반드시 알차야 한다. (解曰: 凡乳不宜小. 金木水土四形, 宜皮土厚. 如皮薄, 乳必薄, 皮實, 乳必實.)

🌸 젖꼭지가 위로 향한 사람은 자식을 기르면 성공하고, 젖꼭지가 아래로 향한 사람은 자식을 길러도 진흙과 같이 힘들게 지낸다. (乳頭朝上, 養子必成, 乳頭朝下, 養子如泥.)

🌸 젖꼭지가 둥글고 단단하면 자식이 부유하며, 젖꼭지가 모나고 단단하면 자식이 귀하고, 젖꼭지가 작으면 자식을 두지 못해 후대가 끊긴다. (乳頭圓硬, 子富, 乳頭方硬, 子貴, 乳頭小, 子息難成.)

🌸 유방의 색깔이 희고 솟아있지 않은 사람은 후대를 이을 자식을 말하기가 어렵다. 부인의 유방도 역시 마땅히 검고 크다면 좋은 것이다. (乳白色不起, 難言子息. 婦人亦宜乳黑大爲妙.)

🌸 유방이 작은 사람은 자식을 적게 두며, 유방이 큰 사람은 자식을 많이 둔다. 그리고 유방이 모난 사람은 자식이 귀하게 되고, 유방이 둥근 사람은 자식이 부유하게 지낸다. (小者子少, 大者子多, 乳方子貴, 乳圓子富.)

🌸 유방이 희고 작으며 낮게 기운 사람은 자식을 두기가 어려워 후대가 끊긴다. 만약에 유방이 검고, 단단하고, 잔털이 나고, 아름다우면 자식이 귀하게 되고 후손이 부귀영화를 누린다. (白小低偏, 子息難成. 若黑若堅毫

且美, 子貴孫榮福壽昌.)

🌸 배꼽(臍)

배꼽은 배 속에는 오장을 안고 있으며, 밖으로 나가는 관문이다. (臍腹內包五臟, 外道關隘.)

🌸 《태소(太素)》에 다음과 같이 이르고 있다 : "배꼽은 모든 맥이 통하는 관문이다." (解曰: 《太素》曰: "臍乃百脈之隘.")

🌸 무릇 배꼽은 깊어야 하고, 배는 두터워야 하며, 피부는 알차야 하고, 뼈는 단정해야 한다. (凡臍宜深, 腹宜厚, 皮宜實, 骨宜正.)

🌸 배꼽 자리가 배의 윗 부분에 있는 사람은 주로 지혜가 있으며, 배의 아랫 부분에 있는 사람은 우매하고, 배꼽이 깊은 사람은 주로 복록이 있고, 얕은 사람은 주로 빈궁하다. (臍近上主智人, 近下主下愚, 深者主福祿, 淺者主貧窮.)

🌸 배꼽 구멍이 넓고 커서 오얏이 들어갈 정도이면 그 이름이 천 리까지 퍼져나간다. 배꼽 속에 검은 점이 있고 배가 아래로 늘어진 사람은 조정의 관리가 된다. 배꼽이 작고 평평하면 고생스럽고 비천하다. (寬大容李, 名播千里. 臍中黑子腹垂, 乃是朝郞, 臍小又平, 勞苦下賤.)

🌸 유장 선생이 다음과 같이 이르고 있다 : "배가 아래로 늘어지고, 배꼽은 배의 윗 부분에 있으면 입는 것과 녹봉이 풍족하며 태어날 때부터 부귀하다. 배가 위로 향하고 배꼽이 아래로 향한 사람은 노년에 고독하고

빈곤하다. 무릇 배는 위는 작고 아래는 커야 하며, 위가 크고 아래가 작은 것을 제일 꺼린다."(先生曰:"腹垂下, 臍近上, 天然衣祿. 腹近上, 臍朝下, 老主孤窮, 凡腹宜上小下大, 切忌上大下小.")

❀ 또 다음과 같이 이르고 있다 : "배는 **오장**[1]의 표면이니, 넓고 커야 하며 좁고 작은 것을 꺼린다. 배가 상반신 가까이 있는 사람은 지혜가 있으며, 하반신 가까이 있는 사람은 우매하다. 이러한 이치를 일반 사람들은 모른다."(又云: "腹乃五臟之外表, 最宜寬大嫌窄小. 居上智慧居下愚, 此理人間都不曉.")

❀ 무릇 여인의 배꼽은 자식의 뿌리이며, 여인의 유방은 자식의 싹이다. 무릇 배 속에 남아의 태아가 있으면 배꼽은 반드시 홍색과 흑색을 띠게 되며, 배 속에 여아의 태아가 있으면, 3~4개월이 지나 그 임부의 배꼽이 볼록 나오게 된다. 만약에 회임한지 8~9개월이 지나서 배꼽이 볼록 나오게 되면 남아를 낳게 된다. (凡婦人臍, 乃子之根, 乳乃子之苗. 凡姙子在腹必紅黑, 女在腹中三四月必凸出, 若八九月臍凸, 又許生男.)

❀ 모든 여인은 마르건 살이 찌건 관계없이 배꼽 깊이가 1푼 정도면 아들을 하나 얻게 되며, 반 촌 정도로 깊으면 아들 다섯을 얻게 된다. (凡婦人不論肥瘦, 有一分深得一子, 半寸深得五子.)

❀ 여인의 배꼽은 커야 좋다. 작으면 자식을 묻기가 어렵고, 설사 자식을 낳는다 하더라도 그 자식이 살아남지 못한다. (臍必大方好, 小則難問子息, 縱生也不存.)

---

1 오장(五臟)은 간장, 심장, 비장, 폐장, 신장의 5가지 내장이다.

🌸 여인의 배꼽이 적색을 띠게 되면 낳은 자식이 관직을 얻어 옥으로 된 허리띠를 차는 조정의 1품 자리에 오르게 된다. 만약 검은 색을 띠게 되면 낳은 자식이 금색 허리띠를 차는 관리가 된다. (臍赤, 生子玉帶, 黑, 生子金帶.)

🌸 배꼽 속에서 잔털이 자라게 되면 낳은 자식이 반드시 빼어나다. 그리고 뱃가죽이 넓고 크면 반드시 다섯 명의 아들을 두게 된다. (臍內生毫, 生子必秀, 腹皮寬大, 必有五子.)

🌸 배꼽이 작고 허리가 삐뚤어져 있으며, 배가 작고 뱃가죽이 엷으며, 두피가 팽팽한 여인은 비록 얼굴의 상이 가히 취할 수 있는 곳이 있다 하더라도, 그러나 역시 아들을 낳을 수 없다. (凡臍小腰偏, 腹小皮薄皮急, 雖有面相可取, 然亦無子之婦也.)

궁둥이(臀)

궁둥이는 나중에 형성되니, 흥할 지 망할 지를 볼 수 있다. (臀乃後成, 可見興廢.)

🌸 소년이 궁둥이가 지나치게 작으면 모든 일이 성공하기 어렵고, 논과 밭을 지키기 어려우며, 조상의 사업을 깨뜨리고 고향을 떠나게 된다. (解曰: 少年無臀, 凡事不成, 田園難守, 破祖離宗.)

🌸 늙어서 궁둥이가 지나치게 작으면 반드시 형편이 딱하고 어려우며 힘들게 지내고, 처와 자식이 죽게 되며, 세상살이를 바쁘고 고달프게 살아간다. (老來無臀, 困苦辛勤, 妻亡子喪, 奔走紅塵.)

❀ 마른 사람이 궁둥이가 지나치게 작으면 많이 배워도 성공하는 일이 적으며, 평생 좋은 운이 없고, 36세에 세상을 떠난다. (瘦人無臀, 多學少成, 一生無運, 四九歸陰.)

❀ 살찐 사람이 궁둥이가 지나치게 작으면 자신이 솥과 밥그릇을 씻으며, 처와 자식이 없이 고독하고 고생스럽게 살며 매우 빈천하다. (肥人無臀, 刷鍋洗碗, 無妻無子, 孤獨賤貧.)

❀ 때문에 궁둥이는 열려 있고 넓으며 커야 하는데, 뾰족하고 좁으며 끌어 당겨서 굽어진 활 모양으로 볼록 튀어나와서는 안 된다. (故臀宜開闊寬大, 不宜尖礄.)

❀ 《상서》에 다음과 같이 이르고 있다 : "가슴이 움푹 들어가고 궁둥이가 끌어 당겨서 굽어진 활 모양으로 볼록 튀어 나오면 부자 관계가 화목하지 않다." 만약 여인이 이와 같다면 반드시 흉악한 사람이다. (書云: "胸凹臀礄, 父子不和." 女人犯此, 兇惡之婦.)

❀ 부인의 상법을 덧붙여 말한 비결에서 다음과 같이 이르고 있다 : "허리는 작고 궁둥이는 뾰족하며 배꼽이 깊지 않으면, 오직 노비가 되어 고독함과 빈궁함을 지킨다. 만약에 젖꼭지까지 희다면 말할 필요도 없이 평생을 고독하게 지낸다. (附論, 婦人訣曰: "腰小臀尖臍欠深, 又爲奴婢守孤窮, 若是乳頭如再白, 一生孤獨不須論.")

❀ 또 다음과 같이 이르고 있다 : "궁둥이가 지나치게 뾰족한 여인이 귀한 부인이 되는 경우는 없다." (又云: "無臀尖之貴婦.")

❀ 무릇 단정한 여인의 상은 반드시 가슴은 넓고 커야 하며 움푹 들어가서는 안 된다. 허리는 둥글어야 하고 가늘어서는 안 되며, 유방은 검어야 하고 희면 안 되며, 배꼽은 깊어야 하고 얕아서는 안 된다. 머리카락은 검어야 하고 황색이면 안 되며, 살집은 부드러워야 하고 매끄러워서는 안 되며, 눈썹은 둥글어야 하고 솟아나서는 안 된다. 등은 높아야 하고 움푹 들어가서는 안 되며, 얼굴은 둥글어야 하고 뾰족해서는 안 되며, 눈은 가늘어야 하고 둥글어서는 안 된다. (凡端莊婦人, 必胸宜寬不宜凹, 腰宜圓不宜細, 乳宜黑不宜白, 臍宜深不宜淺, 髮宜黑不宜黃, 肉宜細不宜滑, 眉宜圓不宜聳, 背宜高不宜陷, 面宜圓不宜尖, 眼宜細不宜圓.)

❀ 이상에서 언급한 모든 것들 중에서 하나라도 범하게 되면 좋은 여인의 상이 아니다. (此乃總論, 如犯一件, 卽非良人之婦也.)

다리와 팔(股肱)

다리와 팔은 몸의 근본이니, 두 다리와 두 팔의 형태를 본다. (股肱一身根本, 四肢規模.)

❀ 손목 윗부분의 팔뚝, 그리고 발목 위에서 배까지의 다리를 고굉(股肱)이라고 하며, 이는 몸의 근본으로서 반드시 포함된다. (解曰: 腕包脚肚爲股肱, 乃一身根本, 不可無包.)

❀ 《상서》에 다음과 같이 이르고 있다 : "다리와 팔에 살이 없는 사람은 가장 흉한 상이다." 이른바 바로 이러한 것이다. 살찌거나 마르거나, 어른이거나 아이거나를 불문하고 팔과 다리에 살이 있어야 비로소 좋은 것이다. (書云: "股肱無包最是凶." 正謂此也. 肥瘦, 大小之人, 俱有方好.)

❀ 어린아이가 다리에 살이 없으면 18세에 사망한다. 어른이 다리에 살이 없으면 보통 빈천한 사람이다. 여인이 다리에 살이 없으면 반드시 좋 현덕하지 못하다. (小兒無股, 三六而亡. 大人無股, 貧賤泛常. 女人無股, 定是不良.)

❀ 마른 사람이 다리에 살이 없으면 실패하여 타향으로 달아난다. 살찐 사람이 다리에 살이 없으면 후일의 운세를 판단하기가 어렵다. 무릇 여인도 역시 근본이 있어야만 한다. (瘦人無股, 敗走他郷. 肥人無股, 後運難量. 凡女人亦不可無根本也.)

손(手)

손은 몸의 싹이어서, 여러 가지 설명이 있다. (手爲一身之苗, 萬般之說.)

❀ 손의 상을 살피는 방법은 먼저 **오행**을 보고, 그 다음에 **팔괘**[1]를 살피는 것이다. (解曰: 相手之法, 先看五行, 次察八卦.)

❀ 손바닥에는 두터운 것과 엷은 것이 있으며, 손가락에는 긴 것과 짧은 것이 있고, 주름에는 얕은 것과 깊은 것이 있으며, 혈색에는 밝은 것과 막힌 것이 있다. (掌有厚薄, 指有長短, 紋有淺深, 色有明滯.)

❀ 따라서 반드시 군주와 신하가 제 자리를 얻어야 하며, 오행이 서로 배합하고, 팔괘가 질서를 지키며, 손님과 주인이 서로 대등하도록 해야 한

---

1 오행(五行)은 우주 만물을 이루는 5가지 원소로 금(金), 수(水), 목(木), 화(火), 토(土)를 이르며, 팔괘(八卦)는 《주역》에서 세상의 모든 현상을 음양을 겹치어 8가지의 상으로 나타낸 건(乾), 태(兌), 이(離), 진(震), 손(巽), 감(坎), 간(艮), 곤(坤)을 이른다.

다. 다만 주인은 손님에 비해 강해야 하고, 손님이 주인을 강압하는 것은 불가하다. (務要君臣得位, 五行得配, 八卦有停, 賓主相勻. 只許主去強賓, 不可賓來強主.)

● 무릇 손의 주름은 가늘고 깊을 뿐만 아니라 형태를 이루어야 한다. 주름은 얕고 문란하며, 말라비틀어지고, 기울거나 작으며, 결함이 있고, 삐뚤어져서는 안 된다. (凡紋欲細深成形. 不欲淺亂, 枯乾, 偏削, 缺陷, 歪斜.)

● 또 다음과 같이 이르고 있다 : "손톱은 힘줄과 핏줄이 밖으로 표출된 것이다." 손톱이 두터운 사람은 매우 대담하며, 손가락이 가는 사람은 주로 총명하고, 손바닥이 밝은 사람은 재물을 모으며 후한 녹봉을 받는다. (又云: "指甲乃筋之餘." 指甲厚, 主人膽大. 指細, 主人聰明. 掌明, 財與祿厚.)

● 손바닥이 어둡고 검은 사람은 가정이 파탄나고 재물을 날린다. 손바닥에 살이 두텁게 붙은 사람은 조상이 마련한 터전이 있으며, 손등에 살이 붙어있는 사람은 스스로 기반을 마련한다. 손등과 손바닥에 모두 살이 너무 많이 붙어있지 않아야 하며, 가늘고 윤기가 나는 것이 좋다. (暗黑, 家破財空. 掌心有肉, 乃祖父根基. 背有肉, 乃自創根基. 背心俱無肉, 細潤爲妙.)

● 대체로 손바닥은 부드럽고 길어야 하며, 팔뚝은 밝고 두터워야 한다. 만약에 말라서 뼈가 밖으로 드러나고, 힘줄이 튀어나오고, 살이 적고, 손톱이 엷고, 손가락이 곧지 않으면, 모두 수려하고 아름다운 상이 아니다. (大抵掌欲軟而長, 膊欲明而厚. 如骨露, 筋浮, 肉削, 甲薄, 指偏, 非美相也.)

● 유장 선생은 어느 날 작은 골목길을 거닐다가 한 손에 대야를 들고 창밖으로 물을 내버리는데, 바로 그 손이 백옥과 같이 맑고, 광채가 사람들

의 눈 속을 꿰뚫고 들어가며, 손가락이 봄의 죽순과 같이 좋고, 혈색이 충만하여 주홍색을 띠고 있음을 보게 되었다. (先生游於小巷, 見一手傾水於窗外, 色瑩如玉, 光射人目, 指如春笋, 血若硃紅.)

❀ 이를 보고 유장 선생은 이르기를 다름과 같다. "만약에 남자가 이러한 손을 가지고 있으면 응당 **한림원1**에 들어가며, 여인이 이러한 손을 가졌다면 응당 국모가 된다." 후일 이 여인은 정말로 영락 황제에 의해 황비로 선택되어 황태자를 낳았다고 한다. (先生曰: "男若此手, 當入翰林. 女人若此手, 當爲母后." 後永樂選此女爲妃, 生正統.)

❀ 무릇 남녀의 손은 혈색이 밝고 윤택하며, 손가락은 길며 주름은 가늘고, 손등과 손바닥은 살이 적당이 찐 것이 좋다. (凡男女之手, 宜血潤色明, 指長紋細, 心背有肉爲妙.)

❀ 손바닥의 이궁 부위에 '정(井)'자 모양의 주름이 있으면 응당 한림원에 들어간다. 손바닥의 건궁 부위에서 시작하여 이궁 부위까지 주름이 있으면 충천문이라고 하는데, 충천문이 있으면 맨 손으로 가정을 일으켜 만금을 벌어들인다. (離宮有井紋, 當入翰林. 乾宮起紋到離宮, 爲冲天紋, 白手起家萬金.)

❀ 손바닥이 홍색을 띠고 윤기가 흐르면 수년 내에 논밭을 마련하게 된다. 무릇 주름이 난잡하면 주로 많이 배워도 이루는 일이 적다. (掌心紅潤, 數年內可起田園. 凡紋若亂, 主多學少成.)

---

1 한림원(翰林院)은 중국 당(唐)시대 이후 황제의 조칙이나 외교문서의 작성, 역사편찬 등을 맡아 보던 문한기관. 옥당(玉堂)이라 부르기도 한다.

❀ 주름이 얕으면 의지 역시 얕고, 주름이 깊으면 의지 역시 깊다. 주름이 난잡하면 마음도 혼란하며, 주름이 없으면 마음이 반드시 어리석다. 손바닥에는 응당 주름이 있어야 좋다. (紋淺志亦淺, 紋深志亦深. 紋亂心多亂, 無紋心必愚. 有紋爲妙.)

❀ 무릇 손가락이 길고, 손바닥이 두터우며, 주름이 깊고 혈색과 혈기가 밝으면, 남자는 재상이 되고 여자는 부인이 된다. (大凡指長掌厚, 紋深色明血明, 男爲卿相, 女作夫人.)

발(足)

발은 몸을 싣고 다니니, 두텁고 모가 나야 한다. (足載一身, 不可不厚不方.)

❀ 머리는 하늘과 같이 둥글며, 발은 땅과 같이 모가 나 있다. 하늘은 높아야 하고, 땅은 두터워야 한다. 무릇 발등은 살이 있어야 평안하게 안정되며 복록을 누리게 된다. (解曰: 頭圓像天, 足方像地. 天欲高, 地欲厚. 凡足背有肉, 安穩福祿.)

❀ 발바닥에 살이 붙어있는 사람은 금과 옥을 거두어 재부를 축적하며, 발등에 푸른 힘줄이 드러난 사람은 일전 한 푼도 얻지 못한다. (足心有肉, 堆金積玉. 足背浮筋, 何曾得聚半文錢.)

❀ 발에서 가운데 발가락은 길어야 하고, 엄지 발가락은 짧아야 한다. 발등의 털이 부드러우면 주로 총명하다. (凡足中指欲長, 拇指欲短. 足背毛宜軟, 主聰明.)

❀ 발가락 위에 털이 나면, 주로 평생 동안 발이 질환에 걸리지 않는다. 어른이 발꿈치가 없으면 빈천하고 속세를 떠나가며, 어린아이가 발꿈치가 없으면 1세를 넘기지 못한다. (指上生毛, 主一生無足疾. 大人無脚根, 貧賤走紅塵, 小兒無脚根, 不過一歲春.)

머리카락(髮)

머리카락은 혈액의 공급을 받지 않는 외표를 관장하는 것으로서 산림과 초목이다. (髮秉血餘, 乃山林草木.)

❀ 무릇 머리카락은 혈액의 공급을 받지 않는 외표(外表)로서, 윤택하고 빼어나야 하며, 가늘고 길어야 하고, 부드럽고 고와야 한다. 이상의 6가지 조건을 충족하는 머리카락은 좋은 것이다. 머리카락은 말라 바삭바삭하고, 황색을 띠며, 묶여 있으면 안 되며, 마치 산림이 빼어나지 않은 것과 같다면 귀인의 상이 아니다. (解曰: 凡髮乃血之餘, 欲潤而秀, 細而長, 軟而香, 此六門爲妙. 不宜枯黃燥結, 如山林不秀, 非貴人也.)

❀ 오직 목형인은 머리카락이 짙거나 길어서는 안 되며, 맑고 윤기가 흘러야 하며, 메마르거나 황색을 띠어서는 안 된다. (惟木形人, 髮不宜濃長, 宜淸潤, 不宜枯黃.)

❀ 금과 수, 화와 토 4개 형의 사람은 모두 머리카락이 지나치게 많아서는 안 된다. 재부가 풍족한 사람은 머리카락이 드문드문 나 있다. 머리카락이 일각[이마]과 월각[이마] 부위로까지 길게 나서는 안되는데, 이런 사람은 주로 우매하고 고집이 세며 또한 부모를 이긴다. (其金水及火土四形, 俱不宜多髮. 凡財聚髮疎. (不宜)髮生日月角, 主人愚頑又剋親.)

❀ 무릇 여인의 머리카락은 3척 내외로 긴 것이 좋다. (凡女人之髮, 宜長三尺內外爲妙.)

❀ 어릴 적에 머리가 빠지면 자식을 말하기가 어려우며 후손을 얻지 못한다. 만약에 노년에 머리카락이 새까맣다면 소나무와 같이 장수하며, 절반은 희고 절반은 검으면 반드시 장수할 수 있다. (少年落髮, 難言子息, 老若頭烏壽似松, 半白半烏終有壽.)

❀ 어린아이가 머리카락이 희면 부모가 모두 죽게 된다. 왼쪽에 흰 머리카락이 많으면 아버지를 이기고, 오른쪽에 흰 머리카락이 많으면 어머니를 이긴다. 어린아이란 15세를 넘기지 않은 사람이다. (少年白髮喪雙親. 左邊多妨父, 右邊多妨母, 不過十五歲.)

❀ 이 흰 머리카락을 가지고 말하는 것은 단지 15세의 어린아이를 겨냥하여 말한 것이다. (此白髮論人, 十五歲而生者.)

점(痣)

점은 산봉우리와 같으니, 매우 높지 않을 수가 없다. (痣若山峯, 仞不可不高.)

❀ 피부 표면에 높게 나온 것은 사마귀[痣]이고, 평평한 것은 점[點]이며, 청황색을 띤 것은 반점[斑]이다. (解曰: 凡高者爲痣, 平者爲點, 靑黃者爲斑.)

❀ 무릇 반점은 모두 얼굴에 생겨서는 안 된다. (凡斑點俱不宜生面孔上.)

❀ 《상서》에 다음과 같이 이르고 있다 : "얼굴에 반점이 많으면 아마도 장수하지 못하는 사람일 것이다." 바로 이를 두고 한 말이다. (書云: "面多斑點, 恐非壽考之人." 正謂此也.)

❀ 얼굴에 생긴 점은 나타난 점[顯痣]이고, 몸에 난 점은 숨겨진 점[隱痣]이다. 이들 모두는 산림에 초목이 있는 것과 같이 잔털이 있어야만 좋은 상이다. (在面爲顯痣, 在身爲隱痣, 俱宜有毫, 如山林有草木方妙.)

❀ 등 위에 점이 생기면 주로 관록을 가지며, 가슴에 점이 생기면 주로 슬기로운 꾀가 있고, 배 위에 점이 생기면 의록이 풍족하다. 배에 난 점이 매우 크고, 먹과 같이 흑색이며, 주사와 같이 적색이고, 단단하고 둥글며 높은 사람은 귀인이다. 점이 중간 정도로 평평한 사람은 조금 귀하다. (背主衣冠, 胸主智, 肚主衣祿. 腹帶黑如墨, 赤如硃, 硬圓高者方貴, 中平小貴.)

❀ 점의 색깔이 지나치게 선명하면 아직 기회를 만나지 못한 사람이다. 또 색깔이 어두우면 좋은 운이 이미 지나가 버린 사람이고, 색깔이 연한 사람은 비교적 사소한 편에 지나지 않는다. (色鮮還未遇, 色暗已過了, 軟者, 不過些小而已.)

털(毛)

털과 잔털는 각기 다르며, 달리 구분한다. (毛毫各別, 另有分別.)

❀ 질적으로 투박하고 단단한 것은 털[毛]이라고 하며, 몸의 어디든지 상관없이 주로 천하다. (解曰: 粗硬爲毛, 不拘生何處, 主賤.)

❀ 질적으로 가늘고 부드러운 것은 잔털[毫]이라고 하며, 다리와 발에 나면 기이하다. (細軟爲毫, 宜生腿足, 爲奇.)

❀ 배꼽 아래나 항문 위에 털이 난 사람은 주로 평생 동안 음랭한 기운을 받아 생기는 병인 음병에 걸리지 않으며, 귀신을 두려워하지 않는다. (臍下穀道俱有毛者, 主一生不招陰病, 不畏神鬼.)

❀ 가슴에 잔털이 난 사람은 주로 성질이 조급하며, 등에 털이 난 사람은 평생을 고생하며, 유방 위에 잔털이 난 사람은 (3가닥의 털이 나면 좋다) 반드시 귀한 아들을 낳는다. (胸上生毫, 主人性躁, 背上生毛, 一生勞苦, 乳上生毫 (三根者好), 必生貴子.)

❀ 유방에 난 털이 잡초와 같이 문란한 사람은 자식이 없는 상이다. 손가락에 털이 난 사람은 좋은 상이다. 요컨대 털은 가늘고 부드러운 것이 좋다. (若毛如草亂多者, 無子之相也. 手指生毛亦好, 總之毛宜細軟爲妙.)

뼈 (骨)

뼈는 단단하고 변하지 않는 금강석이며, 단단하고 바르지 않을 수가 없다. (骨乃金石, 不可不堅不正.)

❀ 무릇 뼈는 단단해야 하며 살은 알차야 하고, 뼈는 군주이고 살은 신하이다. (解曰: 凡骨欲堅, 肉欲實. 骨爲君, 肉爲臣.)

❀ 뼈가 많고 살이 적은 사람은 주로 빈천하며, 살이 많고 뼈가 적은 사람은 주로 단명한다. 뼈와 살이 서로 균형을 이룬 사람은 장수를 누리며

자식이 있는 상이라 할 것이다. (骨多肉少, 主貧賤, 肉多骨少, 主壽夭. 骨肉相勻, 方言有壽, 有子.)

❀ 무릇 여인이 뼈가 단단하면 반드시 남편에게 형벌이나 상해를 입히며, 남자가 뼈가 단단하면 반드시 빈천하다. 용골은 가늘고 길어야 하고, 호골은 바르고 거칠어야 한다. (凡女人骨硬, 必刑夫, 男人骨硬, 必貧賤. 龍骨欲細長, 虎骨欲粗正.)

❀ 푸른 힘줄이 튀어나오고 뼈가 드러나 있으며, 살집이 푸석푸석하고 삐뚤어지며 기울어져서는 안 된다. 요컨대, 뼈는 바르고 곧아야 하며, 살은 단단하고 두툼해야만 비로소 복을 누리고 장수를 하는 상이다. (不欲浮筋露骨, 浮肉歪斜, 總言骨欲正直, 肉欲堅實, 方爲福壽之相.)

❀ 《상서》에 다음과 같이 이르고 있다 : "뼈가 바르고 정신은 왕성하며 살 또한 견실하면, 군신 간에 덕이 어울리고 복이 줄줄이 이어진다. 뼈 위에 살이 들떠 있고 성질을 내는 사람은 오직 36세까지만 살 수 있다." (書云:"骨正神强肉又堅, 君臣德配福綿綿. 若見肉浮多發氣, 四九之刑壽不全.")

살(肉)

살은 피토[또는 표토(表土)]이니 알차고 맑지 않을 수가 없다. (肉爲皮土, 不可不實不瑩.)

❀ 무릇 피부는 토(土)에 속하며, 토는 반드시 두텁고 알차야만 만물을 비로소 생장시킬 수 있다. (解曰: 凡皮屬土, 土必厚實, 方可滋生萬物.)

❁ 살은 반드시 맑고 윤기가 흘러야 하며, 살 속에 혈기가 있어야만 영화로운데, 그래야 온몸을 움직일 수 있다. (肉必瑩潤, 內有血氣爲榮, 方可運動一身.)

❁ 뿐만 아니라 피부가 지나치게 엷으면 어찌 살[土]을 감쌀 수 있겠는가? 또한 살이 드러나면 어찌 만물이 생장하도록 포용할 수 있겠는가? (且如皮薄, 何能包土? 土暴豈能容生?)

❁ 피부가 단단하고 팽팽하면 수명이 짧고, 피부가 느슨하면 수명이 길다. 소아의 피부가 단단하고 팽팽하면 장수하는 상이 아니다. (若皮急壽少, 皮寬壽長. 小兒皮急, 非長壽也.)

❁ 《상서》에 다음과 같이 이르고 있다 : "피부는 팽팽하거나 거친 것이 가장 마땅치 않다. 어찌 이러한 사람이 열심히 노력하여 가업을 일으킬 수 있단 말인가? 비천하고 우둔한 사람은 대부분 깨뜨리고 없애서, 36세가 되기 전에 반드시 사망하게 된다." (書云: "皮急皮粗最不宜, 何曾此輩立家基? 下賤愚頑多破耗, 四九之前壽必歸.")

구혁(溝洫) : 도랑

구혁은 인중이라고도 부르며, 구혁은 길고 깊어야 한다. (溝洫又云人中, 最要長深.)

❁ 인중은 또 구혁이라고 부르는데, 사람의 운은 51세에 인중이 관장하기 시작한다. 인중은 깊고 긴 것이 좋다. (解曰: 人中爲溝洫, 五十一歲主事, 宜深長爲妙.)

❀ 인중이 위는 좁고 아래는 넓으면 구혁이 통한다고 한다. 인중이 위가 넓고 아래가 좁으면 구혁이 막혔다고 한다. (宜上小下大, 曰爲溝洫得通. 上大下小, 爲溝洫阻滯.)

❀ 얼굴에는 장강[귀], 회수[입], 황하[눈], 제수[코]라는 사독이 있으며, 얼굴의 오악[이마, 코, 턱, 양 광대뼈]은 모두 이 사독을 좇아서 빼어난 세력을 형성하고 있다. (面上有江淮河濟爲四瀆, 五岳俱從.)

❀ 때문에 인중은 깊고 길며 넓고 커야 하며, 좁고 작으며 짧고 삐뚤어진 것을 제일 꺼린다. 만약 장강, 회수, 황하, 제수가 지나치게 얕으면 자식을 얻는 것이 반드시 늦어지게 된다. (故宜深長寬大, 最嫌窄小短偏. 江耳, 淮口, 河目, 濟鼻若淺, 生子必遲.)

❀ 유장 선생은 다음과 같이 이르고 있다 : "인중이 평평하고 풍만하여 도랑이 없는 사람은 자식을 말하기가 어렵다. 인중 부위에 수염이 적은 사람은 빈천한 사람이며 귀한 상이 아니다." (先生曰: "人中平滿, 子息難言. 人中少髭, 下人無上.")

❀ 또 다음과 같이 이르고 있다 : "인중이 평탄하고 도랑이 없는 사람은 36세 이후에 몇 년 동안은 목숨을 연명하게 된다." (又曰: "人中平滿者, 四九可延年.")

❀ 그런데 인중은 단지 온몸에서 어느 한 작은 부위에 불과한 것이므로, 비록 이와 같다고 해도 몸 전체의 커다란 다른 부위들도 함께 참고하여 판단해야 한다. (然人中一處, 乃小道也. 言雖如此, 還宜於遇身大處詳之.)

수염(鬚髥)

수염은 얼굴의 화려한 겉모습이며, 단전의 원기이다. (鬚髥一面之華表, 乃丹田元氣.)

● 입술 위의 좌우 양쪽의 수염은 '록(祿)'이고, 입술 아래 지각 부위의 수염은 '관(官)'이라고 한다. 인중 위의 수염은 '자(髭)'이고, 승장 위의 수염은 '수(鬚)'이며, 변지 위에 생긴 수염은 '염(髥)'[또는 '호자(胡髭)']이라고 하는 등 5개의 이름이 있다. (解曰: 上爲祿「左右兩邊」, 下爲官「髥(地閣)」, 人中爲髭, 承漿爲鬚, 有此五名, 邊地上生, 方爲髥「鬍髭」.)

● '록'이 있고 '관'이 없는 것은 가하지만, '관'이 있고 '록'이 없는 것은 불가하다. 즉 인중 위에 난 수염이 있고 승장 부위에 난 수염은 없을 수는 있지만, 승장 부위에 난 수염이 있고 인중 위에 난 수염이 없는 것은 불가하다. 입술의 상부와 하부, 인중, 승장, 변지 등 다섯 부위에 모두 수염이 나면 귀한 사람이다. (只可有祿無官, 不可有官無祿. 只可有髭無鬚, 不可有鬚無髭. 乃大槪也, 五件俱配爲妙, 方是貴人.)

● 무릇 턱수염은 옻칠을 한 것과 같이 검거나 또는 적색을 띠어야 하며, 황색을 띠어서는 안 된다. 만약에 턱수염이 흑색, 적색, 황색 등이 섞여 난잡한 색을 띠게 되면 크게 좋지 않다. (凡鬚宜黑如漆, 宜赤不宜黃. 如黑赤黃相雜者, 大不好也.)

● 수염의 색깔이 금색과 적색을 띠고 동아줄과 같으며, 수염의 머리와 꼬리가 펴지면 바로 금 수염이니, 이러한 상을 가진 사람은 큰 재물을 모은다. (金赤有索, 首尾一開爲金鬚, 大發萬金.)

❀ 얼굴색이 밀가루와 같이 희고, 보름달과 같이 둥글면 은색 얼굴에 금수염이라고 하여 2품의 관직을 얻게 된다. (如面白如粉, 圓如月, 爲銀面金鬚, 二品之職.)

❀ 수염이 드물고 빼어나면 좋다. 수염은 부드러워서는 안 되고 뻣뻣해야 하며, 곧아서는 안 되고 굽어야 하며, 탁해서는 안 되고 깨끗해야 한다. (疎秀爲妙. 宜硬不宜軟, 宜灣不宜直, 宜淸不宜濁.)

❀ 빈모[귀밑털]에 이어지는 수염이 생겨서 머리카락과 서로 어울리면 좋다. 만약에 머리카락이 적고 턱수염이 많으면 역시 재물을 모으지 못하며, 빈천한 상이다. (如連鬢生鬚, 與髮相配爲妙, 如髮少鬚多, 亦不發財, 貧賤之相也.)

❀ 《상서》에 다음과 같이 이르고 있다 : "수염은 짙고 탁하며 바삭바삭하고 황색을 띠면 가장 좋지 않다. 수염이 양의 구레나룻과 제비의 꼬리와 같이 생기면 형벌을 받거나 해를 입는다. 수염이 깨끗하고 가벼우며 살에서 드문드문 난 사람은 황실과 더불어 국가의 동량이 되는 재목이다." (書云: "濃濁焦黃最不良. 羊髥燕尾有刑傷, 淸輕出肉稀疎者, 取與皇家作棟樑.")

❀ 무릇 수염이 빈모와 연결되어 있고, 늙어서 흰 밀가루와 같고 곧은 것은 양의 구레나룻이며, 꼬리 부분이 양쪽으로 갈라진 것은 제비 꼬리라고 하는데, 주로 늙어서 자식을 이기게 되며, 고독한 상이다. (凡鬚連鬢, 老來如白粉直者, 爲羊髥, 尾開爲燕尾, 主老來剋子, 孤相也.)

침골(枕骨)

침골은 복록과 장수를 온전하게 한다. 양쪽 귀 뒤에 쌍으로 있어야 좋으며 한 쪽 귀 뒤에만 있으면 좋지 않다.(枕骨可全福祿壽, 但喜雙而不喜單.)

❀ 뇌는 후침골이며, 24세 이후에 생긴다. 귀 뒤의 높은 뼈는 침골이라고 부르며, 또한 수근[목숨의 뿌리]이라고도 부르는데, 무릇 사람들은 모두 이 뼈를 가지고 있다. (解曰: 腦爲後枕骨, 三八外卽生. 耳後高骨爲枕, 又爲壽根. 凡人俱不可無此.)

❀ 만약 어린아이가 침골이 없으면 말을 하기 시작할 때에 이르러 요절한다. 이 뼈는 귀 뒤에 있지만, 귀에서 생성되는 것도 이런 것이 있다. (小兒若無, 能言而亡. 此骨在耳後. 但耳生成如此.)

❀ 만약에 'O' 모양의 회문골, '∴' 모양의 품자골, '··' 모양의 연주골, 'ᨄ' 3개 산이 겹쳐있는 모양의 삼산골인데, 이와 같은 침골을 가진 사람이라면 제후에 봉해지는 귀한 상이다. (O爲回紋骨, ∴爲品字骨, ··爲連珠骨, 爲三山骨, 以上俱主封侯之貴.)

❀ 북방 사람은 머리가 1척이 넘을 정도로 크며 이 침골을 가지고 있다. 만약에 '∴' 모양의 소품자골, '천(川)'자 모양의 천자골, '⌣' 모양의 앙월골, '⌢' 모양 언월골, '산(山)'자 모양의 산자골을 갖고 있다면, 이와 같은 뼈를 가진 사람은 주로 3품직을 얻게 된다. (北方人頭大一尺外, 常有此骨. 若有此, ∴爲小品字, 爲川字, 雙⌣爲仰月, ⌢爲偃月, 爲山字, 以上骨, 主三品職.)

❀ 남방 사람도 대부분이 침골을 가지고 있으며, 침골의 형상이 '!'모

양의 현침골[바늘을 메달아 놓은 모양]이면 주로 형을 받거나 해를 입는다. (南方之人俱有生者, 若生者此, ！爲懸針骨, 主有刑傷.)

🌸 침골이 'O' 모양의 고월, '／' 모양의 왼쪽 삐침 별자, '＼' 모양의 오른쪽 삐침 별자와 같은 형상이면 모두 주로 고독하며, 승려가 되는 상이다. (O爲孤月, ／左撇成敗, ＼右撇破耗, 俱主孤, 乃僧道之相.)

🌸 《상서》에 다음과 같이 이르고 있다 : "침골은 양쪽 귀 뒤에 쌍으로 생겨야 하며, 한쪽 귀 뒤에만 생겨서는 안 되고, 오른쪽과 왼쪽의 침골이 불균형적으로 나 있으면 단명하고, 만약에 뇌의 후침골이 아주 높게 솟아 있으면 집안이 번창하지 않을까 근심하겠는가?"(書云: "枕骨宜雙不宜單, 左右偏生壽不長. 若是高高生腦後, 何愁家道不榮昌.")

🌸 침골은 사람의 수명을 관장하는데 불과하다. 둥근 무늬 모양의 회문골, 뒤집힌 반달 모양의 앙월골, 3개 산이 겹쳐있는 모양의 삼산골, '품(品)'자 모양의 품자골, 쌍고리 모양의 쌍환골, 2개 구슬이 연결된 모양의 연주골 등은 반드시 크게 귀한 상이다. (若枕骨不過主壽. 如回紋, 仰月, 三山, 品字, 雙環, 連珠, 必主大貴.)

🌸 침골이 홀로 높게 솟아 있으며, 한쪽으로 치우치거나 작으면 반드시 고독하다. '품(品)'자 모양의 소품자골, '천(川)'자 모양의 천자골, 반달 모양의 언월골, 가로로 놓인 산 모양의 횡산골 등은 집안을 흥하게 하는 격이다. (孤峯獨一, 偏小必孤. 小品字, 川字, 偃月, 橫山, 乃興家之格.)

🌸 침골이 높게 튀어나온 사람은 반드시 복이 끊임없이 이어진다. 30세에도 침골이 나지 않은 사람은 수명을 헤아리기 어렵다. (高隆大起, 發福綿

綿. 三十無枕, 壽數難量.)

🏵 《상서》에 다음과 같이 이르고 있다 : "침골이 없는 어린아이는 말을 할 수 있을 때 사망하게 된다." 바로 이를 두고 말한 것이다. (書云: "主案未成, 能言而亡." 正此謂也.)

🌸 치아 (齒)

치아는 몸 밖에 생긴 뼈이며, 주로 평생의 의복과 녹봉을 관장한다. (齒乃骨餘, 主一生衣祿.)

🏵 무릇 치아는 몸 밖에 있는 뼈이며, 치아는 가지런하고 바르며 두텁고 커야 한다. (解曰: 凡齒乃骨之餘, 欲其整齊厚大.)

🏵 윗니는 태양 부위로 직접 통하여 양경[음경]에 속하고, 아랫니는 허리로 통하며 신경[腎, 지라]에 속한다. 때문에 치아가 길고 큰 사람은 주로 장수하며, 치아가 성긴 사람은 주로 단명한다. (上牙通太陽, 爲陽經. 下牙通腰, 爲腎經. 故齒長主壽, 疏稀主夭.)

🏵 치아가 짧으면 주로 우둔하고, 치아가 옥과 같이 희고 가지런하면 가히 하늘이 주는 복록을 먹으며, 치아가 둥글고 작으며 가지런하지 않으면 빈궁한 사람이다. (齒短主愚, 白齊如玉, 可食天祿. 圓小不齊, 貧窮之輩.)

🏵 입 한 가운데 있는 2개의 치아는 대문이며, 대문이 가지런하고 크면 주로 충성과 효도를 하는 사람이며, 대문이 삐뚤어지고 작으면 말에 신용과 실행이 없는 사람이다. (當中二齒爲大門, 齊大主忠孝, 偏小無信行.)

❀ 여인은 치아가 황색을 띠고 커야만 좋다. 남자는 치아가 34개 있어야 주로 귀하며, 32개가 있는 것 역시 주로 복을 누리고 장수하게 되고, 30개 있으면 복이 보통이며, 28개가 있으면 단명한다. (女人齒宜黃大爲妙. 男齒生三十四個主貴, 三十二亦主福壽, 三十中平, 二十八壽少.)

❀ 치아는 또 내학당이라고도 부르며, 가장 중요한 것은 바르고 가지런하며 희고 크며 두터워야 비로소 이러한 사람은 박학다식하다. (又名內學堂, 最要整齊白大厚者, 方有學問.)

목소리 (聲音)

목소리는 천둥과 우뢰에 합당하며, 우렁차고 맑아야 한다. (聲音合雷霆, 宜嚮宜淸.)

❀ 귀인의 목소리는 맑고 길며, 우렁차고 맑으며, 부드러우며 여운을 남긴다. 목소리가 처음에는 크고 나중에는 점점 작아지면 부귀한 상이다. (解曰: 凡貴人之聲淸而長, 嚮而潤, 和而韻. 頭大尾小, 富貴也.)

❀ 또 다음과 같이 이르고 있다 : "목(木)의 소리는 높고 길어야 하고, 금(金)의 소리는 맑고 윤택해야 한다. 오행 중에서 이 2개 목소리가 가장 좋으며, 그 밖의 소리는 모두 부족하다. 목소리가 단전에서 나오니, 목구멍은 넓고 크며, 목소리가 우렁차게 울려 퍼지면, 바로 그것이 아름다운 목소리이다." (又云: "木聲宜高長, 金聲宜明潤, 其外俱不足也. 聲韻出丹田, 喉寬嚮又堅, 乃爲美聲.")

❀ 또 다음과 같이 이르고 있다 : "목의 소리는 크며 높고, 화(火)의 소리

는 타는 듯 하고, 부드럽고 윤택한 금의 소리는 자연히 복이 들어온다."
(又云: "木聲高唱, 火聲焦, 和潤金聲福自饒.")

⚜ 무릇 부귀한 사람은 목소리가 단전에서 나오기 때문에 맑고, 길고, 높으며, 우렁차다. (凡富貴之人, 聲自丹田, 故淸長高嚮.)

⚜ 어린아이의 목소리는 목구멍에서 나오기 때문에 낮고 찢어진 소리가 난다. (小人之聲, 出自喉嚨, 故低而破.)

⚜ 또 다음과 같이 이르고 있다 : "몸이 작고 목소리가 크면 반드시 부유하고 권세가 있는 집안의 부귀한 자식이며, 목소리가 낮고 몸이 작으면 자신이 집안을 망친다는 사실을 반드시 알아야 한다." (又云: "身小聲宏, 定是豪家富貴子; 聲低身小, 須知自是破家兒.")

⚜ 여인의 목소리는 깨끗해야 하며, 남자의 목소리는 굳세고 우렁차야만 좋다. (婦人之聲宜淸, 男人之聲宜嚮堅實爲妙.)

⚜ 개가 짖거나 닭이 우는 것과 같은 목소리를 내고, 징소리 같은 여운을 남기며 울거나 찢어지는 것처럼 들리면, 정말로 빈천한 상이다. (聲如吠犬鳴鷄, 破鑼之韻, 如哭如嘶, 眞貧賤之相.)

음낭(陰囊)

음낭은 옥경으로서 생명의 근본이다. (陰囊玉莖乃性命之根本.)

⚜ 무릇 음낭[고환]은 흑색을 띠어야 하며, 음낭의 주름은 가늘고 알차야

귀하고, 아래로 늘어져서는 안 된다. (解曰: 凡囊宜黑, 紋宜細實爲貴, 不宜下墜.)

❀ 음낭이 불과 같이 따뜻하면 귀한 자식을 낳으며, 음낭이 얼음과 같이 차면 주로 아들이 적다. (如火暖, 生貴子, 如冰冷者, 主子少.)

❀ 옥경[음경]은 영험한 거북이라고 호칭하는데, 황제의 음경은 옥경이라고 하고, 평민의 음경은 귀두[거북이의 머리]라고 불렀다. (玉莖乃靈龜之說, 皇帝爲玉莖, 常人爲龜頭.)

❀ 무릇 귀두는 작고 희며 견고하면 귀한 상이며, 만약에 길고 크며 검고 약하면 천한 상이다. (凡龜宜小白堅者貴, 如長大黑弱爲賤.)

❀ 음경이 크면 흉사를 불러들이며, 반드시 천하게 되고, 음경이 작고 빼어나면 어진 덕행을 가진 사람이다. (大者招凶, 人必賤, 小而秀者好賢郞.)

❀ 무릇 귀두가 작은 사람은 반드시 처도 좋고 아들도 좋지만, 귀두가 큰 사람은 좋지 않다. (凡龜小者, 妻好子好, 大者不好.)

대장과 항문(穀道)

항문은 오장의 마지막 관문이다. (穀道乃五臟之後關.)

❀ 무릇 항문은 양쪽 궁둥이 사이에 끼어 있으며, 노출되지 않는 것이 좋고, 만약에 노출되면 매우 빈천할 뿐만 아니라 단명한다. (解曰: 凡穀道宜兩臀夾而不露, 如露, 十分貧賤且夭.)

🏵 항문에 털이 나면 좋고, 털이 없으면 천하다. 오줌은 느리게 나오는 것이 좋고, 빨리 나오면 가난하다. 대변이 가늘고 길면 귀한데, 모가 나면 무관이고, 비스듬하게 떨어지면 문관이고 귀한 상이다. (有毛者好, 無毛者賤. 屎遲好, 快則貧, 細長爲貴, 方主武職, 偏主文貴.)

🏵 만약 대변이 첩첩이 띠를 두른 것과 같으면 부귀할 상이다. 항문에 털이 없으면 늙어서 반드시 가난하며, 소년이 항문이 노출되면 반드시 형상을 입게 된다. (屎如疊帶, 乃富貴之相也. 穀道無毛老定貧, 少年露出必遭刑.)

🏵 요컨대 알아야 할 것은 채용해 쓸 것이 기묘하니, 항문이 세세하게 깊게 숨겨져 있는 것이 귀인의 상이다. (要知取用爲奇妙, 細細深藏是貴人.)

🌸 허리(腰)

허리는 신혈과 명혈 2개 혈이니, 한 몸의 근본이다. (腰乃腎命二穴, 一身根本.)

🏵 옛날 사람들은 허리가 넓고 둘레가 둥글었는데, 요즘 사람들은 비교할 방법이 없다. 오직 넓으며 곧고 단단하면 좋은 상이다. (解曰: 古人腰闊四圓, 今人焉能得得. 只取闊直硬爲妙.)

🏵 살찐 사람의 허리는 넓어야 하고, 마른 사람의 허리는 둥글고 튼튼해야 한다. 허리 양쪽의 **요안**[1] 우묵하게 들어간 부분은 신혈(腎穴)과 명혈(命穴)이라는 2개 혈이니, 살이 붙고 피부가 두터워야만 비로소 장수한

---

[1] 요안(腰眼)은 허리의 뒷 부분에 있는 기혈로 4번째 등 척추 뼈 가시돌기 아래에 양쪽으로 각기 3촌8분에 위치한다.

다. (胖人欲闊, 瘦人欲圓欲硬. 兩腰眼爲腎命二穴, 宜有肉皮厚, 方有壽.)

✿ 신혈과 명혈 부위가 움푹 들어가고 피부도 메마르면 요컨대 사망한다. 일반적으로 말해서, 허리가 바르지 않고 삐뚤어져 있으며, 가늘고 얇으며 굽어져서 깎여 있으면 모두가 가난하고 단명할 상이다. (腎命穴陷皮枯, 主死. 大槪腰偏細薄折削, 俱是貧夭之相.)

✿ 여인은 허리가 크면 복이 있으며, 허리가 가늘고 바르지 않으면 아들을 낳지 못하며 대부분 빈천한 상이다. (女人腰大是福, 細偏者少子多賤.)

✿ 《상서》에 다음과 같이 이르고 있다 : "신혈과 명혈 부위의 피부가 메마르고 바삭바삭하면 반드시 단명하며, 허리에 살이 겹겹이 쌓이면 장수한다." (書云: "腎命皮焦必壽夭, 腰生疊肉壽年長.")

❀ 넓적다리와 무릎(腿膝)

넓적다리와 무릎은 하정이니, 가히 현명함과 우매함이 결정될 수 있다.
(腿膝乃下停, 賢愚可定.)

✿ 무릎은 크고 넓적다리는 가늘고 마르면 학의 무릎으로서 주로 비천하며, 무릎이 작아 뼈가 없는 것처럼 보이면 주로 단명한다. (解曰: 膝大腿小爲鶴膝, 主下賤. 膝小無骨, 主壽夭.)

✿ 무릎이 작은 어린아이는 단명한다. 무릎 위에 힘줄이 있는 사람은 일생동안 고생하면서 분주하게 지낸다. (小兒膝小者無壽. 膝上生筋, 一生奔走勞碌.)

❀ 넓적다리에 가는 털이 나면 평생 형벌을 받지 않으며, 넓적다리에 뻣뻣한 털이 나면 형벌을 불러들인다. 요컨대 넓적다리에 난 털은 부드러운 것이 좋다. (腿上生毫, 一生不犯官刑, 毛硬亦招險刑. 要軟爲妙.)

❀ 설사 몸의 상이 모두 좋다고 하더라도, 무릎이 크고 넓적다리가 마르고 작으면 역시 우둔하니 가져다 쓰지 않는 상이다. (一身相俱好, 如膝大腿小, 亦主下愚, 不爲取用.)

❀ 《상서》에 다음과 같이 이르고 있다 : "무릎은 크지만, 무릎 뼈는 노출되지 않아야 하며, 넓적다리는 크고 튼튼해야 하며, 게다가 무릎도 둥글고 두터워야 가장 적당한 상이다." (書云: "膝大不宜露骨, 腿大最宜膝圓.")

❀ 또 다음과 같이 이르고 있다 : "무릎이 말[斗, 10되 들이]과 같이 둥글면 평생 법정에는 가지 않으며, 넓적다리가 크고 무릎이 뾰족하면 반평생 송사에 말려드는 상이다." (又云: "膝圓如斗, 一生不到公庭, 腿大膝尖, 半世常招官訟.)

피(血)

피가 막혀 있는지, 혼탁한지, 깨끗한지, 그리고 왕성한지로 부귀와 수명을 결정할 수 있다. (血滯濁明旺, 可定富貴壽年.)

❀ 피는 피부 속에 있으니 피가 막혀있는지, 혼탁한지, 깨끗한지, 왕성한지를 알려면 기색[혈기와 혈색]을 볼 수 있다. (解曰: 血在皮內, 要知滯濁明旺, 可看氣色.)

❀ 피는 기색의 근본이며, 피가 충분하면 기색이 밖으로 나타나며, 피가 왕성하면 기색이 밝고 윤기가 난다. (血乃氣色根本, 血足方發氣色, 血旺氣色方明.)

❀ 피부 위에 은은하게 안에서 호응하여 밝고, 안으로 기색이 있으면, 피부 속에 나타난 혈색은 피가 왕성한 것이다. 남녀 모두 피가 깨끗하고 왕성하면 부귀와 장수를 누리게 된다. (隱隱內應爲明灼, 內有色爲血旺. 男女血明血旺, 可許富貴壽年.)

❀ 피부 속이 어두침침한 색깔이면 피가 막힌 것이며, 피부 겉에 검고 붉은 색이 보이면 혼탁한 것이다. 피가 막히고 혼탁하면 반드시 빈궁하며 비천한 상이다. (色昏暗在內爲滯, 黑赤在外爲濁. 血滯血濁, 必主貧窮下賤.)

❀ 혈색이 밀가루처럼 흰 사람은 혈색이 빛나지 않는다. 《상서》에 다음과 같이 이르고 있다 : "혈색이 빛나지 않으면 대부분 평생 절룩거리는 삶을 사는 상이다." (血白如粉, 爲色不華. 書云: "血色不華, 一世多蹇.")

반점(斑)

반점에는 흑색인 것도 있고 황색인 것도 있으며, 큰 것도 있고 작은 것도 있다. (斑有黑有黃, 有大有小.)

❀ 무릇 마른 사람에게 반점이 생기는 것은 적당하지 않다. 피부가 희고 깨끗한데 검은색 반점이 있는 사람은 총명하지만 색을 좋아하는 상이다. (解曰: 凡斑點, 瘦人不宜. 人白斑黑, 主人聰明好色.)

● 피부가 희고 깨끗한데 황색 반점이 있는 사람은 우둔하고 천하다. 마른 사람이 나이가 적고 얼굴이나 몸에 반점이 생기면 주로 목숨을 재촉하는 상이다. (人白斑黃, 俱主愚賤. 瘦人年少, 生斑在面上身上, 主壽促.)

● 살찐 사람이 반점이 있으면 요컨대 장수한다. 유독 토형인만은 반점이 있는 것이 좋으며, 금, 목, 수, 화 4개 형의 사람은 모두 반점이 있는 것이 좋지 않다. (肥人有斑, 主壽. 惟土形人宜斑, 金木水火四形人, 俱不宜斑.)

● 일반적으로 말해서 소년이 반점이 있으면 요컨대 단명하며, 늙어서 반점이 생기면 요컨대 장수한다. (大槪少年生斑, 主夭, 老來生斑, 主壽.)

● 큰 것은 반(斑)이고, 작은 것은 점(點)이다. 소년에게 점은 있어도 무방하지만, 반은 제일 꺼린다. 늙어서는 반이 생기는 것을 더욱 좋아하며, 점 역시 방해되지 않는다. (大者爲斑, 小者爲點. 少年點不妨, 最忌斑. 老來更喜斑, 點亦無礙.)

총괄인신연론만정방(總括人身連論滿庭芳詞)

: 사람의 몸을 총괄하고 이어서 만정방[뜰에 가득찬 꽃]을 설명한다.

● 《사(詞)》에 다음과 같이 이르고 있다 : "이마는 넓으며 귀는 구슬과 같이 늘어지고, 머리는 둥글고 발은 두터워야 한다. 용모는 아름답고 맑으며 광채가 나고, 몸은 건장하고 크며 풍만하고, 형체와 신기는 서로 돕고 서로 이어받는다. 이러한 상을 가진 사람은 젊어서 달리는데, 팔꿈치는 용이고 팔은 호랑이여서 이름을 얻는다." (詞曰:"額廣耳珠, 頭圓足厚. 瑩

然美貌光輝, 寬舒豊厚, 形氣類相隨. 聲價少年馳肘龍幷臂虎.)

● "산근 부위가 밝고, 지각 부위는 모가 나고 풍만하다. 게다가 코는 매달려 있는 쓸개처럼 늘어져 있고, 목의 피부는 여유가 있으며, 바로 이러한 상을 가진 사람은 성격이 고상하고 현명하며 용모가 준수하고 공명정대하다. 얼굴 부위는 단정하고 등은 거북이의 등처럼 굽어지고, 오악[이마, 코, 턱, 양 광대뼈]이 모두 갖추어진 상을 가진 사람은 수명이 매우 길다." (山根明朝, 地閣方肥. 更鼻垂懸膽, 項有餘皮, 賦性高明磊落. 面方背厚宛如龜. 若得好, 安全五岳, 壽數介齊眉.)

● 유장 선생은 한 몸의 상법을 저술하였으며, 여러 차례 검증 방법을 눈으로 확인한 바가 있다. 상체와 하체를 포함한 온몸, 즉 머리, 머리카락, 눈썹, 눈, 귀, 코, 입술, 치아, 수염, 목, 뇌, 등, 유방, 배, 배꼽, 허리, 넓적다리, 손, 발, 잔털, 점, 뼈, 목소리, 피부, 피, 반점, 흑점, 음낭, 음경, 항문, 궁둥이, 대변, 인중, 침골 등 모든 부위를 《통신만정방사(通身滿庭芳詞)》로서 총괄하였는데, 이를 위해 심혈을 기울이고 고심한 흔적이 역력히 보인다. (先生作一身之相, 具眼屢驗之法. 遇身上下, 頭, 髮, 眉, 眼, 耳, 鼻, 脣, 齒, 鬢, 項, 腦, 背, 乳, 腹, 臍, 腰, 腿, 手, 足, 毫毛, 痣, 骨, 聲, 皮, 血, 斑, 點, 陰囊, 玉莖, 穀道, 臀, 糞, 人中, 枕骨, 而總括之以通身滿庭芳詞, 備極苦心.)

● 고 선생이 이를 완독한 후 책을 덮고 탄식하며 말하였다 : "원유장 역시 소홀하여 빠뜨린 부분이 있습니다. 원래 상술은 36개 법이 있는데, 여기에는 단지 33가지 종류 밖에 없습니다. 그대의 상법에는 소변, 빈모[귀밑털], 혀가 언급되지 않고 있으니, 빠뜨린 것이 없다고 하겠습니까?" (高先生閱畢, 掩卷嘆曰: "袁子不如也. 原相三十六法, 此止三十有三, 何不及小便, 鬢, 舌, 得毋遺漏乎?")

❀ 유장 선생이 이를 듣고 대답하였다 : "내가 보기에 그대는 43년 동안 재상운을 가지고 있는 것을 보았으니, 위로 6분의 황제를 보좌하였고, 아래로 무수한 요직을 관장하셨습니다. 나는 천기를 누설할까봐 매우 두려워서 소변, 빈모, 혀 등 3개 부위는 숨겨두고 말하지 않았습니다."
(袁子聞而答曰: "我觀公有四十三年宰相, 上佐六皇, 下掌百職, 恐洩天機, 故將小便, 鬢, 舌隱而不言也.")

❀ 고 선생이 말하였다 : "나는 상술을 연구한지 이미 40년이 되었습니다. 그 어찌 빈모가 깊고 짙은 것과 얕고 성긴 것의 구별이 있으며, 혀는 홍색과 백색의 구별이 있고, 소변은 굵은 것과 가는 것의 구별이 있다는 것을 모르겠습니까? 그러나 나의 상술은 그대의 안력(眼力, 보는 힘)에서 그만 못합니다. 그래서 그대의 비결을 말씀해 주시기를 바라니, 사람이 현능한지 우둔한지를 판단하고, 직책의 경중을 알고 그에 적합한 관직을 부여하고자 할 따름입니다." (高公曰: "我定相術已四十年, 豈不知鬢有深淺, 舌有紅白, 便有粗細. 但眼力不如, 是以求子一訣, 以審賢愚, 而知職任之輕重耳.")

❀ 유장 선생이 다음과 같이 말하였다 : "빈모는 얼굴의 풍채를 가장 잘 보여줄 수 있는 부위로서 사람의 현명함과 어리석음, 그리고 인색함과 덕스러움을 가히 결정해줄 수 있습니다. 무릇 혀는 오장의 시작이어서 폐와 가슴을 가히 알 수 있습니다. 혀는 크고 홍색을 띠고 자색을 띠어야 하며, 작고 푸르며 희고 뾰족한 것을 꺼리며, 만약 이를 범하면 간사하고 인색한 무리입니다." (袁子曰: "鬢乃一面豊采, 可定賢愚吝德. 舌乃五谷之苗, 可知腑肺胸襟. 凡舌宜大, 宜紅, 宜紫, 忌小, 忌青, 忌白忌尖, 犯此乃奸吝之徒.)

❀ "무릇 머리카락은 검고 깨끗하며, 가지런하고, 두터우며, 윤기가 나고 빛이 나야 하며, 황색을 띠고 똘똘 말리며, 난잡하고 메마른 것을 꺼

리니, 만약 이를 범하게 되면 비천한 무리입니다. 일반적으로 말해서, 군자는 메마르거나 바삭바삭한 빈모를 가지고 있지 않으며, 소인은 넓고 큰 혀를 가지고 있지 않습니다."(凡髮宜黑, 宜淸, 宜齊, 宜厚, 宜潤, 宜光. 忌黃, 忌捲, 忌亂, 忌焦, 犯此乃下賤之輩. 大槪君子無焦鬢, 小人無大舌.)

❀ "빈모[귀밑털]가 명문[눈과 귀 사이]을 지나가는 사람은 인물이 현덕한데 유독 여자를 좋아할 뿐입니다. 빈모가 짙고 머리카락이 드문드문 성긴 사람은 한림원에 들어가며, 빈모가 드문드문 성기고 머리카락이 짙은 사람은 평생을 고생스럽게 살아갑니다."(鬢深過命門, 主人賢德, 惟好色而已. 鬢重髮輕, 當入翰林. 鬢輕髮重, 一世辛勤.)

❀ 또 이어서 말하였다 : "빈모가 깨끗하고 눈썹이 빼어난 사람은 반드시 마음속에 품은 생각이 넓습니다. 빈모가 적고 눈썹이 짙은 사람은 일을 하는데 시작도 없고 끝도 없습니다. 무릇 빈모는 짙고 수염이 좋으면 길한 상인데, 만약에 그렇지 않다면 광대나 종복이 됩니다."(又云: "鬢淸眉秀, 必有胸襟. 鬢少眉豊, 何曾始終. 凡鬢重有鬚好, 不然, 主娼優隸卒.")

❀ 고 선생이 그의 논술에 칭찬하면서 말하였다 : "혀가 뾰족하며 희고 작으면 말썽을 일으키는 사람이며, 빈모와 머리카락이 메마르고 바삭바삭하면 학문과 지식이 없습니다. 만약 관운과 직책을 가지려면 반드시 혀가 자색을 띠어야 하고, 빈모와 머리카락이 실처럼 가늘어야 합니다." (高公然其論而讚曰: "舌尖白小是非徒, 鬢髮焦枯學問無. 若要有官並有職, 除非舌紫鬢如絲.")

❀ 소변이 구슬과 같은 사람은 관직이 삼공에 임명되는 자리에 오른다. 무릇 소변이 구슬을 뿌리는 것과 같은 사람은 귀한 상일뿐만 아니라 마

음속에 품은 생각이 깊고 원대하다. (小便如珠, 官拜三公之位. 凡小便如濺珠者, 貴而有胸襟.)

❀ 일반적으로 말해서, 군자의 소변은 반드시 속도가 느리고 가늘며, 소인의 소변은 반드시 급하고 굵으며 흩어진다. (大槪君子之小便, 必細必遲, 小人之小便, 必大必散也.)

고학사영건부
高學士榮蹇賦

《부(賦)》에 다음과 같이 이르고 있다. (賦曰)

🏵 사람은 천지와 같으며, 용모와 오행은 서로 배합한다. 남, 북, 서, 동을 나누려면 형(形)과 신(神)의 격국을 확정해야 한다. 사람의 귀천을 알려고 한다면 먼저 사람의 눈썹과 눈을 관찰하며, 다음으로 입술을 관찰한다. (人同天地, 相合五行. 要分南北東西, 要定形神格局. 欲知貴賤, 先觀眉目, 次觀脣.)

🏵 영화와 쇠락을 판단하려면 먼저 형체를 관찰하고, 후에 기색을 본다. 형체와 기색이 피어나서 생기가 돌며, 살집이 견실하면 반드시 부귀하고 장수하는 사람이다. 혈기가 안색에 들떠있으며, 혈색이 얼굴에 막혀 있으면 반드시 요절하고 빈궁한 상이다. (要定榮枯, 先察形神, 後察色神. 發于形色, 壯于肉, 可知富壽無疑. 血浮于色, 色滯于面, 是以夭貧可必.)

🏵 호흡이 거칠고 큰 사람은 구태여 고생하며 명예와 이익을 추구할 필요가 없다. 목소리가 빠르고 짧은 사람은 창 앞에서 구태여 노력할 필요가 없다. 골격이 크고 손가락이 작으면 끝내 어리석고 고집이 세다. 골격이 작고 살집이 느슨하게 들떠있으면 반드시 수명이 길지 않음을 안다. (氣來粗大, 何須苦去求名. 聲音急短, 不必窗前努力. 骨粗指短, 終是愚頑. 骨少肉浮,

須知壽夭.)

❀ 만약 눈이 별과 같이 반짝반짝 빛나는 사람은 스스로 이름을 얻게 되는 날이 있을 것이다. 눈썹이 드문드문 성기고 눈이 어두운 사람은 숨어 들어 고생만 할 사람이다. 과거에 급제하는 사람은 사학당과 삼양[왼쪽 눈] 부위가 모두 밝고 윤기가 난다. 애써 글을 읽어도 문장이 좋지 않은 사람은 난대[왼쪽 콧망울]와 정위[오른쪽 콧망울], 변지[이마 모서리] 부위가 희미하고 어둡고 침침하다. (眼若含星, 自有成名之日. 眉稀眼暗, 逃遭困苦之人. 入泮登科, 四學三陽明潤. 書難文滯, 臺廷邊地昏沉.)

❀ **사규[1]** 부위에 잔털이 난 사람은 반드시 장수한다. 삼첨에 정신이 밖으로 나가 멍한 사람은 반드시 단명할 뿐만 아니라 가난하다. 명예와 이익을 구해도 이루지 못하는 기가 어려운 사람은 오직 천정 부위가 너무 좁기 때문이다. 만년에 관리가 되는 것은 지각 부위가 풍만하고 두텁기 때문이다. (四竅生毫, 必然高壽. 三尖神露, 必夭且貧. 名利無成, 獨恨天庭一削. 暮年出仕, 蓋因地閣豊隆.)

---

1 사규(四竅)는 몸에 있는 구멍으로 이목구비(귀, 눈, 입, 코)를 말한다.

십이궁
十二宮

🌸 명궁(命宮)

❀ 명궁은 양쪽 눈썹 사이와 산근[콧등] 위에 위치하고 있다. (解曰: 命宮, 兩眉之間, 山根之上.)

❀ 명궁이 거울과 같이 밝고 빛나는 사람은 박학다식하다. 산근이 평평하고 풍만한 사람은 반드시 복이 많고 장수한다. (光明如鏡, 學問皆通. 山根平滿, 必主福壽.)

❀ 코가 높게 솟아나 있는 사람은 반드시 재원(財源)이 풍부하다. 눈의 흑백이 분명하여 눈동자가 선명한 사람은 반드시 부와 귀를 함께 누린다. 그리고 이마가 넓고 '천(川)'자 주름이 있는 사람이 역마를 만나 크게 통달한다. (土星高聳, 必主財源. 眼若分明, 定保雙全富貴. 額如川字, 命逢驛馬大顯.)

❀ 관성[이마]이 움푹 들어가고 가라앉아 있으면 반드시 고독하고 빈한하다. 양쪽 눈썹이 서로 이어져 있으면 비천한 사람이며, 명궁에 주름이 문란하게 나 있으면 고향을 떠나거나 처를 이기는 사람이다. 때문에 이마가 좁고 눈썹이 메마르면 평생 고생하며 빈궁하게 지낼 상이다. (官星陷沉, 必主孤寒. 眉接交加成下賤, 紋亂離鄉又剋妻. 故額窄眉枯, 乃一世窮苦之相.)

🌸 《시》에 다음과 같이 이르고 있다 : "눈썹과 눈의 중간이 명궁이며, 명궁이 밝고 빛나며 윤택한 사람은 학문이 용솟음친다. 만약 명궁의 주름이 어지러히 나 있으면 대부분 하는 일이 막히고, 곤란한 지경을 헤어나지 못하며, 가산을 탕진하고 조상을 욕보인다." (詩曰: 眉眼中間是命宮, 光瑩潤澤學須湧. 若還紋亂多蹇滯, 破盡家財辱祖宗.)

재백궁(財帛宮)

🌸 코는 재화와 포백이며, 재백궁은 토수[코끝]에 위치하고 있다. 코의 모양이 대나무를 짤라 놓은 것과 같거나 매달려 있는 쓸개와 같이 곧고 순한 사람은 재화가 1천 개의 창고와 1만 개의 궤짝에 이를 정도로 부자이다. 코가 솟아있고 곧고 풍만하며 융기되어 있는 사람은 평생 부귀하다. (解曰: 鼻乃財帛, 位居土宿. 截筒懸膽, 千倉萬箱. 聳直豊隆, 一生富貴.)

🌸 코가 기울지 않고 가운데가 반듯한 사람은 반드시 복록이 무궁함을 안다. 코가 꾀꼬리의 부리와 같이 작고 산봉우리처럼 뾰족한 사람은 늙어서 빈한하고 비천하다. (中正不偏, 須知福祿滔滔. 鶯小尖峯, 到老貧寒下賤.)

🌸 콧구멍이 하늘을 향해 있는 사람은 집안에 하룻밤을 묵을 양식조차 없다. 콧구멍이 넓고 커서 텅 비어 있는 것 같은 사람은 반드시 집안에 재물을 쌓아 놓은 것이 없다. (莫敎孔仰, 主無隔宿之糧. 廚灶若空, 必定家無所積.)

🌸 무릇 코 속에 1~2뿌리의 털이 나면 그것을 '금등(金登)'이라고 부르며, 좋지 않게 본다. 그러나 털이 많이 난 것은 좋다고 본다. (凡鼻內生一二根毛, 名爲金登, 不好, 多生者妙.)

❀ 《시》에 다음과 같이 이르고 있다 : "코는 재백궁이며, 재백궁은 높고 융기되어 있으면 좋고, 양쪽 콧구멍은 하늘을 향해 텅텅 비어서는 안 된다. 콧구멍이 하늘을 향해 드러난 사람은 영영 재물과 곡식이 없으며, 코가 지각[턱]과 서로 마주 향해 있는 사람은 곡식과 녹봉이 풍족하다." (詩曰:鼻乃財帛高且隆, 兩邊井灶莫教空, 仰露永無財與粟, 地閣相朝穀祿豊.)

형제궁(兄弟宮)

❀ 형제궁은 양쪽 눈썹에 위치하고 있으며, 라후와 계도성에 속한다. 눈썹이 길어서 눈을 지나는 사람은 서너 명의 형제가 있으며, 서로 이기거나 해를 끼치지 않는다. (解曰: 兄弟位居兩眉, 屬羅計. 眉長過目, 兄弟三四無刑.)

❀ 눈썹이 빼어나고 깨끗하면 형제 중에 반드시 귀인이 있게 된다. 눈썹 모양이 초승달과 같으면 화목하고 영원히 보통 사람들을 뛰어 넘을 상이다. (眉秀而淸, 兄弟還須有貴. 形如新月, 和睦永遠超羣.)

❀ 눈썹이 짧고 거칠면 형제들이 같이 있기가 어려우며 서로 갈라서게 된다. 양쪽 눈썹의 모양이 서로 다른 사람은 반드시 성이 다른 형제가 있을 상이다. (若是短粗, 手足難同定兩別, 兩樣眉毛, 必須異姓.)

❀ 양쪽 눈썹이 서로 이어져 있을 뿐만 아니라 메마르고 황색을 띠고 있으며 난잡하면 타향에서 사망하게 된다. 눈썹 머리가 높고 눈썹 꼬리가 낮으면 형제간에 불화가 있다. (交連黃濁, 身喪他鄕. 頭高尾低, 兄弟不如.)

❀ 《시》에 다음과 같이 이르고 있다 : "눈썹은 형제궁으로서 부드럽고 깨끗하며 드날리면 형제가 너댓 명에 이른다. 눈썹의 양쪽 모서리가 가

지런하지 않은 사람은 배다른 어머니가 있고, 양쪽 눈썹이 서로 이어져 있을 뿐만 아니라 황색을 띠고 혼탁하면 타향에서 죽게 된다."(詩曰:眉爲兄弟軟淸揚, 兄弟生成四五强. 兩角不齊須異母, 交連黃濁喪他鄕.)

전택궁(田宅宮)

❀ 눈은 전택궁이다. 전택궁은 눈동자에 붉은 실핏줄이 통해 있는 것을 제일 꺼리며, 이러한 눈의 상을 가진 사람은 초년에 가산을 탕진한다. (解曰: 眼爲田宅. 最忌赤脈貫睛, 初年破盡家園.)

❀ 눈이 낮고 움푹 들어간 사람은 늙어서도 양식이 없다. 눈이 옻칠을 한 점처럼 검고 맑으면 평생 사업이 잘 되며 영화를 누린다. (陰陽失陷, 到老無糧. 眼如點漆, 終身産業榮華.)

❀ 봉황의 눈에 높은 눈썹을 가진 사람은 3개 주와 5개 현의 세금을 거두어들인다. 눈동자가 황색을 띠고 어둡고 정신이 나가 멍한 사람은 재산을 흩트러버리고 집안을 기울게 한다. (鳳目高眉, 置稅三州五縣. 黃暗神露, 財散家傾.)

❀ 《시》에 다음과 같이 이르고 있다 : "눈은 전택궁이며, 눈동자가 빼어나고 흑백이 분명하며 두 눈이 같아야 한다. 만약 두 눈이 메말라 생기가 없고 튀어나오면 부모와 가산을 모두 비우게 된다."(詩曰: 眼如田宅主其宮, 淸秀分明一樣同. 若是陰陽枯再露, 父母家財總是空.)

남녀궁(男女宮)

🌸 남녀궁은 남자는 왼쪽에 있고 여자는 오른쪽에 있으며 모두 눈 밑에 있는데, 누당이라고 하고 또 와잠이라고도 한다. (解曰: 男位左, 女位右, 俱在眼下, 名淚堂, 又名臥蠶.)

🌸 삼양이 평평하고 풍만한 사람은 남녀 모두 복록이 있으며 영화를 누린다. 와잠 부위가 은은한 사람은 반드시 후대에 자식이 귀하게 된다. (三陽平滿, 男女福祿榮華. 隱隱臥蠶, 子息終須有貴.)

🌸 누당 부위가 깊고 움푹 들어가 있으면 남녀가 인연이 없다. 누당 부위에 검은 점이 있고 비스듬한 주름이 있는 사람은 늙어서 보살핌을 받고 임종을 지켜줄 자식이 없다. (淚堂深陷, 男女無緣. 黑痣斜紋, 不得男送女老.)

🌸 입이 불을 뿜어내듯 뾰족한 여인은 독수공방을 한다. 인중이 평평하고 풍만하여 도랑이 없는 사람은 자식을 얻기가 어렵다. (嘴如吹火, 女人獨守蘭房. 人中平滿, 子息難得.)

🌸 《시》에 다음과 같이 이르고 있다 : "남자나 여자가 삼양[왼쪽 눈] 부위에 와잠이 있고 맑으며 윤기가 흐르면 우수한 자녀를 두게 된다. 이와 같지만 와잠 부위에 주름이 생겨서 그 자리를 침범하면 자식을 낳아도 불효한 패륜아로 평생 감당할 수 없게 된다." (詩曰: 男女三陽起臥蠶, 瑩然光彩好兒郞. 若是紋理來侵位, 宿孽平生不可當.)

노복궁(奴僕宮)

❀ 노복궁은 금루와 지각 부위에 있으며, 수성[입]과 서로 연결되어 있다. 아래턱이 둥글고 두터우며 풍만하면 사람들이 무리를 지어 모신다. (解曰: 奴僕, 乃金縷地閣是也, 重接水星. 頦圓豊滿, 侍立成羣.)

❀ 조정에서 관리가 되고 한 번 부르면 수많은 사람이 대답한다. 입 모양이 '사(四)' 자와 같으면 모이고 흩어지도록 호통을 칠 수 있는 막강한 권력을 갖는다. (輔弼相朝, 一呼百諾. 口如四字, 主呼聚散之權.)

❀ 천창[양 이마]과 지고[양 턱] 부위가 기울고 삐뚤어진 사람은 다른 사람에게 은혜를 베풀더라도 오히려 반대로 원한을 사게 된다. 노복궁이 깊고 움푹 들어간 사람은 사람을 쓰더라도 힘을 얻지 못한다. (倉庫偏斜, 施恩反成恨怨. 奴僕宮深, 用人無力.)

❀ 《시》에 다음과 같이 이르고 있다 : "노복궁은 지각 부위가 풍만해야 하는데, 입의 양쪽 모서리가 서로 다를 뿐만 아니라 지각과 금루, 수성 3곳이 모두 서로 호응하지 않고, 게다가 기울고 낮으며 움푹 들어가거나 주름과 흉터가 있으면 반드시 노복이 없다." (詩曰: 奴僕還須地閣豊, 水星兩角不相同, 若還三處都無應, 傾陷紋痕奴僕空.)

처첩궁(妻妾宮)

❀ 처첩궁은 어미[눈옆] 부위에 위치하고 있으며, 간문[눈옆]이라고도 부른다. 어미가 빛이 나고 윤기가 흐르며 주름이 없는 사람은 처가 반드시 **사덕**[1]을 갖추고 있다. (解曰: 妻妾位居魚尾, 號曰奸門. 光潤無紋, 必保妻全四德.)

❀ 어미 부위가 풍만하고 융기되어 있는 사람은 처를 취하면 재화와 포백[베와 비단]이 상자에서 넘쳐나게 된다. 관골[광대뼈]이 하늘로 높이 솟아 있는 사람은 처 덕분에 녹봉을 얻게 된다. (豊隆平滿, 娶妻財帛盈箱. 顴骨侵天, 因妻得祿.)

❀ 간문 부위가 깊고 움푹 들어가 있는 사람은 여러 번 처를 얻게 된다. 그리고 어미 부위에 주름이 많은 사람은 처가 횡사하는 것을 막도록 해야 한다. (奸門深陷, 常作新郎. 魚尾多紋, 妻防惡死.)

❀ 간문 부위가 검푸르죽죽하면 처와 오랫동안 생이별을 한다. 간문 부위가 어둡고 막혀있으며 주름이 비스듬하게 나 있으면 자식은 대부분 서출이다. (奸門黲黲, 長要生離. 暗滯斜紋, 子多庶出.)

❀ 《시》에 다음과 같이 이르고 있다 : "간문이 빛이 나고 윤기가 흐르면 처첩궁을 보존하고, 시종 재물이 상자에 넘쳐난다. 만약에 이와 같아도 간문이 검푸르죽죽하고 혈색이 막혀있으며, 게다가 주름이 비스듬하게 나 있고 어두우며 막혀있는 사람은 첩이 난 아들을 가지게 된다." (詩曰: 奸門光潤保妻宮, 財帛盈箱見始終. 若是奸門生黲黯, 斜紋暗滯子偏生.)

✿ 질액궁(疾厄宮)

❀ 질액궁은 년상, 수상, 산근 부위에 위치하고 있다. 산근 부위가 빛이 나고 윤기가 흐르면 병이 없으며, 산근 부위가 흐리고 어두우면 재앙과 질병이 줄줄이 이어진다. (解曰: 疾厄宮者, 年壽山根之位. 山根光潤, 無病. 昏暗,

---

1 사덕(四德)이란 여자가 갖추어야 할 4가지 덕으로서, 마음씨[婦德], 말씨[婦言], 맵씨[婦容], 솜씨[婦功]를 말한다.

主災疾連綿.)

❦ 《시》에 다음과 같이 이르고 있다 : "질액궁인 산근 부위가 매우 평평하고 풍만하면 일생동안 재앙이나 화를 당하는 일이 없다. 만약 이 부위에 주름과 흉터가 있을 뿐만 아니라 피골이 상접해 있으면 평생 고생을 하며 매사 되는 일이 없다." (詩曰: 山根疾厄起平平, 一世無災禍不生. 若值紋痕 並枯骨, 平生辛苦却難成.)

천이궁(遷移宮)

❦ 천이궁은 눈썹꼬리에 있으며, 천창이라고 부른다. 천창이 풍만하고 가득하게 솟아 있으며, 화려하고 광채가 나는 사람은 근심걱정이 없다. (解曰: 位居眉尾, 號曰天倉. 隆滿豊盈, 華彩無憂.)

❦ 천창이 윤택하고 평평한 사람은 늙어서 남들의 존경을 받으며, 역마 부위가 솟아 있는 사람은 관리가 되어 여러 곳을 다니면서 벼슬살이를 한다. (此位潤平, 到老得人欽羨, 騰騰驛馬, 須知遊宦四方.)

❦ 액각[이마]이 낮고 움푹 들어간 사람은 늙어서 일정한 거처가 없으며, 눈썹에 결함이 있는 사람은 조상의 사업을 깨어 부수고 집안에서 떠난다. (額角低陷, 到老住場難覓, 眉毛一缺, 此人破祖離宗.)

❦ 천정[이마]과 지각[턱]이 기울고 움푹 들어가면 노년에 이르러 모든 일이 열에 아홉은 바뀌게 되는데, 이러한 상을 살리려는 사람은 좋은 풍수를 구하기 위하여 집의 대문 방향을 바꾸고, 조상의 무덤을 옮긴다. (天地偏陷, 到老十居九變. 生相如此, 移門改墓.)

❀ 《시》에 다음과 같이 이르고 있다 : "천이궁은 천창 부위에 위치하고 있으며, 천창이 깊고 움푹 들어간 사람은 거처가 일정하지 않다. 어미[눈옆] 부위가 말년에 와서 상응하면 관리가 되어 여러 곳을 돌아다닌다." (詩曰: 遷移宮分在天倉, 深陷生平少住場. 魚尾末年來相應, 定是遊宦不尋常.)

관록궁(官祿宮)

❀ 관록궁은 중정 부위에 위치하고 있으며, 위로는 이궁과 서로 만난다. **복서골1**이 정수리를 관통하고 있는 사람은 평생 소송에 휘말릴 일이 없다. (解曰: 位居中正, 上合離宮. 伏犀貫頂, 一生不到訟庭.)

❀ 역마 부위가 풍만하고 두터운 사람은 평생 관청일로 시끄럽지 않다. 중정 부위가 빛나고 깨끗하며 맑은 사람은 반드시 남들 보다 뛰어나며 명성과 덕망이 세상에 알려진다. (驛馬朝歸, 終身官司不擾. 光瑩明淨, 顯達超群.)

❀ 액각이 당당한 사람은 소송에 휘말려도 귀인의 도움을 받아 풀려난다. 관록궁이 주름과 흉터가 있고, 낮고 움푹 들어가 있으며, 파손된 사람은 반드시 뜻하지 않은 재앙을 불러들여 조심해야 한다. (額角堂堂, 犯着官司貴解. 紋痕陷破, 管敎常招橫事.)

❀ 눈동자가 붉은 잉어처럼 붉은 색을 띠면 반드시 형벌 받는 일을 범하게 된다. (眼如赤鯉, 決犯刑名.)

---

1 복서골(伏犀骨)은 인당의 윗 부분과 이마의 중간 부분에 있는 뼈이다. 복서골이 머리의 정수리를 관통하여 백회(百會, 정수리의 숨구멍)에 들어가 있는 사람은 부귀하며 장수한다. 모가 난 복서골이 첫 번째로 귀하고, 둥근 복서골은 다음으로 귀하며, 타원형의 복서골은 그 다음으로 귀하다.

❀ 《시》에 다음과 같이 이르고 있다 : "관록궁을 자세히 보아 산근과 창고[천창과 지고]를 주관하고, 관록궁이 뜻하지 아니하게 갑자기 밝고 맑으며 깨끗하고 흉터나 반점이 없게 되면 반드시 관리가 되어 부귀함을 오래 누리게 된다."(詩曰: 官祿榮宮仔細看, 山根倉庫要相當, 忽然明淨無痕點, 定是爲官貴久長.)

복덕궁(福德宮)

❀ 복덕궁은 천창에 위치해 있으며, 지각과 연결되어 있다. 오성이 서로 마주 향해 있는 사람은 평생 복록이 무궁하다. (解曰: 位居天倉, 接連地閣. 五星朝拱, 平生福祿滔滔.)

❀ 천중[이마]과 지각[턱]이 서로 향해 마주보고 있는 사람은 덕행이 반드시 오복을 온전히 갖추게 되며, 턱이 둥글고 이마가 좁은 사람은 반드시 초년에 고생할 것을 알아야 한다. (天地相朝, 德行須全五福; 頦圓額窄, 應知苦在初年.)

❀ 이마가 넓고 턱이 뾰족한 사람은 노년에 고생을 하며, 눈썹이 높고 귀가 솟은 사람은 반드시 영화를 누린다. (額大頦尖, 困苦還來晚景; 眉高耳聳, 還可榮身.)

❀ 눈썹이 낮고 귀가 마른 사람은 복덕을 말할 수 없다. (眉低耳枯, 休言福德.)

❀ 《시》에 다음과 같이 이르고 있다 : "복덕궁은 천창 부위에 있으며, 지각이 둥글고 풍만하며, 오성이 서로 향해 있는 사람은 평생 복록이 이어

진다. 복덕궁이 결함이 있을 뿐만 아니라 뾰족하고 파손되어 있는 사람은 평생 입고 먹는 것이 온전하지 못하다." (詩曰: 福德天倉地閣圓, 五星光照福綿綿, 若還缺陷幷尖破, 衣食平生更不全.)

상모궁(相貌宮)

● 상모궁은 얼굴의 모든 부위를 전체적으로 본다. 먼저 얼굴의 오악을 관찰하며, 그 다음에 삼정[상정, 중정, 하정]을 관찰한다. (解曰: 相貌者, 乃總論也. 先觀五岳, 次察三停.)

● 오악이 서로 마주 향해 있으며, 삼정이 평등하고, 걸을 때와 앉아 있을 때 위엄이 있으며, 사람됨이 높고 장중하다면 바로 이러한 특징을 가진 사람은 반드시 부귀하고 영화를 누린다. (若五岳朝拱, 三停平等, 行坐威嚴, 爲人尊重, 此人富貴多榮.)

● 그러나 오악이 삐뚤어지고 치우쳐 있으며, 삼정이 바르지 못하고 균형을 잃은 사람은 일생동안 가난하고 고생을 하게 된다. (如五惡歪斜, 三停不正, 一世貧苦)

● 이마는 초년운을 관장하고, 코는 중년운을 관장하며, 입과 지각은 말년운을 관장하는데, 만약 1곳이라도 좋지 않으면 흉악한 상으로 판단한다. (額主初限, 鼻主中限, 水星地閣主末限, 有一不好, 斷爲凶惡.)

● 《시》에 다음과 같이 이르고 있다 : "얼굴 모양은 반드시 상하가 바르게 균형을 갖추어야 하며, 삼정이 평등하고 더욱 상생하게 된다. 만약에 어느 한 곳이라도 배합되지 않으면 복을 무궁하게 누릴 수 있는 사람은

아니다."(詩曰: 相貌須敎上下停, 三停平等更相生. 若是一處無勻配, 不是滔滔享福人.)

―※―

이상의 12가지 궁은 비록 이와 같은 특징이 있다 할지라도 부귀와 빈천을 어떻게 구분하는지 아직 명확하게 알지 못한다. 때문에 복록과 수명에 관한 설명, 그리고 고독과 형벌[해를 입음]에 관한 상은 별도로 뒤에서 언급하기로 한다. (以上十二宮雖是如此, 然未有富貴貧賤之分. 福祿壽夭之說, 孤刑獨害之相, 另開於後.)

무릇 남자에게는 상급의 18가지 귀한 상, 중급의 18가지 귀한 상, 하급의 18가지 귀한 상이 있고, 여자에게는 71가지의 천한 상, 36가지의 형을 당하는 상, 51가지의 고독한 상 있다. (凡男人有十八上貴, 十八中貴, 十八下貴, 七十二賤, 三十二刑, 五十一孤.)

● 수명은 긴 것과 짧은 것이 있고, 자식을 낳는 것은 늦음과 이름이 있으며, 기색에는 막힘과 통함이 있고, 일생에는 얻음과 잃음, 질병과 재난, 그리고 곤욕스러움과 영화로움이 있다. (年有壽有夭, 子有遲有早, 有滯有通, 有得有失, 有病有難, 有困有榮.)

● 이상의 이치는 각기 나름대로의 일설이 있으며 매우 밝아 보인다. 뒤에서 다시 그 이치를 언급하게 되니 보다 자세히 이해할 수 있으리라 본다. 게다가 오행의 상생·상극 원리가 있으니, 그것이 상법과 상통하게 된다면 인간의 길흉과 귀천을 단언할 수 있을 것이다. (此數端, 各有一說, 見得甚明. 後列數論, 可知其詳. 更有五行生剋之理, 必宜貫通, 方可斷人吉凶, 言人貴賤.)

● 만약에 얼굴을 보는 상법이 오행의 도리를 떠난다면 그것은 함부로 지껄이는 말에 지나지 않는 것이다. 세상의 일부 술사들은 이 오행의 도리를 살피지 아니하기 때문에 다른 사람에게 잘못 알려주고 있다. (若離五行之理, 則屬亂道. 世之術士不察, 是以誤人.)

상급의 18가지 귀한 상
十八上貴相

다음은 18개 항목으로 된 상급의 귀한 상으로서, 이러한 상을 가진 남자는 관직을 얻고 제후에 봉해진다.(十八上貴, 掛印封侯.)

---

1. 머리가 둥글기가 한 자 정도로 크고 얼굴이 보름달과 같이 둥글며, 등이 두텁고 허리가 둥근 이러한 상을 가진 사람은 만 리의 제후국에 책봉된다. (解曰: 頭圓一尺, 面如滿月, 背厚腰圓, 封侯萬里.)

2. 길을 걸을 때와 앉아 있는 자세가 위엄이 있고 강하며, 얼굴색은 흑색을 띠고 치아는 눈과 같이 희며, 머리는 호랑이 머리와 같고 등이 넓은 이러한 상을 가진 사람은 제후에 책봉될 상이다. (行坐威强, 鐵面銀牙, 虎頭背闊, 封侯之相.)

3. 목소리가 천둥이 치는 것처럼 우렁차며, 근육이 견실하고 골격이 장대하며, 눈은 둥글고 호랑이 수염을 한 바로 이러한 사람은 후작을 가질 귀한 상이다. (聲如巨雷, 肉堅骨壯, 眼圓虎鬚, 侯爵之貴.)

4. 얼굴이 은과 같이 희고 맑으며, 눈동자가 금과 같은 황색 광채가 나

는, 바로 이러한 사람은 제후에 봉해지는 품격이다. (面白亮如銀, 睛黃彩如金, 封侯之品.)

5. 눈썹은 수려하고 길고 눈은 봉황의 눈이며, 용의 코와 같고 아래턱이 넓고 큰, 바로 이러한 사람은 나가서는 장군이 되고, 들어와서는 승상이 되는 상이다. (長眉鳳目, 龍準大頦, 出將入相.)

6. 입 속에 치아가 36개 있는데, 주먹이 들어갈 정도로 입이 큰 사람은 재상의 직책을 맡을 상이다. (三十六齒, 口能容拳, 宰相之職.)

7. 머리에서 턱까지 5촌이 될 정도로 길고 위를 향해 있는 사람의 아래턱을 용각이라고 하는데, 이러한 상을 가진 사람은 주로 재상이 된다. 명나라 엄각로(嚴閣老)의 상이 바로 이에 부합된다. (頭頦長五寸朝上者, 爲龍閣, 主宰相. 嚴閣老合此相.)

8. 허리가 둥글고 두터우며 7개의 검은 점이 나 있고, 각 점마다 모두 잔털이 난 사람은 주로 옥으로 만든 띠를 차는 3품의 관리가 된다. (腰圓生七黑子, 俱有毫, 主玉帶.)

9. 온몸의 살결이 옥과 같이 맑고 매끄러우며, 유리와 같이 빛이 나고, 불이 뿜어 나오듯 붉은 사람은 주로 국공과 재상의 직을 맡는다. (一身肉如玉, 光如琉璃, 紅如火噴, 主國公宰輔.)

10. 걸을 때 보폭이 3척 정도로 넓고, 몸이 크고 머리가 둥글며, 용의 걸음을 걷고 호랑이 머리를 가진 사람은 제왕이나 제후가 된다. (步闊三尺, 身大頭圓, 爲龍步虎頭, 王侯.)

11. 상체가 풍만하고 둥글며 두텁고, 팔다리가 솜과 같이 부드러운 사람은 가히 1품의 공작이나 후작이 된다. (上身如軸, 四肢如綿, 一品公侯.)

12. 용의 눈과 소의 치아를 가진 사람은 관직이 상서에 이른다. (龍睛牛齒, 官至尙書.)

13. 말의 얼굴과 봉황의 눈을 가진 사람은 관직이 1품에 이른다. (馬面鳳睛, 官居一品.)

14. 오악[이마, 코, 턱, 양 광대뼈]이 서로 마주 향해 있는 사람은 조정의 1품직이 된다. (五岳朝上, 當朝一品.)

15. 오관[눈, 코, 입, 귀, 눈썹]이 모두 반듯하면 지위의 서열이 제왕과 제후에 이른다. (五官俱正, 位列王侯.)

16. 옥로[눈동자]를 온전히 갖춘 사람은 국사가 될 수 있다. (玉露得全, 國師之職.)

17. 오행을 모두 갖춘 사람은 지극히 귀한 상이다. (五行俱全, 極貴之相.)

18. 밤에도 빛을 내는 눈을 가진 사람은 1품의 직책을 얻는다. (眼有夜光, 一品之職.)

이상은 18개 항목으로 된 상급의 귀한 상이며, 그 중에서 하나라도 깨지는 상이라면, 역시 귀함을 얻을 수가 없게 된다.(以上十八上貴, 內有一件破, 相亦不得貴.)

중급의 18가지 귀한 상
十八中貴相

다음은 18개 항목으로 된 중급의 귀한 상으로서, 이러한 상을 가진 남자는 맑고 높은 중요한 직책을 얻는다. (十八中貴, 淸高要職.)

1. 정신이 맑고 기가 충분한 사람은 허리에 금대[금허리띠]를 차는 4품과 5품의 관리가 된다. (解曰: 神淸氣足, 可許腰金.)

2. 눈의 형세가 정신을 관통하면 한림원에 들어갈 수 있다. (目形貫神, 可入翰林.)

3. 머리가 둥글고 발이 두터우며, 몸은 바르고 골격이 반듯한 사람은 2품이나 3품 관직을 얻는다. (頭圓足厚, 身正格正, 二三品職.)

4. 목소리가 맑고 말씨가 소박하며, 혀는 자색을 띠고 입술은 주홍색을 띠는 사람은 100석의 녹봉을 먹는다. (音淸語實, 舌紫脣硃, 食祿百石.)

5. 몸이 향기롭고 살결이 미끄러우며, 피부가 윤택하고 혈색이 밝은 사람은 맑고 고결한 관직을 얻는다. (身香肉滑, 皮潤血明, 淸高之職.)

6. 눈동자가 크고 정기가 있으며, 입이 크고 모서리가 있으며, 토가 크고 콧대가 반듯한 사람은 **남면하는 직책1**을 갖게 된다. (睛大有神, 口大有稜, 鼻大有樑, 南面之職.)

7. 등은 높고 두터우며, 배는 크고, 목소리는 우렁차며, 눈썹은 높은, 바로 이러한 사람은 금당의 직책, 즉 고을 원 또는 현이나 군의 관리 같은 지방관이 될 수 있다. (背高肚大, 聲響眉高, 主琴堂之職.)

8. 삼정[상정, 중정, 하정]이 균등하고 육부[양 이마, 양 광대뼈, 양 턱]가 균형을 이루고 있는 사람은 금색 허리띠를 두른 4품과 5품의 관리가 될 수 있다. (三停得正, 六府得均, 位到腰金.)

9. 귀가 얼굴보다 흰 사람은 임금을 가까이서 모시는 신하가 될 수 있다. (耳白過面, 當爲侍臣.)

10. 정신이 형체보다 넉넉한 사람은 한림원에 갈 수 있다. (神足於形, 入得翰林.)

11. 이마의 높이가 3촌이나 높고 두터운 사람은 권위를 가질 수 있다. (額高三寸, 可有威權.)

12. 눈이 맑고 빼어나며 눈썹이 굽어진 활과 같은 사람은 관리가 되어 맑고 귀해진다. (一雙秀目, 兩弓眉, 爲官淸貴.)

---

1 원래 제왕은 남면(南面)하고 신하는 북면(北面)한다고 한다. 따라서 남면하는 직책이란 제왕을 말하는 것인데, 이런 상을 가진 사람을 중급 정도의 귀한 상에 넣은 것은 맞지 않는다. 그러므로 여기에서 만큼은 제왕을 모시는 직책을 말하는 것으로 보아야 한다.

13. 인당[눈썹사이]이 1촌 정도로 벌어져 넓고, 보골[이마]이 솟아있는 사람은 남을 이롭게 하고 도를 행한다. (印堂開一寸, 輔骨起門稜, 爲利爲道.)

14. 눈썹은 곧게 서고 눈동자는 둥글며, 준두[코끝]는 반듯하고 입은 모가 난 사람은 간관이나 충신이 된다. (眉直睛圓, 準正口方, 乃是諫官忠臣.)

15. 인당은 열려져 있고 입은 크며, 눈썹 모양은 가로로 되어 있는 사람은 조상이 앞 길을 열어 준다. (印開口大, 眉橫, 父祖前程.)

16. 이마에 '천(川)'자 주름이 있고, 이주[귓볼]가 입을 향해 있는 사람은 빈손으로 가업을 일으켜 중년에 이를 때는 명성과 덕망이 크게 드러난다. (額有川紋, 耳珠朝海, 白手中年大顯.)

17. 배꼽이 1촌 정도로 깊고, 허리둘레가 4위(圍, 1위=1개의 팔길이) 정도로 큰 사람은 변방에에 인수(印綬, 중국에서 쓰이던 관인(官印)의 끈)를 걸어 놓는 벼슬을 가지는 상이다. (臍深一寸, 腰大四圍, 可保三邊掛印.)

18. 팔이 3자나 되는 긴 사람은 변방의 장수가 된다. (臂長三尺, 可保位至邊將.)

◈◈◈

이상 18개 항목으로 된 중급의 귀한 상은 깨지거나 손상을 입어서는 안 되며, 그 중에서 하나라도 윤택하지 않으면 역시 좋지 않다. (以上十八中貴, 不宜破損, 有一件不潤, 亦不好也.)

하급의 18가지 귀한 상
十八下貴相

다음은 하급에 속하는 18개 항목의 귀한 상이며, 이러한 상을 가진 남자는 관직을 유지하면서 일신의 영화를 누린다. (十八下貴, 維職榮身.)

❧❧❧❧❧

1. 눈썹은 거칠고 이마는 높게 솟아있는, 바로 이러한 사람은 식량의 출납을 담당하는 직책을 얻는다. (解曰: 眉粗額高, 納粟供承之職.)

2. 귀가 두텁고 입술이 두터운 사람은 승차지인(承差知印, 하급관리)직을 맡는다. (耳厚脣厚, 承差知印之官.)

3. 머리가 둥근 사람은 기껏해야 9품 관리가 된다. (頭圓不過九品)

4. 허리가 둥근 사람은 기껏해야 제패(提牌, 패를 들고 있는 옥졸 정도의 하급관리)가 되는데 그친다. (腰圓不過提牌.)

5. 눈썹이 윤택하고 인당[눈썹사이]이 넓은 사람은 도사(都史, 도읍의 관리직인 하급관리)직을 얻을 수 있는 상이다. (眉潤印寬, 可爲都史.)

6. 입술이 홍색을 띠고 치아가 두터운 사람은 말단관리인 전정(前程)하는 관직을 얻는다. (脣紅齒厚, 當有前程.)

7. 몸이 탁하고 살집이 강철과 같이 견고한 사람은 급히 가서 무보(武輔)직을 구할 것이다. (一身濁肉堅如鐵, 急去求武輔.)

8. 뼈와 살이 균형 있게 어울리는 사람은 설사 정상적인 길로 나가 관리가 될 수는 없을 지라도 옆길로 나가 공적과 명예를 얻을 수 있다. (骨肉得配, 可許異路功名.)

9. 눈이 크고 눈동자는 노랗고 눈썹이 흐트러진 사람은 기껏해야 말단관리인 전사(典史)직을 얻는다. (眼大睛黃眉散, 不過典史.)

10. 머리가 둥글고 입이 크고 콧대가 낮은 사람은 두목이나 두령이 된다. (頭圓口闊梁低, 首領之人.)

11. 머리가 둥글고 평평하며 큰데, 눈썹이 눈을 짓누르고 있는 사람은 승려의 기강과 도를 닦는 상이다. (頭圓平大眉壓眼, 僧綱道紀.)

12. 손은 거칠고 크며, 발은 두텁고, 허리가 둥글고 튼튼한 사람은 군사 상황을 전파하는 일을 한다. (手粗足厚腰圓硬, 傳報軍情.)

13. 몸이 바르고 키가 크며 허리가 두터운 사람은 말단 관리인 순검(巡檢)관이 된다. (體正身長腰厚, 當爲巡檢.)

14. 얼굴색이 어두운 가운데 밝은 기운이 생기면 하급관리인 창관(倉官,

창고관리자)과 세과(稅課, 세금부과하는 사람)가하는 사람이 된다. (色暗生明, 倉官稅課之人.)

15. 피지와 아압이 금루와 연결되어 있는 사람은 하급관리인 하부(河簿, 하류 관리자)가 된다. (陂池鵝鴨連金縷, 可爲河簿.)

16. 얼굴빛이 가랑비가 오는 것처럼 흐릿한 사람은 공문을 전달하는 역(驛)관이다. (一面如濛, 驛馬遞運.)

17. 삼양 부위가 매우 윤택한 사람은 아문에서 일하는 좌이(佐貳)관의 상이다. (三陽一潤, 佐貳衙門.)

18. 양쪽 눈에 티끌이 생긴 사람은 옥졸(獄卒)이 된다. (何故官爲獄, 雙目若生塵.)

༺𖣘༻

이상의 항목들은 하급의 귀한 상이며, 이에 해당되는 사람은 모두 부유함으로 인해 귀함이 생기는 것이며, 비록 깨지고 손상을 입더라도 꺼리지 않는다. (以上十八下貴, 皆因富而生貴者, 雖破損不忌.)

여인의 72가지 천한 상
女人七十二賤之相

여인에게는 72가지 천한 상이 있으며, 그 중에서 하나라도 범하게 되면 반드시 사사로운 음탕함이 있다.(女人有七十二賤, 若犯一件, 必有私淫.)

❦

1. 양쪽 눈의 눈빛이 희미하고 흐리멍덩하다. (兩眼浮光.)

2. 얼굴에 도화색[복숭아꽃]이 나타나 있다. (桃花之面.)

3. 피부가 밀가루처럼 희다. (皮白如粉.)

4. 혈색이 화사하지 않고 흐리다. (血不華色.)

5. 살결이 솜과 같이 부드럽다. (肉軟如綿.)

6. 피부가 기름과 같이 매끄럽다. (皮滑如油.)

7. 얼굴에 반점이 많다. (面多斑點.)

8. 눈 모서리가 아래로 낮게 늘어져 있다. (眼角低垂.)

9. 말도 하기 전에 먼저 웃는다. (未語先笑.)

10. 손과 머리를 좌우로 흔든다. (搖手擺頭.)

11. 얼굴의 양쪽 뺨이 깎이 듯 마르고 움푹 들어가 있다. (面帶兩削.)

12. 얼굴 양쪽 관골[광대뼈]이 움푹 들어가 있다. (面顴兩陷.)

13. 얼굴의 살집이 쌓여 있고 들떠있다. (面肉堆浮.)

14. 눈이 드러나 있고 흰색이 빛난다. (眼露白光.)

15. 입술을 자주 꿈틀거리며 움직인다. (口脣自動.)

16. 입꼬리에 주름살이 있다. (口角生紋.)

17. 거위나 오리처럼 걷는다. (鵞行鴨步.)

18. 곁눈질을 하고 머리는 아래로 늘어져 있다. (側目垂頭.)

19. 사시이거나 훔쳐본다. (斜視偸觀.)

20. 항시 혼잣말을 한다. (自言自語.)

21. 궁둥이 꼬리가 볼록하고 가슴이 높다. (臀蹺胸高.)

22. 어깨가 마르고 허리가 가늘다. (腰細肩寒.)

23. 배꼽이 아래 쪽에 있으면서 볼록하다. (臍凸近下.)

24. 젖꼭지가 아래를 향하고 있다. (乳頭向下.)

25. 피부에 사포처럼 주름이 나 있다. (皮縐如紗.)

26. 얼굴은 크고 코는 작다. (面大鼻小.)

27. 이마는 뾰족하며 다리를 흔든다. (額尖脚搖.)

28. 치아가 옥과 같이 희다. (齒白如玉.)

29. 입술이 희며 두텁지 않다. (脣白不厚.)

30. 입술이 청대와 같이 푸르다. (脣靑如靛.)

31. 한 걸음을 걷고 3번을 흔든다. (一步三搖.)

32. 말을 하면서 자주 끊어진다. (一言三斷.)

33. 말이 우는 것과 같이 웃는다. (笑若馬嘶.)

34. 말을 함부로 난잡하게 한다. (語言泛雜.)

35. 머리는 큰데 머리카락은 없다. (頭大無髮.)

36. 다리가 학의 다리와 같이 가늘고 허리도 벌레처럼 매우 가늘다. (鶴腿蠻腰.)

37. 참새의 걸음걸이처럼 걷는다. (行如雀步.)

38. 말을 할 때 자주 더듬는다. (談笑頻阻.)

39. 궁둥이가 볼록나오고 뺨이 움푹 들어가 있다. (驕臀無腮.)

40. 사람을 만나면 얼굴을 감싸고 가린다. (見人掩面.)

41. 버드나무가 바람에 날리는 것 같이 몸이 가늘고 휘청댄다. (身如風柳.)

42. 음부에 털이 없다. (陰戶無毛.)

43. 노루 머리와 쥐의 귀를 하고 있다. (獐頭鼠耳.)

44. 머리를 움츠리고 혀를 내밀면서 놀란 모습을 한다. (縮頭伸舌.)

45. 뺨을 손으로 받치고 손가락을 깨문다. (托腮咬指.)

46. 음모가 잡초처럼 난잡하다. (陰毛如草.)

47. 얼굴이 길고 눈동자가 둥글다. (長面圓睛.)

48. 이를 쑤시면서 옷을 만진다. (剔齒弄衣.)

49. 별 일도 없는데 한숨을 쉬며 허리를 내밀면서 기지개를 편다. (歎氣伸腰.)

50. 음부가 밝고 빛이 난다. (陰戶生光.)

51. 머리는 아래로 향하여 땅을 보고 걷는다. (頭下過步.)

52. 길을 걸으면서 자주 머리를 돌려 뒤를 돌아본다. (回頭頻顧.)

53. 앉아 있어도 불안하고 진득하지 않다. (坐不安穩.)

54. 다리에 털이 많이 나 있다. (腿上生毛.)

55. 혀가 뾰족하고 입술이 위로 치켜 올라가 있다. (舌尖脣掀.)

56. 행동거지가 미련하고 우유부단하다. (擧止凝迷.)

57. 서 있는 자세가 바르지 않고 기울어져 있다. (站立偏斜.)

58. 이마는 넓고 빈모는 깊고 짙다. (額廣鬢深.)

59. 쥐의 이빨과 귀신의 이빨을 가지고 있다. (鼠齒鬼牙.)

60. 마음속에 품은 정이 자주 변한다. (懷情多變.)

61. 말이 발굽을 바꾸는 것과 같이 행동한다. (如馬換蹄.)

62. 키는 크고 목은 짧다. (長身短項.)

63. 콧구멍이 하늘을 향해 쳐다보고 있다. (鼻仰朝天.)

64. 눈은 감겨있고 눈썹은 험하다. (眼閉眉威.)

65. 뱀처럼 걷고 쥐처럼 먹는다. (蛇行鼠餐.)

66. 어깨는 여위고 목은 가늘다. (項細肩寒.)

67. 손가락은 짧고 허리는 삐뚤어져 있다. (指短腰偏.)

68. 음식을 절제하지 못한다. (飮食無盡.)

69. 일이 없는데도 깜짝깜짝 놀란다. (無事自驚.)

70. 머리가 한 쪽으로 기울고 이마는 좁다. (頭偏額窄.)

71. 등은 움푹 들어가고 배는 작다. (背陷腹小.)

72. 꿈속에서 소리를 내면서 운다. (睡夢帶啼.)

36가지 형벌이나
상해를 입히는 여인의 상
女人三十六刑傷之相

1. 머리카락이 황색을 띠고 있으며 곱슬머리이다. (黃髮卷髮.)

2. 눈동자가 적색이나 황색을 띠고 있다. (睛赤睛黃.)

3. 얼굴에서 유독 우뚝 솟은 관골[광대뼈]만 보인다. (獨顴生面.)

4. 이마에 나선형의 머리카락이 있다. (額有旋螺.)

5. 이마는 높고 얼굴은 움푹 들어가 있다. (額高面陷.)

6. 이마에 주름과 흉터가 있다. (額有紋痕.)

7. 인당[눈썹사이] 부위에 매달린 바늘과 같은 주름이 1줄 있다. (印有懸針.)

8. 젊은 나이에 머리카락이 빠져 있다. (少年落髮.)

9. 뼈가 단단하고 피부가 팽팽하다. (骨硬皮急.)

10. 얼굴은 길고 입은 크다. (面長口大.)

11. 얼굴은 마르고 푸른 힘줄이 밖으로 드러나 있다. (面瘦生筋.)

12. 얼굴이 삼각형이다. (面生三角.)

13. 귀가 뒤집혀 있고 이륜[귓바퀴]이 없다. (耳反無輪.)

14. 얼굴은 뾰족하고 허리는 좁다. (面尖腰窄.)

15. 얼굴에 진흙처럼 막힌 기운이 있다. (面滯如泥.)

16. 산근[콧등] 부위가 낮고 움푹 들어가 있다. (山根低陷.)

17. 지각[턱] 부위가 기울고 삐뚤어져 있다. (地閣偏斜.)

18. 목에 뼈마디가 밖으로 드러나 있다. (項露骨節.)

19. 목소리가 천둥소리처럼 크다. (聲大如雷.)

20. 성질이 불처럼 급하다. (性急如火.)

21. 안색이 탁하고 숨소리가 거칠다. (神濁氣粗.)

22. 천정[이마] 부위는 넓고 지각 부위는 뾰족하고 작다. (天大地小.)

23. 얼굴에 밀가루처럼 흰색의 기운이 있다. (白氣如粉.)

24. 년상[콧등]과 수상[콧대] 부위에 마디가 나 있다. (年壽起節.)

25. 살집이 얼음과 같이 차다. (肉冷如氷.)

26. 골격이 거칠고 튼튼하며 손이 크다. (粗骨大手.)

27. 어깨와 등 부위가 바르지 않고 기울어져 있다. (肩背偏斜.)

28. 눈은 크고 눈동자는 둥글다. (眼大睛圓.)

29. 울대뼈[목젖]가 툭 튀어나오고 치아가 크다. (喉結齒大.)

30. 머리카락이 뻣뻣하고 뼈대가 단단하다. (髮硬骨硬.)

31. 밤에 잠을 잘 때 코를 심하게 곤다. (夜睡多呼.)

32. 입이 불을 뿜어내듯 뾰족하다. (嘴如吹火.)

33. 코 속에 털이 나 있다. (鼻內生毛.)

34. 턱뼈가 솟아나오고 뺨 부위가 튀어나와 있다. (骨起腮高.)

35. 명문[눈과 귀 사이] 부위의 뼈가 높게 솟아있다. (命門骨高.)

36. 얼굴은 돌비늘과 같고, 얼굴색은 밀가루처럼 희다. (如雲母面, 面色如粉.)

여인의 24가지 고독한 상
女人二十四孤之相

여인에게는 24개 항목의 고독한 상이 있으며, 만약 이중에서 하나라도 범한다면 남편과 자식을 말하기가 어려우며, 평생 고생을 하며 가난하게 지낸다. (女人有二十四孤, 犯者夫星子息難言, 乃貧苦之格.)

꧁꧂

1. 눈썹이 서지 않는다. 눈썹이 서 있지 않으면 아들을 낳지 못한다. (無眉不立.「不立者, 不生子也」.)

2. 깨지고 흐트러져서 울림이 없는 목소리를 낸다. (聲破不立.)

3. 30세 전에야 몸의 변화가 일어난다. (三十前發.)

4. 양쪽 눈이 깊고 움푹 들어가 있다. (雙目深陷.)

5. 코가 움푹 들어가 있고 콧대는 낮다. (鼻陷梁低.)

6. 불을 뿜어내는 뇌공[천둥번개의 신]의 입 모양과 같이 매우 뾰족하다. (雷公吹火.)

7. 배꼽이 작고 얕으며 볼록하게 나와 있다. (臍小淺凸.)

8. 다리뼈와 팔뼈의 관절이 드러나 있다. (股肱無包)

9. 머리카락의 길이가 1척도 되지 않는다. (髮不滿尺.)

10. 허리 둘레가 3위(1위=팔길이) 정도로 크다. (腰圓三圍.)

11. 젖꼭지가 볼록하게 일어서 있지 않다. (乳頭不起.)

12. 살집이 느슨하고 들떠있으며 혈기는 막혀있다. (肉浮血滯.)

13. 살집이 진흙처럼 투박하고 무겁다. (肉重如泥.)

14. 얼굴에 혈색이 막혀있다. (一面滯色.)

15. 피부는 얇고 골격은 가늘다. (皮薄骨細.)

16. 살은 많이 찌고 골격은 작다. (肉多骨少.)

17. 삼양[왼쪽 눈] 부위가 연필과 같이 검푸른색을 띠고 있다. (三陽如黛.)

18. 배가 작고 궁둥이도 작다. (無腹無臀.)

19. 얼굴은 뾰족하고 귀는 작다. (面尖耳小.)

20. 관골[광대뼈]은 있는데 뺨은 낮고 푹 들어가 있다. (有顴無腮.)

21. 지각[턱] 부위는 크고 천정[이마] 부위는 작다. (地大天小.)

22. 형체가 남자와 비슷하다. (類似男人.)

23. 입술은 희고 혀는 푸르다. (脣白舌靑.)

24. 생김새가 여자도 아니고 남자도 아니다. (陰陽混雜.)

여인의 7가지 어진 상
女人七賢之相

여인에게는 7가지의 어진 상이 있는데, 요컨대 남편이 밝고 자식이 빼어난 상이다. (女人有七賢, 主夫明子秀.)

◈◈◈

1. 걷는 모습이 두루 단정하다. (行步周正.)

2. 얼굴은 둥글고 몸은 두텁고 풍만하다. (面圓體厚.)

3. 오관이 모두 반듯하다. (五官俱正.)

4. 삼정[상정, 중정, 하정]이 모두 균등하게 나누어져 있다. (三停俱配.)

5. 용모가 엄격하고 정연하다. (容貌嚴整.)

6. 말이 많지 않다. (不泛言語.)

7. 앉은 자세가 모두 바르다. (坐狀俱正.)

여인의 4가지 덕행
女人四德

여인에게는 4가지 덕행을 갖고 있는데, 이러한 덕을 갖춘 여인은 반드시 귀한 자식을 낳는다. (女人有四德, 必生貴子.)

---

1. 평소에 남들과 이기거나 앞서려고 서로 겨루지 않는다. (平素不與人爭競.)

2. 힘들고 어려워도 탄식하거나 원망하지 않는다. (苦難中亦無嗟怨.)

3. 의복과 음식을 절제하고 절약을 강조하며 저축을 생활화한다. (節衣儉食有儲存.)

4. 불길한 일을 듣고서도 놀라는 모습을 보이지 않으며, 기쁜 일을 들어도 기쁘다고 덩실덩실 춤을 추지 않고 존엄을 지킨다. (聞事不驚喜能尊.)

여인이 장수하거나 요절하는 상
女人壽夭之相

여인에게 있는 장수하는 상과 단명하는 상은 서로가 다르다.(女人有壽有夭, 自然不同.)

※

❀ 남자는 신기(神氣)를 위주로 하며, 여자는 혈기(血氣)를 위주로 한다. (解曰: 男以神爲主, 女以血爲主.)

❀ 무릇 남자는 신기가 쇠약하면 병이 많고, 신기가 왕성하면 병이 적다. (凡男人神衰則病多, 神旺則病少.)

❀ 무릇 여인이 피부가 엷고 두피가 팽팽하며, 몸이 뾰족하고 깎여있으며, 혈기가 쇠약하고 호흡이 짧으며, 정신이 혼탁한, 바로 이러한 상을 가지고 있다면 그 어찌 장수할 수 있겠는가? (凡女相皮薄, 皮急, 尖削, 血衰, 氣短, 神粗, 豈能長壽?)

❀ 무릇 여인이 정신이 넉넉하고, 혈기가 충분하며 피부가 두텁고, 두피가 느슨하며, 살집이 두툼하고, 골격이 바르면 자연히 복을 누리고 장수하는 부인의 상이다. (凡女人神足, 血足, 皮厚, 皮寬, 肉實, 骨正, 自然福壽之婦.)

❋ 《시》에 다음과 같이 이르고 있다 : "여인은 혈기가 쇠약하고 피부가 팽팽하면 생명을 온전하게 하기가 어려우며, 피부가 엷고 여위고 메마르면 수명이 길지 않다. 만약 여인이 피부가 느슨할 뿐만 아니라 혈기가 왕성하면 소나무와 대나무처럼 목숨이 덧붙여지는 것을 믿어라."(詩曰: 血衰皮急命難全, 皮薄枯乾壽不堅. 若是皮寬並血旺, 須信松筠福壽添.)

남자의 51가지 고독한 상
男人五十一孤之相

남자에게는 51개 항목의 고독한 상이 있으며, 그중에서 하나라도 범하게 되면 자식을 말하기가 어렵다. (男有五十一孤, 犯一件者, 難言子息.)

◈◈◈

1. 체질은 수형인인데 머리카락이 지나치게 짙고 많다. (水形有髮.)

2. 체질은 목형인인데 머리카락이 지나치게 짙고 많다. (木形有髮.)

3. 눈이 움푹 들어가 구덩이가 생겼다. (眼陷成坑.)

4. 와잠[눈밑] 부위가 낮고 어둡다. (臥蠶低暗.)

5. 지옥의 판관과 같이 얼굴이 흉악하다. (判官形.)

6. 얼굴이 나한(羅漢)과 같이 예스럽고 괴이하다. (羅漢形.)

7. 코가 아라비아인의 코와 같이 매우 크다. (回回鼻.)

8. 코의 모양이 사자의 코와 같다. (獅子鼻.)

9. 피둥피둥 살이 쪄서 살덩어리가 많이 있다. (蠢肉生.)

10. 관골[광대뼈]이 높아 얼굴에 오직 관골만 보이는 낯선 얼굴이다. (獨顴生面.)

11. 얼굴이 평평하고 코만 높아 유독 코만 보인다. (獨鼻孤峯.)

12. 눈썹과 머리카락이 드문드문 성글게 나 있다. (眉疎髮疎.)

13. 화개살1이 있는 이마를 가진 사람이다. (華蓋額.)

14. 화개살이 있는 눈썹을 가진 사람이다. (華蓋眉.)

15. 머리는 크고 얼굴은 뾰족하다. (頭大面尖.)

16. 머리는 뾰족하고 이마는 깎였다. (頭尖額削.)

17. 눈동자는 황색을 띠고 머리카락은 적색을 띠고 있다. (睛黃髮赤.)

18. 얼굴은 크고 코는 작다. (面大鼻小.)

19. 젖꼭지가 희고 작다. (乳頭白小.)

---

1 화개살이란 예능에 재주가 있고 화려한 것을 좋아하지만 그 때문에 고독이 따르는 것을 말한다.

20. 젖꼭지가 일어서 있지 않고 쑥 들어가 있다. (乳頭不起.)

21. 이마에 주름이 3줄 있다. (額上三紋.)

22. 코 위에 가로로 된 주름이 있다. (鼻上生紋.)

23. 입가에 주름이 많다. (口角紋多.)

24. 얼굴색이 밀가루와 같이 희다. (面色如粉.)

25. 음부에 털이 없다. (陽上無毛.)

26. 음모가 반대로 나 있다. (陽毛逆生.)

27. 음낭에 주름이 없다. (陰囊無紋.)

28. 얼굴색이 매우 부자연스러울 정도로 빛이 나고 희다. (光華白粉.)

29. 살집이 진흙과 같이 거칠고 무겁다. (肉重如泥.)

30. 살집이 느슨하고 들떠있으며 또 부드럽다. (肉浮又軟.)

31. 살결이 솜과 같이 매끈하다. (肉滑如綿.)

32. 살이 많이 찌고 골격이 약하다. (肉多骨弱.)

33. 피부에 혈색이 돌지 않는다. (血不華色.)

34. 얼굴의 피부가 귤껍질과 같다. (面似橘皮.)

35. 인중이 얕고 짧다. (人中淺短.)

36. 몸에 잔털이 없다. (一身無毫.)

37. 골격이 얼음처럼 차고 거칠며 말라 보인다. (骨冷粗寒.)

38. 온 몸의 살이 얼음처럼 차다. (全身肉冷.)

39. 피부와 혈액이 모두 메마르고 윤기가 없다. (皮血枯焦.)

40. 내시의 목소리를 낸다. (內官聲音.)

41. 내시의 얼굴 모습과 같다. (內官形象.)

42. 뱀의 피부와 뱀의 눈을 하고 있다. (蛇皮蛇眼.)

43. 입이 뇌공[천둥번개의 신]과 같이 뾰족하다. (雷公嘴.)

44. 말의 얼굴에 용의 눈동자를 하고 있다. (馬面龍睛.)

45. 쥐의 눈에 꿩의 눈동자를 하고 있다. (鼠目雉睛.)

46. 수달과 원숭이의 뺨을 하고 있다. (獺猱腮.)

47. 매의 뺨과 같이 낮고 움푹 들어간 뺨을 가지고 있다. (鷹腮.)

48. 뱀과 같이 굽어 있는 형상을 하고 있다. (蛇形.)

49. 골격이 둥글고 두텁다. (骨圓.)

50. (팔 부위의) 촌맥과 관맥, 척맥에 맥박이 잡히지 않는다. (三關無脈.)

51. 신장의 맥이 뛰지 않고 매우 허약하다. (腎脈不起.)

남자의 10가지 상극을 가진 상
男有十剋之相

남자는 10가지 상극의 품격을 가지고 있다. 만약 한 가지라도 범하게 되면 하나의 자식도 마지막 길을 보낼 수 없으며, 늙어서 고단하며 가난하게 지내는 상이다.(男有十剋之格. 犯一件者, 一子也不能送終, 乃老困之相.)

1. 수염의 끝 부분이 제비의 꼬리처럼 갈라져 있다. (鬚分燕尾.)

2. 빈모[귀밑털]가 꼬이거나 굽어있지 않고 곧바르다. (鬢直無索.)

3. 수염이 소의 수염처럼 길다. (牛鬚.)

4. 와잠[눈밑] 부위가 낮고 어둡다. (臥蠶低暗.)

5. 젖꼭지가 아래를 향해 있다. (乳頭朝下.)

6. 피둥피둥 살이 쪄서 살덩어리가 아래로 늘어져 있다. (蠢肉朝下.)

7. 눈썹 속에서 긴 털이 생겨 위를 향해 굽어 있다. (眉毫彌上.)

8. 수염은 많이 나 있는데 머리카락은 적다. (鬚多無髮.)

9. 얼굴에 온통 주름살투성이다. (一面縐紋.)

10. 눈 밑에 잔털이 나 있다. (眼下生毫.)

처에게 형벌과 상해를 입히는 12가지 상격
十二件刑妻之格

아래와 같은 12가지 항목의 내용을 범한 남자는 처에게 형극을 준다.

1. 천창[양 이마] 부위에 난 주름을 개고문(開庫紋)이라고 부르는데, 개고문이 있는 사람은 5명의 처를 죽게 한다. (天倉生紋, 爲開庫紋, 剋五妻.)

2. 수염이 많이 나고 코가 작다. (鬚多鼻小.)

3. 수염이 많고 뻣뻣하며 곧다. (鬚多無索.)

4. 관골[광대뼈]이 높다. (顴骨高.)

5. 천창 부위가 움푹 들어가 있다. (天倉陷.)

6. 산근[콧등]이 끊어져 있다. (山根斷.)

7. 어미[눈옆] 부위가 낮다. (魚尾低.)

8. 얼굴 모습이 나한과 판관처럼 괴이하다. (羅漢判官.)

9. **삼첨**과 **육삭1**을 범하고 있다. (三尖六削.)

10. 간문[눈옆] 부위가 깊고 낮다. (奸門深低.)

11. 어미 부위에 주름이 깊다. (魚尾紋深.)

12. 어미 부위에 주름이 1줄 있으면 1명의 처가 있다. (魚尾一紋一妻.)

---

1   삼첨(三尖)은 콧대, 아래턱, 이마 부위가 뾰족하며 좁고 작은 것을 가리키고, 육삭(六削)은 육부(六府)가 허약하고 엷은 것을 가리킨다.

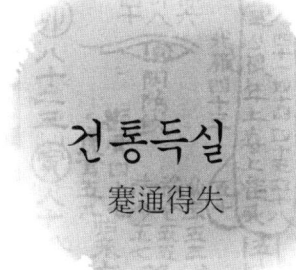

건통득실
蹇通得失

막히고 통하며 얻고 잃는 인간의 운기는 하늘의 운기대로 두루 흘러간다.(蹇通得失, 天運週流.)

● '운이 막혀 절룩거리며 고생한다'는 의미의 '건(蹇)'자는 육부가 불균형을 이루고 있고, 삼정[상정, 중정, 하정]은 서로 어울리지 않으며, 오행은 상생을 얻지 못하고 있으며, 오직 국부적인 것을 보다가 대국적인 것을 잃어버림으로써 평생 우여곡절이 많은 운명을 맞게 됨을 말한다. (解曰: 蹇者, 六府三停, 三停不配, 五行不得, 惟依一局失垣.)

● 성신[2] 자리가 움푹 들어간 사람은 설사 마음속에 큰 뜻을 품고 있더라도 드러나 성공하는 일이 없고, 평생을 꽉 막히고 고생하면서 지내는 상이다. (星辰失陷, 則雖有志, 亦不顯達, 乃一生蹇滯之相也.)

● '막힘없이 환히 통하며, 순조롭고 이롭다'는 의미의 '통(通)'자는 어떤 사람의 면상이 수준 이상이라 할지라도, 오악[이마, 코, 턱, 양 광대뼈]과

---

2 성신(星辰)은 얼굴 부위의 오성(五星)으로서, 이마는 금성, 귀는 목성, 코는 토성, 입은 수성, 눈은 화성이라고 한다.

육부[양 이마, 양 광대뼈, 양 턱], 삼정[상정, 중정, 하정]의 부위가 불균형을 이루고 있으며, 기색이 어울리지 않고 있으면 여러 해를 계속해서 궁핍하고 고통스럽게 지내게 된다. 하지만 어느 날 갑자기 특정 부위가 좋아지고 기색이 열리게 되면 선비는 청운의 뜻을 가질 수 있고, 서민도 복리와 혜택이 끊이질 않는다. (通者, 相原可取, 因部位不勻, 氣色不配, 連年困苦, 忽得一位可取, 氣色一開, 士子有靑雲之志, 庶民有德澤綿綿.)

❀ '얻는다'는 의미의 '득(得)'자란 무슨 뜻인가? 예를 들어, 어떤 사람이 2개 정(停)의 부위가 모두 좋지 않더라도 하정[코끝에서 턱 사이] 부위가 도리어 좋으면 운기가 좋은 곳으로 가게 되니 자연히 좋은 운으로 전환된다는 것을 말하는 것이다. (得者, 因上邊部位不好, 下邊却好, 一行到好處, 自然得矣.)

❀ '잃는다'는 의미의 '실(失)'자는 기색은 좋은데 부위는 좋지 않은 것을 말한다. (失者, 乃氣色好, 部位不好.)

❀ 《상서》에 다음과 같이 이르고 있다 : "기색은 유년의 길흉과 화복을 결정하며, 골격은 평생의 번성함과 쇠퇴함을 결정한다." (書云: "氣色定行年休咎, 骨格定一世榮枯.")

❀ 무릇 기색은 어떻게 해야 계속 좋을 수가 있을까? 좋은 기색도 한 번 떠나면 한 번은 잃을 운이 오게 된다. (凡氣色豈能久乎? 氣色一去一失.)

❀ 무릇 부위가 좋지 않아도 기색이 좋으면 역시 잃어버리는 것을 막을 수가 있다. (凡部位不好, 氣色好, 亦防有失.)

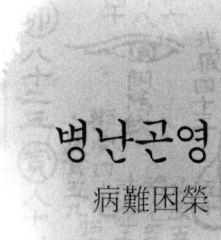

병난곤영
病難困榮

병에 걸리고 어려움을 만나며 고생을 하고 영화를 누림은 인간이 겪는 일상사이다. (病難困榮, 一身常有.)

❦

🌸 무릇 병이란 재난과 질병에 지나지 않는 것이다. 요컨대 병에 걸리는 것은 질액궁에서 보아야 한다. (解曰: 凡病者, 不過災疾也. 要在疾厄宮看.)

🌸 질액궁이 푸르고 어두우면 작은 질병에 불과하며, 질액궁이 검고 적색을 띠면 재난에 불과한 것이며 죽지는 않는다. (此宮靑暗, 不過小疾, 此宮黑赤, 不過有災, 非主死.)

🌸 무릇 입과 준두, 명문, 귀 등 4개 궁이 상극인 기색을 범하게 되면 의심의 여지없이 죽게 되어있는 상이다. (凡口準命耳, 此四宮犯相剋之氣色, 卽死無疑.)

🌸 상극은 오행이 상극하는 이치이며, 반드시 자세하게 보아야 한다. (剋乃五行相剋之理, 不可不看詳細.)

❀ 얼굴 부위가 잿빛과 같이 어두워지면 반드시 큰 어려움을 만나게 되며, 명궁이 희미하고 어두워져도 반드시 큰 어려움을 겪게 된다. (一面灰蒙, 必遭大難, 命宮昏暗, 必遭大難.)

❀ 천정[이마] 부위의 기색이 뭉쳐 있으면 반드시 큰 어려움을 만나며, 변지[이마 모서리] 부위의 기색이 희미하고 어두우면 반드시 큰 어려움을 겪는다. (天庭色滯, 必遭大難; 邊地生暗, 必遭大難.)

기색으로 본 고대 성인의 재난
論古聖人遭難者皆有一色

고대 성인이 어려움을 만난 것은 각기 나름대로의 기색이 있었기 때문이었음을 보여준다. (古聖人遭難者, 皆有一色)

1. 당 태종(唐太宗)은 변지 부위에 적색 구름이 일어나고 있었기 때문에 포승에 묶여 금영에 100일 동안 수감되었다. (解曰: 邊地起赤雲, 唐太宗有金營百日縲紲.)

2. 관운장(關雲長, 관우)은 인당[눈썹사이]에 검은색이 나타났기 때문에 말[적토마(赤土馬)]을 잃어버리는 놀랄 일을 겪었다. (印堂生黯黲, 關雲長有失馬之驚.)

3. 맹상군[1]은 준두[코끝]에 적색이 나타났기 때문에 밤에 나루터를 건넜다. (準頭一赤, 孟嘗君夜渡關津.)

4. 유현덕(劉玄德, 유비)은 간문[눈옆]에 갑자기 어두운 색이 나타났기 때문

---

[1] 맹상군(孟嘗君, ?~기원전279)은 이름은 전문(田文)이다. 전국시대 제나라 사람으로 전국시대를 대표하는 4공자 중 한 사람이다.

에 장파반[조조와 장판교에서 싸움]의 액을 당하게 되었다. (奸門忽暗, 劉玄德有長坡坂之厄.)

5. **양육랑1**은 양쪽 관골[광대뼈]이 불과 같은 색깔이 나타났기 때문에 직책을 잃고 지친 몸으로 여주를 지켰다. (雙顴如火, 楊六郎失職困守汝州.)

6. **양문광2**는 삼관 부위에 적색이 나타나서 3년 동안 지친 몸으로 유주를 지켰다. (赤透三關, 楊文廣困柳州三載.)

7. **오자서3**는 인당이 시커멓고 관골이 푸르게 되어 장검을 팔아버리고 범양에서 타향살이를 하였다. (印堂黯, 顴骨靑, 伍子胥(仗)賣劍走范陽.)

8. **한문공4**은 귀가 흐리고 이마가 어둡게 되어 눈바람을 헤치면서 조양으로 갔다. (耳朦額暗, 韓文公風雪走潮陽.)

9. **진순검5**은 태양[눈] 부위에 적홍색이 나타났기 때문에 매령에서 처를 잃어버렸다. (赤起太陽, 陳巡檢梅嶺尋申陽.)

10. **제효인(齊孝仁)**은 년상과 수상 부위가 진흙처럼 어둡게 되었기 때문에 소를 잃어버렸다. (年壽暗如泥, 齊孝仁遭失牛.)

---

1 양육랑(楊六郎, 958~1014)은 양연소(楊延昭)라고도 한다. 북송(北宋)의 무장으로서 하북지역의 방어를 담당하면서 요나라 군대의 침입을 격퇴하는 전공을 세우기도 하였다.
2 양문광(楊文廣, ?~1074)은 북송시대의 명장이다.
3 오자서(伍子胥, ?~기원전484)는 춘추시대 초(楚)나라에서 태어났으나 초나라 평왕에게 아버지와 형이 살해당한 후 오(吳)나라로 도주하였으며, 후일 초나라에 복수하였다.
4 한문공(韓文公, 769~824)의 본명은 한유(韓愈)로 중국 당나라의 문인이자 사상가이다.
5 진순검(陳巡檢)은 북송시대의 인물로 《매령실처기(梅嶺失妻記)》를 지었다.

이상의 10가지 상황은 기와 색이 좋지 않아서 생긴 것이다. 이러한 어려움이 있어도 기와 색이 한 번 좋아지면 평안과 영화를 보장받게 된다. 원래 얼굴의 상이 좋은 사람이 기와 색이 일시적으로 좋지 않으면 곤경에 처하게 되는 것이다. 혈색이 선명하고 혈기가 부드럽고 윤택하면, 막힘과 지체함이 없이 만 리를 높이 날아갈 수 있다.(以上十端, 不過氣色不好, 故有此難. 氣色一開, 自安保榮. 此乃相貌原好, 因氣色不如, 故暫守困. 色若鮮明, 氣若和潤, 可保萬里高飛, 俱無阻滯.)

몸을 전반적으로 보는 상법은 기본적으로 모두 언급되었다. 별도로 뒤에서 걸음걸이[行], 앉은 자세[坐], 누운 자세[臥], 먹는 모습[食], 말하는 모양[語], 웃는 모습[笑] 등 몸 이외의 행동거지에 관한 6가지의 상법을 상세히 논하게 된다. (此書相週體, 諸事俱完. 尙有行坐臥食語笑, 乃係身外六法, 另詳於後.)

걸음걸이로 본 부귀하고 빈천한 상
論行富貴貧賤之相

❀ 걸어갈 때는 몸은 바르고 곧으면서, 머리는 치켜들어야 하고, 가슴은 펴야 한다. 몸은 기울거나 치우치지 않아야 하며, 구부정해도 안 된다. (解曰: 凡行欲正直昂然, 不可偏斜曲屈.)

❀ 보폭은 넓어야 하고 머리는 수직으로 곧아야 하며, 허리는 단단해야 하고, 가슴은 펴져야 한다. (步欲闊, 頭欲直, 腰欲硬, 胸欲起.)

❀ 길을 걸을 때 몸이 기울어지고 머리는 흔들거리며, 뱀이 기어가는 것과 같이 걷거나 참새처럼 종종 걸음을 하며, 허리가 굽어지고 목이 비뚤어져 있으면 그 모두가 좋지 않은 상격이다. (凡偏體搖頭, 蛇行雀躍, 腰折項歪, 俱不好之格.)

❀ 《시》에 다음과 같이 이르고 있다 : "걸음걸이는 흐르는 물과 같이 오고가야 하며, 몸은 바르고 곧아야 하며, 머리는 들고 목은 고정하고 단정하며 꼿꼿해야 한다. 머리를 지나치게 흔들고 머리가 발보다 먼저 나가는 사람은 논밭을 다 깨고 없애버리며 늙어서 가난하게 지낸다." (詩曰: 行如流水步行來, 體直昂身項正挺. 若是搖頭過步者, 田園敗盡老來貧.)

앉은 자세로 본 부귀하고 빈천한 상
論坐富貴貧賤之相

❀ 무릇 앉은 자세는 남녀 모두 단정하고 엄숙해야 한다. (解曰: 凡坐欲端正嚴肅, 男女一同.)

❀ 앉아 있을 때는 몸을 민첩하게 움직여서는 안 되며, 발이 문란해도 안 되고, 머리가 아래로 늘어져서도 안 된다. 이 모두가 부족한 상이다. (不欲體捷身動, 足亂頭垂, 凡此皆不足之相也.)

❀ 앉아 있는 자세가 구릉과 같은 사람은 주로 크게 귀하다. (坐若丘山者, 主大貴.)

❀ 앉아 있을 때 어깨는 둥글고 목은 바르며, 몸은 가지런하고 일어서고 앉는 것이 모두 자연스럽고 편안하면 이것은 모두가 귀인의 상이다. (坐若肩圓項正體平, 起坐舒緩, 此皆貴人之相.)

❀ 《시》에 다음과 같이 이르고 있다 : "앉은 자세가 산과 같이 평온한 사람은 사람됨이 충성스럽고 효성스러우며 공훈을 세운다. 앉아 있을 때 머리를 흔들 뿐만 아니라 발을 움직이는 사람은 두말 할 필요도 없이 고집이 세고 어리석으며 비천하다." (詩曰: 坐若丘山穩且平, 爲人忠孝立功勳. 若是頭搖並足動, 頑愚下賤不須論.)

누운 자세로 본 부귀하고 빈천한 상
論臥富貴貧賤之相

🌸 눕는다는 것은 잠을 자면서 휴식을 취하는 것으로서 안정되어야 한다. (解曰: 臥乃寐之安, 不可不穩.)

🌸 무릇 누워 있는 자세가 용이 서려있는 것과 같고, 개가 움츠리고 자는 것과 같으면 귀인의 상이다. (凡臥如龍之盤, 如犬之曲, 乃貴人之相.)

🌸 무릇 잠을 잘 때 손으로 머리를 감싸는 사람은 법률에 밝으며 소송을 잘 하고 변호사가 될 수 있으며, 잠을 잘 때 손과 다리를 길게 펴는 사람은 염사[시신을 다루는 사람]로서 크게 좋은 상이 아니다. (凡睡將手抱頭者, 善明詞訟; 長脚長手, 爲停屍睡, 大不好也.)

🌸 잠을 자면서 꿈을 많이 꾸고 혼잣말을 자주 하는 사람은 거짓말로 사람을 잘 속인다. (睡中夢多, 自言自語者, 乃狂詐之徒.)

🌸 《상서》에 다음과 같이 이르고 있다 : "꿈속에서 터무니없는 말을 많이 하기 때문에 남들 앞에서도 헛소리를 많이 한다." (書云: "只因夢裏多狂語, 每向人前詆語多.")

🌸 자면서 등을 하늘로 향하는 사람은 요컨대 굶어 죽을 상이며, 잠을 자

면서 발을 흔드는 사람은 상류층에 속하는 사람의 상이다. (凡睡將背朝天
者, 主餓死, 睡中搖足者, 乃上等人之相.)

❋ 입을 벌리고 잠을 자는 사람은 주로 단명하며, 눈을 감지 않고 자는
사람은 횡사한다. (睡啓口者, 主夭, 睡不閉眼者, 惡死.)

❋ 《상서》에 다음과 같이 이르고 있다 : "잠을 자면서 꿈속에서 헛소리
를 많이 하면 간사한 사람이며, 잠을 잘 때 눈을 뜨고 입을 벌리는 사람
은 반드시 형벌이나 상해를 입는다. 은근하고 곡진하게 숨을 쉬며 자고,
또 말하거나 큰소리를 내며 자는 사람은 반드시 빈손으로 시작하여 집안
을 일으키고 돈을 많이 벌어들인다." (又云: "睡夢狂言奸詐人, 開眼張口必遭
刑. 穩曲呼來還言吼, 管教白手起千金.")

❋ 코를 고는 소리는 한 번은 높고 한 번은 낮게 반복되어서는 안 되며,
소리는 커야만 좋다. (凡呼欲同, 聲高方妙.)

❋ 일반적으로 말해서 누울 적에는 굽어야 하고, 걸을 때에는 곧아야 하
는 것이 좋은 상격이다. (大槪臥欲曲, 行宜直, 方爲妙格.)

먹는 모습으로 본 부귀하고 빈천한 상
論食富貴貧賤之相

❀ 먹는 것이야 말로 일생의 주가 되는 것인데 그 어찌 상법이 없겠는가? (解曰: 食乃一生之主, 豈無相法.)

❀ 음식을 먹을 때 입은 열면 크고 다물면 작아야 하며, 빠르게 먹는 것이 좋은 상이다. (凡食欲開大合小, 速進食者爲妙.)

❀ 원숭이처럼 먹고 쥐처럼 먹는 것은 말할 가치 조차 없고, 너무 많이 먹어서 목이 메면 반드시 일정한 주거나 생업이 없이 떠돌아다니며 지낸다. (猴食鼠餐, 不足道也, 食多哽咽, 必主流徙.)

❀ 돼지처럼 입으로 핥으면서 먹는 사람은 흉하게 죽는 것을 면하기가 어렵고, 말처럼 목을 쭉 내밀고 먹는 사람은 평생 고생을 하면서 바쁘게 지낸다. (嗒嘴如猪者, 難免凶死; 項伸如馬者, 一世辛勤.)

❀ 《시》에 다음과 같이 이르고 있다 : "호랑이처럼 먹고 용처럼 먹으면 귀인이며, 만약에 목이 멜 정도로 너무 많이 먹으면 재난을 겪게 된다. 원숭이처럼 먹고 쥐처럼 먹으며, 게다가 개나 말처럼 먹으면 평생 깨지고 실패하여 성공할 수 없다." (詩曰: 虎食龍餐是貴人, 若還哽噎主災星. 猴食鼠餐並狗馬樣食, 一生破敗不能成.)

말하는 모습으로 본 부귀하고 빈천한 상
論語富貴貧賤之相

● 무릇 언어와 음성은 다르다. 음성은 단전에서 나오고, 언어는 입술에서 나오기 때문에 종류가 서로 다르다. (解曰: 凡語言與聲音不同. 聲音出於丹田, 語言出於脣吻, 故不同類.)

● 대범한 사람이 말을 할 때 입술과 혀가 어우러져 균형을 이루고, 머무르는 모습은 부드럽고 느슨하며, 치아가 밖으로 드러나지 않으면 좋은 상이다. (大凡人之語, 脣舌勻, 停和緩, 不露齒爲妙.)

● 말을 할 때 조급하고 초조하며 혼란스럽고 들떠있으면 비천한 상이며, 평생 되는 일이 없다. (如急焦亂泛者, 乃下賤之相, 一世無成也.)

● 《시》에 다음과 같이 이르고 있다 : "말을 할 때는 균형이 있어야 하고 기색은 온화해야 하는데 귀인은 말이 적고 소인은 말이 많다. 말을 할 때 물이 넘쳐흐르듯 그치지 않으며, 입술이 어지럽게 움직이는 사람은 빈천하며 병에 잘 걸리고 고생을 많이 한다." (詩曰: 語要勻停氣要和, 貴人語少小人多. 若是泛言脣亂動, 不離貧賤病多磨.)

웃는 모습으로 본 부귀하고 빈천한 상

論笑富貴貧賤之相

● 무릇 웃음은 기뻐서 마음에서 나온 것이니, 하루 종일 그치지 않고 웃거나 아무데서나 웃어서는 안 된다. (解曰: 凡笑乃喜之發, 不欲如常.)

● 항상 쌀쌀하게 비웃는 사람은 꾀가 많고 지혜가 풍족하며, 마음을 감추어 밖으로 나타내지 않는 사람은 평생 가난하다. (冷笑者, 多謀足智. 藏情者, 一世貧.)

● 여인은 웃을 때 입을 벌리고 큰 소리를 내야하며, 입을 다물고 웃어서는 안 된다. 말의 울음소리와 같이 웃는 여인은 아름다운 상이 아니다. (婦笑欲開口大嚮, 不欲閉口. 音如馬嘶者, 皆不爲美.)

● 《시》에 다음과 같이 이르고 있다 : "입을 벌리고 웃으며 그 소리가 멀리 가면 현덕이 있는 사람이며, 웃음소리가 목구멍에서 흘러나오면 간사한 사람이다. 만약에 웃음소리가 말이 울고 원숭이가 부르짖는 소리와 같으면 가난하고 고생하며 돈이 없는 사람이다." (詩曰: 開口長聲笑者賢, 聲音喉內定言奸. 若是馬嘶猿猴叫, 又貧又苦又無錢.)

형상을 논하다
論形說

금, 목, 수, 화, 토는 오행이며, 사람의 몸은 오행을 벗어나지 않는다. (解曰: 金木水火土, 一身之體, 不出五行之外.)

─────

하나, 금형인 사람은 무엇을 취하는가? 무릇 금형인은 얼굴이 모가 나고 귀가 바르며, 눈썹과 눈이 깨끗하고 빼어나며, 입술과 치아가 균형 잡혀 어울리고, 손은 작고 허리는 둥글며, 피부가 희다. (夫金形人何取? 凡金形人, 面方耳正, 眉目淸秀, 脣齒得配, 手小腰圓, 白色, 方是金形.)

❀ 만약에 목소리가 종소리와 같이 맑고 높으면 크게 귀하며, 만약에 금형인 사람의 순수한 특징을 가진 것이 아니라 일부 다른 특징을 가지고 있는 잡격의 사람이라면 조금 귀하다. 금형인 사람의 안색은 적홍색을 띠어서는 안 된다. 만약에 적홍색을 띠게 되면 토(土) 속에 금(金)이 매몰되는 격이니 (적색은 화(火)이며, 화가 금(金)을 이긴다) 주로 괴롭고 고생스러운 나날을 보내게 된다. (若是聲淸高如鍾響, 主大貴; 若雜格, 主小貴. 不宜滯帶赤, 如一帶赤色, 如土埋金, 主困苦.)

❀ 준두[코끝]와 삼양[왼쪽 눈] 부위가 적색을 띠게 되면 재난이 있다. 가벼

우면 가업이 깨지고 무너지며, 무거우면 사망하게 된다. 금형인 사람은 화형인 사람의 상을 지녀서는 안 된다. 《상서》에 다음과 같이 이르고 있다 : "몸은 빈틈없이 완전해야 하며, 삼정[상정, 중정, 하정] 또한 네모를 띠어야 한다. 금형인 사람이 격국을 이루게 되면 부귀를 누리며 이름을 날린다."(赤在準頭三陽, 主有災難, 輕則破敗, 重則主死. 金形不宜帶火. 書云:"部位要周全, 三停又帶方. 金形人入了格, 富貴把名揚.")

둘, 무릇 목형인 사람은 몸이 곧고 길며, 눈동자는 맑고 입은 크며, 신색이 왕성하다. 목형인 사람은 몸이 기울어지고 깎여서는 안 되며, 비뚤어지지 말아야 하고, 여위고 음푹 들어가지도 않고, 깨진 목소리를 내지 않아야 한다. 만약에 허리가 둥글고 몸이 단정하여야 비로소 동량이 될 수 있으며, 몸이 비뚤어지고 엷으며 작고 이지러지면 소인의 상이다.(凡木形人宜聳直脩長, 睛淸口闊, 神足, 不偏削, 歪斜, 枯陷, 聲破. 如腰圓體正, 方可棟樑, 偏薄虧削, 小人之相.)

❁ 목형인 사람은 푸른 힘줄이 들떠서 비치고 뼈대가 밖으로 노출되면 어찌 고생을 하고 노력을 해도 공을 세워 이름을 날릴 수 있겠는가?(浮筋露骨, 何須苦問功名.)

❁ 목형인 사람이 화형인 사람의 특징을 지닌다면, 그것을 '목과 화가 상통하여 밝아진다'고 한다. (목생화(木生火) 즉, 목이 화를 낳는 상이다) 그러나 목형인 사람이 토형인 사람과 금형인 사람의 특징을 지니면 그것을 취하여 사용해서는 안 된다. (목극토(木克土) 즉, 목은 토를 이기고, 금극토(金克土) 즉, 금은 목을 이긴다.) (些須帶火, 乃作木火通明. 若是土赤金紅, 不宜取用.)

❀ 만약에 목형인 사람이 금형인 사람의 특징을 조금 지니게 되면 그래도 공을 세워 이름을 얻을 수가 있다. 그러나 목형이 지나치게 약하고 금형이 지나치게 무거우면 좋지 않으며, 평생 이루는 것도 많고 실패하는 것도 많은 사람이다. (若有帶金, 還是求名之客. 木削金重, 一生成敗之人.)

❀ 《상서》에 다음과 같이 이르고 있다 : "목형인 사람은 마르고 뾰족한 모서리가 있으며, 위풍이 늠름할 뿐만 아니라 키가 크고, 빼어난 기가 눈썹과 눈에서 나오면 동량이 되는 상이다." (書云: "稜稜形瘦格, 凜凜更宜長, 秀氣生眉眼, 方言作棟樑.")

셋, 무릇 수형인 사람은 골격이 곧고 바르며, 살집은 알차고 피부색은 희고 윤택하며, 몸은 드러나고 얼굴은 들어가서 몸의 주름으로 보면 엎드려 있는 것 같고, 얼굴쪽에서 보면 우러러 보는 것 같으니, 배와 궁둥이가 커야 비로소 수형인 사람이다. (凡水形要骨正肉實, 色白帶潤, 體發面凹, 紋看如伏, 面觀如仰, 腹大臀大, 方是水形.)

❀ 수형인은 호흡이 거칠어서는 안 되며, 얼굴색이 어두워서도 안 되고, 피부가 흰 밀가루처럼 하야면 안 될 뿐만 아니라 살집이 느슨하게 들떠 있어도 안 된다. (不宜氣粗色暗, 皮白如粉而兼肉浮.)

❀ 무릇 수형인 사람은 골격은 작은데 살이 많고 들뜬 사람은 단명하고, 수염이 없고 피부가 미끄러우면 아들이 없으며, 살이 차가운 사람 역시 아들이 없다. (凡水形人骨少肉多浮者, 主夭, 無鬚皮滑者無子, 肉冷者亦無子.)

❀ 《상서》에 다음과 같이 이르고 있다 : "눈은 크고, 눈썹은 거칠며, 허

리는 둥글고, 어깨도 둥글어야 한다. 이러한 특징을 가진 상이 진정한 수형인 사람이라고 하며, 평생 부귀를 누리게 된다."(書云:"眼大並眉粗, 城廓要團圓. 此相名眞水, 平生福自然.")

넷, 무릇 화형인 사람은 몸의 상반신은 뾰족하고 작은데 하반신은 넓고 크며, 행동은 조급하고 수염은 적으며, 얼굴은 붉고 코는 굽은 활 모양으로 볼록하게 나와있다.(凡火形人, 上尖下闊, 行動躁, 鬚少面紅, 鼻彌.)

❀ 화형인 사람은 기색이 막혀서는 안 되며 밝고 윤택하며 홍색을 띠어야 하며, 또한 수염은 적어야 하고, 배와 입은 크면 안 된다. (不宜帶滯色, 宜明潤而紅, 又宜鬚少, 不宜腹大, 不宜口大.)

❀ 무릇 화형인 사람은 관리가 되더라도 모두 무관직에 불과하고, 부유해도 100금 정도에 불과하며, 크게 귀하거나 크게 부유할 상은 아니다. (凡火形, 貴不過武職, 富不過百金, 非大富大貴之相也.)

❀ 무릇 화형인 사람은 키가 커야 아들이 있고, 그렇지 못하면 아들을 가지기가 어렵다. (凡火形人, 又宜高方有子, 不然子亦難招.)

❀ 《상서》에 다음과 같이 이르고 있다 : "화형인 사람의 용모를 알고자 한다면 삼정이 뾰족한지, 몸 전체가 깨끗한 기색이 없는지, 뺨에 난 수염이 매우 적은지를 본다."(書云:"欲識火形貌, 三停又帶尖. 身體全無淨, 腮邊更少髥.")

다섯, 무릇 토형인 사람은 몸이 비대하고 두터우며, 얼굴 부위가 풍만하며, 등은 높게 솟아있으며, 피부는 검고, 목소리는 우뢰와 같이 우렁차며, 목은 짧고 머리는 둥글어야, 바로 이러한 특징을 가진 사람이 진정한 토형인 사람이다. (凡土形, 肥大敦厚, 面重實, 背高皮黑, 聲大如雷, 項短頭圓, 乃眞土也.)

● 《상서》에 다음과 같이 이르고 있다 : "토형인 사람은 단정하고 두터우며, 그래서 생각이 깊고 침착하며, 태산과 같이 편안하고 차분하다. 마음속에 생각하고 있는 것은 예측이 어려울 정도이며, 신의를 가장 중시하는 사람이다." (書云: "端厚仍深重, 安詳若泰山, 心謀難測度, 信義重人間.")

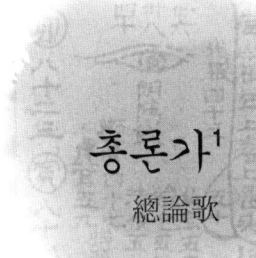

총론가[1]
總論歌

🏵 목형인 사람은 마르고, 금형인 사람은 모나며, 수형인 사람은 뚱뚱하고, 토형인 사람은 두터운데, 등이 거북과 같다. 상반신은 뾰족하고 작으며 하반신은 넓고 큰것이 불[火]처럼 밝으니, 5가지 사람의 유형은 자세히 미루어 보라. (歌曰: 木瘦金方水主肥, 土形敦厚背如龜. 上尖下闊明如火, 五樣人形仔細推.)

🏵 목형인 사람은 청색, 화형인 사람은 홍색, 토형인 사람은 황색, 수형인 사람은 흑색이 본래의 색깔이며, 단지 금형인 사람은 백색을 띠어야 한다. 이상의 5가지 색깔은 서로 다르다. (木色靑兮火色紅, 土黃水黑是眞容. 只有金形宜帶白, 五般顏色不相同.)

🏵 무릇 사람은 물에서 정액을 받고 원기는 불에서 나온다. 때문에 물과 불이 서로 어우러져야 비로소 인간의 형체가 이루어진다. (夫人受精於水, 稟氣於火. 故坎離爲交媾, 方得成身.)

🏵 먼저 정액이 합쳐지고 난 후에 원신(元神)이 생기며, 원신이 생긴 후에 형체가 온전해진다. 안팎의 모든 것을 아는 것은 오행의 상극·상생을 벗

---

1 총론가는 오행으로 상을 보는 노랫말이다.

어날 수 없다. (先精合而後神生, 先神生而後形全. 自知全於內外, 不出乎五行生剋之中.)

❁ 부귀빈천은 모두 쇠약, 강장, 왕성, 쇠약이 어우러져 있는 것이다. 때문에 인간의 운기는 금, 목, 수, 화, 토의 논리를 가져다 쓰고, 또 날짐승과 길짐승의 형상도 있다. (富貴貧賤, 盡在衰强旺弱之配. 故取爲金木水火土之說, 還有飛禽走獸之形.)

❁ 금형인 사람은 모가 난 것을 꺼리지 않으며, 목형인 사람은 마른 것을 꺼리지 않고, 화형인 사람은 뾰족한 것을 꺼리지 않고, 토형인 사람은 무거운 것을 꺼리지 않으며, 수형인 사람은 검은 것을 꺼리지 않는다. (金不嫌方, 木不嫌瘦, 火不嫌尖, 土不嫌重, 水不嫌黑.)

❁ 금형인 사람은 금(金)의 상을 얻어야 비로소 지혜가 깊으며, 목형인 사람은 목(木)의 상을 얻어야 비로소 자산이 풍족하고, 수형인 사람은 수(水)의 상을 얻어야 비로소 학문이 뛰어나며, 화형인 사람은 화(火)의 상을 얻어야 비로소 견문과 학식이 높고, 토형인 사람은 토(土)의 상을 얻어야 재물과 녹봉이 풍족하다. 오행의 상생을 얻게 되면 좋은 것이며, 오행의 상극은 매우 꺼린다. (似金得金才智深, 似木得木資財足, 似水得水文學高, 似火得火見識深, 似土得土財祿足. 如得其生扶爲妙, 得其剝削爲忌也.)

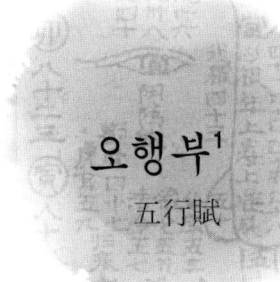

오행부[1]
五行賦

● 위대하다! 사람의 몸이여! 생물의 형체는 천지의 정기를 받아 생긴 것이다. 때문에 상을 볼 때는 먼저 그 사람의 형체의 격국 규모를 보고 난 다음에 다시 오행에서 상생상극의 강약을 구별하는데, 이를 꼭 살펴야 한다. (大哉人身, 生物之體, 合乎天地一氣而生. 先觀格局規模, 次辨五行强弱, 不可不察.)

● 얼굴의 십이궁에서 100개 이르는 부위의 상태를 알아야 한다. 일반적으로 상을 볼 때는 형체의 격국을 보면 되지만, 더 자세히 보려면 오관[눈, 코, 입, 귀, 눈썹]의 특징을 관찰해야 한다. (十二宮中, 不可不知一百部位. 大槪只須看格局, 細究還宜察五官.)

● 형체와 신색은 서로 어울려야 하며, 체형의 상격은 분명하고 뚜렷해야 하고, 오관과 육부[양 이마, 양 광대뼈, 양 턱]는 완전히 정돈되어야 하며, 기색은 윤택해야 하고, 부위는 높아야 하며, 삼정은 균등해야 한다. 오관과 십이궁은 결함이 있어서는 안 되고, 부위에는 어지러운 주름과 번잡한 흉터가 있어서는 안 된다. (形神要配. 格局要强, 官府要停, 氣色要潤, 部位要高, 三停要平. 官宮不宜缺陷, 部位不可紋痕.)

---

1 오행부는 오행을 시로 읊은 것이다.

❁ 위대하다! 오행이여! 세상의 모든 일과 사물[만사만물]을 생성하는 원리이며, 우주에 있는 온갖 사물과 현상[삼라만상]의 근원이다. (賦曰: 大哉五行, 生物之理, 萬象宗焉.)

❁ 때문에 목형인은 반드시 화형인 사람의 상을 약간만 얻어도 식견이 높고 사물에 밝게 되며, 가을에 과장에 나가 이름을 올리고 깨끗한 정치를 위해 큰 뜻을 품게 된다. 금형인은 목형인의 상을 약간만 얻으면 봄에 과거에 급제하여 이름을 올린다. (故木須微火高明, 秋闈高步澄淸. 金木春榜魁名.)

❁ 운에서 화(火)가 금(金)을 이기는 사람이 어찌 쓰여질 수 있을까? 운에서 금이 목(木)을 이기는 사람은 이름을 얻을 수 없다. 목이 적고 금이 많은 사람은 하찮은 일로 화를 자주 내며, 목이 많고 금이 적은 사람은 평생을 두고 영화를 누린다. (火尅金, 豈能得用. 金尅木, 不得成名. 木少金多, 還須進氣, 木多金少, 一世身榮.)

❁ 금형인 사람이 화형인 사람의 특성을 가지고 있으면 반드시 큰 그릇으로 쓰일 수 있다. 수형인 사람이 토형인 사람의 특성을 가지고 있으면 우둔하고 고집이 센 사람이다. (金人火局, 必成器用. 水人土局, 愚頑之人.)

❁ 운에서 목이 약하고 금이 잘 살아야 수명이 오직 30세에 머문다. 금형인 사람은 형체가 견실하면 수명이 길며, 화형인은 형체가 모가 나면 국가의 동량이다. 토형인 사람이 수형을 통제하는 상을 가지고 있으면 농부이고, 수형인 사람이 목형을 낳는 상을 가지고 있으면 벼슬길에 올라 성공할 수 있다. 동량이 될 수 있는 재목의 사람은 수형인 사람의 상격의 윤택함을 띠어야 하며 나라의 보배는 금과 목이 영광스럽고 밝은

것이다. (木弱金多, 只好三旬之壽. 金堅壽實, 方火柱國之人. 土制水, 庄田之客, 水生木, 出仕求名. 櫟棟材還須水潤, 國家珍金木榮明.)

❀ 금형인 사람이 목형의 상을 가지면 유용한 인재가 되고, 목형인 사람이 금형의 상을 가지게 되면 평생 힘든 일을 맡아 애쓰며 부지런히 바쁘게 살아간다. (金得木方爲有用, 木逢金一世辛勤.)

❀ 형체의 이치는 오행의 상생·상극 원리를 좋아야 하고, 또한 얼굴의 상을 보고 오행의 상생을 보아야 하는데, 반드시 오행의 쇠퇴함과 왕성함, 그리고 강함과 약함을 상세히 보아야만 오행의 어우러짐을 기대하게 된다. (形體理還從生剋, 面上理要看相生, 必須詳衰旺勝弱, 五行得配方許.)

❀ 그 본래의 형을 얻은 사람은 해당되는 색의 상생함을 가져야 한다. 해당되는 본래 색과 상생해야만 이롭고 좋으며, 본래 색과 상극을 이룬다면 요절하게 된다. 상을 보기 위해서는 반드시 오행의 이치는 천만 가지로 변화됨을 알아야 하고 한 가지만 가지고 말한다면 목숨을 다하기까지 큰 잘못을 저지르게 된다. (得其本形人, 還須本色相生. 色還須得利, 犯克色夭折. 須明五行理, 化生千萬. 一槪論, 大誤終身.)

中卷

영락백문의 유래

〈영락백문(永樂百問)〉은 원충철(袁忠徹, 1377~1459)이 명나라 영락(永樂) 황제가 질문한 것에 대하여 답한 내용을 간추려 기록한 것으로 상법의 주요한 내용을 수록하고 있다.

명나라 태조인 주원장은 24명의 아들을 두었는데, 이들을 전국 요지에 분봉(分封)하여 황실의 안정을 도모하였다. 그런데 큰 아들 의문태자(懿文太子)가 병사함에 따라 그의 아들 즉, 주원장의 손자 주윤문(朱允炆)이 즉위하게 된다. 바로 그가 건문제(建文帝)이다.

건문제는 황제로 즉위한 후 황자징(黃子澄), 방효유(方孝孺) 등 신하들의 건의를 받아들여 황제의 권위를 높이고 번왕(藩王)들의 봉지를 삭감하여 세력을 약화시키려고 하였다. 이에 반발하여 연경(燕京)의 번왕으로 있던 주원장의 4째 아들인 연왕(燕王) 주체(朱棣)가 반란을 일으켜, 그 4년째가 되는 1402년에 명나라 도읍인 남경(南京)을 함락시키고 제위를 찬탈하여 황제에 즉위하게 되는데, 바로 그가 영락 황제인 것이다.

1402년 43세의 나이에 권좌에 오른 영락 황제는 4년째 되던 1406년 수도를 북경(北京)으로 옮긴 후 14년에 걸쳐 자금성(紫禁城)을 완공하였고, 9천 명의 시녀와 1천 명의 내시를 거느리고 생활하였다.

영락 황제는 자신이 연왕이던 시기부터 원충철의 부친인 원공(袁珙)과 교분을 가지고 자문을 받기도 하였으며, 후일 황제에 즉위한 후에도 원공과 그의 아들인 원충철 부자를 각별히 신임하였다. 아마도 영락 황제가 국가를 경영하기 위해서 인재를 등용해야 하는데, 이때에 원충철 부자가 상법(相法)을 통하여 많은 도움을 주었기 때문이라고 할 수 있다.

원충철은 영락 황제의 배려로 상보사소경(尙寶司少卿)과 중서사인(中書舍人)으로 정사에 종사하게 되는데, 바로 그 기간 중 상법과 관련하여 영락 황제의 질문에 대답한 내용을 정리하였으며, 그것이 바로 〈영락백문〉이다. 책 제목으로 보아 100개의 질문과 그 답이 있어야 하지만, 현재 73개만이 남아 있다. 원래 100개에서 27개가 없어진 것인지, 혹은 73개를 많다는 의미에서 100문이라고 했는지 분명하지 않다.

영락백문의 내용

第1問

짐1이 지금 왕위에 있다가, 어떤 상에서 비롯되어 만백성의 주인이 될 수 있었다는 것인가? (朕居王位, 出於何相, 而得爲萬民之主?)

答

주상께서는 용으로 태어나서 봉황으로 자라셨으며, 키는 6척이나 되고, 얼굴이 크고 허리가 둥글며, 걸을 때의 보폭이 3척에 이릅니다. 소년 시절에 곤궁하였던 것은 수염이 나지 않았었기 때문입니다. 지금은 수염이 자라 1척 8촌이나 되어 용의 상에 부합되는 연세에 이르렀기 때문입니다. (對曰: 主乃龍生鳳長, 身長六尺, 面大腰圓, 能步開三尺, 少年所困, 未出鬚之故, 今已鬚長一尺八寸, 以合龍相當年之壽.)

第2問

무릇 서민이 아이를 낳아서 그 아비가 자식이 작위를 얻는 것을 보는 것은 어찌 말해야 하는가, 이 모두가 그 아이의 복 때문이 아닌가? (凡庶民生下小孩, 其父見子得爵者何說, 莫非是小兒之福乎?)

---

1 짐(朕)이란 황제가 자신을 자칭하는 말로서 진시황(秦始皇)이 처음 쓰기 시작했다. 그리고 왕은 자신을 일컬을 때 과인(寡人)이라는 겸칭을 썼다.

答

무릇 아이가 태어났을 때 상서로운 향기가 방안에 가득하면 반드시 대귀하게 됩니다. 《상서》에 이르기를, 태어났을 때 몸에 향기가 나면 반드시 아비가 작위를 받은 후 영화를 누리게 되어 있다고 했습니다. 옛날 유아두(劉阿斗, 촉한 황제 유비의 아들)와 송 태조(宋太祖)가 태어났을 때 모두 진귀한 향기가 100일 동안 풍겼다고 합니다. (對曰: 凡小孩生下, 瑞香滿室, 必主大貴, 書云, 生下身香, 定主父爵身後榮, 昔劉阿斗, 宋太祖生下, 俱異香百日.)

第3問

짐이 어제 보니 상서 중에 한 사람이 천정[이마] 부위가 낮던데, 그는 어찌 관리가 될 수 있었는가? (朕昨見一尙書天停低, 何故又得爲官?)

答

그 상서는 비록 천정이 낮긴 하지만, 일각[이마]과 월각[이마]이 각각 열려 매우 넓고, 골조를 보필해 주고 있으며, 머리가 평평하고 얼굴이 둥글어 오행이 서로 어울리는 면상이라 할 수 있습니다. 때문에 천정이 낮은 것을 꺼리지 않으며, 능히 상서가 될 수 있었던 것입니다. (對曰: 天停雖低, 日月角開, 輔弼骨朝, 頭平面圓, 此乃五行相配, 故不忌低, 是以得爲尙書.)

第4問

짐의 궁중에는 얼굴이 모가 난 왕비가 없는데 짐의 얼굴은 네모나다. 모가 난 얼굴을 한 여인 하나를 배필로 삼고자 하여도 또다시 하지 못하는 것은 어찌 말해야 하는가? (朕宮中無方面之妃, 朕之面方, 欲得一方面 爲配, 再無, 何說?)

答

부인1의 귀함은 눈썹, 눈, 어깨, 등에 있으며, 자식은 배, 젖가슴, 배꼽에 있습니다. 무릇, 얼굴이 모난 사람은 호랑이 얼굴로서 반드시 살성을 범하고 있는데, 그 어찌 궁에 들어와 귀인이 될 수 있겠습니까? (對曰: 婦人貴在眉目肩背, 子在肚腹乳臍, 凡面方者爲虎面, 必犯殺星, 豈能入宮爲貴人?)

　무릇 여인의 형상이 봉황과 같은데, 모가 나면 크게 귀한 것입니다. 봉황의 형상으로 얼굴이 둥글고 길며, 얼굴이 위아래로 삼정이 잘 어울리고, 눈썹이 활과 같고 눈과 떨어져 높이 나 있으며, 눈이 가늘고 빼어나며, 목이 둥글고 길며, 어깨와 등이 평평하면 그것이야말로 진귀한 것이니, 설령 궁궐에 들어오지 않는다 하더라도 역시 부인이 되기에 손색이 없을 것입니다. (凡女形如鳳者, 方爲大貴, 鳳形面圓長, 上下配, 眉弓高, 目細秀, 項圓長, 肩背平, 此乃眞貴, 縱不入宮, 亦不失爲夫人.)

第5問

짐은 과거에 왕공의 딸을 총애하였는데, 그녀의 얼굴을 살펴본 사람은 그녀가 반드시 황후가 된다고 하였다. 그러나 짐은 지금 더 이상 그녀를 좋아하지 않는데, 그 어찌 그녀가 황후가 될 수 있다는 것인가? (朕向日寵王公女, 相他必爲后母, 朕今不喜他, 何能得爲后母?)

1　부인(婦人)이란 고대 중국에서 제후나 경(卿) 또는 대부(大夫)의 아내를 말한다.

答

이는 결코 국모가 될 분이 박복해서가 아니며, 단지 성상께 아들의 기운이 나타나지 않으니, 그러므로 이처럼 성상의 총애를 받지 못하고 있는 것입니다. 그러나 국모가 되면 수명도 연장될 것이고, 만약에 태자를 낳게 된다면 반드시 그녀일 것입니다. (對曰: 非國母福薄, 但聖上子星未現, 故此不寵, 被生成國后, 命壽延長, 若要出得太子, 必定是他.)

*영락 황제는 이 말을 믿지 않았으나 3년이 지난 후에 다시 그녀를 총애하였으며, 그녀는 결국 태자를 낳았다. (永樂未信, 後三年復寵, 果生太子.)

第6問

왕비를 간택할 때 비단옷을 두텁게 입히고 땀이 나도록 걷게 하는데, 그것은 어찌 말해야 하는가? (選妃用綿衣厚穿, 令女走出汗來, 此是何說?)

答

여인들이 땀이 나도록 하지 않게 한다면 어찌 그 몸에 향기가 나는 것을 알겠습니까? 무릇 여인의 몸에서 향기가 나면 바야흐로 대길한 것입니다. (對曰: 非令女出汗, 乃知其體香, 若何? 凡女人體香, 方得大吉.)

第7問

관리가 되는 것은 귀한 사람인데, 무슨 까닭으로 늘 칼침을 맞고 목이 잘리는 형벌을 받는 것인가? (爲官者乃貴人, 常有遭刀創刑者, 爲何?)

答

그것은 모두 목에 붉은 실과 같은 주름이 있고, 귓바퀴가 적색을 많이 띠고 있기 때문입니다. 이것을 범한 사람은 칼과 도끼로 몸을 상하는 일을 피하기가 어렵습니다. (對曰: 皆因項上有紅絲, 耳輪多赤色, 犯此者, 難逃刀斧亡身.)

第8問

좌우의 눈이 서로 맞붙어 날카롭게 싸우는데도 오히려 천수를 다하는 것은 어찌된 일인가? (日月交鋒, 反得善終, 爲何?)

答

무릇 무장이 되는 것은 변방 땅에 있으며, 눈과 눈썹에 살기가 있어도 바르고 고상하며, 양쪽 관골[광대뼈]에 나타납니다. 그래서 전쟁을 치르게 되면 눈에 빛이 드러나지 않고, 목에 붉은 주름이 없으며, 돼지처럼 게걸스럽게 먹거나 쥐처럼 갉아먹지 않아야 착한 사람의 상이니, 능히 전쟁을 할 수 있는 사람이 됩니다. (對曰: 凡武將在邊地, 眼眉上生殺氣正高, 現於兩顴, 所以當得爭戰, 眼不露光, 項無紅絲, 非猪食鼠浪, 乃善人之相, 能戰之人也.)

第9問

오상서[1]의 어미는 지극히 비천한데도 재주가 뛰어난 두 아들을 낳았는데, 그것은 어떤 상에서 나온 것인가? (吳尙書之母極陋, 生二子如才童, 是出何相?)

---

1 오상서(吳尙書, ?~1374)의 본명은 오림(吳琳)이며 명나라 때의 정치가이다. 특히 경학과 학술이 뛰어났다.

答

얼굴이 비록 추하고 못생겼다 하더라도 만약 눈이 별과 같고 입술이 주사를 바른 것과 같으면, 자식은 배꼽과 배에 실리는 것이니 그것이 어찌 얼굴의 생김새에 있겠습니까? 반드시 배꼽이 두텁고 허리가 반듯하며 몸가짐이 곧을 것이며, 사람들이 만약 이를 본다면 모두 두려워하는 기색을 보였을 것입니다. 무릇 부인이 위엄이 있으면 귀한 자식을 많이 낳는데, 이는 얼굴의 복이 아니며, 오장육부가 넓고 크며 수려하기 때문입니다. (對曰: 面雖陋眼若星脣若硃, 子乃臍腹所載, 何在面目? 必是臍厚腰正體直, 人若見之俱有懼色. 凡婦人威嚴者多生貴子, 非面之福, 乃五臟六腑寬宏秀麗也.)

또한 이르기를, 눈이 빼어나고 입술이 붉으면 두 나라에 책봉해진다고 하였습니다. (又云, 眼秀脣紅, 當得二國之封.)

《시》에 이르기를, 얼굴이 비루하고 못생겨도 입술이 주사를 바른 듯하고 눈이 별과 같으며, 위엄이 깊고 무거워 세상 사람들을 놀라게 하면, 비록 왕후가 되지는 못할지라도 두 나라에 포상을 받아 책봉되어 성스럽고 밝은 분을 모십니다. (詩云, 面陋脣硃眼若星, 威嚴深沉重世人驚, 雖然未得爲君后, 二國褒封拜聖明.)

* 후일 영락 황제는 오상서의 어미를 금장부인으로 책봉하였다. (後永樂封爲錦腸夫人.)

第10問

궁중의 여인들 가운데 대부분이 자식을 낳지 못하는데, 그것은 왜 그런가? (宮中之女多不出子, 何也?)

答

옛 사람들은 미녀는 어깨가 없으며, 장군은 목이 없다고 말하였습니다. 어깨가 너무 늘어지고, 몸이 매우 약하며, 허리가 너무 가늘고, 몸이 너무 가벼운, 이 4가지에 해당되는 사람들은 지극히 많으며, 복이 두터운 상이 아닌데 그 어찌 자식을 둘 수가 있겠습니까? (對曰: 古人言美女無肩, 將軍無項, 肩太垂而身太弱, 腰太細而體太輕, 犯此四者極多, 乃非厚福之相, 何得有子?)

第11問

조정의 대신들 가운데는 먹고 마시는 것이 부족하지만 이미 관리가 되었는데도 녹봉으로 생활을 유지하기가 어렵다고 하는데, 어째서 녹봉이 적은 것인가? (朝中大臣不能飮食, 旣爲官, 何又祿少?)

答

관직이 높은 것은 비록 인당[눈썹사이]이 넓기 때문이지만, 부귀한 것은 손이 반드시 무릎을 지나가야 합니다. 관직이 높은 것은 인당이 열려 넓고 눈썹이 빼어나며, 귀가 반듯하고 눈이 맑기 때문이며, 그로 인해서 크게 귀하게 된 것입니다. 식록[먹을 복]은 입에 있으니, 만약에 입술은 엷고 입이 오그라들었다면 식록은 자연히 적은 것입니다. (對曰: 官高雖是印堂寬, 富貴還須手過膝, 官高因印開眉秀, 耳正目清, 因此大貴, 食祿在口, 若脣薄口蹙, 食自少也.)

第12問

눈썹이 길어도 수명이 길지 않은데, 어찌 말해야 하는가? (眉長壽不長, 何說?)

答

《상서》에 이르기를, 눈썹에 난 가는 털은 코에 난 가는 털만 못하며, 코에 난 가는 털은 귀에 난 가는 털만 못하고, 귀에 난 가는 털은 침골이 높은 것만 못하다고 하였습니다. 바로 이 때문에 눈썹이 길어도 수명을 오래 지키기가 어려우니, 무릇 수명은 머리의 피부와 목의 피부에 나타난 혈색을 위주로 보게 됩니다. (對曰: 書云, 眉毫不如鼻毫, 鼻毫不如耳毫, 耳毫不如枕骨高, 故此, 眉長難以保壽, 凡壽在頭皮項皮血色爲主.)

第13問

귀가 뒤집힌 사람인데도 관직이 높은 것은 어찌 말해야 하는가? (耳反爲官大, 何說?)

答

상에는 가히 꺼리는 것과 가히 꺼리지 않는 설이 있는데, 어찌 한가지만을 예로 들어 추단할 수 있겠습니까. 《상서》에 이르기를, 눈동자가 비록 황색을 띠고 있더라도 눈빛이 나고, 콧등이 비록 꺾여져 있을지라도 준두[코끝]가 풍만하며, 몸이 비록 여위고 말랐어도 뼈가 드러나지 않으면 깨지고 실패하지는 않으니 귀한 상으로 삼아 추단하는 것이라고 하였습니다. (對曰: 相有可忌有不可忌之說, 豈可一例而推, 書云, 睛雖黃, 有神光, 梁雖折, 準頭豊, 身雖瘦, 不露骨, 此俱不作破敗, 還作貴相推之.)

第14問

순(舜) 임금이 **중동1**이었고, 항우(項羽) 역시 중동이었다는데, 어찌 말해야 하는가? (舜目重瞳, 項羽亦重瞳, 何說?)

答

순 임금의 눈은 가늘고 길어서 봉황의 눈이었으며, 항우의 눈은 둥글며 눈동자가 드러나고 눈의 주변에 주름이 생겨 닭의 눈과 같았으므로 흉상이었습니다. (對曰: 舜目細而長, 乃鳳目也, 項目圓而露, 眼邊起皮紋, 如雞眼, 乃凶相也.)

第15問

감라2는 12세에, 그리고 **강태공3**은 80세에 운을 만났는데, 한 사람은 늦고 또 한 사람은 빠르게 운을 만난 것을 어떻게 말해야 하는가? (甘羅十二, 太公八十, 一遲一早, 何說?)

答

이 두 분은 모두 옛날의 현인으로서, 두 귀에 모두 귓불이 있고, 입 끝이 가지런하니 밝은 구슬이 바다에서 나온 것입니다. 감라는 불과 같이 홍색을 띠고 있어서 12세에 운을 만났으며, 강태공은 눈과 같이 희

---

1 중동(重瞳)은 한 눈에 눈동자가 2개씩이라는 설과 눈동자 속에 눈동자가 겹쳐있는 것이라는 설이 있다.
2 감라(甘羅)는 진나라에서 승상을 지낸 감무(甘茂)의 손자이자 전국시대 말기 크게 이름을 떨친 종횡가였다.
3 강태공(姜太公)은 주(周)나라 초기의 정치가이자 공신으로 본명 강상(姜尙)이다. 무왕을 도와 은나라를 멸망시켜 천하를 평정하였으며 제(齊)나라 시조가 되었다.

였기에 늙어서야 비로소 운을 만난 것입니다. (對曰: 此兩位前賢, 雙耳俱有珠, 齊口角, 爲明珠出海, 甘羅紅如火, 十二到此卽遇, 太公白如雪, 故主老來方遇.)

第16問

무릇 사람이 일생동안 질병에 걸리지 않는 것은 어찌 말해야 하는가?

(凡人一生無疾病, 何說?)

答

사람이 세상에 산다는 것은 상이 천지와 합하는 것입니다. 역마 부위가 높고 밝으며 변지가 고요하고, 인당이 평평하고 바르며, 두 눈이 빛나고, 질액궁이 어둡고 막히지 않으면 일생동안 복과 수명이 영원히 오래오래 이어지게 됩니다. (對曰: 人生在世, 相合乾坤, 驛馬高明邊地靜, 印堂平正, 六陽光, 疾厄無暗滯, 一生福壽永綿長.)

第17問

무릇 사람이 일생동안 질병이 많은 것은 어찌 말해야 하는가? (凡人一生多疾病, 何說?)

答

산근[콧등] 부위가 항상 어둡고 준두와 관골이 푸르며, 두 눈이 먼지가 들어간 듯하고 침침하고 흐리며, 변지가 진흙과 같이 어둡고 머리카락이 풀과 같이 헝클어져 있다면, 일생동안 언제 평안한 날을 얻을 수 있겠습니까? (對曰: 山根常暗準顴青, 兩目生塵目又昏, 邊地如泥髮如草, 一生何

日得安寧.)

第18問

짐이 황제가 된 이래 근심에서 벗어나지 못하고 있는 것은 어찌 말해야 하는가? (朕自爲君以來, 不脫憂心, 何說?)

答

산근[콧등]과 천창[양 이마], 지고[양 턱] 부위가 오랫동안 청색을 띠고 있으며, 준두[코끝]가 적색을 띠고 턱 양쪽 시골에 황색 기운이 돌며 기가 고르지 않으니, 이로부터 임금이 되어 근심과 괴로움이 있게 되는 것입니다. 서민이 이러하다면 되는 일이 하나도 없습니다. 기다리신다면 반드시 기색이 한 번 열리게 되어 성상께서는 평정심을 되찾게 되실 것입니다. (對曰: 山根倉庫長靑靑, 準赤腮黃氣不勻, 從此爲君也愁悶, 庶人得此百無成, 必待此色一開, 聖心自安矣.)

第19問

짐이 황제가 된 이래 다행스럽게도 나라가 평안하고, 백성은 이미 부유하게 되었으며, 선비들이 넉넉하게 여유를 가지는 것은 어찌 말해야 하는가? (朕爲君以來, 幸國已平, 民已富, 士已裕, 何說?)

答

폐하께서는 혈색이 족하며 정신이 편안하고 눈빛이 뛰어나며, 인당은 평평하고 윤택하시어 영화롭고 흥성함을 이루신 것이며, 선비와 벼슬아치가 되어서 복을 얻고, 서민도 복을 얻어 역시 평안하고 건강함을 누리고 있는 것입니다. (對曰: 血足神舒眼愈光, 印堂平潤是榮昌, 爲士爲官多獲福, 庶人得此亦安康.)

第20問

귀한 여인들 중에서도 천한 자식을 낳는 이가 있으며, 천한 여인들 중에서도 귀한 자식을 낳는 이가 있는데, 그것을 어찌 말해야 하는가? 사람들은 여인에게는 상법이 없다고 말하고 있는데, 그것을 또 어찌 말해야 하는가? (女人多貴中生賤, 賤中生貴, 何說? 人言女人無相, 又何說?)

答

무릇 여인의 상은 남자의 상과 같은 것인데, 여인이라고 어찌 상이 없다고 하겠습니까? 머리가 뾰족하고 머리카락이 적으면 반드시 천한 사람의 딸이며, 얼굴이 둥글고 눈이 바르면 착한 사람의 아내가 될 것입니다. (對曰: 凡女相與男相同, 女豈無相? 頭尖髮少, 必時賤人之女, 面圓目正, 可配良人之妻.)

피가 왕성하고 기가 온화하면 훌륭한 자식을 낳게 되고, 코가 바르고 관골이 평평하면 가업을 유지시킬 수 있으며, 몸가짐이 단정하고 얼굴이 반듯하며, 눈이 맑고 수려하며, 입술은 홍색을 띠고 있고, 게다가 어깨마저 둥글면 크게 귀해질 수 있습니다. (血足氣和, 可生好子, 土正顴平, 可維家業, 體正面正, 目秀脣紅, 再得肩圓, 可許大貴.)

무릇 부잣집 여인은 머리가 평평하고 이마가 넓으며, 눈이 흐르는 별과 같이 총명합니다. 그러나 입술이 엷고 몸이 가벼우며, 얼굴이 아름답고 이마 양쪽의 천창이 깎여 있으며, 치아가 하얗고 살결이 빛나면 천한 부인입니다. (凡富室之女, 頭平額闊, 目若流星, 脣薄身輕, 貌美倉削, 齒白肉光, 乃賤婦也.)

第21問

5가지가 밖으로 드러나고[오로] 5가지가 뒤집혀 있다는[오반] 것은 어찌 말하는 것인가? (五露五反, 何說?)

答

무릇 하나가 드러나고[一露] 2가지가 드러나면[二露] 집에서 하루걸러 한 번씩 잠을 자지 못할 형편이며, 3가지가 드러나고[三露] 4가지가 드러나면[四露]는 수명이 항상 짧게 독촉하는 것입니다. 그러나 5가지가 드러나[五露] 모두 완전하면 크게 귀하게 되는 격입니다. (對曰: 凡一露二露, 家無隔宿, 三露四露, 命常短促, 五露俱全, 大貴之格.)

눈이 밖으로 드러나 있지만 눈빛은 드러나 있지 않고, 콧구멍이 밖으로 드러나 있지만 콧대는 기울어 있지 않으며, 입술이 밖으로 드러나 있지만 치아는 위로 치켜 올라가 있지 않으며, 이곽[귓바퀴]이 밖으로 드러나 있지만 이주[귓볼]가 있으면, 바로 이것이 금목수화토의 오로가 모두 범접한 것입니다. (眼露睛不露光, 鼻露竅不偏梁, 脣露齒不露掀, 耳露廓不欠珠, 此乃金木水火土, 五露俱犯.)

코에서 콧등이 밖으로 드러나고, 눈동자가 밖으로 드러나며, 입술이 위로 치켜 올라가고, 이주가 없으면 매우 낮고 천한 상입니다. 오반은 좋은 상이 아니며, 매우 흉악한 무리의 상입니다. 《상서》에 이르기를, 오반 속에는 아주 오묘한 것이 많이 있는데, 보통 상술가들은 이를 알기가 어렵습니다. 오직 하나의 '반(反)'도 범하지 않은 사람이어야 자색 옷을 걸치는 조정의 관리가 될 수 있다고 하였습니다. (露梁, 露光, 露掀, 欠珠, 此還是十分下賤之相. 五反, 非善相也, 乃凶惡之徒. 書云, 五反之中奧妙多, 術人何以得知之, 若還一件俱無反, 方許朝中掛紫衣)

第22問

5가지가 작고[오소] 5가지가 큰 것[오대]은 어떻게 분별하는가? (五小五極, 何以辨明?)

答

무릇 오소라는 것은 첫째는 머리가 작고, 둘째는 몸이 작고, 셋째는 손이 작고, 넷째는 발이 작으며, 다섯째는 얼굴이 작은 것인데, 바로 이 5가지입니다. 몸은 오관[눈, 코, 입, 귀, 눈썹]과 육부[양 이마, 양 광대뼈, 양 턱]가 위주가 되며, 그래서 오소란 몸의 5군데가 작은 것이지 오관의 5군데가 작은 것이 아닙니다. 만약에 오관이 모두 작으면 오극이라고 하며, 작고 비천한 상이 됩니다. (對曰: 凡五小者, 一小頭, 二小身, 三小手, 四小足, 五小面, 此乃五件, 一身還要五官六府爲主, 此乃身體五小, 非五官五小也, 若五官俱小爲五極, 乃小賤之相也.)

무릇 오소라도 음성이 크고, 오관과 육부, 삼정이 균형을 이루어 어리면 오묘한 것입니다. 만약에 하나라도 균형이 맞지 않으면 좋은 상은 못됩니다. 오극은 이마, 귀, 눈, 코, 입으로서 오성인 금, 목, 수, 화, 토입니다. 《상서》에 이르기를, 5가지가 작은 몸은 머리와 팔다리이지, 귀, 코, 입, 눈썹을 말하는 것은 아니며, 만약에 오관이 모두 작으면 일생동안 비천하고 우매한 사람이라고 하였습니다. (凡五小聲大, 五官三停六府爲配, 方妙, 如有一件不配, 卽不如也, 五極, 乃額耳眼鼻口是也, 卽五星金木水火土, 書曰, 五小身頭共四肢, 莫言耳鼻口如眉, 若是五官俱得小, 一生下賤是癡愚.)

第23問

상이 남북으로 나뉜다는 것은 무엇을 말하는 것인가? (相分南北, 何以爲說?)

答

이것은 남북 2개 수도와 13개 성의 논법을 말하는 것입니다. (고서에는 이 논법이 없으니, 이것은 유장 선생의 심법[마음을 쓰는 법]이다.) 십이궁으로 나누어 말씀드린다면 남방은 화(火)에 속하기 때문에 천정 부위를 관찰하는데 화의 기운이 왕성해야만 비로소 쓸 수가 있으며, 북방은 수(水)에 속하기 때문에 지각 부위를 관찰하는데 수가 왕성해야만 오묘함이 있게 됩니다. (對曰: 此論南北二京十三省之說(古書無此, 乃先生心法也), 分十二宮言之, 南方屬火, 故相天停, 宜火旺, 方爲有用, 北方屬水, 相地閣, 宜水旺, 爲妙.)

절강 사람들은 금(金)에 속하는데, 금이 맑아야만 비로소 영화를 누릴 수 있게 됩니다. 복건 사람들은 입술과 입 및 치아를 살피는데, 복건성은 바다와 인접해 있는 지역이므로 입술과 치아가 관건이 됩니다. 태원은 섬서의 서쪽에 있으며 중국의 영토로서 토(土)에 속합니다. (浙人屬金, 故金宜淸, 方許榮身, 閩人相脣口齒, 閩地近海, 乃脣齒之關, 太原, 乃陝西西方也, 爲中國屬土.)

하남 사람들은 온중함을 살피며, 회남 사람들은 두텁고 건실한 지를 살피고, 강남 사람들은 가볍고 맑은 지를 살피며, 강북 사람들은 무겁고 탁한 기운을 꺼릴 것이 없습니다. 휘주는 험한 산악지형이므로 오직 눈썹을 살피며, 강서 지역은 월 지역의 꼬리이니 기색을 살펴야 하지 사람들은 골격을 마음에 두어서는 안 됩니다. 다만 어느 지역의 상이라도 격국을 얻으면 비로소 오묘함이 있게 되며, 합치하지 않으면 일신의 영화를 얻기란 어렵게 됩니다. (河南相穩重, 淮南相厚實, 淮北相軒昻, 江南相輕淸, 江北不嫌重濁, 徽州乃山嶽峻地, 故獨相眉, 江西越尾相氣色, 不以骨格爲念, 但各處相若得局方妙, 不合, 難許榮身.)

第24問

삼첨과 육삭은 어떠한 것인가? (三尖, 六削, 何如?)

答

머리[정수리]가 뾰족하고, 얼굴이 뾰족하며, 입이 뾰족한 것은 삼첨으로서 불량한 상입니다. 육부[양 이마, 양 광대뼈, 양 턱]가 모두 깎여 있으면 육삭으로 간교한 무리이니 이에 해당된다면 어찌 부귀를 누릴 수 있겠습니까? (對曰: 頭尖, 面尖, 嘴尖, 不良之相, 六府俱削, 奸狡之徒, 犯此焉得富貴.)

第25問

사람들이 말하는 학의 생김새를 한 사람과 거북이의 숨쉬기란 무엇을 말하는 것인가? (人言鶴形龜息, 何說?)

答

무릇 학형(鶴形, 학의 생김새)이란 발걸음을 뗄 때 땅에서 3척이 떨어지고, 어깨가 기울고 목이 길며, 발 보다 머리가 먼저 나가는 것입니다. 그러나 지금 사람들은 학형이라도 걸음을 걸을 때 땅에서 떨어진 것이 높으면 되고, 어깨와 목이 같이 앞으로 나가면 벼슬은 상서에 이르고 가히 신선을 흉내 내게 됩니다. (對曰: 凡鶴形, 起步離地三尺, 肩偏項長, 頭先過步, 今人鶴形不過步, 離地高者爲是, 肩項要同前, 官到尙書, 可學神仙.)

구식(龜息, 거북의 숨쉬기)이란 편안히 잠을 자는 것을 말하는데, 무릇 잠을 잘 때 기가 입으로 나오면 재물을 모으기가 어렵고 장수하지도 못합니다. 기가 코에서 나오면 재복과 복록이 모두 좋습니다. 무릇 입과 코로 숨을 쉬지 않고 기가 귀에서 나와야 비로소 그것을 구식이라고 합니다. 구식을 하는 사람은 쉽게 잠이 들고 쉽게 깨어나므로 크게 귀한 상이 되며, 신선의 몸으로서 세상 사람들 중에서는 드물게 보입니다. 지금 사람들은 어지럽게 말하지만 이 2가지 형에 속하는 사람은 지극히 적기에 여기에 해당되기란 어려운 것입니다. (龜息乃安睡之說, 凡睡氣從口出, 亦不聚財, 亦不長壽, 氣從鼻出, 則財福祿俱好, 凡口鼻俱無, 氣從耳出, 方爲龜息, 易睡易醒, 乃大貴之相, 神仙之體, 世人鮮矣. 今人亂言二形俱少, 得此者難.)

第26問

짐은 일찍이 진을 치고 적과 싸움을 할 때도 결코 두려운 기색이 없었는데, 지금은 궁궐 안에서는 후궁이 강하니 무엇이라 말해야 하는가?

(朕上陣交鋒, 並無懼色, 今來宮內御室又強, 何說?)

答

일반적으로 사람들은 아내를 두려워하지 않습니다. 그러나 겉으로는 성질이 굳세고 사납게 보여도 속으로는 그렇지가 못합니다. 송 태조는 왼쪽 눈이 작고 오른쪽 눈이 컸는데, 그래서 부인을 두려워했습니다. 그리고 장상서는 수염이 왼쪽으로 몰려 있었기 때문에 일생동안 부인을 두려워했습니다. (對曰: 人非懼內, 表壯如不裏壯, 宋太祖左目小, 右目大, 故懼內, 張尙書鬚拂於左, 一生多畏夫人.)

성상께서는 눈꺼풀에 검은 점이 많기 때문에 현명하고 능력이 있는 국모를 얻으신 것입니다. 이 말은 눈꺼풀에 검은 점이 있으며, 수염이 왼쪽으로 치우쳐 있고, 한쪽 눈은 크고 다른 한쪽 눈은 작은, 바로 이 3가지에 해당하는 사람은 대부분이 부인을 두려워한다는 것입니다. (聖上眼皮多黑子, 故得賢能國母, 此論眼皮黑子, 鬚拂於左, 雙目雌雄, 此三者, 多懼內也.)

第27問

여인의 음모가 길기로 귀함과 천함을 보는 것은 어떠한가? (女人陰毛長, 主貴賤何如?)

答

그 당시 한(漢)나라의 국모인 **여 태후1**는 음모가 1척8촌에 달할 정도로 길었으며, 한 올 한 올이 황금과 같은 노란 색을 띠고 있었고, 음부 위에 주먹과 같이 뭉쳐있었으며, 손으로 잡아당겨 피면 무릎을 지나갔고, 손을 놓으면 다시 주먹처럼 고불고불하게 오그라들었기에 이름하여 금빛 나는 줄로 휘감긴 음부라고 하였습니다. 때문에 이러한 상격을 가진 사람은 매우 존귀하였을 뿐만 아니라 음탕하였습니다. (對曰: 當時漢國母呂太后, 陰毛長一尺八寸, 根根黃如金色, 拳於陰上, 用手扯開過膝, 放手復拳, 名爲金線纏陰, 故主極品, 亦多主淫.)

만약에 여인의 음모가 부드럽고 곧거나 또는 길거나 검으면, 이는 형벌을 받거나 상해를 입히고 죽일 부인이니, 설사 귀하다 해도 오래가지 못합니다. 무릇 음모는 황금색이어야 하고 부드러워야 합니다.

---

1 여 태후(呂太后)는 한(漢)나라를 세운 유방(劉邦)의 부인으로 성은 여(呂), 자는 아후(娥姁), 이름은 치(雉)이다. 유방이 사망한 후 여씨정권을 수립하여 사실상 황제를 대행하여 실권을 휘두른 인물이다.

그렇게 되면 역시 귀인이 되기도 합니다. 음모가 거친 잡초와 같거나 뻣뻣하면 비천한 여인입니다. 음모가 너무 일찍 나면 단명하고, 너무 늦게 나면 음란하며, 21세가 되기 전에 나면 비로소 오묘함이 있습니다. (若直, 若長, 若黑, 乃刑殺之婦, 雖貴不久, 凡陰毛宜黃宜軟, 亦成貴人, 如草者賤, 硬者賤, 生早者夭, 生遲者淫, 三七之內生, 方妙.)

第28問

상법은 원래 오행에서 찾아내는 것을 위주로 하는데, 또한 금수의 형상에서 취한다면, 사람을 짐승과 비교하지 않는 것이 없지 않은가? (相法本取五行爲主, 又取爲禽獸之形, 莫非將人比畜麽?)

答

곽림종의 상법에는 360개의 외형이 있는데, 상의 이치가 매우 많아서 한 번에 파악하기가 매우 어렵습니다. 길짐승과 유사한 사람들 중에는 부유한 사람이 많고, 날짐승과 유사한 사람들 중에는 귀한 사람이 많습니다. (對曰: 郭林宗相法, 有三百六十爲外形, 相理多端, 一時難遍, 類獸者多富, 類禽者多貴.)

용의 형상을 한 사람은 겉으로 은은하여 뚜렷하게 드러나지 않고 흐릿하며, 호랑이의 형상을 한 사람은 발걸음이 넓고 머리를 감추고 있습니다. 원숭이의 형상을 한 사람은 눈동자가 둥글고 황색이며, 귀와 코가 모두 작고, 머리가 작으며 성격이 쾌활하고, 잠시도 가만히 있지를 않습니다. 이런 사람들은 복이 많아 재물과 복록이 있고 장수를 누리지만 노후에 자식을 말하기가 어렵습니다. (龍形隱隱, 虎形步闊頭藏, 猴相睛圓黃, 耳鼻俱小, 頭小性快, 不定一時, 福生財祿壽好, 難言老後之兒.)

토끼형은 성격이 아둔하고 겁이 많으며 눈이 바르고 코가 드러나

곽림종의 관인팔법(觀人八法)

곽림종(郭林宗, 128~169)은 후한(後漢) 사람으로 본명은 곽태(郭泰)이고 자는 임종(林宗)이었다. 그는 굴백언(屈伯彦)의 문하에서 공부하였으며, 특히 상술에 뛰어났다고 한다. 뿐만 아니라 그의 〈관인팔법(觀人八法)〉의 내용은 《마의상법》에서 전해지고 있다.

첫째는 위엄이니, 위엄 있고 용맹스러운 상인지를 본다. (一曰威. 威猛之相.)

    존엄하여 가히 두려움을 느끼는 것을 위(威)라고 일컬으며 주로 권세를 지니게 된다. 용맹스런 매가 토끼를 잡아 모든 새가 소스라치게 놀란 것과 같으며, 노한 범이 숲속에서 나오니 모든 짐승이 벌벌 떠는 것과 같다. 무릇 신색이 엄숙하니 사람들이 스스로 경외하게 된다. (尊嚴可畏謂之威, 主權勢也, 如豪鷹搏兎而百鳥自驚, 如怒虎出林而百獸自戰, 蓋神色嚴肅而人所自畏也.)

둘째는 후함이니, 중후한 상인지를 본다. (二曰厚. 厚重之相.)

    얼굴과 몸과 도탑고 중후한 것을 후(厚)라고 일컬으며 주로 복록을 누리게 된다. 그 양이 푸른 바다와 같으며, 그 그릇이 만석을 실은 배와 같으니, 끌어도 끌려오지 않고 흔들어도 움직이지 않는다. (體貌敦重謂之厚, 主福祿也, 其量如滄海, 其器如萬斛之舟, 引之不來而搖之不動也.)

셋째는 맑음이니, 청수한 상인지를 본다. (三曰淸, 淸秀之相.)

맑다는 것은 정신이 뛰어나고 빼어나다고 하는 그러한 맑음을 일컫는다. 계수나무 숲 속의 한 가지와 같고, 곤륜산에서 나는 한 조각의 옥과 같아서 그 청순함이 높고 빼어나며 티끌에 오염되지 않는다. 혹시 맑기만 하고 중후하지 않으면 박복한 상에 가까운 것이다. (淸者, 精神翹秀謂之淸, 如桂林一枝, 崑山片玉, 洒然高秀而塵不染, 或淸而不厚, 則近乎薄也.)

넷째는 예스러움이니, 고태스럽고 괴상한 상인지를 본다. (四曰古, 古怪之相.)

예스럽다는 것은 뼈대와 기세가 바위 모서리와 같은 것을 예스럽다고 일컫는다. 예스럽고 맑지 않으면 속된 것에 가까운 것이다. (古者, 骨氣岩稜謂之古, 古而不淸, 則近乎俗也.)

다섯째는 외로움이니, 외롭고 추운 상인지를 본다. (五曰孤, 孤寒之相.)

고독하다는 것은 체형과 골격이 외롭고 추우며, 목이 길고 어깨가 움추러들고, 다리가 기울고 머리가 치우치며, 앉아 있는 것이 흔들리는 것 같고, 행동이 가로채듯이 민첩한 것을 말한다. 또한 물가의 외로운 학이나 비에 젖은 백로와 해오라기 같아 외롭게 태어난 것이다. (孤者, 形骨孤寒, 而項長肩縮, 脚斜腦偏, 其坐如搖, 其行如攫, 又如水邊獨鶴, 雨中鷺鷥, 生成孤獨也.)

여섯째는 얇음이니, 박복하고 나약한 상인지를 본다.(六曰薄, 薄弱之相.)
　　얇음이란 얼굴과 몸이 열악하고, 형상이 가볍고 기가 약해 겁을 먹으며, 기색이 희미하고 어두우며, 눈의 정기가 숨어있지 않고 밖으로 드러나 있는 것이다. 조각배가 큰 바도 위에 떠있는 것과 같으며, 그것을 보면 모두가 그것이 미미하고 얇다는 것을 알게 된다. 주로 가난하고 비천하며, 설령 먹을 것이 있다손 치더라도 반드시 요절한다. (薄者, 體貌劣惡, 形輕氣怯, 色昏而暗, 神露不藏, 如一葉之舟, 而泛重波之上, 見之皆知其微薄也, 主貧下, 縱有食必夭.)

일곱째는 악함이니, 악하고 고집이 센 상인지를 본다.(七曰惡, 惡頑之相.)
　　악한 것이란 얼굴과 몸이 흉악하고 완고한 것이다. 뱀과 쥐의 형상에 이리와 늑대의 목소리를 지닌 것과 같으며, 혹은 성정이 포악하고 신기가 밖으로 드러나거나, 뼈가 상처를 입고 마디가 부러진 것으로서 주로 흉폭하며 아름다움이 부족한 것이다. (惡者, 體貌兇頑, 如蛇鼠之形, 豺狼之聲, 或性暴神露, 骨傷節破, 皆主凶暴, 不足爲美也.)

여덟째는 속됨이니, 속탁한 상인지를 본다.(八曰俗, 俗濁之相.)
　　저속하다는 것은 형상과 얼굴이 흐리고 탁한 것으로서, 마치 흙먼지 속에 있는 물체와 같은 것이다. 소견이 좁고 저속하여 설령 먹고 입는 것이 있다 하더라도 또한 막히는 일이 많다. (俗者, 形貌昏濁, 如塵中之物, 而淺俗, 縱有衣食, 亦多迍也.)

있으면 바로 이러한 형상을 한 사람에 해당됩니다. 봉황의 형상을 한 사람은 목이 길고 어깨가 둥글며 몸이 곧은데, 바로 이 형에 해당되는 여인은 역시 귀하게 됩니다. 혀가 길고 입술이 가지런하며 코가 크고, 얼굴이 길며, 몸이 넓으면 소의 형상을 한 사람으로서 일생동안 편안하고 돈도 가지게 됩니다. 〈만금부〉에 이르기를, 봉황을 닮은 사람은 눈이 빼어나야 하고, 소를 닮은 사람은 눈동자가 둥글어야 하는데, 그렇게 되면 음과 양이 조화를 이루게 되어 크게 귀한 격이 된다고 하였습니다. (兎形性癡多, 自怯, 眼正鼻露, 合此形, 鳳形項長, 肩圓身直, 女得此亦貴, 舌長脣齊, 鼻大, 面長, 身闊, 爲牛形, 主一生安逸有錢, □萬金賦□云, 鳳形要眼秀, 牛形要睛圓, 此乃一陰一陽之大貴格也.)

참새처럼 걷거나 뱀처럼 기어가는 것은 남녀 모두가 크게 꺼립니다. 닭의 눈과 쥐의 눈을 가진 사람은 반드시 형벌을 받게 됩니다. 말처럼 오래 서있고 발굽을 바꾸는 사람은 일생을 고된 일을 하면서 힘들고 고생스럽게 살아갑니다. (雀步蛇行, 男女大忌, 鷄睛鼠目, 必犯刑名, 馬立長將蹄換, 一生多主辛勤.)

돼지의 형상을 한 사람은 눈에 붉은 색이 돌면 잘못을 저질러 법망에 걸려들까 봐 걱정하고, 오리 걸음을 걷는 사람은 몸이 기울어고 두툼하며, 기러기 걸음을 걷는 사람은 성격이 진중하고 자손이 부귀하다고 하였습니다. (猪形目赤, 憂遭羅網之非, 鴨步身偏多厚實, 鶩行性敦子昂頭.)

第29問

삼정이 얼굴에도 있고 몸에도 있다는 것은 무슨 말인가? (三停有面, 有身, 何說?)

答

얼굴의 삼정은 발제에서 산근 부위까지가 상정인데, 초년의 운으로 한정하고, 산근에서 준두 부위까지는 중정인데, 중년의 운으로 한정하며, 인중에서 지각 부위까지는 하정이니, 주로 말년의 운으로 한정합니다. (對曰: 面上三停, 髮際到山根, 爲上停, 爲初限, 山根到準頭, 爲中停, 爲中限, 人中到地閣, 爲下停, 主末限.)

그런데 상정이 짧고 깎여 있다면 소년 시절은 이롭지 않으며, 중정이 낮고 움푹 들어가 있으면 일생동안 영화가 없고, 하정이 길면 일생동안 일이 막히고 고생만 하게 됩니다. 대개 상정과 중정은 모두 길어야 하며, 하정은 짧아야 합니다. (如上停短削, 少年不利, 中停低陷, 一世不榮, 下停若長, 一生蹇滯, 大槪上停中停俱長, 下停宜短.)

그리고 몸의 삼정은 머리와 허리, 다리이니, 이 삼정은 모두 균형을 이루면서 어울려야 합니다. 때문에 이르기를, 삼정의 길이가 같으면 일생동안 의식과 복록이 부족하지 않으며, 오악[이마, 코, 턱, 양 광대뼈]이 서로 마주 보면서 의지하게 되면 이승에서 금전과 재물이 절로 왕성해진다고 하였습니다. 또한 삼정은 삼재라고도 하는데, 이것이 곧 하늘, 땅, 사람입니다. (身上三停頭腰足, 此三停俱要得配, 故云三停平等, 一生衣祿無虧, 五嶽朝歸, 今世錢財自旺, 又名三才, 乃天地人也.)

第30問

무릇 수염이 없는 사람은 어찌 말해야 하는가? (凡人一體無鬚, 何說?)

答

수염은 콩팥[腎經]이 몸 밖으로 나타난 싹이고, 단전의 원신(元神)이 몸 밖으로 나타난 것입니다. 수형인 사람은 대부분이 신장의 기운이 허하며, 토형인 사람의 대부분은 단전의 기운이 부족합니다. 이 두 형의 사람 중에 수염이 자라지 않은 사람이 지극히 많습니다. (對曰: 鬚乃腎經之苗, 丹田元神, 水形人多有腎虛, 土形人丹田不足, 此二形人無鬚極多.)

무릇 목형인 사람과 토형인 사람은 수염이 있으면 반드시 훌륭한 아들을 두게 됩니다. 탁한 기운을 띠면 부자이고, 맑은 기운을 띠면 귀인입니다. 만약에 수염이 없으면 신장의 수기가 부족하고, 원기가 허약하게 되니 그 어찌 자식을 가질 수가 있겠습니까? (凡木形土形, 有鬚必有好子, 濁者富, 淸者貴, 若無鬚, 乃腎水不足, 元氣虛弱, 豈能有子乎.)

그런데 목형인 사람은 화기가 왕성하기 때문에 수염이 없어도 반드시 자식을 두게 됩니다. 수염만을 가지고는 자식을 논할 수 없기에 큰 일을 그르칠까 두렵습니다. 《상서》에 이르기를, 목형인, 수형인, 그리고 토형인은 머리카락을 보아 후사를 볼 수 있는지를 예측한다고 하였습니다. (木形人火旺, 故此無鬚, 還須有子, 不可以鬚言人子息, 恐誤其大事, 書云, 木形相髮爲嗣, 水土看髮爲後.)

第31問

몸이 피면 머리카락이 빠지는데, 이를 어찌 말해야 하는가? (身發髮落, 何說?)

答

무릇 몸은 재물에 따라서 늘어나며, 머리카락은 정신이 맑아진 것을 좇습니다. 머리카락은 혈기의 여분이므로 머리카락이 탁하면 혈기 역시 메마르니, 머리카락이 빼어나면 혈기 역시 왕성합니다. 무릇 머리카락이 빠지면 재물이 따라 생기고, 살이 찌면 머리카락이 빠지는 것입니다. (對曰: 凡肉隨財長, 髮遂神淸, 髮乃血之餘, 髮濁血亦枯, 髮秀血亦榮, 凡

髮落財遂生, 肉長髮亦落.)

목형인 사람은 머리카락이 빠지면 의심의 여지없이 죽게 됩니다. 《상서》에 이르기를, 살이 찌면 재물이 풍족해지고 머리카락은 저절로 성기게 됩니다. 혈기가 메마르고 정신이 탁하여 실과 같이 문란하고, 만약에 목형인 사람이 수염과 구레나룻이 빠지고, 게다가 머리카락까지 빠지게 되면 목숨이 원래의 상태로 돌아간다고 하였습니다. (木形落髮, 卽死無疑, 書云, 肉長財豊髮自疎, 血枯神濁亂如絲, 若是木形鬚鬢落, 再加髮落壽元歸.)

第32問

삼양은 밝고 왕성해야 한다는데, 무엇을 삼양이라 하는가? (三陽明旺, 何爲三陽?)

答

삼양과 **삼음**[1]은 양쪽 눈 아래입니다. 눈 밑의 삼양은 와잠이라고도 하고, 남녀궁이라고도 하며, 복덕궁이라고도 합니다. 얼굴의 삼양, 인당, 관골 및 준두는 얼굴의 중요한 곳입니다. 때문에 밝고 왕성해야 되고, 어둡고 막혀서는 안 됩니다. (對曰: 三陽三陰, 乃雙目下, 又名臥蠶, 又名男女宮, 又名福德宮, 乃是眼下三陽, 面上三陽印顴準乃一面之要處, 故宜明旺, 不宜暗滯.)

---

1 삼양(三陽)은 태양(太陽), 중양(中陽), 소양(少陽)을 말하고, 삼음(三陰)은 태음(太陰), 중음(中陰), 소음(少陰)을 말한다.

第33問

대신들도 모두가 이마에 주름살이 있는데, 무슨 근거로 그것이 좋지 않다고 말하는가? (額上紋見, 大臣常有, 何爲不好, 此係何說?)

答

무릇 이마에 주름이 1줄 있는 것은 화개[꽃우산]이며, 2줄이 있는 것은 언월[반달]이고, 3줄이 있는 것은 복서[엎드린 코뿔소]인데, 여러 줄이 있는 것은 좋지 않습니다. 주름은 보골[이마]과 변지에서 시작되어야 하고, 가로로 깊어야 좋습니다. 화개는 주로 고독하고, 언월은 보통으로 귀하며, 복서는 크게 귀합니다. 짧기도 하고 어지럽기도 하면 그다지 좋지 않으며, 일생동안 고생을 많이 하고, 낮고 천하며 형벌이나 상해를 당하게 됩니다. (對曰: 凡額上紋, 一條爲華蓋, 二條爲偃月, 三條爲伏犀, 多者不妙, 凡紋欲從輔骨邊起, 橫深爲妙, 華蓋主孤獨, 偃月主中貴, 伏犀者大貴, 如短如亂, 大不好, 一生辛苦, 下賤刑傷.)

第34問

무릇 사람의 상에는 어찌하여 기와 색이란 두 글자가 있는가? (凡人之相何有氣色二字?)

答

《상서》에 이르기를, 골격은 일생의 영화와 쇠락을 정하며, 기색은 당해 년의 길흉을 정한다고 하였습니다. 무릇 기색은 오장육부의 기운이 몸 밖으로 나타난 것이기 때문에 금, 목, 수, 화, 토의 상세한 설명이 있습니다. (對曰: 書云, 骨格定一世榮枯, 氣色定行年休咎, 凡氣色, 乃五臟六

腑之餘光, 故有金木水火土之詳說.)

몸 밖에 있는 것은 기(氣)이며, 몸 안에 있는 것은 색(色)입니다. 색은 싹이고, 기는 뿌리이며, 사람의 뿌리인 기를 보려면 먼저 그 싹인 색을 보아야 합니다. 기색이 안에 숨겨져 있는 사람은 아직 좋은 기회를 만나지 못한 것이며, 기색이 밖에 나타나 있는 사람은 이미 좋은 기회를 만난 것입니다. 선명한 것은 바로 왕성한 것이며, 색깔이 엷은 것은 이미 흩어진 것입니다. (在外爲氣, 在內爲色, 色爲苗, 氣爲根, 凡看根, 先看苗, 在內者還未遇, 在外者已遇, 鮮明者正旺, 淡色者已散.)

무릇 어떤 일을 도모하여 취하려면 그 해당되는 궁에서 기색을 보며, 귀신도 예측하지 못하는 기밀이 있는데, 그것이 곧 천지의 빼어난 기운을 빼앗는 것입니다. 세간에는 각양각색의 서로 다른 술이 있지만 오직 기색이야말로 가장 영험한 것입니다. 다만 귀가 먹고 눈이 멀어 함부로 쇠락함과 흥성함을 말하면 영험하지 않을까 걱정입니다. (凡欲求謀, 卽在此宮看氣色, 有鬼神不測之機, 乃奪天地之秀氣. 世間各樣異術, 惟氣色最驗, 但恐耳聾目盲, 妄言衰旺, 則不驗矣.)

第35問

여인은 혈기를 보는데, 그것은 어느 곳에서 나오는가? (女看血氣, 出於何處?)

答

무릇 여인은 혈기를 위주로 봅니다. 피부는 혈기가 나타나는 곳이며, 피는 피부의 근본입니다. 피부를 보면 혈기의 쇠약함과 왕성함을 가히 알 수 있습니다. (對曰: 凡女人以血爲主, 皮乃血之處, 血乃皮之本, 看皮可知血之衰旺矣.)

피부와 혈색이 밝으면 윤택하고, 피부와 혈색이 홍색을 띠면 메마르고, 피부와 혈색이 황색을 띠면 탁하고, 피부와 혈색이 적색을 띠면 쇠하며, 피부와 혈색이 백색을 띠면 막힌 것입니다. 무릇 혈색이 탁하면 천하고 쇠약하면 음란하며, 막히면 요절하게 됩니다. 때문에 혈색은 마땅히 선명해야 하며, 겉과 속이 모두 밝고 윤택해야 귀한 것입니다. (皮血明則潤, 皮血紅則枯, 皮血黃則濁, 皮血赤則衰, 皮血白則滯, 凡濁則賤, 衰則淫, 滯則夭, 故此血宜鮮明, 表裏明潤, 則爲貴矣.)

第36問

남자는 정기를 위주로 보는데, 어느 곳에서 나오는 것인가? (男以精爲主, 出於何處?)

答

사람의 몸은 그 근본이 정신에 지나지 않는데, 정신이 한 번 흐트러지면 그 어찌 생명이 있을 수 있겠습니까. 눈은 오형을 거느리는 우두머리이기 때문에 눈을 보면 곧 정신을 알 수가 있습니다. (對曰: 一身之本, 不過精神, 神一散, 豈能有命. 目爲五形之領, 故看眼上卽知.)

무릇 정신은 길러져서 두 눈에 나타나는 것이기에, 눈이 빼어나면 정신도 반드시 빼어나고, 눈이 맑으면 정신도 반드시 맑으며, 눈이 마르고 탁하면 정신도 반드시 마르고 탁하고, 눈빛이 흩어지면 정신도 반드시 흩어지는 것이기 때문에 눈은 정신이 위주가 되어야 합니다. (凡養精神, 發在雙目, 目秀神必秀, 目淸神必淸, 目枯濁神, 必枯濁, 目散光, 神必散光, 故目要神爲主.)

《황제내경(黃帝內經)》의 태소에 이르기를, 눈은 일신의 정화이므로 빼어나지 않으면 안 된다고 하였습니다. 만약에 눈이 흐르는 별과 같으면 반드시 일신에 영화가 있는 사람이며, 만약에 눈이 멀고 어둡다면 대개가 고생스럽고 힘들게 사는 사람입니다. (太素曰, 眼乃一身精華, 不宜不秀. 日月若流星, 必是身榮之客, 眼若盲昧, 多因困苦之人.)

눈동자가 튀어나오거나 눈이 치우치지 않고, 움푹 들어가지 않고 눈빛이 들뜬 듯 하지 않아야 비로소 훌륭한 상이 됩니다. 이들 몇가지 중에서 한 가지라도 해당되면 결단코 좋지 않습니다. (不露不偏, 不陷不浮光, 方爲美相. 此數件若犯一件, 決然不好.)

《상서》에 이르기를, 모든 몸의 정신은 두 눈 속에 있는 것이며, 그렇기에 눈동자가 밝고 옻칠로 점을 찍은 듯 하면 반드시 일신에 영화로움이 있으며, 만약에 눈동자가 타는 듯이 황색을 띠며 음란하고 탁하면 사람됨이 낮고 비천하며 빈궁하다고 하였습니다. (書曰, 一體精神二目中, 睛明點漆必身榮, 若是焦黃並亂濁, 爲人下賤且貧窮.)

第37問

처를 얻으면 복이 들어온다는 것은 무슨 말인가? (得妻發福者, 何說?)

答

《상서》에서 이르기를, 간문[눈옆]이 거울과 같으면 처로 인해 재물을 모아 부자가 되고 집안을 일으키며, 코의 준두[코끝] 부위가 풍만하고 우뚝 솟아있으면 재능이 많고 어진 덕성을 지닌 처를 만나게 된다고 하였습니다. 처를 얻어서 복이 나타나는 사람은 준두 어미[눈옆] 부위가 밝고 윤기가 나면 처의 재물을 얻게 되는데, 인당[눈썹사이] 부위에 자색 기운이 누에와 같이 나 있습니다. (對曰: 書云: "奸門如鏡, 因妻致富成家, 鼻準豊隆, 招妻多能賢德." 得妻發福者, 準頭魚尾明潤, 多得妻財, 印堂紫氣如蠶.)

또 이르기를, 남자의 귀두[음경의 끝머리]가 희면 처첩이 현명하고 재능이 있다고 하였으며, 또 여인이 인당 부위가 윤기가 돌고 눈썹이 맑으면 출가하여 남편의 운을 왕성하게 하고 자식에게 이롭게 하며, 얼굴이 가지런하고 고르며 입술이 자색을 띠면 복록이 물 흐르듯 넘쳐난다고 하였습니다. (又云: 龜頭小白, 妻妾賢能. 又云: 女人印潤眉淸, 出嫁旺夫益子, 面平脣紫, 生成福祿滔滔.)

이것은 유독 남자의 상만을 설명한 것이 아니며, 처로 인해 재물을 모아 부자가 될 수 있다는 것 역시 여자의 상으로 인해 남편의 운이 왕성해 진다는 것이기에 이 둘은 모두 합해지는 것입니다. (此說非惟男相, 而能因妻致富, 亦因女相旺夫, 方爲兩合.)

第38問

처와 재물을 얻었는데, 재물은 도리어 궁핍하고 고생스럽게 되는 것은 무슨 까닭인가? (得妻財而反窮苦, 何說?)

答

처를 불러들여 재물이 깨지고 파산하는 것은 오직 콧구멍이 텅텅 비어 있기 때문입니다. 부인을 얻어 집안이 망하는 것은 대부분이 간문에 손가락 하나가 들어갈 정도로 푹 파여 들어가 있기 때문입니다. (對曰: 招妻破財, 只因廚竈兩空. 娶婦破家, 多爲奸門容一指, 陷也.)

만약에 남자가 주로 처첩궁의 겉모양과 생김새가 나쁘면, 처를 얻은 후에 집안이 망하며, 어미 부위에 주름살이 많으면 일생동안 곤궁하게 지내며 늙어서까지 갑니다. 몸에 뼈가 많고 살이 빠진 사람은 일생동안 현명하고 지혜로운 처를 얻게 됩니다. (形局若惡, 招妻之後亡家, 魚尾多紋, 一世窮苦到老, 骨多肉落, 一生長得賢妻.)

만약에 여인의 코가 매우 낮으면 출가하여 남편의 집안이 크게 망하게 되며, 남자의 얼굴에 반점이 생기면 처를 얻은 후에 목숨을 잃고 집안을 망치게 됩니다. (女若鼻低, 出嫁夫家大敗, 男生班點, 招妻喪命亡家.)

만약에 남자가 마땅히 죽어야 하는데. 여자가 형상을 범하지 않으면 그 목숨을 가히 보존할 수 있게 됩니다. 또 이르기를, 만물이 가지런하지 않은 것은 만물의 본성이며, 반드시 그러한 믿음이 있어야 한다고 하였습니다. 수명이 짧은 남자에게는 자연히 남편을 방해하는 처가 있으며, 여인의 상이 좋지 않으면 자연히 남편을 이기는 상이 있는 것입니다. (男若該死, 女不犯刑, 可得保其性命. 又云: "物之不齊, 物之情也, 信須有之, 短命男兒, 自有妨夫之妻, 女相不良, 自有剋夫之相.")

《상서》에 이르기를, 만약에 콧대가 낮고 신기가 작으면 반드시 남편에게 형벌을 주는 부인이라고 하였습니다. 또 이르기를, 신기가 작고 콧대가 낮으면 어찌 장수를 누릴 수가 있겠으며, 관골[광대뼈]이 높고 이마가 넓으며, 입이 불을 부는 것과 같이 오므러져 있으면 반드시 단명하는 남편을 불러들인다고 하였습니다. 또 이르기를, 관골이 높고 이마가 넓으면 반드시 남편에게 형벌을 준다고 하였습니다. (書曰: "鼻若梁低, 神氣小, 定有刑夫之婦." 又云: "神少梁低, 豈能長壽, 顴高額廣, 口如吹火, 必招短壽之夫." 又云: "顴高額廣, 必定刑夫.")

第39問

아비는 집안을 일으키는 상이고 자식은 망하게 하는 상인데, 가히 집안을 깨고 망하게 할 수 있는 것인가? (父相起家子相敗, 可得破家否?)

答

말년에 집안이 깨지고 망하게 되는지를 알려고 한다면 반드시 지각 부위와 두피를 살펴야 하고 자식의 영화를 알려고 하면 또 유두와 배꼽, 배를 보는데, 이러한 것들로서 가히 노년의 운세를 정해줍니다. (對曰: 欲知暮年破敗, 須觀地閣頭皮, 要知子息榮華, 還看乳頭臍腹, 此數件可定老運矣.)

지각 부위가 뾰족하게 깎이고 움푹 패여 있으며, 두피가 메말라 있으면 노년에 이르러 자식의 효성을 말하기가 어렵습니다. 젖이 아래로 늘어져 있으며, 뱃가죽이 얇고, 배꼽이 얕으면 노년에는 반드시 집안을 깨고 망하게 할 자식을 두게 됩니다. (地閣削陷, 頭皮枯乾, 老景難言子孝. 乳朝下, 肚皮薄, 臍若淺, 老年定有破敗之兒.)

만약 얼굴의 상은 좋은데, 오직 이들 몇 가지가 이와 같지 않으면, 비록 노년에 이르러 하루하루를 보낼 수는 있지만 결국에는 쪼그라들고 무기력하게 됩니다. 죽고 난 후에는 자식들도 반드시 패망하게 됩니다. 위에서 말한 것은 늘어서 운기가 좋지 않은 상입니다. (若一面相好, 獨此數件不如, 雖得過日, 自是消乏. 身亡之後, 子必敗矣, 此言父相, 老運不如也.)

第40問

무릇 자식으로 인해 작위에 봉해진다는 것은 무엇을 말하는 것인가?
(凡人受子之封, 何說?)

答

유두가 둥글고 단단하며 귀가 서리처럼 흰 사람은 반드시 자식 때문에 작위에 봉해지게 됩니다. 목의 피부가 넓고 두터우며 와잠 부위가 높은 사람은 자식이 조정의 높은 벼슬에 오르게 됩니다. (對曰: 乳頭圓硬, 耳如霜, 當受子爵. 項皮寬厚, 臥蠶高, 子立朝綱.)

또 이르기를, 귀한 자식을 얻으려면 반드시 침골이 쌍봉을 이루어야 하고, 준수한 자식을 얻고자 한다면 또한 배꼽이 깊고 배가 아래로 늘어져 있는지를 보아야 합니다. (要生貴子, 還須枕骨雙峰. 欲產俊秀, 還看臍深腹垂.)

늙어서 작위에 봉해지려면 반드시 등의 살집이 두텁고 허리가 풍만한지를 살펴야 합니다. 자식이 천자의 은혜를 입는 것은 반드시 피부가 부드럽고 혈색이 윤택하기 때문입니다. 작위에 봉해지는 것은 오로지 한 군데만 보는 것이 아니며, 이 여러 가지를 모두 갖추어야만 일신의 영화를 누릴 수 있게 됩니다. (老來封贈, 須觀背厚腰豊. 食子天恩, 定是皮和血潤. 觀封君不獨一處, 此數者俱許身榮.)

《상서》에 이르기를, 목이 넓고 피부가 두터우며 혈색이 밝게 빛나고, 배가 두텁고 배꼽이 깊으며 허리와 등이 평평하고, 와잠이 숨은 듯 감추어져 있고 입술이 자색을 띠고 있으며, 지각[턱]이 천정[이마]을 향해 마주 하고 있으면 부친과 아들이 모두 작위에 봉해진다고 하였습니다. (書云: "項寬皮厚血光明, 腹厚臍深腰背平. 隱隱臥蠶脣若紫, 地閣朝天父子封.")

第41問

무릇 남녀가 고독한 상이면 두 사람 모두에게 해당되는 것이 아닌가? 그렇지 않으면 어찌 그 두 사람 모두에게 자식이 없는 것인가? (凡男女犯孤, 莫非全犯, 不然, 二人豈俱無子息?)

答

《상서》에 이르기를, 남자의 상에는 자식이 있고 여자의 상에는 없다면 다만 첩을 얻음으로서 비로소 종가의 후손을 이어갈 수 있으며, 여자의 상에는 자식이 있는데 남자의 상에 없으면 두 사람은 늙어서 외로움에 한숨만 쉬며 한탄하게 된다고 하였습니다. (對曰: 書云: "男相有兒女相無, 除非娶妾紹宗枝, 女相有生男不立, 雙雙偕老自嗟孤.")

第42問

남편의 상은 빈궁한데 처의 상이 부유하면 가히 일신에 영화를 누릴 수 있는 것인지? 그리고 처의 상이 남편의 상처럼 귀하지 못하다면 가히 배필을 이룰 수가 있는 것인지 모르지 않는가? (夫相窮, 妻相富, 不知可能身榮, 妻相不如夫相貴, 不知可能得配?)

答

《상서》에 이르기를, 남편이 처의 귀함을 따르고 처가 남편의 귀함을 따른다고 한 것이 바로 한 가지 이치입니다. 남편이 처의 상처럼 부유함에 미치지 못하더라도 가히 온 몸을 의지할 수가 있게 됩니다. (對曰: 書云: "夫從妻貴, 妻從夫貴, 此一理也." 如夫不如妻相, 富可賴全身.)

늘 하는 말에 이르기를, 한 집안의 복은 한 사람에게 있으며, 그래서 세상 사람들 중에는 남편감을 고르는 사람도 많지만 신부감을 고르는 사람이 더 많다고 합니다. 무릇 수명은 태어날 때 하늘이 정해 준 것이지만 부귀는 실로 남에게 의지하여 이룰 수 있다는 이치입니다. (常言道, 一家之福, 在於一人, 所以世人擇夫者多, 擇妻者更多, 夫壽乃先天生定, 而富貴實有可以托賴之理矣.)

第43問

아비의 상이 자식의 상처럼 부유하지 못하면 가히 집안을 흥성하게 할 수 있을지 모르지 않는가? (父相不如子相富, 不知可能興家?)

答

만약에 말년에 집안이 일어서게 된다면 그것은 집안을 일으키는 자식이 있어서 입니다. 얼굴의 격국이 그만 못하더라도 오직 나이가 들면서 와잠 부위가 윤택해지고 유두가 높으면 말년에 집안을 일으킬 수 있는 자식입니다. (對曰: 若得末年家成, 自有成家之子, 若一面格局不如, 獨臥蠶老潤, 乳頭高, 末年可立成家之子.)

변지[이마의 모서리] 부위가 풍만하고 오똑하며 아래턱이 마치 당겨진 활처럼 굽어진 듯이 둥글면 말년에 반드시 일어서게 될 남자입니다. 또한 이르기를, 인당이 넓고 양 눈썹이 고운 빛깔을 띠고 있으면 집안을 흥성하게 하고 나라에 도움이 되는 사람이라고 하였습니다. (邊地豊隆下頦嶠, 末年必有成立之男, 又云, 印堂廣, 雙眉成彩, 興家助國之人.)

사고[천창과 지고]가 풍만하고 귓바퀴가 바르면 높은 벼슬에 올라 아비를 귀하게 만들어 줄 사나이라고 하였습니다. 그리고 특별히 뛰어나고 집안을 흥성하게 하는 사람은 반드시 머리가 둥글고 이마가 넓으며, 스스로 공적을 쌓고 명성을 얻게 되는 것은 모두가 코가 두툼하고 관골이 높기 때문이라고 하였습니다. (四庫豊, 耳輪正, 榮公顯父之男, 卓立興家, 必是頭圓額廣, 自來發迹, 皆因土厚顴高.)

第44問

얼굴의 상은 좋은데 마음씨가 나쁜 것은 어느 곳을 보아야 하는가? (面相好而心田壞, 是看何處?)

答

《상서》에 이르기를, 눈은 마음의 싹으로서 눈이 착하면 마음도 착하고, 눈이 악하면 마음도 악하며, 눈이 빼어나면 마음도 빼어나다고 하였습니다. 이는 사람의 현명함, 어리석음, 착함, 그리고 악함을 보는 것에 지나지 않으며, 덕행과 심성을 판별하는 것은 어렵습니다. 심성을 보려고 한다면 그 밖에도 음즐궁[눈밑]을 봅니다. (對曰: 書云: "眼乃心之苗, 眼善心善, 眼惡心惡, 眼秀心秀." 此不過見人賢愚善惡, 難辨德行心田. 要看心田, 除是陰騭宮.)

와잠[눈밑] 밑 3푼에 해당하는 부위가 음즐궁입니다. 사람됨이 마음이 좋으면 이곳이 평평하고, 마음이 착하면 이곳이 풍만합니다. 마음이 나쁘면 이곳이 깊고, 마음이 음험하고 독하며 남에게 피해를 입히는 사람은 이곳이 청색을 띠며, 만약에 푸른 힘줄이나 붉은 힘줄이 생기면 좋은 사람이 아닙니다. (臥蠶下三分爲陰騭宮. 爲人心好, 此處平, 爲人心善, 此處滿, 心壞, 此處深, 陰毒害人, 此處靑, 若起靑筋紅筋, 非良人也.)

여인으로서 만약에 이곳이 깊고 움푹 들어가거나 푸르고 어둡다면 시부모를 공경하지 않으며, 이웃과도 화목하게 지내지 못하고, 음란하고 욕심이 많고, 좋은 자식을 낳지 못하며, 가정을 이루지를 못합니다. 만약에 여인이 음즐궁이 풍만하면 주로 귀한 자식을 가지게 되고, 집안 살림을 크게 이롭게 하며, 장수하게 됩니다. (女人若深陷靑暗, 不敬公婆, 不和隣里, 多亂多貪, 不出好子, 不得成家, 若此處豊滿, 主有貴子, 大益家道, 壽命延長.)

남자가 만약에 풍만하다면, 《상서》에 이르기를, 음즐궁에 살이 가득하면 복이 많고 마음씨가 착하며, 사람됨이 지혜롭기 때문에 일찍이 음즐을 보고 사람을 구한다고 하였습니다. 또 위에 누에 주름이 생기는 것은 음덕으로서, 영원히 자손을 보호하며, 복과 수명이 길게 이어지도록 한다고 하였습니다. (男人若滿, 書云: "陰騭肉滿, 福重心靈, 爲人有智慧, 曾行陰騭救人. 上起蠶紋爲陰德, 永保子孫, 福壽綿長.")

第45問

자식이 불효한 것은 어느 부위를 보아 아는가? (爲子不孝, 在何處看?)

答

가슴이 높고 궁둥이 당겨져 굽어진 활 모양으로 볼록나오면 부자간의 가까운 정은 논할 수가 없으며, 머리카락이 적색을 띠고 수염이 황색을 띠면 효자로 이름이 멀리까지 퍼진다고는 말할 수가 없습니다. 입술이 가지런하고 두터운 사람은 효도와 의리가 있는 사람이라고 할 수 있으나, 입술을 씰룩거리고 치아가 성긴 사람이라면 그 어찌 효도를 할 수 있다고 할 수 있겠습니까. (對曰 胸高臀彇, 休言父子親情, 髮赤鬚黃, 莫言孝名遠播, 脣齊脣厚, 孝義之人, 脣動齒疎, 豈能孝道.)

닭의 눈동자와 뱀의 눈을 한 사람은 음험하고 악독함을 말로 표현할 수가 없습니다. 벌의 목, 토끼의 머리, 그리고 여우의 눈을 하고 있는 사람은 이익을 독차지하려고 합니다. 몹시 분하여 이를 갈며, 눈을 둥글게 부릅뜨고 머리를 좌우로 흔들어 대는 사람은 패륜아이거나 하천하고 우매합니다. (雞睛蛇眼, 陰毒難言, 蜂項兎頭, 狐眼獨食, 咬牙切齒, 努目搖頭, 壞倫之子, 又是下愚.)

第46問

신하됨이 불충하다는 것은 어느 부위를 보아 아는가? (爲臣不忠, 在何處看?)

答

관골이 높고 준두가 크면 성스럽고 곧은 신하이고, 눈동자가 움푹 들어가고 눈썹이 높으면 탐욕에 눈이 먼 무리입니다. 눈이 둥글고 눈빛이 바르면 군왕의 어려움을 대신할 수 있으며, 수염이 희고 입술이 홍색을 띠고 있으면 죽어서도 혼령이 나라에 충성하는 신하입니다. (對曰: 顴高準大, 忠直之臣, 睛陷眉高, 好貪之輩, 眼圓光正, 可代君王之難, 鬚白脣紅, 致死陰靈報國.)

귀가 높이 솟아 있고 뺨이 뾰족하면 일생동안 사람됨이 간사하고 인색합니다. 만약에 충성하지 않고 효도하지 않는다면 그것은 입이 움푹 들어가고 코가 비뚤어져 있기 때문입니다. 얼굴이 모가 나고 수염이 바르면 성격이 곧으며 충성심이 강합니다. 얼굴이 움푹 들어가고 머리가 움푹 들어가 있으면 간사하고 음험하며 독한 사람입니다. (耳聳腮尖, 一世爲人奸吝, 若要不忠不孝, 只因水陷土偏, 面方鬚正, 直性多忠, 面陷頭陷, 奸邪陰毒.)

❦❦❦

第47問

일생동안 재물은 많은데 관록이 부족하다는 것은 무엇을 말하는 것인가? (一世財多祿不足, 何說?)

答

코가 가지런하고, 양쪽 콧망울이 단정하며, 콧구멍이 작으면 일생동안 금전적으로 여유가 있는 사람입니다. 그러나 만약에 입술이 얇고, 청색을 띠게 되면 단지 인연을 따라 세월을 보내게 됩니다. 입술이 청색을 띠면 설사 1만 관의 재물을 가졌다고 해도 의식을 해결할 수는 없습니다. (對曰: 土星齊, 井竈正, 竅門小, 一生長有餘錢. 脣若薄, 色若靑, 只好隨緣度日. 脣靑者, 縱有萬貫, 不能衣食.)

第48問

일생동안 관록은 좋은데 재물은 그만 못하다는 것은 어찌 말해야 하는 것인가? (一世祿好財不如, 何說?)

答

《상서》에 이르기를, 귀인의 녹봉을 먹으려 한다면 반드시 귀인의 치아를 타고나야 하며, 귀인의 옷을 입으려 한다면 반드시 귀인의 몸을 타고나야 한다고 하였습니다. 무릇 사람은 입술이 붉고 또 윤기가 나며, 그 위와 아래가 균형을 이루어 어울리면 일생동안 술과 음식이 부족하지 않게 됩니다. 만약에 콧등의 준두 부위가 튀어나오고 지고가 기울어져 있다면 그 어찌 자산을 여유롭게 가질 수 있겠습니까? (對曰: 書云: "欲食貴人祿, 須生貴人齒. 欲穿貴人衣, 須生貴人體." 凡人唇紅又潤, 上下得配, 一生酒食無虧. 若是準露庫偏, 豈得資財有分.)

第49問

상이 좋은데도 일찍 죽는 사람은 어찌 말해야 하는가? (相好夭亡者, 何說?)

答

겉모습이 아름답다고 하여 훌륭하다고 말할 수는 없습니다. 요절하는 사람들은 대부분이 신기가 짧고 색이 들떠 있으며, 피부가 팽팽하고 골격이 약하며, 살과 혈색이 고르지 않고, 오관이 고르지 못하며, 두 눈에 정기가 없고, 목소리가 울려 퍼지지 않고, 목소리가 목구멍에서 나와 울림이 없습니다. (對曰: 莫以貌美而言善, 夭者多是神短, 色浮, 皮急, 骨

弱, 肉血不勻, 五官不配, 雙目無神, 聲音不响, 韻不應喉.)

얼굴이 모두 좋아도 신기가 부족하면 장수한다고 말하기가 어렵습니다. 정신은 크게 강인하지만 기가 고르지 못하면 장수할 수가 없습니다. 신기가 부족하면 수명이 짧고, 기가 부족하면 수명이 짧습니다. 무릇 수명은 신기를 위주로 하여 봅니다. (一面俱好神不足, 難言長壽. 精神太旺氣不勻, 不得長生. 神短壽夭, 氣短壽促. 凡壽以神氣爲主.)

第50問

겉모습은 추한데 마음이 매우 지혜롭고 총명하다면 어찌 말해야 하는가? (貌陋者心多聰慧, 何說?)

答

이것은 바로 탁한 것 속에 맑은 것이 있다는 설입니다. 사람들은 항상 탁함 속에 맑음이 있고 맑음 속에 탁함이 있다고 말하고 있지만 일찍이 분명하게 구분하지는 못했습니다. 무릇 사람들은 몸에 탁한 색이 나타나고, 오악이 기울고 움푹 들어가고 비뚤어 있다고 해도 인당을 취하여 평평한 것이 복덕학당이 됩니다. 귀의 윤곽이 있는 것이 외학당이 되며, 눈동자가 맑고 빼어난 것이 총명학당이 되고, 치아가 흰 것이 내학당이 됩니다. (對曰: 此乃濁中有淸之說, 人常說濁中淸, 淸中濁, 未曾辨明. 凡人一身濁色, 五岳偏陷, 歪斜, 止取印堂平爲福德學堂. 耳有輪廓爲外學堂, 睛淸秀爲聰明學堂, 齒白爲內學堂.)

이 4개 학당이 이루어지게 되면 겉모습이 추한 것을 논하지 않으며, 그래서 탁함 속에 맑음이 있고 매우 총명하여 가히 경상의 자리에 오르게 됩니다. 《상서》에서 이르기를, 귀가 바르고 눈동자가 푸른 물결처럼 맑으며, 치아가 가지런하며 깨끗하고 희며 기가 온화하면 설사 생김새나 모습이 지나치게 추하다고 하더라도 가슴 속에는 만인에게는 없는 훌륭한 계책을 품고 있는 사람이라고 하였습니다. (此四學堂成, 不論貌醜, 乃濁中淸, 甚是聰明, 可爲卿相, 書云: "耳正睛淸似碧波, 齒齊潔白氣來和, 雖是形容多醜陋, 胸中高策萬人無.")

第51問

얼굴 모습은 준수한데 마음이 어리석은 것은 어찌 말해야 하는가? (貌俊心朦, 何說?)

答

이것은 맑음 속에 탁함이 있는 상입니다. 무릇 용모가 준수하고 귀가 비록 바르다고 하더라도 눈동자에 정기가 부족하고, 치아가 가지런하지 않으며, 기가 온화하지 않고, 정신이 많이 어지러우면 이는 만사를 이루지 못하는 상입니다. (對曰: 此乃淸中濁之相, 凡人貌俊, 耳雖正, 睛欠神, 齒欠齊, 氣不和, 神多亂, 此乃萬事無成之相.)

第52問

무관의 상을 가진 사람이 문관이 되고, 문관의 상을 가진 사람이 무관직을 가지게 되는 것은 어찌 말해야 하는가? (武相作文官, 文相作武職, 何說?)

答

포공1의 얼굴은 양쪽 관골이 높고 이마가 우뚝 솟아 있는 '칠함삼권'의 면상을 가지고 있었으며, **양육랑2**의 몸은 백옥과 같이 맑았으며, 육랑은 은빛 얼굴에 금색 눈동자를 지녔기 때문에 제후에 봉해질 수 있었습니다. 포공은 무쇠같이 검은 얼굴과 은색처럼 하얀 치아를 가지고 있었기에 재상의 권력을 갖게 된 것입니다. (對曰: 包公之面, 七陷三顴, 楊六郞之身, 瑩如白玉, 六郞銀面金睛, 故有封侯之職, 包公鐵面銀牙, 故掌宰相之權.)

오자서3는 얼굴이 아름다운 부인과 같았지만 유독 눈썹이 '팔(八)'자로 나뉘어 있었습니다. **당 태위4**는 얼굴이 푸르고 수염이 붉었는데, 단지 눈이 빼어났기에 오히려 문신이 되었습니다. (伍子胥顔如美婦, 獨爲眉分八字, 黨太尉靑面赤鬚, 只因目秀, 反作文臣.)

이 네 명의 옛날 사람들은 모두 문무의 재능을 겸비하였기에 장수가 되고 재상이 되는 얼굴이었으며, 맑음과 탁함만으로는 말할 수가 없는 것입니다. (此四古人俱爲文武全才, 出將入相之貌, 莫以淸濁言之.)

---

1 포공(包公, 999~1062)은 본명이 포증(包拯)이며, 자는 희인(希仁)이다. 북송(北宋)의 관리로서 개봉부윤, 추밀부사 등을 지냈으며, 중국 역사에서 가장 청렴하고 공정한 판관으로서 추앙을 받고 있는 인물이다. 포증은 포청천(包靑天) 또는 포공(包公)으로도 불렸으며, 얼굴이 검어 포흑자(包黑子)라는 별명도 가지고 있었다.

2 양육랑(楊六郞, 958~1014)은 양연소(楊延昭)라고도 한다. 북송(北宋)의 무장으로서 하북지역의 방어를 담당하면서 요나라 군대의 침입을 격퇴하는 전공을 세우기도 하였다.

3 오자서(伍子胥, ?~기원전484)는 춘추시대 초(楚)나라에서 태어났으나 초나라 평왕에게 아버지와 형이 살해당한 후 오(吳)나라로 도주하였으며, 후일 초나라에 복수하였다. 오왕인 합려(闔閭)가 죽고 난 후 모함을 받아 합려의 아들인 부차(夫差)로부터 자결을 강요받고 분사하였다.

4 당태위(黨太尉, 927~977)는 이름이 진(進)인데, 북송 초기의 명장으로 삼군 총사령인 태위(太尉)를 지냈다.

第53問

병이 깊은데 오히려 살아나고, 병이 없는데 도리어 죽는 것은 어찌 말해야 하는가? (病沉反生, 無病反死, 何說?)

答

이들 2가지는 오직 기색으로 말할 수 있는 것이며, 상을 관찰하는 것에 있는 것이 아닙니다. 무릇 병자의 기색에서 꺼리는 것이 5가지가 있는데 그 모두를 갖추게 되면 주로 죽게 됩니다. 5가지란 산근[콧등]이 말라 야윈 것, 이륜[귓바퀴]이 검은 것, 명문[눈과 귀 사이]이 어두운 것, 구각[입술끝]이 청색을 띠는 것, 구각이 황색을 띠는 것 등입니다. (對曰: 此二者, 獨言氣色, 不在相上. 凡病人氣色, 所忌五件, 俱主死, 山根枯, 耳輪黑, 命門暗, 口角靑, 口角黃.)

《상서》에 이르기를, 검은색이 태양[눈자위]를 둘러싸면 **노의5**라도 구할 수 없으며, 청색이 구각을 차단하면 **편작6**도 고치기가 어렵다고 하였습니다. 겉에 여러 가지 색깔의 기색이 보이고, 어둡고 막히고 청색과 황색이 나타나면 병색에 지나지 않습니다. 만약에 준두가 밝아지면 죽게 될 사람도 다시 살아나고, 명문이 밝아지면 하루가 지나지 않아 몸이 편안해 집니다. 년상[콧등]과 수상[콧대]의 기색이 펴지면 재액이 곧바로 멀어지게 됩니다. (書云: "黑繞太陽, 盧醫莫救, 靑遮口角, 扁鵲難醫." 外有雜色暗滯, 靑黃不過病色. 若準頭一明, 死者復生. 命門一亮, 不日身安. 年壽一開, 災厄卽遠.)

---

5 노의(盧醫)는 편작의 또 다른 이름으로 보는 것이 대체적인 관점이다. 편작의 집이 노나라에 있었다고 하여 편작을 노의로 불렀다고 한다.
6 편작(扁鵲)은 전국시대의 명의로서 정(鄭)나라 발해군(渤海郡) 사람이다. 성은 진(秦)이요 이름은 월인(越人)이다. 곽나라 태자의 급환을 고쳤다고 하며, 중국 최고의 명의로 전해오고 있다.

또한 이르기를, 삼양[원쪽 눈]이 청대[靛, 쪽으로 만든 검푸른 물감]와 같이 검푸른색을 띠면 반드시 죽게 된다는 것은 의심할 바가 없지만, 년상과 수상이 밝아지면 반드시 구함이 있게 됩니다. 이 5개 부위 가운데 1곳이라도 기색이 열리면 죽지 않는다고 하였습니다. 무릇 사람의 기색이 항상 어둡다가 갑자기 밝아지면 죽을 때가 온 것이며, 항상 밝다가 갑자기 어두워지게 되어도 또한 죽음에 이르게 됩니다. 병으로 반드시 죽게 되어 있는 사람이 년상과 수상 부위, 삼양이 적색을 띠게 되면 10일 후에 죽게 됩니다. (又云: 三陽如靛, 死必無疑, 年壽光, 明還須有救, 此五處, 一處開, 不死. 凡人氣色常暗, 忽一日光明, 死期至矣, 常明忽暗, 死亦至矣. 病必死者, 年壽三陽一赤, 旬日身亡.)

인당[눈썹사이] 부위에 흰색의 기운이 나타나고 입에 황색의 기운이 나타나면 7일 후에 목숨이 끊어지게 되며, 온 얼굴이 연기 같고 적색 빛이 나게 되면 반드시 14일 후를 방비해야 합니다. 노인이 온 얼굴에 황색 빛이 나타나면 7일 후를 피하기가 어려우며, 소년이 입가에 청색이 나타나면 1개월의 수입니다. 병이 있는 사람이 설사 준두[코끝]가 윤택하지 않음이 보이더라도, 죽게 되는 것은 오직 년상과 수상 부위가 진흙 같은지를 보아야 합니다. 귀에 티끌이 생기면 반드시 질병이 있는 것입니다. (白發印堂黃發口, 一七殞命, 四壁如煙起赤光, 須防二七, 老人滿面黃光現, 一七難逃, 少者靑來口角邊, 一月之數, 有病人雖看準頭不潤, 入死則只看年壽如泥. 耳生塵, 還須有疾病.)

이륜[귓바퀴]가 적색을 띠면 만사가 걱정이 없으며, 인당이 검은 색을 띠면 죽지는 않으며, 양쪽 관골[광대뼈]이 청색을 띠면 큰 어려움이 닥쳐오게 됩니다. 온 몸의 혈색이 빛을 화려하게 발하면 1년 이내에 운이 막히며, 피부와 혈기가 막혀 진흙같이 어둡고 밝지 못하면 반 년 이내에 운이 막힙니다. (耳輪赤, 萬事無憂, 印堂黑, 非死也, 重顴骨靑, 大難來臨, 一身血色有光華, 一年之內, 皮血滯如泥不亮, 半載之間.)

第54問

관직이 최고의 품계에 있더라도 죽을 때에 이르러서는 입고 먹을 것이 모두 없게 되는 사람이 있는데, 이는 어찌 말해야 하는 것인가? (官居極品, 臨終衣食俱無, 何說?)

答

무릇 사람이 늙었을 때의 운은 부귀에 걸리는 것이 아니고 모두 피부와 살결을 위주로 보아야 합니다. 늙어서 피부가 윤택하고 혈색이 족하면 뒷날 늦게까지도 운이 있어 반드시 크게 왕성하게 됩니다. 그러나 늙으면서 피부와 살결이 마르고 혈색이 쇠약해지면 관직에서 물러나서 곤궁함에 이르게 되고, 일반 백성들도 곤궁함에 이르게 되어 죽은 후에도 결국에는 모두 어렵게 됩니다. (對曰: 凡人老運不拘富貴, 俱要皮土爲主. 老來皮土潤, 血色足, 日後還有晚景, 必當大旺. 老來皮土幹, 血色衰, 爲官退位至窮, 爲民致困, 死後結果俱難.)

第55問

사람이 늙으면서 와잠 부위가 낮게 내려앉고, 유두가 아래로 늘어지면 자식을 얻지 못하며, 오히려 늙어서 가난하게 된다고 하는 것은 어찌 말하는 것인가? (人老來臥蠶低, 乳朝下, 不得子, 反主老窮, 何說?)

答

모두 피부와 살결이 약하고, 혈기가 왕성하지 않으며, 와잠이 낮게 내려앉고, 유방이 아래로 처져있기 때문입니다. 만약에 혈색이 윤택하고 좋으면 와잠이 내려앉고 유방이 아래로 처질 까닭은 없을 것입니다. (對曰: 皆因皮土弱, 血不旺, 臥蠶方低, 乳方朝下, 若血色潤好, 豈有臥蠶反低, 乳方朝下之理.)

第56問

일생동안 운이 없다가 늙어서 오히려 편안하게 나날을 보내는 사람이 있는데, 그것은 어찌 말해야 하는가? (一生無運, 老來反得安逸, 何說?)

答

일생동안 운이 없는 것은 얼굴이 격국을 잃었기 때문입니다. 두 눈이 균형을 잃고, 부위가 (삼정 간의) 균형을 잃어버리면 평생 노고를 겪게 되어 한나절도 편안하고 한가함이 없게 됩니다. 늙어서 고생하는 것은 신기와 혈기가 왕성한지에 따라 정해지는 것이지 생김새로 좌우되는 것은 아닙니다. (對曰: 一生無運, 因一面失局. 星辰不勻, 部位不停, 以致一生勞苦, 無半日安閒. 老來苦, 神定血旺, 不在相上.)

무릇 늙은 사람의 운은 오직 피부의 색깔과 기혈을 보면 되는데, 만약에 신기와 혈기가 모두 좋으면 설사 운이 없더라도 좋아지게 됩니다. 그러나 만약에 피부의 색깔이 마르고 여위게 되면 죽을 때가 이른 것입니다. (凡老運, 只看皮色, 氣血, 若神氣血氣俱好, 雖無運亦好. 若皮色一枯, 則死期至矣.)

《상서》에 이르기를, 노인은 피부, 모발, 혈색 및 신기를 보고, 사지가 모두 좋으면 주로 영화를 누리게 됩니다. 그러나 피부가 마를 뿐 아니라 혈기가 약하면 일 년 이내에 반드시 저승으로 가게 됩니다. (書云: "老看皮毛血共神, 四肢俱好, 主身榮. 若是皮枯幷血弱, 一年之內必歸冥.")

第57問

오관이 모두 좋고, 몸도 거리낄 곳이 없는데도 오랫동안 곤궁한 것은 어찌 말해야 하는 것인가? (五官俱好, 一體無嫌, 久困窮途, 何說?)

答

이것은 운이 좋고 상이 좋아도 유독 기색이 좋지 않기 때문입니다. 하늘이 맑음을 얻지 못하고, 해와 달이 밝음을 얻지 못하고, 사람이 기색을 얻지 못하면 운이 통하지 않게 됩니다. 골격과 외모의 각 부위가 모두 좋아도 오직 기색이 좋지 않으면 역시 이름을 세상에 드러내기가 어렵습니다. 그러나 기가 밝고 혈색이 윤택해지기를 기다리면 장차 운이 통하는 때를 얻게 됩니다. (對曰: 此乃運好相好, 獨氣色不好. 天不得晴, 日月不得明. 人不得氣色, 則運不通. 骨格, 外貌, 部位俱好, 唯氣色不好, 亦難得顯. 直待氣明色潤, 方得通時.)

기가 막히면 9년, 색이 막히면 3년, 정신이 혼미해지면 일생동안 운이 트이지 않습니다. 만약에 신과 기, 색 3가지가 모두 어두우면 늙어서도 곤궁하며, 얼굴 부위가 좋다고 해도 결국에는 이름을 세상에 드러내지 못합니다. 때문에 사람은 기색을 위주로 보며, 골격은 일생의 빈천을 결정하게 됩니다. (氣滯九年, 色滯三年, 神昏一世. 若神, 氣, 色三件俱暗, 窮苦到老, 卽部位好, 而終不顯達. 故人以氣色爲主, 骨格定一世貧賤.)

第58問

격국이 그만 못해도 크게 재물을 모으는 사람이 있는데, 그것은 어찌 말하는 것인가? (格局不如而又大發財, 何說?)

答

이는 설령 재물을 모으더라도 반드시 잃는 것이 있다는 것입니다. 이 말은 부위는 좋지 않고 기색은 좋은 경우를 말하는 것입니다. 반드시 기색이 응하면 재물을 모으지 못하는 사람은 없습니다. 얼굴 부위가 균형을 이루면 운이 들어 와 반드시 집안을 일으켜 흥성하게 합니다. 혈색이 선명하고 밝으며 윤택하면 그 해에 가히 마음속에 품은 일을 이룰 수 있게 됩니다. 부위는 해당되는 해의 길흉이나 화복을 보여주며, 기색은 당월의 길흉을 정해줍니다. (對曰: 此縱發財, 還須有失, 此言, 部位不好, 氣色好之說, 須應氣色, 無人不發, 部位均停, 運至必興家道, 色鮮明潤, 其年可遂心懷. 部位以爲年休咎, 氣色定當月吉凶.)

모든 일은 기색을 보는 것만 못합니다. 아름다운 옥이 산에서 나오는 것이 아니고, 단지 스스로 산 속에 묻혀 있는 것이며, 난파선도 순풍을 만나게 되어 역시 항해를 할 수가 있는 것입니다. 《상서》에 이르기를, 얼굴 부위가 기울어져도 기색이 밝은 사람은 매사가 마음먹은 대로 순조롭게 풀리며, 만약에 기색이 여전히 어두우면 옛날 그대로 고생을 면치 못하고 곤궁한 생활을 하는 사람이라고 하였습니다. (萬言諸事不如氣色, 美玉不出山, 徒自埋山, 破船遇順風, 亦能航海, 書云: "部位偏斜氣色明, 萬般營運遂君心, 若還氣色仍前暗, 依舊辛勤困苦人.")

第59問

첫째는 골격이고, 둘째는 부위이며, 셋째는 형체와 정신, 넷째는 기색인데, 이들 4가지 중에서 어떤 것을 더 기준으로 삼는가? (一骨格, 二部位, 三形神, 四氣色, 此四件何一件更準?)

答

골격은 일생의 빈부를 결정하고, 부위는 일생의 부침을 결정하며, 형체와 정신은 바뀌어지는 것을 결정하며, 기색은 당년의 길흉을 결정합니다. 이들 4가지는 모두 기준이 되지만, 각기 쓰임이 있습니다. 먼저 36가지 방법에 의거하여 하나하나 자세히 본다면 드러난 징조가 맞지 않은 것이 없습니다. (對曰: 骨格定一世貧富, 部位定一世消長, 形神定更改, 氣色定當年吉凶, 此四件俱準, 各有一用. 依前三十六法, 一一細看, 無不應驗.)

기색은 때에 따라 변함이 있으니 그 후에는 해마다 상생과 상극을 보고, 달마다 궁의 부위를 보고, 날마다 기의 마디를 보고 변화를 알면 그 일이 어떤 궁에서 일어나는지를 구하여 당장 필요한 일에 쓸 수 있게 됩니다. 뿐만 아니라 어느 달 어느 날에 얻을 수 있으며, 어느 방향에서 구할 수 있고, 또 어느 방향을 피해야 하는지를 사용하는데, 법도에 따라 마음을 쓰면 귀신도 모르게 하늘의 기밀을 빼앗을 수 있게 되는 것입니다. (氣色逐時有變, 可依後逐年生克, 逐月宮份, 逐日氣節. 求其事, 應於某宮, 當用某月某日可得, 何方可求, 何方可避, 依法用心, 鬼神莫測, 可奪天機也.)

第60問

상이 좋아도 기색을 보게 되는데, 어떤 것은 보기가 어려우니, 그것을 어떻게 분별해야 하는가? (相還好看氣色, 或者難看, 何以辨之?)

答

상에는 수만 수천 가지의 변화가 있으니, 어찌 쉬울 수가 있겠습니까? 기색은 하나의 이치에 불과한데 어찌 어렵다고 하는 것입니까? 누누이 상을 관찰해도 참되게 전해오는 실학이 빠졌으니 이 티끌만한 차이도 1천 리의 차이가 됩니다. 궁의 부위를 모르고, 상생과 상극을 분별하지 못하며, 도리에 밝지 못하고, 안력을 얻지 못합니다. (對曰: 相有萬千之變, 豈能容易, 氣色不過一理, 豈爲難乎? 屢屢看相, 缺眞傳實學, 故此毫釐有千里之差. 不知宮分, 不識生克, 不明道理, 不得眼力.)

또한 어떤 것이 기이고 어떤 것이 색인지, 어떤 것이 길하며 어떤 것이 흉한지, 어떤 방향이 흉함을 피할 수 있는지, 어느 날 만날 수 있는지를 모릅니다. 요컨대, 상을 보는 비결을 얻지 못하면 분명하게 알아내기가 어렵습니다. (不知何爲氣, 何爲色, 何爲吉, 何爲凶, 以何方可脫, 何日可見, 總然不得訣法, 難以盡明.)

第61問

여인은 남편을 성공하게 하거나 실패하게 할 수가 있다고 하는데, 이러한 말이 있을 수 있는 것인가?(女人旺夫敗夫, 可有此說?)

答

남편을 성공시키는 여인은 등이 두텁고 어깨가 둥글며, 남편을 이기는 처는 관골이 높고 코가 작습니다. 무릇 여인 상의 부위에는 비록 십이궁, 오관, 육부, 삼정이 있지만, 단지 4가지를 취하여 씁니다. 이마는 부모이고, 코는 남편이며, 입은 자식이고, 눈은 귀함과 천함이 됩니다. (對曰: 旺夫之女, 背厚肩圓, 克夫之妻, 顴高鼻小, 凡女相雖部位十二宮五官六府三停, 只取四件爲用. 額爲父母, 鼻爲夫星, 口爲子星, 眼乃貴賤.)

무릇 여인의 상을 보려면 먼저 코와 준두[코끝]를 남편성으로 봅니다. 만약에 목적한 바를 이루고자 하고, 자식이 귀하게 되기를 바라면 반드시 입술이 균형을 이루어야 하며, 입술에 주름이 많으면 자식이 이름을 얻게 됩니다. 눈이 봉황 눈과 같으면 반드시 남편을 성공시켜 창업을 일으키지만 또한 얼굴이 이지러진 데가 없어야 합니다. (凡觀女相, 先看鼻準爲夫星, 若要收成子貴, 還須脣配多紋. 子息成名, 必定眼如鳳目. 旺夫起創, 還須一面無虧.)

육삭[양 이마, 양 광대뼈, 양 턱이 깎인 것]이고, 삼첨[이마, 준두, 턱이 뾰족한 것]이면 어찌 집안을 일으키고 일을 이루겠습니까? 얼굴이 옥처럼 맑으면 어찌 기린처럼 귀한 자식을 낳지 못할까 걱정하겠습니까? 집안을 일으키는 부인은 반드시 얼굴의 삼정[상정, 중정, 하정]이 균형을 이루고 있으며, 복을 누리는 여인은 반드시 이마가 바르고 눈썹이 맑고 깨끗합니다. 어찌 준두 부위가 둥근 과부가 있겠습니까? 어디에 입이 활을 당긴 듯 볼록하게 튀어나온 귀인을 볼 수가 있겠습니까? (六削三尖, 豈得興家立事, 面如瑩玉, 何愁不産麒麟. 興家之婦, 定是三停得配. 享福之人, 必然額正眉淸. 豈有準圓孀婦? 那見彏嘴貴人?)

귀한 남편의 배필이 되려면 체취가 향기롭고 몸이 반듯해야 합니다. 심히 음란한 여인은 얼굴에 점이 많고 코가 작습니다. 몸은 가벼운데 발걸음이 무거운 여인은 대부분이 시첩이 되며, 몸을 움직이고 머리를 좌우로 흔드는 여인은 병풍 뒤에서 치마와 비녀를 풀게 됩니다. 하루 종일 규문 안에서 정숙한데, 얼굴이 둥글고 풍만하며, 눈빛이 강렬한 여인은 남편의 권한을 빼앗아 마음대로 휘두릅니다. (要配貴夫, 身香體正. 多淫多亂, 面斑鼻小. 身輕脚重, 多爲侍妾. 體動頭搖, 屛風之後裙釵. 整肅, 面圓顔重, 神强, 强奪夫婿經營.)

눈이 크고 눈동자가 맑고 뛰어나며 코가 반듯하면 남편을 성공시키는 여인입니다. 코가 바르고 신기가 맑으면 운이 틔어서 복을 불러오는 사람입니다. 피가 잘 통하고 광채가 나며, 눈 속에 빼어난 기운을 감추고 있으면 반드시 뛰어난 자식을 낳게 됩니다. 얼굴이 크고 시골[뼈]이 없으면 복덕을 말하지 않습니다. 살결이 눈처럼 희면 비천하고 매우 음란하며, 살결이 솜과 같이 부드러우면 일생동안 음란하고 비천한 여인입니다. (眼大睛高, 鼻正, 總是旺夫之女. 土正神淸, 發福之人. 血利光彩, 眼中藏秀, 必産佳兒. 面大無腮, 休言福德. 肉白如雪, 下賤多淫, 肉軟如綿, 一生淫賤.)

눈동자가 둥글고 이마가 깎였으며 피부가 매우 미끄러운 여인은 창기가 되지 않으려면 비구니가 되어야 합니다. 입술이 희고 입이 뽀족하며 머리카락이 황색을 띠면 매파[혼인을 중매하는 할멈]가 아니면 시첩[고관대작과 함께 있으면서 시중드는 첩]이 됩니다. 준두가 둥글고 혈색이 윤택하면 반드시 집안을 일으키며, 준두가 작고 콧마루가 낮으면 출가하여 가정을 파탄내고 망하게 만듭니다. (睛圓額削皮多滑, 不爲娼妓作尼姑. 脣白嘴尖髮又黃, 不是媒婆爲侍妾, 準圓血潤, 必主興家, 準小梁低, 出嫁破敗.)

第62問

무릇 소아는 골격이 아직 성장하지 않았는데, 관찰하여 그 귀천을 알 수가 있는가? (凡小兒骨格未成, 可看得貴賤否?)

答

비록 소아의 골격이 자라지 않았지만 오관과 육부, 삼정 등의 부위는 이미 다 정해졌습니다. 또한 음성과 신기를 위주로 보아야 합니다. 음성의 울림이 낭랑하고 얼굴이 온화한 아이는 가업을 이룰 자식이며, 오관이 모두 반듯하고 눈이 별과 같은 아이는 크게 귀하게 될 것입니다. 피부와 살집이 넓고 두터운 아이는 복을 누리며 장수하게 되고, 피부가 팽팽하거나 들뜬 아이는 가난하기도 하고 단명하기도 하며, 음성이 맑고 울림이 있는 아이는 부모에게 이로움이 많이 될 것입니다. (對曰: 骨格未成, 五官六府三停已定, 還看聲音與神爲主, 聲音響喨, 貌溫和, 成家之子, 五官俱正, 眼如星, 大貴之兒. 皮肉寬厚, 有福有壽, 皮急皮浮, 且貧且夭, 聲

淸音響, 多利雙親.)

목소리가 위축되고 호흡이 거친 아이는 장수한다고 말하기가 어렵고, 눈썹이 높고 귀가 반듯하면 반드시 총명하고 준수한 아이입니다. 눈썹이 낮고 귀가 낮은 아이는 대부분이 승려나 도관이 되고, 아버지의 복을 받으려면 이마가 넓고 인당[눈썹사이]이 넓으며, 콧마루가 높고 반듯한 아이는 가업을 이루게 됨을 보게 됩니다. (聲蹙氣粗, 難言有壽, 眉高耳正, 必是聰俊之兒. 眉低耳低, 多是爲僧爲道. 受父之福, 額廣印寬, 見成家業, 鼻柱梁高.)

《상서》에 이르기를, 아이가 눈썹이 높고 귀가 두터우면 다복하며, 이마가 넓고 뺨이 둥글면 반드시 귀하다고 하였습니다. 대개 10세가 되기 전의 아이가 몸이 가볍고 바르며, 기가 넉넉하고 신기가 왕성하면 마땅히 큰 그릇이 된다고 말할 수 있습니다. 깎인 듯 하고 엷은 듯 하며 기운 듯 하면 모두가 격을 이루지 못한 것입니다. (書云: "眉高耳厚兒多福, 額寬腮圓貴必宜." 大槪未十歲, 宜身輕體正, 氣足神壯, 方言成器. 如削如薄如偏, 俱是不成之格.)

머리가 둥근 아이는 결코 수명이 짧지 않으며, 입이 넓은 아이는 반드시 빈한하지 않고, 피부가 두터운 아이는 반드시 장수합니다. 골격이 약한 아이는 일신의 편안함과 번성함을 누릴 수 없고, 천정이 깎이고 귓바퀴가 어두운 아이는 소년시절에 어려움을 많이 겪게 됩니다. (頭圓者決無短壽, 口闊者必不貧寒. 皮厚者還須有壽, 骨弱者不得安榮. 天停削, 耳輪暗, 少年多困.)

산근[콧등]이 움푹 들어가고 두 눈썹이 낮으면 가업과 재산을 지키기가 어려우며, 귀가 뒤집히고 눈썹이 낮으면 학문을 물을 필요가 없습니다. 귀가 바르고 눈동자가 맑으면 공적과 명예를 논할 수 있지만 목소리가 깨어지고 기색이 어두우면 재산을 없앨 자식입니다. 만약에 목소리가 맑고 기색이 밝으면 흥왕할 사람입니다. (山根陷, 羅計低, 難守

家財. 耳若反, 眉若低, 不須問讀. 耳若正, 睛若淸, 可言功名. 聲若破, 色若暗, 破財之子. 聲若淸, 色若明, 興旺之人.)

第63問

오관[눈, 코, 입, 귀, 눈썹] 중에서 어찌하여 어느 하나는 큰 것을 꺼리고 어느 하나는 작은 것을 꺼리는가? (五官之中所忌, 何一官大何一官小?)

答

무릇 오관은 모두 바르고 곧으며 골고루 균형을 이루어야 하며, 치우치거나 움푹 들어가거나 작거나 깎여 있어서는 안 됩니다. 마땅히 좋은 것은 입이 넓고 입술이 홍색을 띠는 것이며, 꺼리는 것은 콧등에 마디가 생겨 있는 것입니다. 눈은 크고 눈동자가 드러나 흐리멍덩하지 않으며, 귀는 크고 반드시 바르고 두툼해야 합니다. 코가 작은 사람은 재산을 모으기가 어려우며, 입이 작은 사람은 일생동안 먹을 양식이 없습니다. (對曰: 凡五官俱宜正直平勻, 不宜偏陷小削. 所宜者口闊脣紅, 所忌者鼻梁起節, 眼大不可露神, 耳大最要正厚, 鼻小者資財難聚, 口小者一世無糧.)

눈썹은 높아야 하며, 낮게 내려앉아서는 안 됩니다. 눈은 작은 것을 꺼리며, 또한 비뚤어지거나 옆으로 째려보는 사시도 꺼립니다. 입은 뾰족한 것을 꺼리며 입술이 얇은 것도 싫어합니다. 눈이 작으면 눈썹이 가벼운 것을 꺼리지 않으며, 눈이 크면 눈썹이 진한 것을 싫어하지 않습니다. (眉宜高, 不可低墮, 眼忌小, 又忌偏斜, 口忌尖, 又嫌脣薄, 眼小者不忌眉輕, 眼大者不嫌眉重.)

관골[광대뼈]이 없는 사람은 코가 크지 말아야 하며, 얼굴이 큰 사람은 콧마루가 낮은 것을 매우 꺼리며, 입이 큰 사람은 치아가 밖으로 드러나서는 안 됩니다. 눈이 큰 사람은 눈빛이 들떠서는 안 되며, 눈썹이 좁게 쭈그러진 사람은 눈이 크지 말아야 하고, 귀가 작으면 눈썹이 좁게 오그라드는 것을 가장 두려워합니다. (無顴者不宜鼻大, 面大者切忌梁低, 口闊不宜露齒, 眼大不可浮光, 眉麤不宜眼大, 耳小最怕眉麤.)

第64問

오행은 어찌 상생과 상극을 이루는가? (五行何爲生剋?)

答

목형인은 마땅히 수형인의 특징[격국]을 가져야 좋으며, 토형인은 금형인의 특징을 얻어야 뛰어나게 좋고, 화형인은 목형인의 특징을 얻어야 좋습니다. 목형인은 몸이 피어나면 반드시 부를 얻게 되며, 금형인은 홍색을 띠고 윤택해지면 일신에 영화가 오고, 수형인은 서쪽의 금(金)의 기운을 얻게 되면 반드시 귀하게 됩니다. (對曰: 木形人故宜水局, 土形人得金爲奇, 火形人宜得木局, 木形人身發必富, 金形人紅潤身榮, 水若西方必貴.)

목형인은 금형인의 특징을 얻으면 가난하고 비천하게 되며, 토형인은 한 번 마르게 되면 죽게 되고, 금형인은 한 번 살이 찌게 되면 살기가 어렵게 됩니다. 수형인은 토의 상극을 받게 되는 것을 싫어하기 때문에 토형인의 특징을 가져서는 안 되며, 금형인은 준두[코끝] 부위가 홍색을 띠게 되면 어려움이 많게 됩니다. (木遇金則貧賤, 土形一瘦卽死, 金形一胖難生, 水形忌嫌土剋, 金形準紅多難.)

목형인 같으나 목형인이 아니면 지위가 높고 귀하기가 어려우며, 금형인 같으나 금형인이 아니면 영화를 누리기가 어렵고, 수형인 같은데 수형인이 아니면 오히려 운이 좋으며, 토형인 같은데 토형인이 아니면 편안하고 영화를 누리게 됩니다. 오행에서는 상극을 당하는 것을 가장 꺼리며, 오행이 상생하고 상부해야만 비로소 영화를 누리게 됩니다. (似木不木難貴, 似金不金難榮, 似水不水反好, 似土不土安榮. 五行切忌犯剋, 生扶可以爲榮.)

第65問

자식을 보면 남편을 잃는 경우가 있고, 처를 잃는 경우도 있다고 하는데 이는 어찌 말하는 것인가? (有見子傷夫, 有見子傷妻者, 何說?)

答

《상서》에 이르기를, 자식을 보게 되면 처를 잃는 것은 어미[눈옆] 부위의 주름살이 천창[양 이마] 부위와 지고[양 턱] 부위로 이어져 통하기 때문이며, 아이가 자라면서 처를 잃는 것은 간문[눈옆] 부위에 황색 빛이 보이기 때문이라고 하였습니다. 주름이 천창과 지고[양 턱]로 이어져 통해 있는데 자식을 보게 되면 처에게 형벌이나 상해를 입히며, 간문에 주름이 생기면 주로 처를 극하게 되고, 간문에 황색 빛이 나타나면 주로 좋은 자식을 두게 됩니다. (對曰: 書云: "見子傷妻, 魚尾紋通天庫, 兒成妻喪, 奸門所見有黃光." 紋通天庫, 主見子刑妻, 奸門紋生, 主剋妻, 有黃光, 主有好子.)

《상서》에 이르기를, 자식을 보게 되면 처를 잃는 것은 관골이 높고 눈동자가 움푹 들어가 있으며, 인당이 평평하기 때문이며, 자식을 부축하여 절개를 지키는 것은 코가 약하고 콧마루가 낮으며 입술이 홍색을 띠고 있기 때문이라고 하였습니다. (書云: "見子傷妻, 顴高睛陷, 印堂平, 扶子守節, 鼻弱梁低唇紅.")

무릇 부인이 관골이 높고 눈이 오목하게 들어가 있다면 그 어찌 남편을 잃지 않겠습니까? 그러나 인당이 평평한 사람은 주로 자식을 두게 됩니다. 코는 남편을 관장하는 부성으로서, 한 번 움푹 패여 들어가게 되면 남편이 형벌을 당하게 마련이며, 입술이 홍색을 띠면 반드시 자식을 두게 됩니다. (凡婦人顴高眼凹, 豈不傷夫? 印堂平者, 主有子. 鼻乃夫星, 一陷定刑, 脣紅必主有子.)

또 이르기를, 부인이 눈동자가 적색을 보일 때 자식을 보게 되면 남편을 잃게 되며, 남자의 눈동자가 황색을 보일 때 자식을 보게 되면 처를 죽게 하고 자식을 극한다고 하였습니다. 또 이르기를, 처를 극하고 자식을 낳는 것은 와잠의 혈색이 윤택하고 어미[눈옆]가 푸르기 때문이며, 자식을 극하고 처를 살아있게 하는 것은 간문이 밝고 윤택하며 와잠이 약하기 때문이라고 하였습니다. (又云: "婦人睛赤, 見子刑夫, 男子睛黃, 刑妻剋子." 又云: "剋妻生子, 臥蠶血潤, 魚尾靑, 剋子存妻, 奸門明潤臥蠶弱.")

第66問

배 속에서 태어나면서 아비를 상하게 하거나 어미에게 형벌을 당하게 한다는 것은 어찌 말하는 것인가? (出胎傷父, 又主刑娘, 何說?)

答

어린아이의 발제[머리카락 경계 부분]가 낮으면 반드시 아비를 잃게 되며, 일각[이마]과 월각[이마] 부위이 소라의 껍데기처럼 빙빙 돌아가면서 있으면 반드시 어미를 다치게 됩니다. 또한 이르기를, 솜털이 일각과 월각에 나면 어려서 부모를 잃게 되고, 눈썹이 소라 껍데기처럼 빙빙 돌아가면서 있으면 반드시 어미를 죽게 한다고 하였습니다. (對曰: 小兒髮低必傷父, 日月旋螺定傷母, 又云: 寒毛生角, 幼失雙親, 眉毛螺旋, 必主刑母.)

아비를 죽게 하는 아이는 머리가 치우쳐 있고 이마가 깎여 있으며, 어미를 방해하게 하는 아이는 눈이 움푹 들어가 있고 두 눈썹이 서로 교차하고 있습니다. 태어날 때부터 노란 머리털이 있는 아이는 기르기가 어려울까 두려우며, 태어날 때부터 검은 머리털을 가지고 있으면 형벌을 받거나 상해가 있을까 두려워 합니다. (刑父者, 頭偏額削, 妨母者, 眼陷眉交. 胎毛黃, 恐防難養, 胎毛黑, 恐有刑傷.)

《시》에 이르기를, 이마가 깎여 있고 머리가 기울어져 있으며 두 눈이 아래로 늘어져 있으면 부모에게 형벌을 주고 상해를 주기도 하고 재액이 있기도 합니다. 양쪽 눈썹이 서로 교차하고 있으며 눈이 깊게 들어가고 산근이 끊어져 있으면 이는 인간이라고 할 수 없는 깨지고 망가진 사람이라고 하였습니다. (詩云: 額削頭偏日月垂, 又刑父母又灾危, 眉交眼陷山根斷, 乃是人間破敗兒.)

第67問

얼굴의 상이 좋아도 한 부위가 깨지고 망가졌다면 꺼리는 것이 있는가? 없는가? (面相好有一處破敗, 可有忌否?)

答

인체를 두루 보는 데는 상하로 십이궁과 36법이 있습니다. 만약에 한 부위라도 결함이 있다면 완전하게 복을 누릴 수 있다고 말하기가 어렵습니다. 그래서 좋은 것 속에서 나쁜 것이 생긴다는 12가지 상법이 있습니다. (對曰: 遇身上下十二宮, 三十六法, 若有一處失陷, 難以言其全福, 有十二件美中生惡之法.)

이들 12가지 상법의 내용은 아래와 같습니다.
① 비록 머리가 둥글어도 뒷머리가 없으면 일생동안 성공할 수가 없습니다. (頭雖圓無腦, 一世不能成立.)

② 천정[이마]은 높고 머리카락이 풀과 같으면 일생동안 미천하고 어리석으며 고집스럽습니다. (天停高, 髮如草, 一世下賤愚頑.)

③ 눈이 맑아도 두 눈썹이 눌려 있으면 일생동안 성공할 수가 없습니다. (眼雖淸, 雙眉壓, 一世不能成立.)

④ 귀가 반듯해도 솜처럼 부드러우면 일생동안 어리석고 고집스러우며 의지가 열등합니다. (耳雖正, 軟如綿, 一世愚頑志劣.)

⑤ 콧마루가 높더라도 산근[콧등]이 움푹 패여 있으면 일생동안 재산이 모이기를 바라기 어렵습니다. (梁雖高, 山根陷, 一生難望聚財.)

⑥ 준두[코끝]가 둥글어도 콧구멍이 크면 일생동안 재산이 모이기를 바라기가 어렵습니다. (準雖圓, 井竈大, 一生難望聚財.)

⑦ 관골[광대뼈]이 비록 높아도 좌우가 균형을 이루지 못하면 일생동안 고독하게 됩니다. (顴雖高, 左右不配, 主一生孤獨.)

⑧ 입술이 비록 붉고 윤택해도 치아가 성기고 적으면 무릇 매사가 이루어지지 않습니다. (脣雖紅潤, 齒疎少, 凡事無成.)

⑨ 목이 비록 둥글어도 양쪽 어깨가 세로로 늘어져 있으면 일생동안 빈한합니다. (項雖圓, 雙肩縱, 主一生貧寒.)

⑩ 배가 두터워도 위가 크고 아래가 작으면 일생동안 운이 피지 않습니다. (腹雖厚, 上大下小, 一生不發.)

⑪ 궁둥이가 비록 크더라도 굽어진 활 모양으로 볼록하게 나와 있으면 일생동안 노고가 많습니다. (臀雖大, 尖彏不平, 一生勞苦.)

⑫ 손바닥이 비록 두텁더라도 위에 주름이 없으면 일생동안 어리석고 비천합니다. (掌雖厚, 上無紋, 一生愚賤.)

이 12가지 가운데 한 가지라도 범하게 되면 설령 진평(陳平)의 외모와 장량(張良)의 재주를 지녔다 하더라도 공적을 세우고 명성을 얻을 수가 없습니다. 그러므로 잘 생기고 못생긴 것을 가지고 그 사람의 운명을 판단해서는 안 됩니다. 상을 보는 비결에는 잘라 버리는 방법이 많이 포함되어 있는데, 일반 상술가들은 그것을 알지 못합니다. (此十二件, 若犯一件, 縱有陳平之貌, 張良之才, 亦不能發迹, 故此莫以美惡而言, 好相中秘訣, 有折除之法, 人莫知之.)

《시》에 이르기를, 얼굴이 밝고 오관이 좋으며, 몸이 평평하고 반듯하며 기와 신이 너그러운데, 격국 가운데 1곳이라도 결함이 있으면 일생동안 이루는 것이 없고 100가지 일이 어렵다고 하였습니다. (詩云, 一面昴然好五官, 身平體正氣神寬, 局中若有些須破, 一世無成百事難.)

第68問

부인의 얼굴에 살성이 있으면 남편을 여위고 자식을 극한다고 하는데, 어떤 것을 살성이라고 하는가? (婦人面戴殺星, 傷夫剋子, 不知何如是殺?)

答

여인의 상에는 7가지 살이 있으며, 이는 **여동빈**[1]으로부터 전해오는 상술로서, 언제나 대단한 영험함을 얻고 있습니다. (對曰: 女人相有七殺, 此乃洞賓所傳, 屢屢有驗.)

미모의 여인이 황색 눈동자를 가지고 있는 것이 첫 번째 살성입니다. 얼굴은 큰데 입이 아주 작은 것이 두 번째 살성이며, 콧등에 주름이 나 있는 것이 세 번째 살성입니다. 귀가 뒤집히고 귓바퀴가 없는 것이 네 번째 살성이고, 매우 아름다운데 얼굴이 은의 빛깔과 같은 흰색을 띠고 있는 것이 다섯 번째의 살성입니다. 여섯 번째의 살성은 머리

---

[1] 여동빈(呂洞賓)은 당나라 시기의 인물로서 본명은 여암(呂嚴)이나. 관직에 염증을 느껴 신림에 은거하였으며, 후일 중국 도가의 8신선 가운데 한 사람이 되었다.

카락이 검은데 눈썹이 없는 것이며, 일곱 번째의 살성은 눈동자가 크고 눈썹이 거친 것입니다. (美婦黃睛, 爲一殺. 面大口小, 爲二殺. 鼻上生紋, 爲三殺. 耳反無輪, 爲四殺. 極美面如銀色, 爲五殺. 髮黑無眉, 爲六殺. 睛大眉粗, 爲七殺.)

오관이 모두 좋고 얼굴에 결함이 없어도 위의 7가지에 해당된다면 남편에게 형상을 입히게 됩니다. (如五官俱好, 一面無虧, 凡此亦主刑夫.)

《시》에 이르기를, 얼굴색이 복숭아꽃 같거나 은백색을 띠게 되면 아름다운 모습이 오히려 성을 낸 것이니 남편과 자식을 해롭게 하여 하루도 편안할 날이 없게 되며, 다만 꽃 파는 거리 버드나무 골목으로 갈 수밖에 없다는 것을 그 누가 알겠느냐고 하였습니다. (詩曰: "色若桃花面如銀, 誰知美相反生嗔, 刑夫害子無成日, 只好花街柳巷行.")

第69問

부인의 상은 위엄이 주가 된다는데, 그 엄숙함이란 어떤 것을 말하는 것인가? (婦人以嚴爲主, 何以爲嚴?)

答

부인으로 말하면, 편안하고 엄숙하며 공손하게 공경하는 자태를 엄하다[嚴]고 하며, 생김새와 몸가짐이 단정한 것을 위엄이 있다[威]고 합니다. 매사에 정직하고 주도면밀하기 때문에 사람이 한 번 보면 모두 두려운 기색을 띠게 하고, 앉거나 선 자세가 치우치지 않고 말을 함에 들뜨지 않으며, 마음속에 품은 생각이 깊고 넓으며, 얼굴 생김새가 온화하며 부드럽고, 즐거운 일을 들어도 겉으로 기쁜 내색을 하지 않으며, 어려운 일을 들어도 걱정하지 않는, 바로 이런 부인은 속세의 귀한 부인으로서 그 자식이 작위에 봉해질 수 있습니다. (對曰: 凡婦人安莊恭敬

爲嚴, 形體端正爲威. 作事周正, 令人一見, 皆有懼色, 坐立不偏, 語言不泛, 寬大胸襟, 溫和顏貌, 聞樂不喜, 聞難不憂, 乃塵中之貴婦, 可以受子之封.)

《시》에 이르기를, 몸가짐이 단정하며 앉고 서는 것이 바르고 위엄이 있어 한 번 바라보면 세상 사람들이 놀라며, 행동거지가 도를 벗어나지 않고 마음씨가 넓으면 자식을 길러 반드시 성군의 밝은 은덕을 받게 된다고 하였습니다. (詩曰: "體正身端坐立平, 威嚴一見世人驚, 行藏擧止胸襟大, 養子須當拜聖明.")

第70問

재주와 학식은 사람의 안에 있는 것인데 어떻게 그것을 알 수 있는가?

(才學在人腹內, 何能得知?)

答

《상서》에 이르기를, 눈썹이 산천의 수려한 기를 모으고 가슴 속에 천지의 기밀을 품고 있으며, 눈은 번개처럼 밝고 유성과 같으면 스스로 국가를 편안하게 할 높은 비책을 가지고 있다고 하였습니다. 얼굴이 백옥과 같으면 출세할 인재이며, 치아가 희고 입술이 붉으면 속세에서 숨어살고 있는 선비입니다. 사람을 바라볼 때 두려워하지 않으면 가슴 속에 좋은 비책을 가지고 있는 사람이며, 일을 할 때 놀라 허둥대는 사람은 가슴 속에 확고하고 결연한 의지가 없는 사람입니다. (對曰: 書云: "眉聚山川之秀, 胸藏天地之機, 目如電灼流星, 自有安邦高策." 面如白玉, 出世之才, 齒白脣紅, 塵中隱士. 見人不懼, 胸中自有長策, 作事虛驚, 胸內決然無物.)

한 고조[1]가 은거하고 있는 선비 한 사람을 찾아가 문 입구에 도착하

---

1 한 고조(漢 高祖, 기원전 247~기원전 195)는 본명이 유빙(劉邦)이다. 진나라 말 군사를 일으켜 진나라를 멸망시키고 항우(項羽)와 4년간 전쟁을 하여 항우를 죽이고 천하를 통일한 후

였는데 그 선비가 앉아서 일어나지 않았습니다. 고조가 말하기를, 나라를 안정시킬 선비가 필요하여 현명한 인재를 구하고자 왔다고 하였습니다. 그러자 그 선비가 햇볕을 향해 바람을 쐬고 있으면서 고조의 질문에 하나하나 대답하는 것이 마치 물 흐르듯 하였습니다. 이에 고조가 말하기를, 이 사람은 참으로 뛰어난 재능을 갖춘 선비라고 하였습니다. (漢高祖訪一隱士, 到其門首, 其人坐而不起. 高祖問曰: "欲一士安邦, 來求賢列." 其人向陽, 覓風而應, 一一對答如流. 高祖曰: "此乃上才之士.")

무릇 생김새나 모습이 추하고 괴이하게 생겼다 해도 돌 속에 아름다운 옥이 숨겨져 있듯이, 눈썹과 눈, 가슴에 품은 생각, 그리고 행동거지를 보면 그 재주와 학문을 알 수 있습니다. 인당이 열려 넓이가 1촌이 되면 농사를 지으며 늙을 사람이 아닙니다. (夫形容醜怪, 石中有美玉之藏. 只看其眉目, 胸襟, 行動, 可知其才學. 印開一寸, 非爲田舍之翁.)

얼굴에 양쪽 관골과 이마가 높게 솟아있는 사람은 반드시 나라를 지키고 변방을 지키는 맹장이며, 양쪽 눈썹이 '팔(八)'자 모양으로 갈라진 사람은 군관이 될 수 있습니다. 지고 부위가 말[斗, 곡식을 담는 10되들이 기구]과 같이 둥근 사람은 반드시 무장이 되며, 어깨가 높고 등이 두터운 사람은 반드시 보통 사람이 아닙니다. 얼굴 모습이 괴이한 사람은 원수가 되고 장수가 됩니다. (面起三顴, 必作邊庭勇士, 眉分八字, 可作軍官. 庫若斗圓, 當爲武將. 肩高背厚, 必然不是常流. 異貌異人, 可以爲帥爲將.)

第71問

주색을 지나치게 밝히면 기색을 판별하기가 어려운데 어떻게 화복을 판단할 수 있는가? (過於酒色, 則氣色難辨, 何以能定禍福?)

한(漢)나라를 건국했다. 원래 묘호(廟號)는 태조(太祖)인데 사마천(司馬遷)이 《사시(史記)》에서 고조(高祖)라고 칭한 뒤부터 고조로 통용되었다.

答

술을 지나치게 많이 마시는 사람은 피부의 겉이 마르고 막히게 되고, 색을 지나치게 좋아하는 사람은 삼양[왼쪽 눈]과 삼음[오른쪽 눈]이 마르고 막히게 되는데, 이를 재앙과 화난으로 볼 수는 없습니다. 남자는 색을 지나치게 밝히면 삼양 부위에 청색이 나타나며, 여자가 지나치게 색을 밝히면 쇄골 부위가 청색을 띠게 됩니다. 다른 부위에 있는 것이 아니며, 오직 이 2개 부위에 영험하게 나타나며 화복과는 관계가 없습니다. (對曰: 凡人過於酒, 不過皮上燥滯, 過於色, 不過三陽三陰燥滯, 不可看爲災禍. 凡男子有色, 三陽靑, 女人有色, 鎖陽骨靑, 不在別處, 惟此爲驗, 所以不關禍福.)

상해를 입지 않은 사람은 몸속이 정상이며, 주색으로 상해를 입은 사람은 기색이 밖으로 나타나게 되니, 예로부터 전해오는 상법에 따라 각 궁을 하나하나 자세히 살핀다면 드러난 징조가 맞지 않는 것이 없습니다. 그러니 어찌 주색을 가지고 사람의 큰일을 그르칠 수가 있겠습니까?(凡未用酒色在裏, 已用酒色在表, 還依舊法, 一一各宮細查, 無不應驗, 豈可以酒色誤人大事.)

第72問

사람의 마음이 착한지 악한지는 어떻게 해야 볼 수가 있는가? (凡人心善惡, 怎看得出?)

答

《상서》에 이르기를, 마음이 착한 사람은 삼양[왼쪽 눈] 부위에 반드시 광채가 나며, 마음속에 악독함을 품고 있는 사람은 누당[눈밑] 부위가 깊고 움푹 들어가 있다고 하였습니다. 두 눈이 결함이 있고 움푹 들어가 있는 사람은 마음씨가 악독하며, 마음속이 간사한 사람은 입 끝에 청색이 나타나 있다고 하였습니다. 눈동자에 사악함이 깃든 자가 어찌 마음이 바르겠습니까? (對曰: 書云: "心善三陽必光彩, 心藏惡毒淚堂深, 陰陽失陷人多毒, 心內奸邪口角青, 眸子若邪心豈正?)

매의 턱과 쥐의 귀를 가진 자는 야심이 많은 간웅이며, 눈이 적색을 띠고 눈동자가 황색을 띠고 있는 사람은 지극히 흉악하고, 얼굴에 푸른 힘줄이 생긴 사람은 함께 살 수가 없다고 하였습니다. 이상 몇 가지는 가장 꺼려야 할 것들입니다. (鷹腮鼠耳是奸雄, 目赤睛黃全惡害, 青筋生面莫同居." 以上數件, 最是可忌.)

또한 이르기를, 입이 바르고 입술이 가지런하며 준두[코끝] 또한 풍만하며, 삼양이 윤택한 빛을 띠고 인당[눈썹사이]이 홍색을 띠고 있으며, 얼굴이 온화하고 말이 부드러우며 신기가 밝고 편안하면 덕성이 중후하고 고명하며 뛰어난 인재라고 하였습니다. 이와 같으면 복이 많은 상격의 인재이지만 세상 사람들은 이러한 상법의 이치를 모릅니다. (又云: "口正脣齊準又豊, 三陽潤色印堂紅, 顏和語軟神暢舒, 德重名高世所宗." 此內奇福上格, 世人不知此法.)

第73問

길흉지사는 어찌 하여야 벗어날 수가 있는가? (吉凶之事, 何以免脫?)

答

땅에는 동서남북이 있고, 사람에게는 오행이 있으며, 기색에는 5가지 모양이 있습니다. 얼굴에 수기가 많아 어려움을 만나게 되면 마땅히 동쪽으로 가야 벗어날 수 있으며, 화기가 많아 금이 어려우면 마땅히 북쪽으로 가야 비로소 편안할 수 있습니다. 수기가 약하고 토기가 많아지면 또한 서쪽으로 가야 그 근본에 도움이 됩니다. 화기가 와서 금을 극하면 마땅히 북쪽 지방으로 가야하며, 금기가 와서 목을 극하면 마땅히 남쪽 지방으로 가는 것이 좋습니다. (對曰: 地有東西南北, 人有五行, 色有五樣. 如水多遭難, 宜往東方可脫, 火多金難, 宜往北方可安, 水弱土多, 還可西方助其根本. 如火來剋金, 宜往北地. 金來剋木, 宜往南方.)

얼굴 전체가 목색(木色)이면 화(火) 방향의 땅으로 가는 것이 좋고, 얼굴 전체가 수색(水色)이면 급히 동쪽으로 가야합니다. 대개 기가 열리고 색이 윤택하면 도모하는 일을 구하기 위하여 행동에 나서며, 색이 닫히고 기가 어두워지면 분수를 지키는 것이 마땅합니다. 어느 궁에서 발하며, 어느 달에 정해지는지, 그리고 현재 어떤 위치에 어떤 일이 있는지를 알 수 있습니다. 아는 사람은 예방하여 일생동안 굳건하게 지키면 흉함과 위태로움을 벗어날 수가 있습니다. (一面木色, 宜行火地, 一面水色, 急去東方. 大槪氣開色潤, 可求謀行動, 色閉氣昏宜守. 發在某宮, 定在某月, 現在某位, 某事可知. 知者預防, 一生堅守, 可免凶危.)

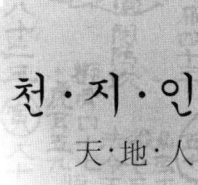

천·지·인
天·地·人

유장 선생은 다음과 같이 이르고 있다: "나는 처음에 절강을 두루 유람 하였으며, 또 강남 일대를 둘러보았고, 그 후 다시 경성에 이르러 다른 상과 다른 기색을 가진 사람 수십만 명을 보았지만, 여태껏 남들의 일을 그르친 적이 없다. 그 후 나는 글을 쓰는데 온 정신을 집중하면서 창가에서 여러 해를 보내면서 상·중·하 3권으로 된 이 책을 완성하였으며, 천·지·인으로 구분하였다." (先生曰: "予初遊浙省, 復到江南, 復來都下, 見過異相異色數十萬矣, 未嘗誤人之事, 在窓下幾年, 作此一冊三本, 分爲天, 地, 人.")

❁ 이 책의 상권은 사람의 귀함과 천함, 그리고 막힘과 통함의 도리를 알 수 있으며, 중권은 해당 년의 길흉화복을 알 수 있고, 하권은 인생에 있어서 미래의 화복과 자손의 성쇠를 알 수 있다. (上本可知人貴賤窮通, 中本可知人當年吉凶禍福, 下本可知未來休咎, 子孫之盛衰.)

❁ 무릇 상법의 주요한 내용은 이 42개 비결 속에 모두 포함되어 있으며, 〈영락백문〉은 뒤에 첨부되어 있다. 고 선생은 이 〈영락백문〉을 읽어 본 후 마음속에 지혜로운 방법이 떠올라, 이치를 살피고 정황을 미루어 보면서 여러 번 사람들의 상을 보았지만, 《유장상법》의 신기함과 영험함에 비견되는 그 어떠한 상법도 발견하지는 못하였다고 하였다. (凡相盡此四十二訣之中矣, 又附永樂百問在外. 自高先生來看此百問之後, 心生慧法, 察

理推情, 屢屢見人, 不及柳莊相法神異.

❀ 후일에 고 선생이 이 책을 진동사(秦動士) 장야광(張野狂)에게 보냈는데, 그 후 장야광이 호남의 호주(湖州)로 돌아다니면서 그 상서는 더 이상 세상에 전해지지 않게 되었다. 그래서 지금도 원래의 간행본인 《유장상법》은 세상에 더 이상 전해지지 않고 있다. (後高公將此書與秦動士張野狂. 後野狂歸湖, 再不傳世. 原本刊板. 故柳莊相法不傳於世.)

❀ 후일에 고 선생은 탄식하면서 다음과 같이 이르렀다 : "나는 상법을 배운지 10여 년이 지났으며, 서로 다른 수많은 상서를 보아 왔지만 이와 같이 시원스럽고 분명하며, 깊고 묘한 이치를 일순간에 깨우치도록 하는 상서는 본 적이 없다. 때문에 한 편의 《매창부(梅窗賦)》를 지어 이를 기술하고자 한다."(高公後來歎曰: "吾自學相十數年以來, 異集異書見過, 未嘗見此朗然明白, 頓悟玄機. 作《梅窗賦》一篇以紀之.")

《매창부》에 다음과 같이 읊고 있다 : (賦曰)

❀ 위대하다. 사람의 몸이여! 살아 있는 것의 형체이며, 천지의 정기에 합하여 하나의 기색이 생겼다. 사람의 상을 보고 운명을 판단하려면 먼저 인체의 전체적인 격국을 보아야 하며, 그런 다음에 오행의 상생과 상극을 통해 강약을 보지만, 꼭 얼굴 부위의 십이궁을 관찰해야 하며, 백여 개 부위의 상태를 파악해야 한다. (大哉人身, 生物之體, 合乎天地, 一氣而生. 先觀格局規模, 次辨五行強弱. 不可不察十二宮中, 不可不知一百部位.)

❀ 상을 보는 일반적인 방법은 단지 형체의 격국만 보면 된다. 만약에 자세히 보고자 한다면 오관을 살펴야 한다. 형체와 신색은 서로 어울려야 하고, 몸의 격국은 강하고 건장해야 하며, 오관과 육부는 가지런해야 하고, 기색은 윤택하며, 부위는 뚜렷하게 나타나고, 삼정[상정, 중정, 하정]은 균등해야 한다. 오관과 십이궁은 결함이 있어서는 안 되며, 부위 부위 마다 어지러운 주름과 난잡한 흉터가 있어서는 안 된다. (大概只須看格局. 細究還宜察五官. 形神要配, 格局要强, 官府要停, 氣色要潤, 部位要高, 三停要平. 官宮不宜缺陷, 部部不可紋痕.)

❀ 목형인은 금형인의 특성을 조금 수반한다면 동량이 될 수 있는 그릇이다. 목형인이 토형인의 특성을 많이 얻어야 비로소 복을 누리고 장수하는 사람이다. 화형인 사람에게 금형은 상극이니 도저히 장수를 말하기가 어렵다. (木帶微金, 造作棟樑之器. 木厚得土, 方爲福壽之人. 火剋金形, 到底難言有壽.)

❀ 수가 목을 상생하는 상격은 반드시 이름을 얻을 수 있다. 오행이 상생을 얻으면 왕성하니 이런 사람은 한 몸이 세상에 널리 알리는 것을 보장할 수 있다. 하나의 격국이라도 그 담장을 잃으면 평생 영화를 누리고 이름을 얻기가 어렵다. (水生木格, 必須還要成名. 五行得生旺, 可保一身顯達. 一局失其垣, 難問一世榮名.)

❀ 머리가 둥글고 머리카락이 빼어난 사람은 반드시 맑고 고결한 선비이다. 몸이 바르고 배가 늘어져 있으면 반드시 안락한 사람이다. 눈썹이 높고 귀가 높게 솟아있는 사람은 늙어서도 남들에게 존경을 받는다. 인당[눈썹사이]이 붉고 윤택하고 콧대가 풍만하면 평생 높은 사람과 좋은 관계를 유지하는 사람이다. 준두가 큰 사람은 마음이 깊고 넓으며 덕행을

일삼으며, 콧대가 낮은 사람은 가업을 파탄내고 고향을 떠난다. (頭圓髮秀, 必是淸高之士. 體正腹垂, 定爲安樂之人. 眉高耳聳, 到老得人欽敬. 印潤梁高, 一生親近高人. 準大心懷德行, 梁低破祖離宗.)

❀ 눈은 큰 데 광채가 나지 않는 사람은 사람됨이 법을 어겨 처벌을 받게 되며, 귀는 크고 입은 작은 사람은 타고난 수명이 36세에 다한다. 코가 지나치게 큰 사람은 유독 콧구멍이 드러나 있는 것을 꺼리며, 입이 큰 사람은 입술에 모서리가 있어야 좋다. 눈동자가 황색을 띠는 것은 남녀 모두 꺼리며, 입술이 홍색을 띠고 윤택한 것은 남녀 모두에게 적합하다. (眼大若無光彩, 爲人決犯刑名. 耳大口如一撮, 天年四九歸陰. 鼻大者, 獨嫌孔露. 口大者, 最要有稜. 睛黃者, 男婦切忌; 脣紅者, 男女偏宜.)

❀ 얼굴이 움푹 들어간 사람은 육친을 극하며 해를 끼치며, 관골[광대뼈]이 높은 사람은 도리어 좋은 것이 아니다. 천창[양 이마]과 지고[양 턱]가 적당하게 어우러진 사람은 재상이 되고 보필하여 1품관이 되며, 변지가 높게 일어선 사람은 어찌 부귀를 걱정하지 않을까 걱정하겠는가? (面陷多傷骨肉. 顴高反好爲非. 倉庫配當, 爲宰相, 輔弼向一品隨朝. 邊地起, 何愁不富.)

❀ 얼굴의 뺨 주변이 어두운 색을 띠게 되면 올가미에 걸려 고생을 하게 되며, 코가 작고 얼굴이 지나치게 크면 이로움을 구할 수가 없다. 눈썹이 낮고 눈이 움푹 들어간 사람은 평생 애를 쓰고 고생을 하며, 콧구멍이 위로 뚫려 있고 천창과 지고가 깊고 움푹 들어간 사람은 어느 해에나 발복을 하랴! 그리고 두피가 건조하고 혈색이 윤택하지 못한 사람은 1년을 넘기지 못하고 죽는다. (四壁暗, 羅網之非. 鼻小面大, 何須求利. 眉低眼陷, 一世辛勤. 兩灶空倉庫陷, 何年發福. 頭皮枯, 血不潤, 一載歸陰.)

❀ 온 얼굴에 기름기가 흐르고 빛이 나며 미끄러운 사람은 사람이 비천할 뿐만 아니라 우매하고, 빈모[귀밑털]와 눈썹이 모두 깨끗하며 눈썹이 눈보다 긴 사람은 사람됨이 광명정대하며 현명한 처를 얻는다. 그리고 상정이 긴 사람은 평생 부유하며, 중정이 긴 사람은 재물과 녹봉이 넘쳐날 정도로 풍족하고, 만약 하정이 넓을 것 같으면 관직을 얻어 반드시 상서에 이르게 된다. (滿面色放光油滑, 爲人下賤, 且是愚蒙. 鬢眉齊淸生過目, 爲人正大, 兼有賢妻. 上停長, 一生富足. 中停長, 財祿豊盈. 若是下停一闊, 爲官必至尙書.)

❀ 얼굴에 살성(殺性)은 없고 관골만 높게 솟아있는 여인은 부인이 될 수 있으며, 콧대가 무너져 움푹 들어간 어린아이가 후두부가 작으면 수명은 길지만 영화롭지는 못하고 매일 정신만 쓴다. 단지 근골[근육이 붙은 뼈]이 밖으로 드러난 사람은 때때로 힘만 쓰니 모두 혈색이 어둡고 피부가 거칠기 때문이다. (女無殺人之面, 有顴, 還作夫人, 鼻陷兒童無腦, 有壽亦不昌榮. 日日勞神, 只因浮筋露骨, 時時費力, 皆因血暗皮粗.)

❀ 궁둥이가 뾰족하고 넓적다리가 작은 사람이 어찌 몸을 편안히 할 곳이 없으리요. 정신이 흐리멍덩하고 눈동자가 어두운 사람은 중년에 집안이 기울고 가산을 탕진하게 된다. 눈이 흐리고 정신이 나가면 남녀간에 모두 음탕하고 간사하며, 콧대에 살이 없어 뼈가 드러나면 여자는 형상을 입고 남자는 파산을 하여 평생 가난하게 산다. (臀尖股小, 豈得安身之處. 神昏目暗, 中年破敗傾家. 眼若浮光, 男女犯淫多奸事, 鼻梁露骨, 女刑男破一生貧.)

❀ 머리가 뾰족하고 이마가 뒤로 자빠진 사람은 평생 바쁘게 돌아다니며, 허리가 곧지 않고 피부가 지나치게 얇은 사람은 늙어서도 외롭게 지

낸다. 입술은 치켜 올라가고 치아가 밖으로 드러나면 가난하고 단명하며, 눈은 사시이고 산근은 단절되면 비천하고 간사하다. (頭尖額削, 一世奔走, 腰偏皮薄, 到老孤單, 脣掀齒露, 且貧且夭, 目斜根斷, 曰賤曰奸.)

❀ 관골[광대뼈]이 높은 사람은 상정[이마에서 누썹 사이]과 하정[코끝에서 턱 사이]이 서로 잘 어우러져야 하며, 준두[코끝]가 큰 사람은 콧구멍이 가지런해야 한다. 가정을 이루고 사업에 성공하는 사람은 양쪽 뺨이 둥글고 입술이 두텁다. 집안을 망치는 자식은 귀가 뒤집히고 눈썹은 쭈그러져 좁다. 집안을 감당하는 부인은 등이 평평하고 허리는 넓으며, 집안을 어지럽히는 여인은 허리가 가늘고 몸이 가볍다. (顴骨高, 上下要配, 準頭大, 井竈要齊. 成家子, 腮圓脣厚. 敗家子, 反耳蹙眉. 當家婦背平腰闊, 亂家婦體細身輕.)

❀ 허리가 가늘고 몸이 기울어지면 복이 없는 사람이며, 입이 뽀족하고 입술이 흰 사람은 30세에 죽는다. 얼굴의 상은 좋으나 허리가 기울어진 여인은 반드시 음탕하고 난잡하며, 인당이 평평하고 입술이 두터운 여인은 설사 얼굴 모습이 추하더라도 반드시 뛰어나고 영리한 아이를 낳게 된다. 소아가 정신이 왕성하다면 어찌 잘 자라지 못할까 걱정하겠는가? 여인이 목소리가 맑으면 좋은 배필을 만나게 된다. (腰細偏斜, 何須問福, 嘴尖脣白, 三十早刑. 一面好相, 腰偏必須淫亂, 印平脣厚, 貌醜必産奇英. 小兒神旺, 何愁關隘. 婦女聲淸, 可配良人.)

❀ 1품과 2품 관리의 상이 어떻게 다른지는 일시에 구분하기가 어렵다. 3품과 4품 관리는 인당이 평평하고 몸이 바르며, 기가 충분하고 정신이 맑다. 5품, 6품, 7품 및 8품 관리는 머리가 둥글고 배가 늘어져 있으며, 등이 두텁고 허리가 풍만하다. (一品二品異相, 一時難辨. 三品四品, 印平體正, 氣足神淸. 五六七八, 頭圓腹垂, 背厚腰豊.)

❀ 사람의 5가지 긴 것[오장]과 5가지 짧은 것[오단]은 반드시 서로 어울려야 하며, 5가지 큰 것[오대]과 5가지 작은 것[오소]도 균형을 유지해야 한다. 상이 비록 몸에 지나지 않는다고 말하지만 그 도리는 천차만별이며, 일시에 명쾌하게 설명할 수는 없는 것이기에, 다시 한번 분명하게 설명해야 한다. (五長五短須配, 五大五小要勻. 相雖一體, 理有萬分, 一時難辨, 再論分明.)

❀ 유장 선생은 당초부터 고향으로 돌아가 농사를 지을 생각이었기 때문에 조정의 관직이나 녹봉[돈]을 받지도 않았다. 때문에 영락 황제는 그가 절강에 내려가 은거할 수 있도록 선물로 녹색 버드나무 100그루와 비옥한 전답 100무[논밭의 넓이의 단위]를 하사하면서 '유장 선생(柳莊 先生)'이라는 호를 내려주었다. (先生欲歸田里, 不受爵祿金帛. 永樂賜以綠柳百株, 腴田百畝, 隱歸浙越, 賜號柳莊先生.)

❀ 그 후 고 선생은 그를 사모하는 정성이 극진한 나머지 아홉 차례나 성지를 내려 그를 불러들이려고 하였지만 유장 선생은 끝내 조정의 대궐문에 이르지 않았다. 때문에 고 선생은 유장 선생을 만나보고자 직접 절강의 월 지방으로 내려갔다. 당지에 도착하자 고 선생은 다만 선인의 산장을 보았는데, 문은 푸른 물에 이어 있고, 산은 비옥한 논밭으로 둘러싸였으며, 붉은 꽃과 푸른 버들, 푸른 대나무와 키가 작고 가지가 옆으로 퍼진 소나무가 있는 것을 보고 남다른 감회를 느꼈다. (後高公思慕, 請旨宣九次, 不至朝闕. 高公親往浙越, 但見仙莊, 門臨綠水, 戶(繞)遶腴田, 花紅柳綠, 翠竹盤松, 感悔不盡.)

---

1 오대(五大)는 머리, 몸, 손, 발, 얼굴이 큰 것을 말하고, 오소(五小)는 머리, 몸, 손, 발, 얼굴이 작은 것을 말한다.

❀ 한 산장에 들어서자 대문 위에는 금빛이 나는 글자로 쓰여진 액자가 걸려있고, 집 앞에는 홍색의 돌로 만든 비석이 우뚝 서있는 것을 보았다. 이에 고 선생이 탄식하며 다음과 같이 이르고 있다 : "내가 비록 급제하여 조정의 관리로 있지만, 나 같은 사람이 100명이 있어도 유장 선생 한 명에 미치지 못하는구나." 고 선생은 산장에서 여러 달을 기거한 후 귀경하였으며, 돌아와서는 고풍의 부(賦) 한 수를 지어 그 산장의 아름다운 풍경을 기술하였다. (又見門懸金字, 戶列紅碑. 高公嘆曰: "吾雖及第, 百不及一." 乃住數月而歸. 後作古風一道, 以志仙庄(諷佃莊)之景.)

《사(辭)》에는 다음과 같이 이르고 있다 : (辭曰)

❀ 속마음이 깨끗하면 화와 복이 침투하기가 어렵고, 기색이 서로 떨어지면 매사 되는 일이 없다. 불길하고 음산한 검은 기운이 오규[위와 오장을 연결하는 구멍]를 관통하면 죽게 된다. 왕성한 기가 사람의 삼대로 상승한다면 복록이 하늘로부터 내려온다. 관직에 있는 사람의 기색이 적색을 띠게 되면 동료와의 관계가 좋아진다. 보통 사람들은 양쪽 관골이 홍색을 띠게 되면 형제간에 재산다툼이 벌어진다. (湛然清淨, 禍福難侵; 或氣相離, 一事不遂. 黑氣若穿五竅, 身陷幽冥. 旺氣如犯三臺, 祿從天降. 居官見任逢赤色, 與同任交增. 土庶雙顴見紅色, 而兄弟爭競.)

❀ 때문에 천정[이마] 부위가 흰색을 띠게 되면 봄에 구설수나 송사에 휘말려 형상을 입게 되는 것을 근심해야 하며, 지각 부위가 검은 구름이 돌면 가을에 송사에 휘말릴 수가 있다. 신문에 황색 기운이 드리우면 농간으로 결혼을 하게 되며, 처의 부위에 검은 구름이 드리우면 사귄지 오래

된 친구가 도적으로 돌변한다. 얼굴색이 적홍색을 띠게 되면 음주를 꺼리게 되며, 그렇지 않으면 주색으로 사망하게 된다. (是故天停白氣, 春愁口舌刑傷, 地閣黑雲, 秋怕交爭詞訟, 神門黃氣, 因奸而尙然成婚; 妻部黑雲, 故舊而間變被盜. 赤色忌侵酒令, 酒色亡身.)

❀ 음궁 부위에 붉은 빛이 나타나면 처가 난산을 하는 것을 예방하며, 눈 밑에 청색이 나타나면 반드시 처첩과 자녀에게 근심이 있다. 코에 흰 기운이 자라면 반드시 부모형제의 상을 입게 되며, 코가 홍색을 띠게 되면 조만간 재앙을 입게 된다. 얼굴이 청색, 황색, 홍색을 띠게 되면 반드시 큰 걱정거리는 없다. (炎光怕見陰宮, 防妻産厄. 靑色生於眼下, 必是妻妾子女之憂. 白氣長於鼻頭, 須有父母昆弟之服; 中央土色紅, 而終見災殃. 靑黃神色縱紅, 而必無多憂.)

❀ 천중[이마]에 검은 안개가 드리우면 반드시 관직을 버리거나 실직하게 된다. 인당이 검은색이면 이사를 해야 하는 걱정이 있게 된다. 년상[콧등]이 황색인 사람은 관직과 작위에 봉해진다. 수상[콧대]이 홍색이면 반드시 처첩이 서로 다투게 된다. 년상에 적색과 흑색의 가로 주름이 있으면 부모 또는 자신의 일로 걱정을 하게 된다. (天中黑霧, 退官失職. 印堂黑色, 移徙之愁. 年上色黃, 卽封官爵. 壽上色紅, 妻必爭競. 年上橫紋赤黑, 或憂父母或憂身.)

❀ 수상에 황색과 홍색의 구름이 나타나면 2가지 좋은 일이 있겠는데, 하나는 자손을 얻는 것이고 또 하나는 관록을 받는 것이다. 수상에 백색이 나타나면 사망을 하게 되고, 적색이 나타나면 관재구설을 겪게 되며, 흑색이 나타나면 병환을 걱정하게 되고, 청색이 나타나면 놀라고 모욕을 당하는 일을 겪게 된다. (壽上黃色紅雲, 一喜子孫一喜祿. 白爲死喪, 赤乃官災, 黑爲患病之憂, 靑爲驚辱之事.)

❀ 눈 밑이 검은색을 띠게 되면 소송에 휘말리며, 눈썹 위가 황색을 띠고 밝으면 복을 받게 된다. 눈썹이 기름칠을 한 것 같이 검다면 생명을 많이 상하고, 눈썹이 유지처럼 황색이 나면 재물이 두루 모인다. 얼굴 위에 홍색과 황색이 나면 재물을 하사받으며, 년상[콧등]에 검은 안개가 끼고 또 천옥을 비추고 있으면 궁중의 일로 인해서 책망을 듣게 된다. (眼下黑色而爭訟, 眉上黃明而受福. 黑如油抹, 人命多傷, 黃似土酥, 財帛廣聚. 紅黃如入面上, 多因勅賜金帛, 年上黑霧映天獄, 定見宮中而招責.)

❀ 어미[눈옆]의 주름이 청색을 띠면 간악하게 굴어 일을 망치며, 준두[코끝]가 황색을 띠고 밝으면 관직을 얻어 녹봉을 먹게 된다. 년상에 흑색이 나타난 여인은 재앙을 불러들이며, 인중에 청색이 나타난 남자는 분명히 집안을 기울게 하고 망친다. (魚尾紋靑, 奸事敗; 準頭黃明, 祿位成, 黑連年上, 女定招災; 靑入人中, 男須敗業.)

❀ 머리카락이 갑자기 희게 되면 화를 입어 사망하게 되며, 눈썹과 산근[콧등]이 검고 어두운 색을 띠게 되면 질병에 걸리게 된다. 발제[머리카락 경계 부분]가 황색을 띠고 밝고 맑으면 쉽게 관직을 얻으며, 콧구멍에 검고 어두운 색이 나타나면 하는 일마다 되는 것이 없다. 노복의 일로 인해서 남들과 다툼이 있게 되면 현벽[뺨의 가장자리]에 짙은 홍색이 나타난다. (禍喪起於白頭; 憂病常在眉山. 髮際黃明, 求官易得; 鼻孔黑暗, 幹事難成. 懸壁眞紅, 因奴馬以爭强.)

❀ 누당[눈밑]이 황색을 띠면 주로 모든 일이 오래 지체되어 이루어짐이 없으며, 용궁에 검은 점이 생기는데, 왼쪽 용궁이면 아들을 해치고 오른쪽 용궁이면 딸을 해친다. 눈썹 위에 흰색이 도는데, 오른쪽이면 모친을 해치고 왼쪽 눈썹이면 부친을 해친다. (淚堂黃色, 主淹留而莫得, 龍宮黑子, 左

害子而右害女. 眉上白光, 右損母而左損父.)

❀ 산근에 적색이 나타나서 양쪽 눈을 관통하게 되면 화재와 피를 보게 되는 재액을 예방해야 하며, 검은색 운기가 천악에 호응하면 주색에 빠질 우려가 있다. 삼대가 빛이 나고 밝으면 관직을 얻고 승진을 하게 되며, 재물을 잃고 관계가 강등되면 오악[이마, 코, 턱, 양 광대뼈]이 반드시 흑색을 띠게 된다. (山根赤貫雙目, 防火燭血光之厄, 黑雲氣應天嶽, 有酒食色慾之憂. 求官進職; 三臺上必光明. 財退官災, 五嶽中而黑暗.)

❀ 작은 것을 구했는데 큰 것을 얻게 되는 것은 대개 천정[이마]과 일각[이마], 월각[이마]이 분명하기 때문이며, 수고하지 않고도 성공하는 것은 난대[왼쪽 콧망울] 부위의 주변이 밝고 깨끗하기 때문이다. 인당[눈썹사이] 부위가 버들잎 같이 황색을 띨 뿐만 아니라 변지[이마 모서리]를 향하면 3개월 내에 3품 관리가 되며, 고광 부위에 자색 기운이 돌고 천중[이마] 부위에 밝은 색이 나면 1년 안에 병권을 가진 정승으로 임명을 받는다. (小求大得, 蓋天庭兩角分明, 不勞而成, 因蘭臺四方明淨. 印堂黃色如柳葉, 朝邊地, 九十日三品登壇, 高廣紫氣, 色光明於天中, 一年間兵符拜相.)

❀ 역마 부위에 자색 기운이 둘러싸고 있는 사람은 40일 안에 재상이 되고, 평민인 경우에는 모든 일이 크게 길하며, 만약에 승려나 도인이라면 반 년 이내에 영험이 있게 된다. 후일 《기색(氣色)》이라는 제하의 책 속에서 상세하게 기술하니 열독하여 마음속 깊이 숙지해 두길 바란다. (驛馬紫氣, 四十日內, 有小人百事吉, 若僧道之人, 至半年內應, 後有《氣色》一冊, 十分斷盡, 宜詳察之也.)

사람은 하늘과 땅 사이에서 태어나 자라지만, 오행의 범주 밖을 벗어나지 않는다. 기는 음과 양으로 잡고 있으니, 오행의 상생과 상극 속을 벗어나기 어렵다. 하늘에는 오행인 금, 목, 수, 화, 토가 있으며, 사람은 오장인 심장, 간, 지라, 폐, 신장이 있다. 심장은 화, 간은 목, 폐는 금, 지라는 토, 신장은 수이며 오행의 뿌리이고 근본인데, 귀, 눈, 입, 코는 오행의 싹으로서 표상이 된다. (夫人生天地之間, 不出五形之外. 氣秉陰陽, 難逃生剋之中. 天有五行, 金木水火土; 人有五臟, 心肝脾肺腎. 心火, 肝木, 肺金, 脾土, 腎水, 乃五行之根本; 耳目口鼻, 乃五行之苗.)

❀ 기색은 오행의 변화이며, 인생의 화복(禍福)을 알고자 한다면 반드시 그 변화의 깊고 오묘한 이치를 알아야 한다. 그리고 길흉(吉凶)을 알고자 한다면 모두 오행의 상생과 상극 속에 있다. (氣色乃五行之變化. 欲知禍福, 須知變化之機. 欲識吉凶, 盡在五行生剋.)

❀ 홍색, 적색, 자색은 화(火)에 속하며 마음의 싹이 되고, 청색은 목(木)에 속하며 간의 싹이 되며, 황색은 토(土)에 속하며 지라의 싹이 되고, 백색은 금(金)에 속하며 폐의 싹이 되며, 흑색은 수(水)에 속하며 신장의 싹이 된다. (紅赤紫色屬火, 乃心之苗, 靑屬木, 肝之苗, 黃屬土, 脾之苗, 白屬金, 肺之苗, 黑屬水, 腎之苗.)

❀ 기색은 주로 희로애락으로부터 나오며, 주색에서도 나올 수 있고, 몸의 강약으로부터도 나올 수 있다. 어떤 색이 어떤 궁에서 나오느냐에 따라 특정한 일이 반응하게 된다. 안과 밖, 겉과 속, 큰 것과 작은 것, 그리고 기운 것과 바른 것이 어떤 형상인가는 사물에 따라 천차만별의 차이

가 있게 된다. (色從喜怒哀樂所發, 還有酒色所發, 還有本末強弱所發. 何色發於某宮, 卽應某事. 或在內外表裏, 大小斜正如何之形, 事事物物有萬端之異.)

🌸 그래서 길흉을 판단하는 것은 오색을 위주로 해야 하며, 화복을 말하고자 하면 얼굴 부위의 상태를 보아야 한다. 만약에 상술의 묘법을 얻지 못하면 힘을 헛되이 써버리는 꼴이 된다. (斷吉凶全憑五色爲主, 言禍福一面之內. 若不得法, 空費力矣.)

🌸 기색은 2개 분야의 내용을 포함하고 있는데, 그 첫째는 기이고 둘째는 색이다. 기는 몸 안에 있으며 색은 몸 밖에 있다. 표면에 떠 있으면서 밝은 것은 빛[光]이며 기가 아니다. 색깔이 미끄러운 것은 광택[艷]이며 들떠있는 빛이 아니다. (夫氣色之事有二分: 一曰氣, 二曰色. 氣在裏, 色在外. 浮亮者爲光, 不爲氣. 色滑者爲艷, 不爲浮光.)

🌸 무릇 사람은 정상적인 기색이 있어야 하며, 들떠있거나 빛나거나 미끄럽거나 요염한 것은 나타나지 않는 것이 좋다. 이상의 4가지 상황은 후일 4수(首)로 된 〈만금해설(萬金解說)〉이라는 시(詩)에 있으며, 아울러 100개 부위에 관한 작은 해설도 있다. (凡人只宜氣色, 不宜浮光滑艷. 四者後有四首萬金解說, 另有一百部位小說.)

🌸 또 그밖에도 사계절과 십이궁인 곳의 명칭도 있으며, 얼굴 부위의 각 궁이 지나는 경계에는 길흉과 별자리 및 부위가 있고, 그리고 126개의 크고 작은 부위를 덧붙이면 모두 244개 종류의 상법이 있다. (外有看四時十二宮所地名. 又有一盤人面, 各宮過限, 吉凶, 星宿, 部位, 還加一百二十大小部位, 共有二百四十四法.)

🏵 궁마다 매우 자세한 논리가 있으며, 상법마다 매우 영험한 비결이 있다. 만약에 보는 사람이 세심하지 못한 사람이라면 상법을 전수할 수가 없다. 이는 결코 저속하고 우둔한 사람이 운용할 수 있는 것이 아니며, 또한 명예와 이익을 탐하고 도모하는 사람이 배울 수 있는 것도 아니다. 오직 위로는 천문에 능통하고 아래로는 음양에 합치되는 사람만이 비로소 이것을 깨달을 수 있는 것이니, 이 점을 후학들은 소홀하게 넘겨버려서는 안 된다. (宮宮有論, 法法有訣. 觀者非細心之士, 毋得傳之. 此非俗愚所用, 亦非貪名圖利之人所學, 乃上通天文, 下合陰陽者, 方能悟此, 後學之士, 甚毋忽諸.)

下卷

춘하추동의 기와 색
四時氣色

노랫말에는 다음과 같이 써 있다 : 봄에는 푸르니 삼양 부위에 청색을 찾아야 하고, 여름에 기색을 보려면 인당 부위 안에서 찾아야 하며, 가을에는 다만 기색을 보려면 년상과 수상 부위를 보아야 하고, 겨울이 오면 지각 부위에 흰 빛이 뜬다. (歌曰: 春青定向三陽取; 夏季還當印內求, 秋天只觀年壽上, 冬來地閣白光浮.)

🌸 이는 고대의 상법이다. 봄이 오면 만물이 소생하니 청색이 삼양[왼쪽 눈] 부위에 나타나야 마땅하다. 여름에는 화기가 왕성하니 산근[콧등]과 인당[눈썹사이] 부위에 홍색과 자색이 나타남이 마땅하다. 가을에는 금이 왕성하니 코 부위에 황색과 백색이 나타남이 마땅하다. 그리고 겨울에는 수가 왕성하니 지각의 수성[입]을 보는데 백색을 띠고 밝아야 한다. (此乃古法. 春天萬物發生, 宜青在三陽之上. 夏日火旺, 宜紅紫, 在山根印堂, 秋天金旺, 宜黃白, 發於土星. 冬日水旺, 故觀地閣水星, 宜白宜明.)

🌸 이상의 내용은 일반적인 상황을 말한 것으로서 영험하지 않을 수도 있다. 때문에 열두 달, 사고(四庫), 사편(四偏), 그리고 사정(四正)을 위주로 해야한다. 진술축미(辰戌丑未)는 사고이고, 자오묘유(子午卯酉)는 사정이며, 인신사해(寅申巳亥)는 사편이다. 어떤 일의 길흉을 미리 알고자 한다면 해당 궁에서 보며, 그런 후에 상세한 방법을 가지고 이를 응용해야

한다. (此乃大槪, 亦或不驗, 還得十二月四庫四偏四正爲主, 辰戌丑未爲四庫, 子午卯酉爲四正, 寅申巳亥爲四偏, 外欲求看某事, 卽在本宮上看, 後有細法宜玩之.)

※

기색은 오장육부의 싹이며, 청색, 황색, 흑색, 자색, 홍색, 적색, 백색의 구분이 있다. 청색은 간경(肝經)에서 나오는 것이니, 그 대부분이 삼양, 와잠, 어미에 있고, 이 몇 곳은 청색궁에 있다. 만약에 봄에 청색을 발하면 오히려 적은 이익을 얻게 된다. (夫氣色, 乃五臟六腑之苗, 有靑黃黑紫紅赤白之分. 靑色乃肝經發, 多在三陽臥蠶魚尾, 此數處在靑色之宮, 如發在春天, 反得些小利.)

❀ 만약에 천정과 인당 부위에 청색이 나타나면 7일 내에 사망하며, 청색이 코에 나타나면 주로 1년 내에 사망한다. 년상과 수상[콧대] 부위에 청색이 나타나면 주로 원인을 알 수 없는 질병에 걸리게 되며, 양쪽 귀에 청색이 나타나면 주로 고생스럽게 지내며 가정을 깨고 망하게 한다. 구각과 지각 부위에 청색이 나타나면 1개월 내에 사망하며, 변지에 청색이 나타나면 주로 감옥살이에 연루된다. (如發在天庭印堂, 七日主死, 發在鼻頭, 主一年內死. 發在年壽, 主暗疾; 發在雙耳, 主困苦破家. 發在口角地閣, 一月終壽; 發在邊地, 主牽連官獄.)

❀ 그러나 해당되는 궁에서 청색이 나타나면 걱정되는 일이 제일 많다. 청색은 어느 부위에 나타나든 반드시 밝고 맑기만 하면 큰 일이 없게 되지만, 만약 어두운 색이 나타나고 막히면 반드시 흉사가 발생한다. (但在本宮, 不過主多憂. 此靑不拘何處, 只宜明亮, 還不妨, 如暗滯卽凶.)

❀ 황색은 코와 인당의 본래 위치이며, 황색은 무릇 지라[脾土]의 건장한 기로서 인당과 코에 나타난다. 《상서》에 다음과 같이 이르고 있다 : "홍색과 황색이 온 얼굴에 피어나면 가정의 재물이 평안하다. 청색과 황색이 코에 피어나면 반드시 횡재한다." (黃色乃土星印堂本位, 凡黃色, 乃脾土之壯氣, 多發在印堂, 土星. 書云: "紅黃滿面發, 家財自安康, 靑黃發鼻, 必得橫財.")

❀ 이것은 상을 보는 오묘한 법으로서 사람의 큰일을 그르치지 않는다. 홍색과 황색은 유독 코에 나타나는 것이 좋으며, 다른 색은 나타나지 않아야 한다. 만약 인당 부위에 황색이 나타나면 홍색으로 어우러져야만 비로소 더 좋고, 만약 홍색으로 어울리지 않으면 이롭지 못하다. (妙法不誤大事. 紅黃色獨喜土星, 其外俱不宜發. 印堂黃還宜有紅, 方妙. 若紅不應, 也不利.)

❀ 30세 전후의 금형인과 목형인이 인당 부위에 홍색과 황색이 나타나게 되면 비로소 큰 재물을 모으게 된다. 36세 이후의 수형인과 토형인은 인당 부위에 홍색과 황색이 나타나게 되면 오히려 가업을 크게 망친다. 황색이 변성[양 이마] 부위에 나타나면 수명이 길다고 말하기는 어려우며, 구각 부위에 황색이 나타나면 살아남지 못하고 죽게 된다. (若三十前後金木形人, 必印堂紅黃, 方得發財. 四九之外, 水土形人, 得此反主大敗. 黃發邊城難言有壽, 黃發口角, 卽死無生.)

❀ 이 황색이 코와 인당 이외의 부위에 나타나면 목숨조차 보장받기가 어려운데, 그 어찌 일을 도모하여 달성함이 있다고 말할 수가 있겠는가? 그러나 만약 음력 3, 6, 9, 12월에 황색이 본궁에 나타난다면 비로소 물질적 이득을 얻게 된다. (此色發於其外, 連命有虧, 豈可言求謀得成? 黃色若在三六九十二月, 發在本宮, 方許財利.)

❀ 때문에 진술축미는 코의 본궁이니, 음력으로 진월[3월]에는 청색과 황색이 나타나야 하고, 술월[9월]에는 백색과 황색이 나타나야 하며, 미월[6월]에는 홍색과 황색이 나타나야 하고, 축월[12월]에는 백색과 암황색이 나타나야 비로소 좋은 상이다. (故辰戌丑未, 乃土之宮分, 辰月宜靑黃, 戌月宜白黃, 未月宜紅黃, 丑月宜白暗黃色, 方好.)

❀ 무릇 적색은 홍색이 변하여 만들어진 것으로서, 건조하고 열을 받아서 나타난 것이다. 적색은 대부분이 준두[코끝]와 년상[콧등] 및 수상[콧대]에 나타나며, 기타 부위에는 매우 적게 나타난다. (凡赤色, 乃紅色所變, 因燥烈而得. 多在準頭年壽, 其外色少.)

◈◈◈

여름에는 콧등의 년상과 수상 부위가 적색을 띠게 되는 것을 꺼리는데, 역시 재앙이 있거나 구설수에 휘말리게 된다. 여름에는 사람들의 몸에 적색이 많이 나타나게 되는데, 특히 년상과 수상에 적색이 나타나는 것을 꺼리게 된다. 년상과 수상에 적색이 피어나면 주로 관재구설에 휘말리거나 재난을 맞게 되고 질병에 걸리게 된다. (夏月只忌年壽, 亦主災, 並口舌, 夏月人多發赤色, 獨忌年壽, 亦主有口舌災病.)

❀ 이밖에 준두 부위에서는 아무것도 꺼리지 않는다. 만약 봄, 가을, 겨울 3계절에는 적색이 나타나면 어떤 궁의 부위에 나타나는지를 불문하고 모두가 흉하고 재앙이 있을 상이다. 때문에 적색은 피부 밖에 나타나고, 홍색과 자색은 반드시 피부 안에 나타난다. 적색이 엷게 나타나면 주로 구설수에 휘말리지만, 적색이 짙게 나타나면 주로 사망하게 된다. (此外準頭俱不忌, 若春秋冬三季赤色, 不拘何宮, 亦主凶災. 故赤色俱在皮外, 紅紫色必在

皮內, 發輕主口舌, 重主身亡.)

● 화형인 사람과 토형인 사람은 절반의 재앙을 면해 갈 수 있으며, 금형인 사람과 목형인 사람은 적색을 가장 꺼리며, 수형인은 비록 홍색은 꺼리지는 않지만 적색을 재난으로 보면서 꺼린다. (火土二形人, 還免一半, 金木形人大忌, 水形人雖不忌紅, 亦忌赤色爲災.)

● 자색과 적색은 크게 서로 같지 않다. 자색은 심경에서 나온 것이며, 홍색이 변하여 만들어진 것이다. 무릇 자색은 인당과 삼음, 삼양, 천정 부위에 많이 나타나며, 모두 재물이 있고 기쁜 일이 있는 색이다. (紫色與赤色, 大不相同. 是心經發紅色所變. 凡紫色多發在印堂, 三陰, 三陽, 天庭, 凡紫色俱是財喜之色.)

● 아내를 취하고 자식을 낳으려면 오직 자색이 나타나야만 비로소 일이 이루어지고, 만약 자색이 나타나지 않으면 아내를 얻고 자식을 낳는 일을 기대하기가 어렵게 된다. 특정 부위에 자색이 나타나면 그 특정한 일이 크게 이롭고 길하게 응하며, 다만 입의 상하 부위에 나타나서는 안 된다. 만약 자색이 입 주변에 나타나게 되면 크게 놀랄 일이 발생한다. (娶妻生子, 獨宜紫色, 方得成事; 紫色不現, 難許成妻生子. 發於某處, 應某事大利; 只不宜發於水星上下, 則主大驚是非.)

● 홍색은 심경의 본색이기 때문에 홍색이 나타나면 주로 재물이 있고 기쁜 일이 있게 된다. 홍색은 대부분이 인당과 관골, 준두 등 3개 부위에 나타나며, 다른 부위에는 적게 나타난다. (紅色, 乃心經正色, 故主財喜. 紅色多發在印堂顴準三處, 其外紅色少.)

❀ 무릇 홍색은 밝고 윤택해야 하며, 1점, 1알, 1줄의 형상으로 나타나는 것이 좋다. 홍색은 수량이 마치 콩이나 쌀과 같이 3, 4, 5, 7개로 이루어지는 것이 좋으며, 큰 조각으로 나타나서는 안 된다. 홍색이 피부 속과 살 밖으로 모두 나타나면 재물을 모으게 된다. 홍색은 봄과 여름 2계절에 나타나는 것이 가장 좋으며, 가을과 겨울 2계절에 나타나는 것은 좋지 않다. (凡紅宜明潤, 或一糝一粒一絲爲妙, 如豆如米, 欲成三四五七爲妙, 不宜滯一大片. 內外俱應, 乃發財之色. 春夏最宜, 秋冬不宜.)

❀ 흑색은 물의 색으로서 신경(腎經)에서 생기는 것이며, 어느 부위를 막론하고 흑색이 나타나면 재앙이 있는 것으로 설명한다. 만약 화형인이 밝고 맑은 흑색을 띠게 되면 주로 발전하게 되며, 흑색이 점의 형상을 하고 나타나면 방광의 색깔로서 주로 21일 내에 사망하게 된다. (黑乃水色, 腎經所發, 不拘何處, 災禍. 如火形人得之, 若明亮, 主發. 黑成點者, 乃膀胱之色, 主三七日內死.)

❀ 환자가 원래 흑색을 띠고 있는데 갑자기 백색을 띠게 되면 병이 곧 치유된다. 그러나 만약 흑색이 열리고, 중간에 황색이 깃들면 사망하게 된다. 무릇 노인 환자는 황색이 양쪽 입가에 나타나는 것을 제일 꺼리지만 흑색은 꺼리지 않는다. (病人發白主生. 若黑色一開, 黃色一至, 主死. 凡老年人病, 大忌黃生口角, 不忌黑色.)

❀ 백색이 나타나면 주로 사망한다. 목형인과 토형인은 얼굴 부위가 백색을 띠게 되면 크게 흉할 징조이다. 백색이 인체의 각 부위에 나타나면 모두 좋은 일은 아니다. 단지 겨울철에는 지각 부위에 백색이 나타나면 좋으며, 다른 달에 나타나는 것은 모두 좋지 않다. (白色一發, 主死. 木形土形, 面多白光, 主大不祥. 白色發各部位俱不宜. 獨喜地閣, 冬月爲妙, 其餘別月不宜.)

❀ 백색이 점이나 줄의 형상으로 특정한 부위에 나타나면 주로 상복을 입게 된다. 백색이 흐트러지면 오히려 무방하며, 만약 백색이 콩알처럼 크거나 견사[명주실]처럼 길면 설사 흐트러지더라도 꺼리지 않는다. (又發在某部位上, 如成點成絲, 主有孝服. 散者還不妨, 點若豆大, 絲若新蠶, 散卽不忌.)

❀ 어두운 색[暗色]은 몸속의 탁한 색이 상승하여 형성된 것으로서 오장을 나누지 않는데, 오장 중의 어느 하나라도 탁한 색을 생성할 수 있다. 온 얼굴에 제멋대로 생기며, 겉에 있는지 속에 있는지를 알지 못하고, 어느 궁에 있는지를 확실하게 보지 못하기 때문에 암색이라고 한다. (暗色乃濁色上升, 不分五臟, 橫生滿面, 表裏不明, 不分宮位, 故曰暗色.)

❀ 《상서》에 다음과 같이 이르고 있다 : "얼굴색이 어두운 사람은 9년 동안 괴로움을 겪고 시달리며, 하고자 하는 일을 이루지 못하고 지친 몸을 이끌면서 고생스럽게 살아간다." 적색이 너무 많은 것이 암색이며, 청색과 황색이 너무 많은 것 역시 암색이며, 적어도 3년이 되어야 암색은 흐트러지게 된다. (書云: "色暗九年主大困, 所事不遂多困多磨." 赤多爲暗, 靑黃多亦爲暗, 三年外方開.)

❀ 막힌 색[滯色]은 천하의 탁한 기로부터 생성된 것이며, 피부와 살집이 화합하지 못하고, 오장이 건강하지 못해서 나타나게 된다. 그러므로 이 색은 막힌 것이다. 토형인이 설령 체색을 꺼리지는 않는다고 하더라도 그러나 막힌 색은 반드시 윤택해야 한다. 만약 윤택하지 않고 어두우면 좋지 못하다. (滯色乃下元濁氣, 皮土不和, 五臟不調, 故此色滯. 土形人雖不忌, 然亦要滯得潤, 若暗亦不妙.)

❀ 막힌 색이 나타나면 9년이 지나서야 비로소 해소되며, 온 얼굴에 체

색이 나타나면 평생 빈천하게 지낸다. 옛 사람이 다음과 같이 이르고 있다 : "정신이 희미하고 혈기가 탁하면 빈궁한 사람이다." 바로 이러한 상황을 가리키는 말이다. 또한 상법에 다음과 같이 이르고 있다 : "노인의 기색은 선명해서는 안 되고, 소년의 기색은 어두워서는 안 되며, 설사 혈색이 조금 막히더라도 무방하다."(一滯要九年方開, 滿面滯色, 一生貧賤, 古人云:"神昏氣濁, 貧窮之漢." 正此謂也. 又有一法:"老不宜明, 少不宜暗, 色滯不妨.")

달마다 다른 기와 혈을 논한 시

逐月氣血論詩

🌸 정월

🌸 정월의 기색은 인궁(寅宮)에서 보는데, 즉 호이와 귀래, 주령, 주지 부위에 있으며, 깨끗하고 희며 밝고 윤택해야 바른 색이다. 기색은 점이나 낟알 형상이어야 좋다. 만약에 어둡거나 막혀서 분명치가 않으면 그 달에는 길하고 이로운 것이 없다. (正月氣色在寅宮上看, 乃虎耳, 歸來, 酒令, 酒池上, 宜淸白明潤, 方是正色. 欲成點, 成粒方好. 如暗滯不明, 此月不利.)

🌸 《시》에 다음과 같이 이르고 있다 : "정월의 기색은 인궁에 있으며, 백색 속에 청색을 띠게 되면 좋은데, 이런 경우 재물이 많이 모이게 되고 기쁜 일이 겹겹이 오게 된다. 만약에 홍색이 나타나면 화재와 도적을 예방해야 하며, 황색이 나타나면 물건을 잃어버리고, 흑색이 나타나면 형벌을 받게 된다." (詩曰: 正月寅宮白帶靑, 錢財積聚喜重重. 紅色一來防火賊; 黃須失脫; 黑官刑.)

🌸 2월

🌸 2월의 기색은 묘궁(卯宮)에서 보는데, 그 위치는 안각[눈꼬리]과 수평으로 관골[광대뼈]에는 이르지 않고, 명문이 눈밑에 있는 와잠에 이어 있고,

동악과 서악[양 광대뼈]의 상하좌우 부위에서 보아서 마땅히 청색이 피부 밖에 나타나야 한다. 피부 안에 나타나면 안 되며, 조각의 형상을 이루어야 하고 점의 형상을 이루어서도 안 된다. 2월에는 만물이 발아하고 생장하게 되니 무릇 기색은 피부의 밖에서 조각 형상을 이루는 것이 좋다. 백색, 흑색, 암색, 황색, 적색이 나타나는 것을 꺼리며, 홍색과 자색은 꺼리지 않는다. (二月在卯宮上看, 平眼角, 不到顴骨邊, 命門連眼下臥蠶, 東西嶽上下左右看. 宜靑色發外, 不宜在內, 宜成一片, 不宜成點. 凡氣色獨二月萬物發生, 成片在外爲妙. 忌白黑暗黃赤, 不忌紅紫.)

● 《시》에 다음과 같이 이르고 있다 : "묘궁의 2월 기색은 반드시 청색을 띠어야 가장 적당하고, 밝고 큰 황색과 홍색이 나타나도 좋다. 만약 동악 부위에 적색과 황색이 나타나게 되면 그 달에는 반드시 재앙이 있다는 것을 알아야 한다." (詩曰: 卯宮本月最宜靑, 明大黃紅喜自生. 一赤一黃東岳界, 須知此月有災星.)

3월

● 3월의 기색은 진궁(辰宮)에서 보는데, 그 위치는 주로 천창과 복당, 역마, 조정, 천문, 교외, 오른쪽 눈썹 털 위에서 본다. 황색과 암색을 띠고 윤택해야 좋으며, 백색과 밝은 흑색은 꺼린다. 3월의 기색은 황색 속에 엷은 홍색이 나타나는 것이 좋다. (三月辰宮, 乃天倉, 福堂, 驛馬, 弔庭, 天門, 郊外, 右眉毛上看. 宜黃暗潤, 忌白明黑. 三月氣色, 黃帶微紅爲妙.)

● 《시》에 다음과 같이 이르고 있다 : "3월에는 천창의 기색은 오직 황색을 취하고, 홍색이 와서 상응하면 번창한다. 만약 백색이 나타나면 형벌과 상해가 있게 되고 상복을 입게 되며, 청색이 나타나면 자신에게 재

앙이 있다."(詩曰: 三月天倉只取黃, 紅來相應是榮昌. 白色刑傷是孝服, 靑至自己 有災殃.)

4월

❀ 4월의 기색은 사궁(巳宮)에서 보는데, 그 위치는 채하와 주서, 호골 위에서 월각 아래, 삼음 위까지에서 본다. 기색은 홍색과 자색이 광채가 나면 좋다. 화(火)가 왕성해야 하며 쇠약해서는 안 되니 홍색이 밝아야 한다. 만약 이들 부위에 기색이 어둡거나 막히면 반드시 재난이나 질병을 얻게 되고, 흑색이 나타나면 사망한다. 청색이 나타나면 형벌과 상해를 입게 되고, 황색이 나타나면 물건을 잃어버리며, 백색이 나타나면 상복을 입게 된다. (四月巳宮, 在彩霞, 奏書, 虎骨, 上至月角, 下至三陰上看. 其色宜紅紫光彩爲妙. 惟火宜旺不宜衰弱, 所以要紅明. 若暗若滯, 主災病; 黑主死; 靑主刑傷; 黃主失脫; 白主孝服.)

❀ 《시》에 다음과 같이 이르고 있다 : "사궁은 화(火)가 왕성해야 하고 홍색을 띠어야 하며, 만약 청색이 침범해 들어오게 되면 형벌을 범하게 된다. 그리고 흑색이 나타나고 오악[이마, 코, 턱, 양 광대뼈]까지 암색이 드리우면 반드시 사망하게 되며, 재앙을 예방해야 하는데, 자신을 파괴하거나 배우자를 다치게 할 수 있다." (詩曰: 巳宮火旺只宜紅, 靑色多侵與犯刑. 黑至五朝暗帶死, 謹防災破自傷親.)

5월

❀ 5월의 기색은 오궁(午宮)에서 보는데, 그 위치는 채하에서 일각[이마]까지이고, 삼양[왼쪽 눈]에 못 미치며 인당[눈썹사이]과 변지[이마 모서리] 왼

쪽과 연결된 부위에서 본다. 기색은 자색과 홍색이면 좋으며, 약간의 황색이 보여도 무방하고, 청색이 조금 보이면 깨지고 망가진다. 그리고 백색이 조금 보이면 무방하고, 흑색이 조금 보이면 위험하다. 오직 자색, 홍색, 적색만이 화(火)의 정색이 된다. 5월에는 수(水)를 보는 것을 가장 두려워하기 때문에 흑색, 백색, 청색, 암색이 나타나서는 안 된다. 또한 이르기를 다음과 같다 : "5월의 인당은 화(火)가 왕성해야 하기 때문에 여름에는 인당의 기색을 보게 된다."(五月午宮, 在彩霞上至日角, 不及三陽, 連印邊左首上看. 色宜紫紅, 微黃不妨, 微青有破, 微白不妨, 微黑有危, 惟紫紅赤, 乃火之正色. 最怕水, 水不宜黑白靑暗. 又云: "五月印堂宜火旺, 故夏看印堂是也.")

❀ 《시》에 다음과 같이 이르고 있다 : "5월의 궁은 오직 홍색을 띠어야 하며, 자색도 좋으며 홍색과 적색은 보통이다. 만약 암색이나 청색 및 백색이 나타나면 가정을 망하게 하지 않으면 반드시 법을 어겨 형벌을 받게 된다."(詩曰: 五月之宮只要紅, 紫還喜紅赤平平. 若生暗色及靑白, 不破家事定犯刑.)

6월

❀ 6월의 기색은 미궁(未宮)을 보는데, 그 기색의 위치는 주로 천창 부위에 있다. 6월은 화(火)가 쇠퇴하기 시작하는 달이고, 토(土)가 왕성한 위치이기 때문에 자색과 황색이 좋으며, 다른 색은 적당하지가 않다. 완전히 자색이고 완전히 황색이면 18일 안에 매사가 뜻대로 이루어지고, 고관으로 승진하며, 과거에 응시하여 급제하고, 장사를 하여 이득을 챙기며, 인부들이 번창하게 된다. 그러나 만약 자색만 나타나게 되면 이상의 이득을 얻기가 어렵고, 황색만 나타난다면 상황은 보통이 된다. 청색, 암색, 백색이 나타나면 상처를 입히고, 적색은 꺼리지 않지만, 흑색은

가장 꺼린다. (六月未宮, 色在天倉. 未乃火衰之月, 土旺之位, 故宜紫黃, 不宜別色. 全紫全黃, 十八日遂意, 官遷, 土捷, 商利, 人興. 如獨紫亦難; 獨黃爲次; 其青暗白色爲傷; 赤色不忌; 黑色最嫌.)

❀ 《시》에 다음과 같이 이르고 있다 : "6월은 폭염으로 찌지만 화기가 서서히 쇠퇴하기 시작하니, 황색 빛이 나타나고 자색 기운이 있는 사람은 반드시 재물을 모으게 된다. 만약에 청색과 암색이 나타나 침범하면 막히고 지체되는 일이 있게 되며, 약한 홍색이 백색을 만나면 반드시 재앙이 있게 된다." (詩曰: 未月炎炎火氣衰, 黃光紫氣必爲財. 青暗來侵成阻滯, 弱火逢金定有災.)

7월

❀ 7월의 기색은 신궁(申宮)에서 보는데, 그 위치는 삼양 아래에 있는 와잠[눈밑]과 명문[눈과 귀 사이] 부위에 이어져 있다. 이들 부위에 황색과 백색이 나타나고 맑고 윤기가 나야만 재물을 모으고 기쁜 일이 있게 된다. 막히는 색과 암색이 보이지 말아야 하며, 홍색과 적색이 나타나면 큰 재앙이 있고, 흑색이 나타나서는 안 되며, 반드시 황색과 백색 및 밝은 황색이어야 좋다. 7월의 전반 10일 안에 나타나면 좋은 운으로 바뀌며, 후반 10일에 나타나면 좋은 운이 물러간다. 신금[신궁과 금색]이 사업을 관장하는데, 기는 강하고 왕성해야 하고, 기색이 선명하다면 길하다. (七月申宮, 連三陽下臥蠶命門.欲黃, 欲白, 欲明, 欲潤, 爲財喜. 不欲滯暗, 紅赤則爲大災, 不欲黑, 必黃白黃明方妙. 七月前十日交, 後十日退. 申金管事, 氣要强壯, 色要鮮明則吉.)

❀ 《시》에 다음과 같이 이르고 있다 : "7월의 신궁은 기가 강한지를 보고, 또한 밝고 윤택하기도 하고 황색이어야 한다. 흑색, 암색, 적색, 청

색이 많으면 오그라들고 막혀서 관직에 있는 사람은 옷을 벗게 되고, 보통 사람은 재앙을 맞게 된다."(詩曰: 七月申宮氣取强, 又宜明潤又宜黃. 黑暗赤靑多蹇滯, 爲官去職士民殃.)

8월

🌸 8월의 기색은 유궁(酉宮)을 보는데, 그 위치는 왼쪽 관골, 동악의 위아래를 보고, 정월 기색의 부위와 동일하다. 이들 부위에 흑색, 암색, 청색, 홍색과 적색이 나타나서는 안 되고, 다만 기뻐할 것은 황색이 나타나는 것인데, 색깔이 밝고 윤택한 것이 중요하다. (八月酉宮, 看左顴東岳上下部位, 與正月部位相同. 不宜黑暗靑紅赤, 獨喜黃明潤爲要.)

🌸 8월에는 화기(火氣)가 물러가고 금기(金氣)가 이루어지며 수기(水氣)가 생성되니 그 어찌 적색을 쓰고 홍색을 쓸 필요가 있겠는가? 오직 유궁에서 뿐만이 아니라 온 얼굴의 기색은 모두 황색과 백색이 밝고 맑아야 한다. 만약에 어느 한 쪽에 홍색과 적색이 나타난다면 구설수에 휘말리게 되며, 청색과 암색을 범하게 되면 재앙을 만나게 된다. (八月火氣退, 金氣成, 水氣生, 何須用赤用紅. 不獨此宮, 滿面氣色俱宜黃白明亮. 若犯一邊紅赤, 卽主口舌, 犯靑暗卽主災殃.)

🌸 《시》에 다음과 같이 이르고 있다 : "8월 가을의 금의 기색은 오직 밝기만을 좋아하고, 만약 암색과 막힌 색이 나타나면 재앙과 형벌이 있게 된다. 본궁은 황색을 띠어야 할 뿐만 아니라 온 얼굴에도 황색이 나타나야 하며 또 밝아야 한다."(詩曰: 酉月秋金只愛明, 若還暗滯有灾刑. 不獨本宮宜黃色, 滿面俱宜黃且明.)

🌼 9월

🌸 9월의 기색은 술궁(戌宮)에서 본다. 그 위치는 오른쪽 지고, 귀래, 하창, 녹창, 시부 등 부위를 보는 것이다. 이들 부위에 홍색과 황색이 나타나면 많은 재물과 기쁜 일이 있다. 만약에 청색, 흑색, 적색, 암색이 나타나면 적당하지 않으니 주로 큰 재앙이 있다. 그러나 황색은 밖에 나타나고 홍색은 안에 나타나야만 좋다. 황색이 안에 나타나고 홍색이 밖에 나타나는 것은 꺼린다. (九月戌宮, 看右地庫, 歸來, 下倉, 祿倉, 腮位. 宜紅黃, 主大財喜. 不宜靑黑赤暗, 主有大災. 然黃宜在外, 紅宜在內, 方好, 黃內紅外亦忌.)

🌸 《시》에 다음과 같이 이르고 있다 : "9월의 술궁은 토(土)가 왕성하니 황색이 나타나고 밝아야 하며, 안에는 화성과 같이 홍색 빛이 나타나면 좋은 운이다. 만약에 적색과 홍색이 모두 밖에 나타나면 자산이 흐트러지고 소진되며 헛것을 보고 놀라게 된다." (詩曰: 戌宮土旺要黃明. 內現紅光得火星. 若是赤紅俱在外, 資財耗散主虛驚.)

🌼 10월

🌸 10월의 기색은 해궁(亥宮)을 보는데, 해당, 변지, 평구각, 지창, 지각 등 부위를 보아야 한다. 이들 부위에 백색이 나타나면 재물을 얻게 되고, 적색이 나타나면 재앙이 있으며, 황색이 나타나면 주로 병사하고, 흑색과 청색이 나타나도 역시 꺼린다. (十月亥宮, 看頦堂, 邊地, 平口角, 地倉, 地閣. 白色爲財; 赤色爲灾; 黃主病死; 黑靑亦忌.)

🌸 입은 수성이며, 암색과 막힌 색이 나타나서는 안 된다. 해(亥)는 수(水)의 위치로서 황색이 오는 것을 가장 꺼리고, 다만 피지 부위에 한 점의

흑색이 나타나면 좋다. 백색도 밝고 윤택해야 하고, 만약에 백색이 점과 낟알의 형상으로 나타나면 크게 이롭지 않다. (夫口爲水星, 不宜暗滯. 亥乃水位, 最嫌黃來, 惟陂池一點黑色爲妙. 其白色亦要明潤, 若點點粒粒, 大不利也.)

❀ 《시》에 다음과 같이 이르고 있다 : "해궁의 수계 기색은 밝아야 하고, 색깔은 한 조각의 형상으로 빛이 나야 좋다. 한 점의 황색과 한 점의 백색이 나타나면 큰 병에 걸리지 않으면 형벌을 받게 된다."(詩曰: 亥宮水季氣宜明, 色要光華一片成. 一點黃光一點白, 若非大病卽官刑.)

🌼 11월

❀ 11월의 기색은 자궁(子宮)을 보는데, 그 위치는 해궁의 부위와 동일하다. 색깔은 역시 백색이어야 마땅하고, 청색과 흑색도 꺼리지 않지만, 오직 홍색과 황색을 꺼리며, 반점과 적색 및 암색도 꺼린다. 일양(一陽)의 후면이기 때문에 청색을 꺼리지 않고, 수(水)의 정 위치이기 때문에 흑색을 꺼리지 않는다. 그러나 만약 흑색이 먹과 같고 구슬과 같으면, 이 2가지 경우라면 반드시 죽게 된다. (十一月子宮, 同亥位一樣. 色亦宜白, 不忌靑黑, 惟忌紅黃及斑點赤暗. 一陽之後, 故不忌靑. 水之正位, 故不忌黑. 若如墨如珠, 二者則又主死矣.)

❀ 《시》에 다음과 같이 이르고 있다 : "이양(二陽)의 자위(子位)는 반드시 참되게 보아야 하고, 각 궁의 경계는 분명해야 한다. 이 궁은 유독 황색, 적색, 암색을 꺼리고, 흑색이 구슬과 같고 먹과 같으면 수명이 다했음을 말하는 것이다."(詩曰: 二陽子位看須眞, 各宮禁界要分明. 此宮獨嫌黃赤暗, 如珠如墨壽元終.)

🌸 12월

🌼 12월의 기색은 축궁(丑宮)을 보는데, 그 위치는 역시 하고에 있다. 색깔은 청색, 암색, 황색이어야 하고, 막힌 색과 흑색이어서는 안 된다. 흑색과 적색이 지나치게 심하면 바야흐로 막힌 색이 형성되니, 반드시 진실된 위치를 확실하게 구분해야 한다. (十二月丑宮, 亦在下庫. 宜靑宜暗宜黃, 不宜滯黑. 亦因赤黑太重, 方成滯色, 定要認眞地位.)

🌼 다만 자궁(子宮)과 축궁(丑宮)은 서로 연결되어 있기 때문에 착오가 있어서는 안 된다. 이 2개 궁의 기색은 각각 서로 다르니 정신을 집중하여 자세히 보아야 한다. 자궁은 백색을 띠어야 하고 흑색을 띠어서는 안 되고, 축궁은 흑색을 띠어야 하고 백색을 띠어서는 안 되니, 이를 기준하여 분명하게 구분해야 한다. (獨子丑二宮相連, 不要差錯. 二宮氣色各不相同, 要細看入神. 子宮宜白不宜黑, 丑宮宜黑不宜白, 是以要辨.)

🌼 《시》에 다음과 같이 이르고 있다 : "오고[천창과 지고, 턱]가 반드시 황색을 띠어야만 비로소 일이 성사되고, 흰 빛이 나타나면 서로를 침해하니 일이 이루어지지 않는다. 만약에 연기와 안개처럼 적색과 막힌 색이 나타나면 21일 안에 반드시 형극을 당하게 된다." (詩曰: 五庫須黃方問成, 白光一見便相侵. 若還赤滯如烟霧, 三七之間必有刑.)

기와 색을 전반적으로 논한 시
氣色總論詩

❀ 동쪽은 암색이 나타나서는 안 되고, 서쪽은 청색이 나타나서는 안 되며, 남쪽은 백색이 나타나서는 안 되고, 북쪽은 홍색이 나타나서는 안 된다. 천창[양 이마] 부위는 반드시 홍색과 황색이 나타나야 하며, 지고[양 턱] 부위는 반드시 청색과 암색이 나타나야 한다. 이것은 일반적인 설법이며, 영험하지 않은 것이 없다. (東不宜暗, 西不宜靑, 南不宜白, 北不宜紅. 倉宜紅黃, 庫宜靑暗. 此乃大槪, 無不應驗.)

❀ 동쪽 위치에서는 반드시 청색이 나타나야 하고, 남쪽 위치에서는 반드시 적색이 나타나야 하며, 서쪽 위치에서는 반드시 밝은 색이 나타나야 하고, 북쪽 위치에서는 반드시 백색이 나타나야 하니, 이것은 정해져 있는 이치이다. 만약 이와 반대라면 재앙과 흉사가 있게 된다. 뒤에서 문답 형식으로 상세하게 그 이치를 해설하고 있는데, 이는 춘하추동에 따른 사람의 기색을 논하는 것이다. (東位宜靑, 南位宜赤, 西位宜明, 北位宜白, 此乃定理. 若反此, 則有災凶. 後有詳問解訣, 乃論春夏秋冬.)

❀ 만약에 색깔이 백색이면 깨지고 무너지며, 색깔이 청색이면 질병에 걸리고, 색깔이 흑색이면 큰 재앙을 입게 되며, 피가 불과 같은 홍색이면 재물과 녹봉을 기대하게 되고 뜻한 대로 만족하게 일이 잘 풀리게 되는데, 이는 일반적인 설법이다. (若色白破敗, 色靑疾病, 色黑大災, 必血如火者, 方

許祿財稱意, 此大槪也.)

❀ 상을 보고 기색을 보는 오묘한 상법의 관건은 단지 서너 구절에 지나지 않는다. 전해주는 스승이 없이 애만 썼구나. 스스로 깊고 묘한 이치를 터득하고 나니 강호를 떠돌며 관상술을 팔아 먹는 사람들이 정말로 가소롭게 보인다. (妙法只須三五句, 無師傳授枉勞心. 自從識得玄中理, 笑殺江湖賣術人.)

손바닥의 기와 색
掌心氣色

❁ 무릇 손바닥 한가운데에 나타나는 기색은 안과 밖으로 상통하고 밝아야 한다. 황색, 홍색, 적색, 자색이 나타나면 재물을 모으고 기쁜 일이 있게 되며, 흑색과 암색이 나타나면 좋지 않다. 만약 묘시와 진시에 손바닥 한가운데에 홍색이 나타나면, 그 한 점의 홍색은 주로 조그만 재물운을 알려주는 것이다. (凡掌心氣色, 要內外通明. 黃紅赤紫爲財喜之色, 黑暗不好. 如卯辰之時, 掌有一紅色者, 一點紅, 主一分財也.)

❁ 암색이 이궁(離宮)에 나타나면 1년 안에 재물을 탕진하며, 청색이 명당 부위에 나타나면 반 년 안에 위험과 흉사가 있게 되고, 건궁(乾宮)과 감궁(坎宮)에서 나타나면 뿌리를 내린 터전이 손실을 입게 되며, 적색이 명당에서 나타나면 1년 안에 큰 재물을 모은다. (暗色在離宮, 一年卽破耗, 青道發明堂, 半載有凶危. 暗色起乾坎, 根基有損失. 赤道起明堂, 一年內大發.)

❁ 자색 기운이 간궁(艮宮)과 진궁(震宮)에서 나타나면 10일 안에 반드시 승진을 하고 작위를 얻게 되며, 황색 빛이 진궁 부위에 나타나면 처가 회임하게 된다. 핏빛이 곤궁(坤宮)과 태궁(兌宮)의 위치에 나타나면 처가 반드시 귀한 아들을 낳는다. 사계절 가운데 어느 계절을 불문하고 손바닥 한가운데에 핏빛과 같고 불을 뿜어내는 것과 같은 홍색이 나타나면 크게 재물을 모으며 기쁜 일이 있게 된다. (紫氣發艮震, 旬日必高遷, 黃光透震位, 妻

懷六甲. 血光坤兌位, 必産貴子. 不論四季, 血如火噴, 大發財喜.)

❀ 무릇 손바닥은 단지 혈색이 왕성하기만 하면 영화롭고, 혈색이 약하면 재앙이 된다. 고서에 다음과 같이 이르고 있다 : "손바닥은 불을 뿜는 것과 같은 홍색이고, 손톱은 성성이의 피와 같이 선홍색이면 큰 부자가 되는 손이며, 손바닥이 맑은 옥과 같고 은빛처럼 흰색이 보이면 크게 귀한 손이다. 손톱이 어두운 색을 보이는 사람은 관직을 박탈당하고, 손바닥이 희미한 색을 띠며 광택이 나지 않는 사람은 명예와 이익을 얻을 수 없으며, 손바닥의 색깔이 선명한 사람은 승진을 하고 작위를 얻으며, 손바닥이 윤택한 사람은 사시사철 평안하다. 귀인의 손은 살과 피부가 상통하고 밝으며, 무장의 손은 붉은 광채가 눈이 부실 정도이다."(夫掌只宜血壯爲榮, 血弱爲災. 古書云:掌如噴火, 甲紅如猩血, 乃大富之手也; 掌如瑩玉, 白如銀亮, 大貴之手也. 甲暗者官職有損, 掌昏者名利俱無. 色明者加官進爵, 色潤者四序平安. 貴人之手表裏通明, 武將之手血光射目.)

❀ 무릇 관직의 높고 낮음은 손바닥 한가운데의 기색을 보며, 재물을 구하고 기쁜 일을 구하는 것은 손바닥 위의 팔괘 부위로 확정된다. 손바닥의 색깔은 황색을 띠고 밝으면 좋으며, 색깔이 막히는 것을 가장 꺼린다. 옛 사람들은 한 사람이 부귀한지의 여부를 알려면 그 사람의 손과 발을 보아야 한다고 하였는데, 바로 이를 두고 말하는 것이다. (凡大小官職, 俱看掌心氣色; 求財求喜, 八卦位定. 只要黃明, 最嫌色滯. 古人富貴觀乎手足, 此之謂也.)

❀ 손바닥이 희고 밝으며 빛이 나는 사람은 암색과 막힌 색이 나타나는 것을 싫어하며, 손바닥이 희고 암색과 막힌 색이 나타난 사람이라도 밝고 빛이 나는 것을 기뻐한다. 손바닥 위에 콩과 점 형상의 혈색이 보이면

집안이 번창하고 재물이 풍성해 진다. (手白光明嫌暗滯, 手白暗滯喜光明. 掌內血如點豆, 家旺財豊.)

● 손바닥이 사방으로 흩어진 빛처럼 백색을 띠게 되면 가정이 무너지고 사람은 떠나며 자식이 흩어지고, 황색이 나타나고 자색이 곁들여지면 기쁜 일이 생기고 재물을 얻게 되며, 청색과 흑색이 나타나고 막힌 색이 곁들여지면 질병이 있고 손실이 있게 된다. (白如散光, 人離家破; 黃而加紫, 得喜得財; 靑黑帶滯, 有疾有失.)

● 적색은 손바닥 한가운데 나타나야 하며 손톱에 나타나서는 안 되며, 밝고 윤택한 색이 손등, 손톱, 그리고 가운데 손가락에 나타나면 좋은데, 손바닥에 흰 빛이 나타난 사람은 문학적 재능이 뛰어나다. (赤色宜掌心, 不宜甲內; 明潤宜手背, 還宜甲中指. 有白光, 文盛才高.)

● 여기서 말하는 '손가락[指]'은 손가락의 뒷면이다. 만약에 손가락 등에 암색이 나타나면 학문이나 예술 분야의 운세는 어렵거나 막힌다. 일반적으로 말해서 손바닥의 혈색이 밝은 것은 길운이며, 혈색이 막힌 것은 재앙이다. (指卽手指背也. 背起暗色, 文難書滯. 大槪血明爲妙, 血滯爲殃也.)

기와 색을 관찰하는 법
觀氣色法

❀ 기는 정신에 의존하는 것으로서 정신의 여분이며, 정신이 관통하는 것이 좋은 것이다. 기는 색의 근본이며, 안정적으로 깊게 숨겨져 있어야 하고, 또 건장하고 충실해야 한다. 기는 먼저 얼굴 부위에 나타나며, 그 다음에 사지로 간다. 기는 인체 내에서 1개월 정도 숙성된 후에 비로소 밖으로 나타나서 색이 되고, 색이 밖으로 나타난 후에야 비로소 길흉화복을 판단할 수 있게 된다. (氣乃神餘. 神貫爲妙. 氣乃色之根本. 最要安藏. 還宜壯實. 先來面目之間. 次到四肢之內. 氣足一月方發爲色. 色發在外, 方定吉凶.)

❀ 만약 기만 있고 색이 없으면 맞지 않고, 색만 있고 기가 없어도 영험하지 못하여 길흉을 정확하게 판단할 수가 없게 된다. 색이 있고 기가 없는 것은 '흐트러진 빛'이라고 하며, 이러한 사람은 선천적으로 부족하다. 기가 있고 색이 없는 것은 '숨어 있는 것'이라고 하며, 오직 해당되는 색이 나타난 후에야 만사가 형통할 수 있게 된다. 따라서 기가 있고 색이 없는 것이 오히려 괜찮은 편이고, 색이 있고 기가 없는 것은 좋지 못하다. 요컨대, 기와 색이 서로 어우러져야만 길흉을 확실하게 추단할 수 있게 된다. (氣無色不驗, 色無氣不靈. 有色無氣爲散光, 終須不足. 有氣無色爲隱藏, 待發方通. 寧可有氣無色, 不可有色無氣. 總言氣色俱配, 吉凶方準.)

❀ 기는 단전에서 나오는 것으로 가슴이나, 오장, 신장 또는 방광 등 부

위의 어느 한 궁에서도 나오는데, 오래 가지도 않고 단단하지도 않다. 온 얼굴에 건강한 색이 가득한 것은 운이 틔어서 복이 온다는 것을 미리 알리는 것이다. (氣乃丹田之發, 或胸或臟或腎或膀胱一宮之發, 不久不堅. 滿面容壯, 方言發福.)

❀ 색을 보는 것은 단지 각 궁 부위를 보면 되고, 기를 보는 것은 온 몸의 상하 부위 모두를 보아야 하는 것이다. 색을 보면 단지 한 달, 한 해의 길흉을 볼 수 있으며, 기가 나타나는 것을 보면 10년 동안의 복을 판단할 수 있다. 기가 부드럽고 밝으며 윤택하고, 온 얼굴에 튼튼하고 알차며 주옥과 같이 은은하게 몸속에 숨겨져 있으면 그 어찌 발전하지 못할까봐 걱정을 하겠는가? (色看各宮, 氣要上下一身俱是. 色只看一月一年, 氣發可受十年之福. 氣來和明, 滿面壯實, 隱隱如珠玉, 何愁不發?)

❀ 만약 기가 몸속에 희미하게 있으면서 밖으로 나타날 수 없으면 부를 얻기가 매우 어렵다. 기가 왕성하고 건장하지 않으면 설사 색이 밝더라도 흥성하는 운은 단지 1년을 넘기지 못하고 사라진다. 기는 건장한데 색이 피어나지 않으면 반 년 동안 궁색하게 지내며, 기가 막히는 사람은 평생 고생하며 가난하게 산다. 그리고 기가 암색을 보여 어두우면 9년 동안 뜻을 이루지 못하고 막히게 된다. (昏昏在內, 得富甚難. 氣不旺壯, 雖色明, 不過一載興廢. 氣已壯, 色不開, 還須半載困窮. 氣滯者, 一生困苦. 氣暗者, 九載迍邅.)

❀ 정신이 희미한 것은 기가 좋지 않기 때문이고 수명도 길기 어렵다. 때문에 기가 부족하면 매사 되는 일이 없다. 기가 백색을 보이면서 몸속에 막혀있는 사람은 반드시 본분을 지키면서 홍색이 나타나고 윤택해지기를 차분하게 기다려야만 비로소 형통하게 되며, 기가 흑색을 보이면서 몸속에 막혀있는 사람은 수명이 단축되고 수년 내에 크게 실패하여 매우

궁색하게 된다. (神昏者, 因氣不佳, 連壽難許. 故氣不足, 萬事無成. 氣白滯還須有守, 待紅潤方可亨通. 氣黑滯, 必須損壽, 數年內大敗大窮.)

❀ 기가 어두워지면 관직에서 물러나게 되고, 논인은 수명에 손상을 입고, 소년은 자주 질병에 걸리며 하루하루를 쓸쓸하게 지낸다. 기가 풍족하고 색이 강하면 비로소 복이 들어오게 된다. (氣來暗, 爲官退位. 老壽不堅. 少年多病, 日日蕭條. 氣足色强, 方言發福.)

❀ 기는 색을 낳고 색은 사람의 영화와 쇠락을 결정한다. 기가 고르지 아니하면 색도 이롭지 못하게 된다. 뿌리가 부실한데 그 어찌 싹을 얻을 수 있겠는가? 기의 이치는 일생의 운명을 결정할 수 있으니, 사람들은 기의 이치가 흥하고 쇠하는 것을 보고 운명의 성쇠를 말하는데, 바로 이를 두고 하는 말이다. (氣生色, 色定榮枯. 氣不和, 色自不利. 根不實, 豈得有苗? 氣數可定終身, 人言氣數興廢, 正此謂也.)

❀ 기는 오색이 안에 있는 것의 표현으로서, 부드럽고 고르며 윤기가 나는 것을 가장 좋아하며, 피가 부족한 것을 가장 두려워한다. 만약 정신이 맑고 기가 족하며 기색이 선명하면 늙어서까지도 꾸준히 복을 누리게 된다. 기가 탁하고 정신이 말라 있으면 죽을 날이 이미 정해져 있다. 기색이 어둡고 쇠락하면 평생 비천하고 우둔하다. 기가 건장하지 못하고 얼굴색도 없고, 고르고 윤기가 없으면 어느 세월에 평안하고 즐거운 일이 있겠는가? (夫氣乃五色之內表. 最要和潤, 怕血少. 神淸氣足若鮮明, 發福綿綿直到老. 氣濁神枯死定期, 暗衰下賤一生愚. 不壯不顔不和潤, 何年何月得安居?)

❀ 색은 만물의 싹으로서, 색이 정상이면 오장육부가 건강하고 상서롭다. 색은 응당 겉으로 뚜렷하게 드러나지 않고 은은하게 빛이 나야 하며,

색채는 밝고 선명해야 한다. 매끄럽고 요염하며 빛이 들떠있는 색은 꺼리며, 기름이 묻고 때가 묻은 것 같은 색을 가장 꺼린다. 다만 색은 윤택하고 선명한 것을 좋아하고, 연기처럼 어둡고 희미한 것을 가장 꺼린다. 좋아하는 색은 자색으로서 맑고 밝은 것이며, 숨기는 색은 흑색으로서 메마른 것이다. (夫色乃萬物之苗, 五臟六腑祥瑞. 宜隱隱有光, 灼灼有色. 偏嫌滑豔光浮, 最忌如油如垢. 獨宜榮潤, 最忌烟蒙. 喜色乃紫乃坌, 晦色定黑定枯黑.)

❀ 밝고 맑은 색은 음력 11월의 가장 추운 겨울에 나타나는 것이 좋고, 지각 부위는 백색이어야 하고 밝고 맑으며 윤택해야 한다. 음력 7월의 초가을에는 양쪽 관골에 화색[홍색과 적색]이 나타나는 것이 좋다. 여름에는 사(巳)와 오(午) 2곳에 홍색이 나타나야 한다. 만약에 밝은 황색이 겸해서 나타나면 반드시 번창하고 영화를 얻게 된다. 청색은 오직 동악에서 나타나야 하며, 음력 2월의 봄철을 전후하여 볼 만한데, 홍색, 자색, 황색 등 3가지 색깔의 형상은 구슬과 같아야 한다. (色宜明, 惟仲冬可發, 地閣白色要潤. 秋初只喜兩山火色. 夏天生於巳午, 兼黃明, 必獲榮昌. 靑色只宜東嶽, 仲春前後可觀. 紅黃紫, 宜如珠點點.)

❀ 흑색, 백색, 적색 등 3가지 색깔은 서로 어지럽게 흩어져 있어야 재앙을 면해 갈 수 있다. 색이 나타나지 않으면 어떤 일도 아직 일어나지 않았다는 것이며, 색이 이미 나타났으면 일이 이루어졌음을 말하는 것이다. 색의 형상이 매화처럼 점점이 나타나거나 또는 사슴의 몸에 난 반점처럼 나타나면 좋은 것이다. (黑白赤, 散亂方免灾殃. 色未發, 事還未遇. 色已發, 事可相親. 梅花點, 巨鹿班, 方爲妙用.)

❀ 색의 형상이 실과 같고 곡식의 낟알과 같으면 그 다음 차례로 길한 상황을 볼만 하고, 당시의 상황에 부합되면 도모하는 일이 순조롭게 풀린

다. 계절의 절기를 상실하고 때를 넘기게 되면 되는 일이 쭈그러들고 막혀서 어렵게 된다. (如絲縷, 似粟粒, 次第而觀. 當時及合, 謀爲順便; 失令過時, 蹇滯艱難.)

❀ 목형인은 큰 조각의 색과 농도가 짙은 색이 나타나야 좋으며, 작은 조각의 색과 보통의 평범한 색이 나타나는 것도 꺼리지 않는다. 2가지의 상생하는 색이 동시에 나타나는 것은 쓸모가 있는 것이고, 2가지의 상극하는 색이 동시에 나타나면 형벌이나 상해를 입게 된다. (大色老色木形宜, 本色小色發不忌, 犯相生, 可言有用, 犯剋處, 必主刑傷.)

❀ 색을 보는데 있어서 1품과 2품 관원은 천창[양 이마]과 인당[눈썹사이]을 보며, 3품과 4품 관원은 준두[코끝]와 이륜[귓바퀴]을 본다. 백성을 다스려 가르치는 목민관은 그의 육부[양 이마, 양 광대뼈, 양 턱]의 색을 보며, 사헌부의 관원은 그의 양쪽 관골[광대뼈]의 색을 본다. 싸움터에 나가는 사람은 얼굴에 홍색과 황색이 있는지를 보아야 하고, 장수는 반드시 관골과 삼양 부위를 보아야 한다. 그리고 출정하여 진지에 오르는 사람은 눈을 보아야 하고, 변경에서 공을 세우는 신하는 목, 혀, 목구멍, 입술을 보아야 한다. 이들 모두는 상술 가운데 중요한 방법이니 분명하게 구분할 수 있어야 한다. (一二品觀倉觀印, 三四品看準看輪, 牧民可觀六位, 憲臺要看雙山, 出兵須要看唐符國印, 武將必要察看顴骨三陽, 出征上陣要看眸子目睛, 邊塞功臣還看項喉脣舌. 此乃相中要法, 不可不辨分明.)

❀ 상인과 백성의 색을 보려면 십이궁을 자세히 보아야 하며, 해당되는 달의 길흉을 참조해야 한다. 각 부위도 자세히 조사하고, 안색의 가볍고 무거움을 살피며, 색의 깊고 얕음을 헤아려야 한다. 홍색이 가득차도 좋다고 말할 수 없으며, 흑색과 백색 2가지 색이 나타난다 해도 반드시 흉

한 상은 아니다. 색은 끝없이 변화하므로 깊고 묘한 이치는 충분히 잘 배우고 이용해야 하며, 한가지 길 만을 고집하지 말아야 한다. (商賈黎庶, 細看十二宮庭, 還在各月爲用. 還宜各位細推, 審輕重, 量淺深. 紅貫未可言美, 黑白不宜斷凶. 千變萬化, 玄機最宜活法, 毋取一途.)

❀ 하급의 잡직에 종사하는 관리는 명궁과 하고, 이문, 이전 부위를 보며, 심부름꾼은 손바닥만 보면 된다. 가을에 열리는 고시에 참가하는 응시자는 양쪽 이주[귓볼], 명문, 년상과 수상을 보며, 이들 부위는 모두 황색과 자색이어야 마땅하고, 이와 동시에 양쪽 눈썹, 삼양 등 부위가 맑고 밝으며 왕성하면 공적과 명예를 얻을 수 있지만 만약 한 부위라도 어두우면 공적과 명예를 기대하기가 어렵게 된다. (雜職可看命宮, 下庫, 耳門, 吏典, 差辨只看掌心. 決秋場擧子看雙耳珠, 命門, 年壽, 俱宜黃紫, 彙羅計還共三陽俱要明旺, 若一處暗, 難許功名.)

❀ 봄에 열리는 고시에 참가하는 응시자는 먼저 좌우에 있는 보각[이마 모서리]를 보고, 다시 명문[눈과 귀 사이]을 보는데, 만약에 이들 부위에 홍색과 자색이 나타나면 이름 아는 사람을 다시 만난다. 또한 눈빛이 밝고 맑으며 흰 눈동자가 정신을 관통하여 기력이 왕성하면 반드시 급제하게 된다. (春試獨觀輔弼, 再看命門, 此三處若紅若紫, 再遇知名. 眸光射目, 白睛貫神, 可言及第.)

❀ 양쪽 눈썹에 자색이 나타나면 몸에 녹의를 걸치게 되고, 학사인 반궁에 들어가는 사람은 년상[콧등]과 수상[콧대]에 자색이 나타나며, 작은 일을 이룬 사람은 명궁을 본다. **삼교**와 **구류1**, 의사, 술사[점 치는 사람]는 모

---

1 삼교(三敎)는 유교(儒敎), 불교(佛敎), 도교(道敎)를 말하며, 구류(九流)는 중국 한(漢)나라 때의 9개 학파로 유가(儒家), 도가(道家), 음양가(陰陽家), 법가(法家), 명가(名家), 묵가(墨

두 준두와 이륜을 보아야 한다. 기술자와 장인의 얼굴색이 잡색이 없이 순수한 색깔이면 수도에서 유명해진다. 노비는 천창이 밝고 지고가 윤택하면 가업을 일으키고 주인을 왕성하게 해 준다. (雙眉貫紫, 身掛綠衣, 入泮者不過年壽, 小就者也看命宮. 九流醫術, 準共耳輪. 工人作匠無花雜, 可京省馳名. 爲奴爲婢, 喜倉明庫潤, 乃興家旺主之人.)

❀ 승려는 홍색, 적색, 흑색, 암색을 꺼리지 않으며, 도사는 적색 위에 탁한 막힌 색을 꺼리며, 오직 금(金)과 수(水)가 맑고 깨끗한 것을 좋아한다. 병졸은 얼굴색이 혼잡해야만 아침에 술을 마시고 저녁에 고기를 먹을 수 있으며, 만약 얼굴색이 희고 밝으면 가정을 망치고 사람도 죽게 된다. 기녀가 도화색을 띠게 되면 죽는 날까지 지극한 사랑을 받는 지를 보아야 한다. 공경[삼공과 구경]이 만약에 혈색이 왕성하고 들뜨지 않으면 반드시 어질고 착한 사람을 배필로 삼게 된다. 기색이 좋다고 말하지 말라. 천하를 25년 동안 떠돈다. (爲僧者不忌紅赤黑暗. 爲道者忌火上濁滯, 只宜金水澄淸. 爲兵爲卒, 一花一雜, 朝酒暮肉, 一白一明, 家破身傾. 妓女桃花, 要觀終身得寵; 公卿若還血應不浮, 定有良人作配. 莫道氣色好看, 遊遍江湖二十五春.)

❀ 기색이 미끄럽고 고운 것은 일반적인 기색과는 다른 것으로 각기 그 나름대로의 설법이 있으니 별도로 보아야 한다. 그것은 유리 위에 기름을 칠한 것과 같고, 서화에 쓰는 물감과도 같으니, 비록 홍색으로 윤택이 있는데 역시 주사와 같으며, 몸 안에서 기가 응하지 않으면 몸 밖으로 색이 나타나지 않으며, 오직 미끄러운 색과 고운 색이 나타나는 사람은 병졸이 아니면 광대가 된다. (夫氣色之滑豔, 不同氣色, 各有一說, 另有一看. 如油潤琉璃之上, 如丹青書畫, 雖紅潤亦如硃砂, 內氣不應, 外色不來, 獨發一滑一豔者, 若

家), 종횡가(從橫家), 잡가(雜歌), 농가(農歌)를 가리킨다.

非隸卒卽是倡優.)

❀ 색이 맑지 않으면 형상을 입어 깨지게 되고, 녹봉을 받는 관리라면 파직을 당하게 되며, 농민이라면 재앙을 입게 된다. 미끄럽고 고운 색이 나타나면 재앙이 멀지않은 곳에 있다. (色不淸, 亦主刑破, 若受祿去職, 農庶受殃. 滑豔一至, 災不遠矣.)

❀ 《시》에 다음과 같이 이르고 있다 : "만약 색이 선명한데 한줄기의 희미한 빛이 나타나고, 얼굴빛과 같이 홍색을 띠고 서리와 같이 흰색을 띠고 있으며, 색의 형상이 반점을 이루지 않고 얼굴에 나부끼면서 떠다니면 매사 되는 것이 없고 큰 재앙이 다가온다." (詩曰: "色若鮮明一派光, 紅如顔淡白如霜. 不成斑點成虛色, 百事無成有禍殃.")

❀ 빛이 들떠있는 색은 고운 색과는 다른데, 또 다른 설법이 있다. 얼굴이 밀가루와 같이 희고, 온 얼굴이 섬광처럼 빛이 나는 것을 '빛이 들떠있다'고 한다. 이와 같이 빛이 들떠있는 색이 나타나면 집안을 망치는 자식이며, 소년에게 이 색이 나타나면 실패와 좌절을 겪게 되고, 늙어서 이 색이 나타나면 괴롭고 고생스러운 날을 보내게 되며, 지위가 있는 사람의 경우라면 감옥살이를 하는 고통을 겪게 된다. (色之光浮不同夫豔, 又另一說. 白色如粉, 灼灼滿面, 故爲光浮. 如有此色, 敗家之子, 少年主損, 老得辛勤, 君子犯刑名.)

❀ 여인이 대단히 색을 좋아하면, 후사를 이을 수 없고 단명하며, 가산을 탕진하며 매사 낭패를 보게 된다. 한 집안의 아들이 들떠있는 색을 보이게 되면 반드시 가난하고 궁색하다. 빛이 들떠있는 것은 아름다운 색이 아니고 재앙의 근원이기 때문에 그 하나라도 취할 것이다. (女多好

色, 難言子嗣, 壽促財破, 萬分狼狽, 當家之子得此, 必要貧窮. 光浮非是美色, 乃是禍殃之根, 有百千之忌, 無一可取.)

❀ 《시》에 다음과 같이 이르고 있다 : "빛이 들떠있는 색은 예로부터 내려오면서 그러한 것이니 수많은 사람들이 그것으로 인해 형벌을 받고 다치며 깨지고 실패하였다. 소년은 27세 밖에 안 된 젊은 나이에 황천길로 갔으며, 늙은이는 힘든 일을 겪으면서 고난과 고통에서 벗어나기 어려웠다." (詩曰:"色嫩光浮自古然, 刑傷破敗亏萬千. 少年三九歸泉路, 老來辛勤苦難纏.")

❀ 오색[이 변하면, 무릇 홍색은 대부분이 피부 밖과 피부의 얕은 표층인 꺼풀 안에 나타나는데, 흐트러지지 않고 빛이 나지 않으며 겉으로 드러나지 않게 깊이 숨겨져 있으며, 시종 밝게 나타나고 점의 형상으로 분명하고 실의 형상으로 밝고 윤택하게 나타나야 비로소 아름답고 길한 색이 된다. 이러한 홍색이 나타나면 기쁜 일이 있고 관운이 있으며 복이 있고 재물운이 있게 된다. (夫五色若變, 凡紅色多在皮外膜內, 不散不光而隱隱深藏. 塋塋堅久, 點點分明, 絲絲明潤, 方爲美色. 爲喜爲祿, 爲福爲財.)

❀ 만약 홍색이 조각을 이루거나 흐트러지고 반점 형상을 이루지 못하면 좋지도 않고 영험하지도 않다. 자색 역시 피부 속 막의 얕은 표층인 꺼풀 안에 나타나며, 홍색이 지나치게 많아 진하게 되어 생성되는 것이 자색인데, 만약에 그 반점 형상이 매우 크면 홍색으로 변하고 색깔이 분명하게 나타나 쉽게 보인다. (連片一散不成斑點, 不妙不驗矣. 紫色亦在皮內膜外, 乃紅重爲紫, 斑點勢大爲紅, 色明易得見.)

❀ 홍색은 깊게 숨겨져 있어야 하며 밝게 노출되어서는 안 된다. 그러나 전부 노출되지 않아도 역시 좋지 않다. 이는 지나치게 많거나 지나치게

부족해도 모두 영험하지 않다는 것을 말해주는 것이다. 만약 지나치게 흐트러지거나 혼란하면 자색이 아니다. (爲紅然欲深藏, 不宜明露. 若十分不露, 亦不爲妙. 此乃太過不及, 俱不驗矣. 若一散一亂, 非作紫色也.)

❀ 만약 홍색과 자색, 2가지 색이 지나치게 많거나 지나치게 혼란하며 꺼풀의 밖에 나타나고, 반점을 이루지 못하고 조각으로 이어져서 희미하고 어두운 색을 띠게 되면 적색으로 본다. 때문에 적색은 밖에 많이 있고, 홍색은 안에 많이 있으며, 적색과 자색은 분명하게 구분된다. (凡紅紫二色, 一重一亂, 發在膜外, 不成斑點, 連片昏昏, 卽作赤色看. 故云赤色多在外, 紅色多在內, 赤與紫辨得分明.)

❀ 무릇 적색은 홍자색이니, 심경에서 나타나고 지나치게 메마르면 적색으로 변하는데, 그 적색은 세력이 워낙 강하고 흉하며, 그 형상도 매우 크고 견고하기 때문에 1년 중에 적색이 나타나게 되면 어느 궁을 불문하고 크게 흉하다고 본다. (凡赤色乃紅紫色, 在心經所發, 燥暴變爲赤色, 勢來最大, 其形最壯, 四季若得此色, 不拘何宮, 亦主大凶大難.)

❀ 적색이 1개나 또는 2개 궁에 이어지면 작은 일로 보게 되지만, 만약에 3개 내지 6개 부위에 나타나게 되면 그 재앙이 얕지 않다. 즉 가벼우면 집안을 망치며, 무거우면 목숨까지도 잃게 된다. (連一二宮小可, 連三四五六處, 其禍不淺, 輕則破家, 重則喪命.)

❀ 적색 속에 자색과 흑색이 나타나면 막힌 색으로 변하는데, 이 체색은 주로 흉한 위험을 가져다준다. 그리고 적색 속에 청색과 황색이 붙어 있으면 흐리고 어두운 잡색이 되며, 절반의 재앙을 면해갈 수 있다. (赤中紫黑爲滯色, 亦主凶危; 赤中帶靑帶黃爲花雜, 免一半.)

❁ 흑색은 수(水)에 속하며, 신경에서 나타나는 것이니, 그 색은 밝고 맑으며, 그 형상은 크고 흐트러져 있다. 다만 흑색은 오직 겨울철에 아래턱의 지각 부위에 나타나는 것이 좋다. 만약에 흑색이 다른 계절이나 또는 다른 부위에 나타나면 병에 걸린다는 것을 미리 알려주는 것이다. 흑색이 천정[이마] 부위에 나타나면 반드시 사망한다. 흑색이 지나치게 짙어 청대와 같이 검푸르면 사망하게 되는데, 다만 흑색이 선명한 사람은 죽음을 면한다. (黑色屬水, 乃腎經所發, 明亮大散. 獨冬季地閣可取, 其外俱是病色. 色發天停者主死, 重色不開如藍靛者主死, 亮者免.)

❁ 백색은 대부분이 지각 부위에서 나타나며, 천정 부위에서 나타나는 것이 아니다. 백색이 조각의 형상을 하면 앞날이 밝고 희망이 있다는 것을 미리 알려주는 것이니 겨울철에 취하면 좋다. 그러나 백색이 꺼풀 속에 은은하게 드러나지 않고 숨겨져 있으며, 섬광처럼 밝은 빛을 내고, 반점 형상을 이루고 있으면 집안에 초상이 난다. 백색이 어느 궁에 나타나느냐에 따라 그 궁이 대표하는 혈육이 사망하게 된다. (白色多生地閣, 不發天停. 一片者爲光明, 爲開順, 冬季可取. 若隱在膜內, 灼灼有光, 成點成斑, 乃是孝服, 發在何宮主傷何人.)

❁ 황색은 5가지 색이 변하여 나온 것으로서 대부분이 코, 천정, 내고 부위에 나타난다. 황색이 밝고 맑으면 재물운이 있으며, 구슬 형상을 이루거나 또는 덩어리 형상을 이루어도 역시 좋고, 어둡고 막히고 혼란하고 흐트러지면 막히는 색이어서 좋지 않다. (黃色乃五色所變, 多在土星, 多在天停, 多在內庫. 明亮爲財, 成珠成塊爲妙, 暗滯散亂亦作滯色, 不妙.)

❁ 만약 막히는 색이 입 부위에 나타나면 30세가 안 된 사람은 큰 병에 걸리며, 30세가 넘은 사람은 죽게 된다. 노인에게 이 색이 나타나면 토

색(土色)이 왔다고 하는데, 그 어찌 살 수가 있겠는가? 황색 속에 흑색이 한 점 한 점 나타나면 죽게 되는데, 이는 방광에서 색이 생기는 것인데, 어떻게 살 수 있겠는가? (發在水星, 三十前主大病, 三十外主死. 老人卽發, 又名土色到, 何得生? 惟黑色一點一點爲死也. 此乃膀胱生色, 何能得生?)

❀ 얼굴에 나타나는 청색은 걱정거리가 많아 고민을 해 오거나 또는 주색잡기를 많이 해서 생기는 것이다. 다만 청색이 삼양과 삼음[오른쪽 눈] 부위에 나타날 뿐만 아니라 밝고 맑고 윤택하며 널리 흐트러져 형상을 이루지 못하면 봄에 재물을 얻고 기쁜 일이 생기게 된다. (靑色因愁惱而至, 又因酒色所生, 獨在陰陽之位. 明潤開散, 春季可得財喜.)

❀ 청색이 반점 형상으로 나타난 사람은 마음속에 큰 걱정거리가 숨겨져 있기 때문이며 만사가 순조롭지 못한데, 이때 손가락으로 지점을 하나하나 눌러가면서 확인해 가면 분명하게 보일 수가 있다. 손바닥에 있는 기색은 손바닥 한가운데의 피부가 지나치게 두껍기 때문에 일시적으로 분명하게 나타나지 않을 수가 있는데, 이러한 방법을 적용하면 길흉을 추리하여 판단할 수 있다. (成點成斑, 隱藏大愁大悶, 百事難見, 當用指重點一點. 凡掌上氣色, 掌心皮厚, 一時難明, 須用此法方可辨其吉凶.)

❀ 무릇 40세부터 60세까지의 사람들은 이 방법이 적용될 수 있으나 60세부터 80세까지의 사람들은 이 방법이 적용되지 않는데, 다만 색이 자연적으로 밝고 윤택하면 된다. 노인의 경우에는 기색을 보고 그 길흉을 확정하지 않고 오직 혈기와 피부를 보게 되는데, 피부와 살집이 윤택한 사람은 살고 그 반대로 메마른 사람은 죽게 된다. 이는 기색의 설법이 아니다. (凡看四十外到六十宜用此法, 六十外到八十不用此法, 求其自然明潤. 老人不看氣色, 只看血氣皮土潤者生, 枯者死. 此非氣色之說也.)

❀ 《시》에 다음과 같이 이르고 있다 : "상을 보는 방법을 매우 분명하게 그대에게 설명하겠다. 청색, 황색, 적색, 백색은 매우 분명하게 구분되어야 한다. 정신을 집중하여 반드시 자세하게 살펴보면 신성한 하늘의 기밀을 꿰뚫어 볼 수가 있다. 지금부터 오색을 분명하게 구분해야만 비로소 길흉화복을 말할 수 있게 되는데, 인시와 묘시는 색을 구분하는 것이 분명해야 하며, 사시와 오시는 색을 구분하는 것이 여럿으로 흩어져 벌어지고, 유시와 신시는 색을 구분하는 것이 깨끗하지 않고 흐릿하다. 무릇 기와 색을 보는 데는 244개 방법이 있는데, 이와 같이 기와 색을 보는 것이 상법에 입문하는 한 방법이다." (詩曰: 此法明明說與君, 靑黃赤白辨分明. 用心細察須詳看, 自有天機神聖功. 五色從今辨得明, 方言禍福吉和凶. 寅卯分明巳午散, 酉申時分自濛濛. 凡氣色有二百四十四法, 如此則入門一法矣.)

5가지 색이 반응하는 날짜
五色所應日期

🌸 청색이 밖에서 드러나면 갑일(甲日)과 을일(乙日)에 응하고, 안에서 드러나면 인일(寅日)과 묘일(卯日)에 응한다. (解曰: 靑色在外應甲乙, 在內應寅卯.)

🌸 백색이 나타나고 윤택하면 임일(壬日), 계일(癸日), 해일(亥日), 자일(子日)에 응하고, 황색이 곁들여지고 밝으면 신일(申日)과 유일(酉日)에 응한다. (白色潤, 應壬癸亥子, 帶黃明, 應申酉.)

🌸 흑색이 드러나면 7일 안에 응하며, 흑기가 나타나면 한 달 안에 응한다. 황색이 나타나면 술일(戌日)과 기일(己日)에 응하며, 막힌 색을 띠게 되면 진일(辰日), 술일(戌日), 축일(丑日), 미일(未日)에 응한다. (黑色應七月, 內黑氣應一月間, 黃色應戌己, 帶滯應辰戌丑未.)

🌸 홍색이 드러나면 병일(丙日)과 정일(丁日)에 응하고, 자색이 드러나면 사일(巳日)과 오일(午日) 같이 화(火)가 왕성한 날에 응한다. (紅色應丙丁, 紫色應巳午火旺之日.)

🌸 적색이 나타나는데 가볍고 엷으면 화(火)가 왕성한 날에 응하고, 적색이 무겁고 짙으면 수(水)가 왕성한 날에 응한다. (赤色輕, 應火旺之日, 赤色重, 應水旺之日.)

출하구결
出河口訣

〈출하구결〉에 다음과 같이 이르고 있다 : (訣曰:)

❀ 물의 색[水色]이 짙고 중한 사람은 남쪽으로 갈 수 있고, 불의 색[火色]이 짙고 중한 사람은 북쪽으로 갈 수 있으며, 청색인 사람은 마땅히 동쪽으로 가야하고, 백색인 사람은 마땅히 서쪽으로 가야한다. (水色重可往南方, 火色重可往北地, 靑色宜往東地, 白色宜往西.)

❀ 적색이 짙고 중한 사람은 천 리 밖으로 가야 재앙을 면할 수 있으며, 흑색이 짙고 중한 사람은 스스로 재앙을 지켜내고, 황색이면 남쪽으로 가야 길하고 이롭다. 때문에 먼 길을 떠나 밖에 있는 사람은 역마[이마 모서리] 부위를 보아야 하며, 역마 부위에 맑은 황색이 나타나면 재물을 얻는다. (赤重, 千里之外可免; 黑重, 自守其災; 黃色, 來南得利. 故出行只看驛馬, 有黃明方可得財.)

❀ 만약 색깔이 암색과 막힌 색이면 여행 길에 깜짝 놀랄만하고 두려운 일을 만나게 되며, 흑색과 적색이 동시에 나타나게 되면 목숨을 잃고 몸을 버리게 된다. (暗滯途遭驚恐; 黑赤喪命傾身.)

❀ 설사 역마[이마 모서리] 부위가 밝더라도 명문[눈과 귀 사이] 부위가 어두

운 사람은 먼 길을 떠나서는 안 되며, 명문 부위가 밝고 인당[눈썹사이] 부위가 열려서 넓은 사람은 전장에 나가는 것을 두려워하지 않는다. (驛馬雖明, 命門暗, 不許出路; 命門亮, 印堂開, 何怕行兵.)

● 하고[호이와 귀래, 노복] 부위가 어두운 사람은 소인배들의 구설수를 예방해야 하며, 천창[양 이마] 부위가 윤택하면 귀인의 도움을 받는다. 변지[이마 모서리]에 밝은 빛이 나는 사람은 길거리에서 재물을 얻고 기쁜 일이 생긴다. (下庫暗, 防小人之言; 天倉潤, 遇貴人扶持; 路途得財得喜, 要觀邊地光明.)

각종 기색의 길흉을 해설하여 논하다
諸種氣色吉凶解論

하나, 흑색이 태양 부위를 둘러싸고 있으면 노의(盧醫)도 구제하기 어려우며, 청색이 구각 부위를 덮고 있으면 편작(扁鵲)도 고치기가 어렵다. 이 속에 있는 고법은 분명하게 살펴야 한다. (黑遶太陽, 盧醫難救, 靑遮口角, 扁鵲難醫, 此內古法, 要察明白.)

❋ 흑색이 태양[눈] 부위를 둘러싸고 있다는 것은 천창[양 이마] 부위에 흑색이 나타난 것을 가리키는 것이다. 청대와 먹과 같은 흑색을 띤 사람은 죽고, 까마귀의 깃과 같은 흑색을 띤 사람은 살아난다. 흑색이 점을 이룬 사람은 죽고, 흑색이 흩어진 사람은 살아난다. (解曰: 黑遶太陽者, 乃天倉起黑色, 如靛墨者死, 如鴉翎者生, 成點者死, 色散者生.)

❋ 청색이 구각[입술 끝] 부위를 덮으면 봄과 여름을 꺼리며, 가을과 겨울을 꺼리지 않는다. 청색이 조각 형상으로 나타나는 것을 꺼리며, 흐트러지고 혼란스러운 것을 꺼리지 않는다. (靑遮口角, 忌春夏, 不忌秋冬, 忌成片, 不忌散亂.)

❋ 흑칠을 한 것처럼 밝고 맑은 것을 꺼릴 뿐만 아니라 진흙과 같이 막힌 체색을 꺼린다. 만약에 청색 속에 한 점의 흰빛이 나타나면 죽지 않는다. (忌明亮如漆, 忌滯如泥, 內有一點白光, 卽不死矣.)

둘, 얼굴의 천정과 액각 부위는 모두 26조이다. (天廣額角:面部二十六條)

❋ 일각과 월각, 이문 부위의 앞에는 청색과 암색이 장시간 동안 머물러 있어서는 안 된다. 《상서》에 다음과 같이 이르고 있다 : "얼굴의 고광 부위에 황색 기운이 있으면 10일 이내에 반드시 승진하며, 청색이 명문[눈과 귀 사이]을 에워싸면 반 년 안에 목숨을 잃는다." 일각과 월각이 천광에 이어져서 모두 황색이 나타나고 밝고 맑아야 하며, 청색과 암색은 꺼린다. (解曰: 日月角, 耳門前, 不宜青暗淹滯. 古書云: "黃氣發從高廣, 旬日遷官; 青色遶於命門, 半年損壽." 日月角接天廣部位, 宜黃明忌青暗.)

셋, 인당과 년상, 수상 그리고 준두 부위에는 적색, 암색, 청색이 나타나는 것을 가장 꺼린다. (印堂年壽準頭上, 最忌赤暗青.)

❋ 무릇 인당[눈썹사이] 부위는 사계절 모두 밝고 윤택해야 하며, 년상과 수상은 평생 동안 적색과 청색을 좋아하지 않는다. 만약 년상과 수상에 적색이 나타나고 준두 부위에 암색이 나타나면 사람들이 떠나고 집안이 무너진다. 년상과 수상이 청색을 띠게 되면 주로 질병에 걸리며, 적색을 띠게 되면 피를 보는 재앙을 맞게 되고, 막힌 색이 나타나면 주로 원인 모를 질병에 걸린다. (解曰: 凡印堂, 四季俱要明潤, 年壽上一世不喜赤青. 年壽若赤, 準頭一暗, 人離家破. 年壽青, 主多疾病, 赤主血光之災, 滯主暗疾.)

❋ 인당이 밝으면 평생 동안 형통하며, 인당이 적색과 암색이면 직업을 잃고 가정을 망친다. 인당은 명궁이고, 년상과 수상은 질액궁이며, 준두는 재백궁이니, 이들 3개 부위는 일생의 주인이며 생명의 근본이기 때문에 제일 먼저 살펴보아야 한다. (印堂明, 一世亨通. 印堂赤暗, 破職亡家. 印乃命

宮, 年壽爲疾厄宮, 準頭爲財帛宮, 三處一生之主, 性命根本, 故先要看三處爲主.)

넷, 기색에는 선명한 것, 어두운 것, 명량한 것, 열린 것이 있는데, 열린 것이 길한 징조이다. (氣色一明一暗, 一亮一開, 開爲吉兆.)

❁ 기색은 오직 단일한 색이어야 하지만, 산뜻하고 뚜렷하며 환하게 밝아서는 안 되고, 변해서도 안 된다. 설사 기색이 어두운 것에서 밝은 것으로 변한다 해도 복이 되고 이로운 것이 아니고 화가 될까 걱정이다. 그러므로 암색이 흩어져 사라진다고 해서 그 어찌 복이 되고 이롭다고 할 수 있겠는가? (解曰: 凡氣色, 只宜一色, 不宜明亮, 不宜變更, 雖得新明, 亦非福利, 恐還是禍, 所以暗色方開, 豈可就爲福利耶?)

다섯, 오색이 모두 갖추어지면 이름도 모르는 여러 가지의 대수롭지 아니한 꽃인 잡화라고 부른다. (五色俱全, 名爲雜花.)

❁ 색이 나타나는 것은 마땅히 2가지 또는 3가지 정도여야 하며, 이들 상호간의 상생과 상극 상태가 어떠한지를 보아야 한다. 홍색이 적은데 청색을 얻게 되는 것을 꺼리지 않고, 황색이 적은데 홍색을 얻게 되는 것이 길하고 이롭다. 2가지 색은 상생하는 색깔이 좋으며, 상극하는 것은 흉하다. (解曰: 凡色只宜二宜三, 還看生扶剋制. 如紅色少, 得靑色不忌; 黃色少, 得紅色光利. 犯生者好, 犯剋者凶.)

❁ 만약 5가지 색이 모두 온 얼굴에 어지럽게 나타나면 그것을 잡화라고 부른다. 만약에 큰일을 도모하지 않고, 큰 재산을 모으려고 하지 않는 사

람이라면 마음이 평안하다. 그러나 이와 반대로 얼굴에 잡화가 있는 사람이 창업을 하게 되면 당장 무너지고 망하게 된다. 《상서》에 다음과 같이 이르고 있다 : "청색과 황색은 나타나지 않는데, 적색과 백색이 온 얼굴에 나타나면 집안이 망하고 사람들이 떠나버린다."(五色俱全, 滿面亂發, 爲雜花. 若不立事, 不發財, 一起創, 卽破敗也. 書云: "靑黃不起, 赤白橫於滿面, 卽主破家人離.")

여섯, 색이 삼양 부위에 나타나면 대부분이 드러난 징조가 맞는다. (色發三陽, 多以得應.)

🏵 태양, 명문, 준두 이들 3개 부위는 얼굴에 있는 삼양이다. 만약에 얼굴의 삼양 부위에 색이 나타나면 드러난 징조가 틀림없이 들어맞는다. 또 다음과 같이 이르고 있다 : "삼양이 밝고 왕성한 사람은 재부가 하늘에서 내려온다."(解曰: 太陽, 命門, 準頭, 此三處爲面上三陽, 若色發在三陽, 必應如神. 又云: "三光明旺, 財自天來.")

일곱, 기는 인체의 피부 안에서 생기며, 백일이 지난 후에야 비로소 색이 된다. (氣生皮內, 百日方成.)

🏵 무릇 기는 피부 속에서 생기며, 백일이 지난 후 색으로 나타나면서 그때야 비로소 길흉화복에 반응하게 된다. 기가 좋은 사람이라고 하여 바로 운기가 좋다고는 말할 수 없으며, 기가 막힌 사람이라고 하여 바로 운기가 불길하다고 말하지 마라. (解曰: 凡氣發於皮內, 一百日後, 發出爲色, 方應吉凶. 氣好莫卽言美, 氣滯勿就言凶.)

❀ 무릇 기는 피로부터 나오는 것이며, 기가 생긴 후에 색이 생기며, 그래야 비로소 색에 의해 길흉화복이 정해지는 것이니, 기와 혈은 가장 잘 분명하게 구분해야 한다. (凡氣乃血生, 氣後生色, 方定吉凶, 氣血最要辨明.)

여덟, 처음에는 깨끗하고 곱게 보이지만, 오래 보면 스스로 흐트러지는 색을 가진 사람은 재물을 모으고 복을 누리기가 어렵다. (一見鮮姸, 久觀自散, 難許發財發福.)

❀ 처음 볼 때는 빛이 나고 고운데, 오래 보게 되면 흐트러지는 색을 가진 사람은 재물이 있고 기쁜 일이 있는 것 같아 보이지만 실제로는 그러한 징조가 들어맞지 않는다. (解曰: 凡色一看灼灼, 久看散者, 雖似財喜之色, 亦不應驗.)

아홉, 처음 볼 때는 희미하고 흐릿하지만 오래 보면 볼수록 밝고 윤택한 색을 가진 사람은 반드시 복을 누리고 장수하며 건강하고 평안하게 지낸다. (一見昏昏, 久看明潤, 必然福壽康寧.)

❀ 무릇 기색이 한 번 보아서는 희미하지만 오래 보면 볼수록 밝고 윤택하다면, 피부 밖과 꺼풀 속의 색으로서 바로 근본이 견실한 것이니 그 어찌 가지와 잎이 무성하지 않다고 걱정하겠는가? 그것은 복이 오고 재물을 모으는 징조이다. (解曰: 凡氣色一見如朦, 久視明潤, 乃是皮外膜內之色, 正是根本堅實, 何愁枝葉不茂? 乃發福發財之兆也.)

열, 노인은 색이 지나치게 엷으면 처와 자녀를 극하고 해를 끼치며, 주로 힘든 일을 하면서 고생스럽게 지낸다.(老人色嫩, 刑妻剋子, 主辛勤.)

● 무릇 50세 이상의 노인은 모두 기색이 엷어서는 안 되며, 소년이 빛이 들떠있는 색이면 가업이 무너지고 평생을 일정한 주거나 생업이 없이 떠돌아다니며 지내게 된다. 그러니 20세 전후의 청년은 빛이 들떠있는 색이 나타나서는 안 된다. (凡五十外不宜色嫩. 少年光浮, 言敗破, 言飄蕩. 凡年少, 二十前後, 不宜光浮.)

열하나, 이륜과 이곽, 명문이 어두운 색을 띠고, 눈썹 끝에서 현주[검은 구슬]이 드러내는 듯한 청색을 띤 사람은 명예와 이익을 얻을 수가 없다. (輪廓命門暗, 眉尾玄珠靑, 莫求名利.)

● 무릇 귀는 외학당이니 암색과 막힌 색이 나타나서는 안 되며, 선명한 것을 가장 좋아한다. 또 다음과 같이 이르고 있다 : "글 재주가 막히고 독서를 하지 않는 사람은 양쪽 눈썹 모서리에 청색이 나타났기 때문에 그런 것이며, 명문 부위의 막힌 색이 흩어져 열리지 않은 사람은 영원히 가난한 선비일 따름이다."(解曰: 凡耳爲外學堂, 不宜暗滯, 最喜鮮明, 又云: "文滯書難, 兩眉角生靑色, 命門不開, 到底一寒儒而已.")

● 앞의 《상서》에 다음과 같이 이르고 있다 : "귀가 얼굴보다 더 흰 사람은 조야에서 명성을 듣는다. 귓바퀴가 어두운 색을 띠게 되면 문장력이 없고 독서가 헛 되며, 반드시 재주와 학식이 없는 사람이다."(前書云: "耳白過面, 朝野聞名. 耳輪一暗, 文散書空, 必無才學之人也.")

열둘, 손바닥 한가운데가 홍색을 띠고, 손가락 마디가 윤택하면 박학다식하니 그 어찌 급제를 못할까 걱정을 하겠는가? (掌心紅, 指節潤, 博學廣文, 何愁不去登雲.)

❀ 무릇 손바닥 한 가운데에 홍색이 나타나고 손가락 등이 희면 학당이 있는 선비이니 그 어찌 급제하지 못하고 이름이 세상에 드러나지 못할까봐 걱정을 하겠는가? (解曰: 凡掌心紅, 指背白, 乃有學堂之士, 何愁不顯達登雲.)

열셋, 몸 안은 밀가루와 같이 흰색이 나타나고, 몸 밖은 빛이 들떠있으면서 화려하면 설사 성공을 하더라도 한 해에 지나지 않는다. (內如白粉, 外光華, 雖發不過一載.)

❀ 무릇 홍색의 경우, 몸 안에 있는 기색은 살이 없어 뼈만 남고 밀가루와 같이 희고, 몸 밖에 있는 기색은 깨끗하고 밝으면 비록 성공한다 하더라도 1년에 지나지 않으며 반드시 빈궁하게 지낸다. (解曰: 凡紅色內氣如枯骨白粉者, 外面鮮明, 雖發不過一載, 必俱貧窮.)

열넷, 몸 안에서는 색과 혈이 관통하고, 몸 밖에서는 색이 희미하고 흐릿하면 1년을 힘들게 기다려야 한다. (內色血貫, 外如朦, 還守一春.)

❀ 이것은 몸 안의 기가 비록 넉넉하다 할지라도 몸 밖의 색이 피어나지 않으면 1년을 기다려서 혈이 충만하고 기가 왕성해져야 색이 반드시 피어난다는 것을 말하는 것이다. 몸 속의 기와 몸 밖의 색이 서로 통하고 밝으며 윤택하고 빛이 나면 자연히 복록을 모두 갖추게 된다. (解曰: 此論內

氣雖足, 外色不開, 待一載後血足氣壯, 色必開矣. 表裏通明, 色潤光明, 自然福祿俱全.)

열다섯, 기가 넉넉하고 색이 넉넉한데, 정신이 부족하면 복록을 말하기가 어렵다. (氣足色足神不足, 難言福祿.)

● 무릇 기색은 정신의 자손이니, 만약 정신이 왕성하지 않으면 비록 기색이 있다 하더라도 역시 발전할 수가 없고, 설사 발전한다 하더라도 장수를 누리지 못한다. 젊은 사람이 발전하는 것은 정신과 기가 모두 왕성하기 때문이며, 노인이 흥성하고 발전하는 것은 혈기와 피부가 밝고 윤택하기 때문이다. (解曰: 凡氣色乃神之苗裔, 神若不壯, 雖有氣色, 亦不發, 雖發達, 難許長壽. 少年發達神氣壯, 老年興旺血皮潤.)

● 정신과 기, 색, 이 3가지가 모두 갖추어지면 길한 상이다. 노인의 상은 단지 혈기가 왕성한지, 그리고 머리와 목 부위의 피부가 모두 부드럽고 윤택한지를 보고 그 흥하고 왕성함을 말할 수 있다. 만약에 노인이 피부 색깔이 건조하고 혈기가 허약하며 정신이 흐리멍덩하면 곧 죽게 된다. (神氣色三者全, 方爲有用. 凡老相, 只宜血壯, 其頭皮項皮俱和潤, 方言興旺, 若皮枯血弱神氣無, 則死.)

열여섯, 일반적으로 기는 몸 전체를 본다. (大槪氣觀一體.)

● 무릇 기는 머리, 얼굴, 사지, 허리, 배, 등 부위에서 발생하는데, 만약 한 부위라도 건장하지 않으면 기는 오래가지 못하고, 그렇게 되면 구태여 다른 궁들을 다시 볼 필요도 없다. (解曰: 凡氣發頭面四肢身腰背腹, 若一處

不壯, 卽不長也, 不看各宮.)

열일곱, 상을 볼 때는 정밀하고 자세히 기색을 보면 터럭도 나누어 보게 된다. (精細色看分毫.)

❊ 무릇 색이란 각 궁 위에서 형성되는 것을 보는 것이다. 아주 작고 미미한 터럭이라도 나누어 보면 역시 유용하니, 만약에 색이 크게 된 것은 대부분 맞지 않는다. (解曰: 凡色, 只看各宮要成, 分毫亦有用. 如大者, 多有不應.)

열여덟, 양쪽 관골에 홍색이 나타나고, 사고 부위가 빛이 나고 윤택하면 집안에 나날이 재물이 들어온다. (雙顴紅噴, 四庫光明, 家財日進.)

❊ 이것은 기색과 재물운의 관계를 말하는 것이다. 관골[광대뼈]이 홍색을 띠고 윤택하며, 천창과 지고 부위가 훤하게 밝은 사람은 가업이 크게 번창함을 알 수 있다. 노래에 다음과 같이 이르고 있다: "양쪽 관골은 불을 뿜어내듯 붉고, 눈은 별과 같이 번쩍인다." 바로 이를 두고 한 말이다. (解曰: 此論氣色. 顴骨紅潤, 天庫地倉光明, 大興可知. 歌云: "雙顴噴火, 眼如星." 此之謂也.)

열아홉, 얼굴의 오성에 본색이 나타나는 사람은 반드시 부귀하며 명성을 얻는다. (五星得本色, 顯達雲程.)

❊ 귀는 금, 목 2개 성이니, 반드시 옥과 같이 밝고 희며 윤택해야 하고,

이마는 화성으로서 홍색을 띠고 윤택해야 하며, 입은 수성으로서 희고 밝아야 하고, 입술은 홍색을 띠고 밝아야 하며, 코는 토성으로서 황색을 띠고 밝으며 맑고 윤택해야 한다. 이것이 곧 오성이다. (解曰: 耳爲金木二星, 宜明白潤如玉; 額爲火星, 宜紅潤; 口爲水星, 宜白亮, 脣要紅明; 鼻爲土星 宜黃明瑩潤. 此爲五星.)

❀ 오성이 각기 자신의 본색을 나타내며, 이러한 기색을 가지기만 한다면 선비는 능히 공을 세우고 이름을 날릴 수 있으며, 상인은 큰 이득을 얻어 많은 돈을 벌 수가 있다. (得本色如此氣色, 士子何愁不旺功名, 商賈自然獲利也.)

스물, 사정 부위에 황색 빛이 나타나면 재물을 모으지 못할까봐 걱정하지 않는다. (四正見黃光, 何愁不發.)

❀ 사정 부위는 인당, 준두, 그리고 양쪽 관골을 가리킨다. 만약에 사정 부위에 황색이 나타날 뿐만 아니라 밝고 맑으며 윤택한 사람은 가계를 일으키고, 기초를 튼튼히 세우며, 논밭과 집을 장만한다. (解曰: 四正乃印準雙顴. 如黃明潤澤, 主興家計, 立根基, 創田莊之兆.)

스물하나, 육위가 만약에 청색과 암색을 띠게 되면 인생은 번창하지 못하며, 육위가 밝은 색과 황색을 띠게 되면 재부를 축적하게 된다. (六位若靑暗者消, 明黃者積.)

❀ 육위는 삼음[소음과 중음, 태음]과 삼양[소양과 중양, 태양]을 가리키고, 눈

위의 부위는 용궁이라고도 부르는데, 청색과 암색을 제일 꺼리고, 황색과 밝은 색을 좋아하며, 또 마른 것을 꺼리고, 선홍색으로 윤택한 것을 좋아한다. 옛말에 "용궁이 깡마르고 움푹 들어간 사람은 자녀가 없다."고 하였으니, 바로 이를 두고 한 말이다. (解曰: 六位乃三陰三陽, 眼上又名龍宮, 忌靑暗, 喜黃明, 忌枯乾, 喜紅潤, 古云: "龍宮陷, 兒女無緣." 正此謂也.)

스물둘, 육부가 희미하고 입술이 새까만 사람은 1년 안에 사망한다. (六府昏昏脣慘黑, 一載身亡.)

❀ 육부는 천창과 지고, 양쪽 관골 부위를 가리킨다. 만약 육부의 기색이 희미하고 암색을 띠고 있으며 입술이 새까맣다면, 이는 기가 부족하고 피가 이미 고갈된 상태이니 그 어찌 살아남을 수 있겠는가? (解曰: 六府, 乃天倉地庫雙顴. 若昏昏而暗, 脣若慘黑, 乃氣不足, 血已枯, 何能得生?)

스물셋, 이륜에 흑색이 나타나고 준두에 적색이 나타나는 상황이 봄철에 일어나는 것을 제일 두려워한다. (耳輪黑, 準頭赤, 怕逢春季.)

❀ 귀가 검을 뿐만 아니라 메마른 것은 기혈이 부족한 탓에 나타나는 것이며, 준두가 진흙같은 적색을 띤 것은 피가 윤택하지 않기 때문에 나타나는 것이다. 만약 봄에 이 기색이 보인다면 반드시 죽게 된다. (解曰: 耳黑枯, 氣血不足. 準赤如泥, 血不潤, 若是春天見此氣色, 必死.)

스물넷, 백색은 밀가루와 같이 아주 흰 색깔을 가장 꺼리며, 적색은 주사와 같이 붉은 색깔을 제일 꺼린다.(白色忌如粉, 赤色忌如硃.)

❋ 백색과 적색은 선명한 것을 제일 꺼리며, 만약에 그 색깔이 밀가루와 같은 색이거나 또는 주사와 같은 색이라면 집안이 기울고 목숨을 잃게 되며, 형벌이나 상해를 입어 반드시 죽게 된다. (解曰: 二色最忌鮮明, 若如粉如硃, 傾家喪命, 刑傷必死.)

스물다섯, 일각과 월각은 청색, 백색, 흑색, 암색을 꺼린다.(日月角忌靑白黑暗.)

❋ 일각[이마]과 월각[이마]은 부모궁으로서, 이러한 청색, 백색, 흑색, 암색을 가장 꺼린다. 이 4가지 색은 모두 부모와 관련이 있으며, 사계절 모두 황색과 밝고 맑은 색을 좋아한다. 백색이면 주로 형벌이나 상해를 입으며, 흑색이면 주로 큰 병을 얻게 되거나 형상을 입게 되고, 청색과 암색이면 주로 재앙을 만나거나 질병을 얻게 된다. (解曰: 此乃父母宮, 最忌此色, 俱應父母, 四季只喜黃明, 白主刑傷, 黑主大病, 赤有刑, 靑暗主災疾.)

스물여섯, 산근 위에는 홍색, 백색, 황색, 밝은 색이 나타나면 좋다.(山根上喜紅白黃明.)

❋ 산근[콧등]은 얼굴 부위의 초석이기 때문에 '산근'이라고 부른다. 산근은 백색, 홍색, 황색뿐만 아니라 선명하고 윤택한 색을 제일 좋아하며, 이러한 색이 나타나면 망하거나 무너지지 않는다. 그러나 암색, 체색, 청색, 적색인데, 윤기가 없고 마른 색이 나타나면 크게 망하거나 무

너지며, 일정한 주거도 없이 떠돌아다니는 신세가 된다. (解曰: 此乃根基, 故名山根. 喜白亮紅黃明潤, 不主破敗, 暗滯靑赤枯乾, 乃大破敗, 飄流之色.)

스물일곱, 양쪽 눈썹의 색깔은 희고 윤택해야 하며, 연기처럼 뿌옇고 희미한 색을 가장 두려워한다. (羅計內宜白潤, 怕見煙濛.)

❀ 무릇 눈썹 속의 기색은 밝고 윤택해야 하며, 연기처럼 뿌연 암색과 체색을 꺼린다. 천창 부위는 어두컴컴한 색을 가장 꺼리며, 지고 부위는 암색과 막힌 색이 나타나도 무방하다. (解曰: 凡眉內氣色明潤, 忌暗滯如煙濛. 天倉最忌黯黲, 地庫暗滯不妨.)

❀ 천창 부위는 황색을 띠고 선명해야 하며, 적색과 암색을 꺼리며, 지고 부위는 적색과 암색이어도 무방하다. 봄과 여름에 이러한 색깔이 나타나면 길하지 않으며, 가을과 겨울에 나타나면 무방하다. (天倉宜黃明, 忌赤暗. 地庫赤暗還不妨. 春夏發不妙, 秋冬方可.)

스물여덟, 변지와 현벽 부위의 색깔이 주사와 같거나 먹과 같으면 주로 뜻하지 아니한 재앙이 날아와서 횡액을 받는다. (邊地懸壁色如硃如墨, 主飛災橫禍.)

❀ 변지[이마 모서리] 부위의 아래위에는 주사와 같은 적홍색, 먹과 같은 흑색, 진흙과 같은 황색, 그리고 연기처럼 뿌옇고 희미한 색이 나타나서는 안 되며, 이러한 색은 모두 매우 흉하다. (解曰: 邊地上下, 不宜赤如硃, 黑如墨, 黃如泥, 濛如煙, 此數者俱大凶也.)

스물아홉, 변지 부위가 밝고 구각 부위가 밝으면 역시 죽지 않는다. (邊地明, 口角明, 亦主不死.)

❀ 앞에서 말했듯이, 구각이 청색을 띠면 주로 사망한다. 만약 변지 부위가 밝고 맑으면 목숨이 구제되며, 변지 부위가 다시 어두운 색을 띠게 되면 반드시 사망하게 된다. (解曰: 前言口角靑, 主死, 若邊地明還須有救, 邊地再暗, 必死無疑.)

서른, 황색이 피부 속에 나타났는데 홍색이 없다면 오히려 좋지 않다. (黃色發內, 若無紅, 反爲不妙.)

❀ 무릇 황색은 그에 상응하는 홍색이 있어야만 좋다. 만약 황색만 나타나게 되면 역시 체색으로 판단된다. (解曰: 凡黃色必須要有紅色應方好. 若黃光獨見, 亦作滯色論.)

서른하나, 만약 청색이 많고, 청색 속에 황색이 있으면 걱정과 근심 속에서 살아가지만 오히려 재물을 얻을 수 있고 기쁜 일도 생긴다. (靑色多, 內若有黃, 憂中反得財喜.)

❀ 무릇 청색은 근심과 걱정을 대표하는 색이며, 만약 청색 속에 밝은 황색이 수반된다면 걱정 속에서도 기쁜 일이 있게 되니 오히려 길한 징조이다. (解曰: 凡靑色不過憂愁之色, 內若黃明, 憂中變喜, 反爲吉兆.)

서른둘, 홍색과 황색이 밖에서 나타났는데, 안에는 그에 상응하는 기가 없으면 길한 징조라고 말하기가 어렵다.(紅黃發外, 內不應, 難言吉兆.)

✿ 무릇 색은 안에서 상응하는 기가 있어야만 좋은 것이다. 만약 안에서 응해 주는 기가 없으면 텅 빈 색으로서 오히려 없어지고 흐트러지는 색이니 길하지가 않다. (解曰: 凡色要內應方好, 內不應爲虛色, 反爲耗散之色, 亦不吉.)

서른셋, 콧구멍이 밝으면 설사 얼굴색이 어둡더라도 결국에는 집안 살림이 흥성하게 된다.(井灶亮, 面雖暗, 家道終興.)

✿ 정조[콧구멍과 콧등]는 고문(庫門, 창고의 문)이며 또 금궤[눈밑]와 갑궤[코 옆]라고 부른다. 만약 정조가 밝고 윤택하면 가정살림이 흥성한다. 설사 온 얼굴에 암색이 흩어져 없어지지 않아도 정조 부위만 윤택하면 역시 좋다. (解曰: 凡井灶乃庫門, 又名金甲二櫃. 若明潤, 主家道興隆. 雖滿面不開, 此處二潤, 亦爲上.)

✿ 색을 살필 때, 선비는 천창 부위를 보아야 하며, 서민은 정조 부위를 보아야 한다. 이는 상을 보는 것에서도 비결이니 반드시 준거로 삼아야 한다. (士看天倉, 庶民看井灶. 相中訣法, 不可不依.)

서른넷, 눈동자의 흰자위와 검은자위에 모두 광채가 나타나면 얼굴색이 비록 죽은 색깔이라 하더라도 역시 해롭지가 않다. (白睛眸子, 光彩貫色, 雖面有死色, 亦不爲害.)

❀ 검은 눈동자는 안모(眼眸)이고, 흰색은 백정(白睛)이다. 가장 중요한 색이 관통하는 것이고 색이 막혀서는 안된다. (解曰: 黑睛爲眸子, 白色爲白睛, 最要色貫, 不宜色滯.)

서른다섯, 어린아이가 1세, 2세, 3세, 4세, 5세, 6세, 7세일 때 상을 보려면, 왼쪽 귀인 금성 부위를 보며, 이륜과 이곽 부위가 적색을 띠어야 하고 청색을 띠어서는 안 된다. (一, 二, 三, 四, 五, 六, 七, 看左耳金星, 輪廓宜赤不宜靑.)

❀ 무릇 이륜[귓바퀴]이 암색을 띠어서는 안된다. 만약 이륜이 적색을 띠면 질병이 없고, 년상[콧등]과 수상[콧대] 부위에 희미하고 어두운 색이 나타나면 질병이 생긴다. (解曰: 凡耳輪不宜暗, 無病耳輪赤, 有疾年壽昏.)

서른여섯, 8세, 9세, 10세, 11세, 12세, 13세, 14세일 때 상을 보려면, 오른쪽 귀인 목성을 보며, 이륜과 이곽의 기색이 윤택하고 홍색을 띠어야 한다. (八, 九, 十, 十一, 十二, 十三, 十四, 看右耳木星, 輪廓氣色, 宜潤宜紅.)

❀ 무릇 어린아이의 상은 오직 명궁과 양쪽 귀의 앞뒤를 위주로 본다. 만약 이주[귓불]이 밝고 빼어나면 귀중한 몸이 되고 명성을 얻는다. 15세를 전후하여 귓불을 보는데, 귓불의 색깔이 홍색을 띠면 일찍이 발전하고 성공하며, 백색을 띠면 매사 막히고 지체되며, 흑색을 띠면 목숨을 잃는다. (解曰: 凡小兒, 只看命宮, 雙耳前後爲主. 其珠明秀, 少年身重名高. 十五前後俱看耳珠, 紅者早發, 白者淹留, 黑者損壽.)

서른일곱, 만약에 이마와 발제가 연결된 부위에 홍색이 나타나면 16세 이전에 일찍이 명성을 널리 알린다.(紅現正額連髮際, 二八前早有聲名.)

❋ 15세에는 운기가 이마[화성] 부위에 있으며, 16세에는 운기가 천중 부위에 있는데, 이들 부위가 불과 같이 홍색을 띠게 되면 반드시 좋은 징조가 있게 된다. 만약에 흑색과 암색을 띠게 되면 젊었을 때는 일이 순조롭게 풀리지 않는다. (解曰: 十五火星主運, 十六天中主運, 此處紅如火, 必主美兆. 若黑暗者, 定主少年不利.)

서른여덟, 일각과 월각은 희미하고 어두운 색을 띠어서는 안 되며, 황색을 띠고 밝으면 가장 좋다.(日月角不宜昏暗, 最喜黃明.)

❋ 17세와 18세에는 운기가 일각과 월각 부위에 있으며, 이 부위가 만약에 암색을 띠면 부모에게 형벌이나 상해를 입히고, 밝은 색을 띠면 부모가 건재한다. (解曰: 十七十八日月角主運, 若暗, 刑傷父母, 明者, 父母俱健.)

서른아홉, 보골과 역마는 천정과 같이 희미하고 어둡고 막힌 색을 매우 꺼린다.(輔骨驛馬共天庭, 切忌昏沉.)

❋ 이들 3개 부위는 연결되어 하나의 궁으로 이어졌는데, 색깔은 홍색을 띠고 밝고 맑아야 한다. 색깔이 희미하고 막힌 사람은 길거리에서 큰 재난을 만나며, 나이가 적은 사람은 주로 재앙을 입게 된다. (解曰: 此三處連一宮, 宜紅明瑩, 昏沉者, 途遭大難, 少主災殃.)

❁ 이 부위는 19세, 20세, 21세 3년간의 일을 주관하는데 이 3개 부위를 보는 것이 매우 영험하다. 물론 이 3개 부위는 이 3년뿐만 아니라 생의 운명을 결정한다. 5품 이상의 관리는 모두 역마와 보골[이마]을 보고 길흉을 판단한다. (十九, 二十, 二十一, 三年主事, 此地觀之極驗. 非獨三年, 卽一世可定. 凡五品以上, 俱看驛馬輔骨以定吉凶.)

마흔, 사공과 정액은 소부에 서로 연결되어 있으니, 모두 밝은 빛을 내야 한다. (司空正額連少府, 俱要光明.)

❁ 21세는 사공, 정액, 소부 등 3개 부위를 보아야 하는데, 이들 부위는 평생 청색과 적색이 나타나서는 안 된다. 여름에는 청색을 꺼리며, 춘계에는 홍색을 꺼린다. (解曰: 二十一主此一部位, 一世不宜發青赤, 夏季忌青, 春季忌火.)

마흔하나, 변지와 교외는 홍색과 적색을 꺼리며, 만약 이 2가지 색이 나타나면 재앙이 있다. (邊地郊外忌紅忌赤, 爲灾.)

❁ 이 부위가 홍색을 띠고 엷은 색이면 무방하나, 홍색이 지나치게 짙어서 적색으로 변하게 되면 좋지 않다. 청색과 체색이 나타나도 좋지 않다. 평생 적색이 나타나지 말아야 한다. 그러나 23세, 24세가 되는 사람은 이러한 제한을 받지 않는다. (解曰: 此位紅輕不妨, 紅重恐變成赤色, 不好. 青滯不好. 一世不宜赤. 非二十三四, 不主此限.)

마흔둘, 총묘와 구릉 부위가 청색과 암색을 띠게 되어도 아무런 관계가 없지만, 홍색과 적색을 띠게 되면 재앙이 온다.(塚墓邱陵靑暗, 不足爲害, 紅赤定爲殃.)

❀ 이 2개 부위는 원래 청색과 암색에 속하는 것이며, 따라서 총묘와 구릉이라는 이름을 가진다. 때문에 이들 부위에 청색이 나타나도 무방하며 단지 진한 홍색과 진한 적색을 꺼린다. 26세와 27세일 때는 이 2개 부위를 보는 것이 매우 정확하다. (解曰: 此二部位, 原屬靑暗, 故取爲塚墓邱陵, 靑色不妨, 只忌重紅深赤. 二十六七至此立應.)

마흔셋, 인당은 화의 위치로서, 홍색, 황색, 자색을 띠고 밝은 빛을 내는 것이 좋고, 적색, 암색, 흑색, 청색을 꺼린다.(印堂乃火位, 宜火黃紫亮, 忌赤暗黑靑.)

❀ 인당은 화궁(火宮)이니, 이 부위는 홍색을 띠고 밝고 맑아야 하며, 희미하고 어두운 색을 띠면 안 된다. 28세의 초년운은 여기에서 교차되며 인당에 이르러 끝나게 되지만, 이후부터 3년 동안의 길흉화복을 관장할 수 있다. (解曰: 此火宮要紅明, 不宜昏暗. 二十八交此, 爲初限, 可管三年事.)

마흔넷, 임목의 좌우는 산림을 취하는데, 이 부위는 수려하고 밝은 빛이 나며, 황색을 띠고 윤택해야 한다.(林木左右取山林, 宜秀亮黃明.)

❀ 임목은 수려해야 하고, 발제[머리카락 경계 부분]는 깨끗해야 한다. 만약 이 2개 부위가 가라앉고 탁하고 문란하며 움푹 들어가면 재앙이 곧 닥쳐

오게 되는데, 특히 29세, 30세에서는 이곳을 주로 본다. (解曰: 林木要秀, 髮際要淸. 一沉一濁, 災立至矣, 二十九三十內主此.)

❀ 만약 이들 부위가 흑색을 띠게 되면 들짐승으로 인해 놀래는 일이 있게 되며, 또 암색을 띠게 되면 먼 길을 떠날 때 육로를 택해서는 안 된다. (若此處色黑, 主有獸驚之難, 色暗者, 不宜陸路出行.)

마흔다섯, 양쪽 눈썹 색깔은 홍색, 자색, 백색을 띠고 밝아야 하며, 점이나 구슬과 같이 적색을 띠어서는 안 된다. (雙眉色宜紅紫白亮, 不宜如點如珠.)

❀ 무릇 눈썹 부위에 홍색과 자색이 관통하는 사람은 대권을 장악하며, 지극히 희고 밝은 색이 나타나면 만사가 형통하게 된다. 눈썹 속에 점이나 구슬과 같은 형상의 백색이 나타나면 형제가 목숨을 잃는 화를 입게 되며, 형제가 없다면 처에게 재앙이 돌아간다. (解曰: 凡眉內紅紫貫者, 主大有大權; 極白亮者, 亨通; 白如點珠者, 主兄弟孝服, 無兄弟, 卽妻應之.)

❀ 31세부터 34세까지 4년간의 운기만을 관장하는 것은 아니며, 평생 동안 눈썹은 선명하고 밝은 빛이 나야 한다. 무릇 문관이나 무관은 모두 이 부위에 의해 그 인생의 길흉과 승진 및 영전이 정해진다. (三十一起, 至三十四止, 非惟四年, 一世要羅計明亮. 凡文臣武職, 俱在此處, 定吉凶爵顯.)

마흔여섯, 39세에는 소양을 보아야 하고, 40세에는 소음을 보아야 하며, 35세에는 태양을, 그리고 36세에는 태음 자리를 보아야 한다. 이들 부위는 마르고 암색이 나타나는 것을 싫어하며, 오직 자색을 띠고 맑으며 밝은 빛이 나는 것을 좋아한다. (少陽三十九, 少陰四十, 太陽三十五, 太陰三十六之位. 獨嫌枯暗, 只喜紫瑩光明.)

❀ 이 2개 부위는 모두 홍색과 자색이 나타는 것이 최상의 색이고, 맑고 밝은 빛이 나는 것이 차상이며, 백색으로 밝고 윤택한 것이 보통이다. 만약 청색, 흑색, 암색, 체색이 나타나면 매사 되는 일이 없고 실패한다. (解曰: 此二處俱要紅紫爲上色, 光瑩爲中色, 明白爲平色. 青黑暗滯, 萬事破敗.)

❀ 이들 부위의 색깔이 윤기가 없고 마르면 목숨을 잃는다. 여기서는 용궁 부위를 보는데, 윤기가 없이 메마르고 암색이 기울어져 나타나는 것을 제일 꺼리며, 홍색으로 윤택한 것을 좋아한다.(枯者, 命亦有虧. 此取龍宮, 最忌枯暗偏, 宜紅潤.)

마흔일곱, 월패와 자기는 산근이니, 흑색을 두려워하고 메마른 것을 두려워하며, 밀가루와 같은 백색을 꺼린다. 41세와 42세에는 이 부위를 보아야 한다.(月孛紫氣, 乃爲山根, 怕黑怕枯, 忌白色如粉, 四十一, 四十二主此.)

❀ 산근 부위의 기색은 청색, 흑색, 백색, 그리고 윤기가 없고 마른 색을 싫어하며, 홍색과 자색을 띠고 밝고 윤택한 것을 좋아한다. 41세는 인생의 중년운에 접어드는 나이이며, 산근은 41세 이후 13년 동안의 운기를 관장한다. (解曰: 此位氣色嫌青黑白枯, 要紅紫光明, 四十一入爲中限, 管十三年事.)

마흔여덟, 와잠의 위치는 누당과 함께 하지만 크게 같지 않다. 와잠 밑이 누당이며, 또 그 아래가 음덕궁이고, 용궁은 바로 삼양을 가리킨다.
(蠶位共淚堂, 大不相同. 臥蠶下乃淚堂, 再下爲陰德宮, 龍宮, 卽三陽也.)

● 양쪽 눈 아래 1줄로 높게 일어선 초승달 형상의 피부가 와잠이며, 남녀궁이라고도 부른다. 와잠은 황색을 띠고 밝아야 하며, 만약 자색을 띠게 되면 반드시 아들을 낳게 된다. (解曰: 雙目下一條高弦爲臥蠶, 又名男女宮. 色宜黃明, 若發紫, 主生子之兆.)

● 만약에 와잠[눈밑] 부위가 흑색과 암색을 띠면 자식을 상극하는 시기이다. 누당[눈밑]은 또 음덕궁이라고도 하며, 신경에 속하므로 장기간 동안 청색이 나타나 있어도 해로운 것이 없고 꺼리는 것도 없다. 와잠 부위는 유독 흑색을 꺼리고 청색을 꺼린다. (黑暗, 剋子之期. 淚堂又名陰德宮, 屬腎經, 故長有靑色, 不爲害, 不爲忌, 獨臥蠶忌黑忌靑.)

마흔아홉, 년상과 수상은 질액궁이라고도 부른다. 이 부위에 홍색, 적색, 청색, 흑색이 나타나면 반드시 재앙이 있게 되며, 44세와 45세에는 이 부위를 보아야 한다. (年壽又名疾厄. 紅赤靑黑, 必有災星, 四十四, 四十五主此.)

● 질액궁이 밝고 윤택하면 병이 없으며, 만약 앞에서 말한 색들을 범하게 되면 반드시 재앙이 있게 된다. 만약에 환자의 년상과 수상 부위의 불길한 기색이 흩어져 사라지면 멀지 않아 병이 치유된다. (解曰: 疾厄宮明潤無病, 犯前色, 必有災星, 若病人色開, 方得病好.)

쉰, 양쪽 관골 부위는 소년기에는 불과 같이 홍색을 띠는 것이 가장 좋고, 노년에 이르러서는 황색을 띠면서 밝고 윤택해야 한다. (雙顴少宜火色, 老要黃明.)

❀ 얼굴에 튀어나온 부위를 관골[광대뼈]이라고 하는데, 관골 부위는 홍색을 띠고 밝아야 한다. 만약 관골 부위에 살이 많고 뼈가 없으면 빈자리[虛位]라고 하는데, 홍색을 띠고 밝은 사람은 이러한 경우가 많지 않으며, 청색을 띠고 암색을 띤 사람이다. (解曰: 凡肉有骨之處, 乃顴也, 要紅明, 以肉無骨之處, 乃虛位, 紅明者少, 靑暗者多.)

❀ 만약 관골 부위에 청색과 암색이 나타나면 죽음이 임박했음을 알려주는 것이다. 젊은 사람은 혈기가 왕성하고 밝아야 하며, 늙어서는 혈색이 더 이상 홍색으로 밝지 않기 때문에 황색을 띠고 윤택하기만 하면 좋다. 얼굴의 관골 부위는 일을 관장하지 않으며, 그 밖의 몸의 상하 부위는 모두 일을 관장한다. (此顴若靑暗, 壽必盡矣. 少年人血旺宜明, 老來血不得紅明, 故宜黃潤. 正面不管事, 其餘一身上下俱管事.)

쉰하나, 콧등의 준두와 2개 정조 부위는 색깔이 선명하고 윤택하면 좋고, 다른 색깔은 모두 좋지 않다. 48세, 49세, 50세에 이르면 이 부위를 보아야 한다. (準頭雙井灶, 只要明潤, 諸色不宜, 四十八九, 五十主此.)

❀ 준두[코끝]와 2개 정조[콧구멍과 콧등] 부위에 홍색이 나타나면 길하지 않고 이롭지 않으며, 청색과 흑색이 나타나면 사망하고, 적색이 나타나면 재물을 잃으며, 황색이 나타나고 또 밝으면 좋고, 암색과 막힌 색이 나타나면 재앙이 발생한다. 때문에 코는 적색, 청색, 흑색을 꺼리는데,

만약에 꺼리는 색을 범하는 사람은 재앙을 만나게 된다. (解曰: 紅者不妙, 靑黑主死, 赤主散財, 黃色宜明方好, 暗滯也要生災. 故土星忌火, 忌木, 忌水, 爲災.)

쉰둘, 인중 옆에는 법령뿐만 아니라 식창과 녹창의 2개 창고가 인접해 있으며, 희미한 먼지 색깔이 나타나서는 안 된다. 인중은 51세, 선고는 52세와 53세, 식창은 54세, 녹창은 55세, 그리고 법령은 56세와 57세의 운기를 볼 수 있다. (人中邊連法令並食祿二庫之所, 不可塵蒙. 人中五十一, 仙庫五十二三, 食倉五十四, 祿倉五十五, 法令五十六, 五十七.)

❀ 입술 위에 있는 인중 옆은 선고 부위이고, 이 부위는 구각과 나란히 가지런하게 있다. 다시 밖으로 창고가 있는데, 이를 식창과 녹창이라고 부른다. 또 밖으로 깊은 주름을 이루고 있는 것이 법령[코옆]이고, 이곳이 바로 수성인데, 먼지와 같이 희미한 색을 제일 꺼리며, 밝고 윤택한 색깔이어야만 길하다. (解曰: 脣上人中邊爲仙庫, 平口角, 再外爲倉, 名食祿二倉, 再外成深紋者爲法令, 此乃水星, 切忌塵蒙, 最宜明潤.)

❀ 만약에 백색이 점의 형상으로 나타나도 역시 이롭지 않다. 황색이 나타나면 노인은 주로 병에 걸리고, 소년은 무방하며, 중년은 길하지 않고 이롭지 않다. 지고는 54세부터 시작하여 13년 동안 노년의 운기를 관장한다. (若白色成點亦不利. 黃色發出, 老人主病, 少年不妨, 中年不利. 五十四交庫爲暮限, 管十三年事.)

쉰셋, 등사궁 안에 홍색과 자색이 나타나면 복성이 강림하며, 흑색과 백색이 나타나면 재앙이 온다. (騰蛇內紅紫爲福, 黑白爲災.)

❀ 이것은 등사궁 안의 깊은 주름의 기색을 보는 것이다. 무릇 노인은 모두 이 주름을 가지고 있고, 그 주름 속에 홍색과 자색이 나타나고 혈기가 왕성하면 복을 누리고 장수하며, 그 주름 속에 청색과 흑색이 나타나면 질병에 걸리며 재앙이 온다. (解曰: 此看騰蛇內深紋氣色. 凡老年人俱有此紋. 內若紅紫血壯, 爲福爲壽; 靑黑, 爲疾爲災.)

❀ 이러한 기색은 오직 주름 속 깊은 곳에서 볼 수 있으며 주름 밖에서는 볼 수 없다. 주름 밖의 색깔은 황색, 백색, 또는 선명한 색이면 좋고, 주름 속이 홍색이나 자색이면 좋고, 흑색이나 백색이어도 무방하다. (此氣色只在紋內深處看, 不在紋外看. 紋外宜黃明白亮, 凡紋內俱宜紅紫, 黑白不妨.)

쉰넷, 호이와 귀래, 노복은 하고라고 부르니, 만약 하고 부위에 황색과 암색이 나타나더라도 어찌 방해가 되겠는가? 58세와 59세의 운기를 볼 수 있다. (歸來虎耳兼奴僕, 名爲下庫, 黃暗何妨, 五十八九主此.)

❀ 호이와 귀래, 노복 이들 3개 부위인 하고는 얼굴의 좌우 양쪽에 있으며, 만약 하고 부위에 황색과 암색이 나타나더라도 꺼리지 않는다. (解曰: 此三處爲兩邊下庫, 若發黃暗色, 也不爲忌.)

쉰다섯, 입은 수성이며, 입술 안은 암색, 흑색, 청색이 나타나는 것을 꺼리며, 60세의 운기를 볼 수 있다. (水星脣內忌暗黑靑, 六十主此.)

❀ 수성인 입 부위는 노소를 불문하고 밝고 홍색을 띠어야 하고 자색을 띠어야 한다. 여인의 입술은 백색을 꺼리며, 남자의 입술은 청색과 적색

을 꺼린다. (解曰: 凡水星不拘老幼, 宜明宜紅宜紫, 女人忌白色, 男子忌青赤.)

쉰여섯, 승장 부위 안에 흑색이 나타나는 사람은 죽게 되며, 백색이 나타나는 사람은 살고, 황색이 나타나는 사람도 죽게 되고, 청색이 나타나는 사람은 병에 걸린다. 그리고 61세의 운기는 승장 부위를 본다. (承漿內, 色若黑者死, 白者生, 黃者死, 青者病. 六一主此.)

❀ 승장[입술밑] 부위 안은 60세 전후에 백색이 나타나야 하고 홍색이 나타나야 한다. 만약 젊은 사람이 흑색을 띠게 되면 물에 빠져 죽는다. (解曰: 承漿內六十前後, 宜白宜紅. 若少年發出黑色, 主投水而亡.)

쉰일곱, 지각의 양쪽은 지고이며, 이 부위에 흰빛이 나타나면 가정 살림이 흥성해진다. 그리고 62세와 63세의 운기는 지고 부위를 본다. (地閣兩邊爲地庫, 白光一色, 家道方興, 六十二三主此.)

❀ 지각의 양쪽은 지고이며, 이 부위에 백색이 나타나면 길하고, 노소를 불문하고 흑색과 암색이 나타나면 재앙이 온다. (解曰: 地閣兩邊爲地庫, 只要白色爲妙, 不拘老少, 黑暗爲災.)

쉰여덟, 피지와 아압, 금루는 자(子)와 해(亥) 2개 궁에 있으며, 이들은 모두 수(水)의 자리에 속하고 있다. 이 3개 부위가 주옥과 같이 백색을 띠게 되면 상서롭다. 64세의 운기는 피지를 보고, 65세의 운기는 아압을 보며, 66세와 67세의 운기는 금루를 본다. (陂池鵝鴨兼金縷, 乃子亥二宮, 居

水位, 白如珠玉爲祥. 六十四在陂池, 六十五在鵝鴨, 六十六七在金縷.)

❀ 이 자와 해 2개 궁은 백색이 나타나면 가장 좋은데, 여기에는 2가지 상법이 있다. 만약 이 2개 궁의 색깔이 백색인데, 보기에 주옥과 같고 광채가 날 뿐만 아니라 밝으면 좋은 상이며, 만약 이 2개 궁의 색깔이 백색인데, 보기에 마른 뼈와 같으면 반드시 흉한 상으로서 반드시 죽게 된다. (解曰: 此子亥二宮, 色宜白. 有二樣看法: 若發出來如玉如珠, 有彩有光爲妙; 如白粉枯骨爲災, 死必到矣.)

쉰아홉, 아래턱의 정중인 지각 부위는 백색과 홍색을 띠어야 좋다. 만약 흑색을 띠게 되면 재앙이 곧 다가온다. 그리고 68세, 69세, 70세의 운기는 이 부위를 본다. (正中爲地閣, 宜白宜紅. 黑色發, 災星立至. 六十八九七十主此.)

❀ 이 지각 부위는 백색이 나타나면 좋으며, 홍색이 나타나면 최고로 좋다. 그러나 흑색을 띠게 되면 반드시 죽게 된다. (解曰: 此地閣宜白色亦好. 如紅色, 主大好. 黑色一至, 卽死無疑.)

예순, 송당의 색깔은 장기간 동안 윤택해야 좋으며, 노인은 살이 없고 메마른 것을 꺼리고, 소년은 흑색을 싫어한다. 그리고 71세의 운기는 이 부위를 본다. (頌堂之色長欲潤, 老忌枯乾, 少嫌水黑. 七十一至此管事.)

❀ 혀끝으로 핥을 수 있는 부위가 송당이며, 핥을 수 없는 곳은 자와 해 2개 궁이다. 송당의 색깔은 윤택해야 좋으며, 살이 없고 메마른 것을 두

려워한다. (解曰: 用舌尖舐得着處爲頌堂, 舐不見者爲子亥二宮, 色宜潤, 怕枯.)

예순하나, 72세, 73세에는 노복궁을 보아야 함은 이미 앞에서 언급되었다. 76세, 77세에는 자위(子位)와 축위(丑位)를 보아야 한다는 것도 앞에서 언급된 상법에 따른다. (奴僕宮七十二三, 前已論過. 子丑位七十六七, 亦依前法.)

예순들, 74세, 75세는 시골을 보아야 한다. 만약 이 부위에 흑색이 나타나면 먼 길을 떠날 때 수레와 말을 이용해서는 안 된다. 객사와 통구 2개 부위에 황색이 나타날 뿐만 아니라 그 색이 맑고 밝다면 수로를 걸으면 재운이 있게 된다. (腮骨邊七十四五, 發黑 色不宜車馬. 客舍通衢二位黃明現, 水路得財.)

예순셋, 주지와 명문, 현벽 이 3개 부위에 암색이 나타나면 반드시 주색을 경계해야 한다. 조정, 교외, 청로 이 3개 부위에 비록 홍색이 나타나고 또 윤택하면 천 리 길을 가는 데 아무런 걱정도 할 필요가 없다. 만약 이들 부위에 청색이 나타나고 흑색과 체색이 보인다고 해도 년상과 수상이 암색을 띠면 노인은 살아남기가 어렵다. (酒池命門懸壁暗, 戒花戒酒. 弔庭郊外靑路, 雖紅潤, 何愁千里之程. 靑帶黑滯年壽暗, 老莫言生.)

예순넷, 삼대 부위는 모두 홍색을 띠고 또 윤택해야 하며, 육부는 청색을 꺼린다. 기와 색이 어우러지면 천 리 길도 걱정이 없으며, 만약에 기와 색이 어울리지 않아도 집안에서 기다려야 마음이 평안해질 수 있다.
(三臺俱要紅潤, 六腑切忌有靑. 氣色得配, 可行千里. 如不得配, 宜乎安心.)

✿ 봄에는 청룡이 제 궁을 얻어야 하고, 여름에는 주작이 제 궁을 얻어야 하며, 가을이 오면 백호가 신(申)과 유(酉) 부위에 나타나야 하고, 겨울에는 현무가 제 궁에서 왕성해야 한다. 구진이 무(戊)와 기(己) 부위에 있으면 재물이 가득차고 녹봉이 풍성하며 만사가 형통한다. 그리고 등사궁이 사고[천창과 지고] 부위에 나타나면 나날이 재부를 늘려가고 영화를 높여간다. (解曰: 春季靑龍得位, 夏宜朱雀當宮, 秋來白虎喜發於申酉, 冬內玄武要旺在本宮. 勾陳若居戊己, 財盈祿旺, 萬事亨通. 騰蛇兮發來四庫, 日月有增榮.)

✿ 만약 병(丙)과 정(丁)의 색깔이 이궁 위치에 있을 뿐만 아니라 감궁 위치에 이르면 수많은 녹봉을 얻게 된다. 갑(甲)과 을(乙)의 색깔이 신(申)과 유(酉) 부위에 나타나면 논밭을 파패시키고 처가 형벌을 만나게 된다. 임(壬)과 계(癸)의 색깔이 이궁에 가서 나타나면 육친이 형극을 입게 되고, 자신도 곤경에서 헤어나지 못한다. (丙丁色要現, 居離位到坎宮, 祿有千鍾. 甲乙兮生申及酉, 田園破敗, 妻子遭刑. 壬癸色若到離宮出現, 六親刑剋, 自己迍邅.)

✿ 매일 속을 썩이면서 힘을 허비하고 어려움을 겪는 사람은 주작이 난동을 부리기 때문이며, 늘 언제나 힘을 낭비하는 것은 현무가 형상을 이루었기 때문이다. 고생을 걱정하고 가난함을 원망하는 사람은 청룡의 색이 온 얼굴에 제멋대로 난잡하게 나타났기 때문이며, 가산을 축적하고 가업이 흥성한 사람은 천창[양 이마]이 잘 생겼기 때문이다. (日日勞神, 只爲朱雀作亂. 時時費力, 乃因玄武成形. 愁困怨貧, 可恨靑龍橫於滿面, 資財積聚, 天倉妙用.)

❀ 만약 금궤[눈밑]와 갑궤[코옆] 부위에 구진[북극성]과 백호의 색이 나타나면 집안에 재물이 풍성하고 노복이 무리를 이루게 된다. 만약 청룡의 기가 명문[눈과 귀 사이] 부위에 오면 육친이 이별하고 가정이 망하며 온 몸이 질병에 휘감는다. (勾陳白虎來於金甲, 家囊富足, 奴僕成羣. 靑龍來到命門, 人離家破, 疾病纏身.)

❀ 오직 병(丙)과 정(丁)의 색깔이 꺼풀 속에 움푹 들어가 숨겨져서 호응하면 집안의 재산이 하나에서 백 개가 생기고 백에서 천 개가 생길 정도로 매우 빠르게 많이 축적된다. 이것은 모두 무(戊)와 기(己)의 색깔이 삼양[왼쪽 눈] 부위에 나타났기 때문이다. (一長百, 百長千, 只爲丙丁應於膜內. 家漸富, 祿漸高, 皆因戊己起於三陽.)

❀ 오직 물의 색[水色]인 흑색이 적고 쇠의 색[金色]인 백색이 많고 짙어야 비로서 유용할 뿐만 아니라 길하다. 쇠의 색인 백색이 약하고 흙의 색[土色]인 황색이 많고 짙어야 가히 성공할 수 있다. 재부가 축적되려면 기색이 삼양 부위에 은은하게 드러나지 않고 숨겨져 있어야 한다. 만약 삼양 부위에 기색이 흩어지고 혼란하게 되면 재물은 물이 흘러가듯 사라지고 만다. (水色少, 金色重, 方爲有用. 金色弱, 土色重, 方可成功. 財若聚, 色在三陽隱隱. 色若散, 財去似水滔滔.)

❀ 명성을 얻고자 한다면 삼대 부위가 반드시 불의 색[火色]을 띠어야 하며, 이익을 추구하고자 한다면 창고[식창과 녹창] 부위의 색깔이 맑고 번쩍번쩍 빛나야 한다. 변성[양 이마]과 변지[이마 모서리] 부위에 한 조각의 흰빛이 나타나면 재물을 모은다. (欲求名, 三臺還須火色, 欲求利, 倉庫土色光華. 一派白光, 獨喜發邊城邊地.)

❀ 준두와 삼양 부위에 황색이 많이 나타나면 길하다. 소녀가 혈색이 밝고 윤택하면 멀지 않아 주옥을 수만 개의 궤짝에 쓸어 담을 정도로 재물을 모은다. 혈색이 왕성한 부인이 남편에게 도움이 되고 아들에게 유익하려면 창고 부위에 반드시 깨알만한 점이 있어야 한다. (許多黃色, 偏宜準共三陽. 少女血明, 不久滿箱環玉. 婦人血旺, 助夫益子, 還須麻豆倉盈.)

❀ 선비가 온 얼굴에 나무의 색[木色]인 청색을 어지럽게 띠게 되면, 반딧불이 비치는 창가에서 흘린 피땀 어린 고생을 헛되이 보내게 된다. 상인이 천정 부위에 목의 기운이 나타날 뿐만 아니라 그 기운이 왕성하면 비바람과 눈보라를 이겨내고 일어선 보람도 없이 모든 것이 수포로 돌아감을 원망하게 된다. (士子木橫滿面, 空費螢窓之苦. 商賈木旺天庭, 枉勞雨雪風霜.)

❀ 어린아이는 불의 색[火色]인 홍색이 양쪽 귀에 나타나는 것을 좋아한다. 장군은 샘물의 색깔이 있으면 반드시 눈동자 속에 나타나야 한다. 사지는 유독 청색과 암색을 싫어하며, 만약 불의 색인 홍색이 나타나면 재물과 녹봉이 무궁무진하다. (小兒火色喜居雙耳, 將軍泉水宜到眸中. 四肢上獨嫌靑暗, 若有火色財祿無窮.)

❀ 수명의 장단을 보고자 한다면 반드시 구각의 기색을 보아야 하며, 앞날의 공적과 명예가 어떤지를 알고자 한다면 양쪽 눈썹이 황색을 띠고 밝은지를 보아야 하고, 재물이 많고 녹봉이 두터운지를 알고자 한다면 준두를 보아야 하며, 경영 상태를 알고자 한다면 먼저 사고와 양쪽 관골 부위를 보아야 한다. (問壽元, 須看口角; 問功名, 羅計黃明; 求財祿, 要準頭爲主; 問經營, 四庫雙顴爲先.)

❀ 따라서 상을 보는 데는, 첫째는 오형의 근본을 분명하게 구분해야 하

며, 둘째는 오색의 상생과 상부를 살펴야 하고, 셋째는 신기와 혈기의 안팎을 살펴야 하며, 넷째는 사계절의 궁정을 상세히 보아야 한다. (一辨明五形根本, 二須觀五色生扶, 三察乎神血內外, 四詳看四季宮庭.)

❀이상의 이치를 분명하게 이해하고 나면 상을 보는데 있어서 만에 하나라도 실수가 없으며, 인생에 있어서 상생상극하고 변화무궁한 법칙을 파악할 수 있게 된다.(明此理萬無一失, 生生剋剋變化無窮.)

모든 길흉과 기색의 사례
諸吉凶氣色例

하나, 이득을 구함을 본다. (求利)

❀ 장사를 할 때 재물운이 어떠한지를 알려면 인당[눈썹사이] 부위가 황색을 띠고 밝은지를 보아야 하며, 색깔이 밖에서 나타나지 않고 안에서 나타나면 좋다. 인당 부위에 홍색과 백색이 나타나면 수로로 가야하고, 홍색과 황색이 나타나면 육로로 가야 한다. 만약에 빈 손으로 밖에서 생존하려면 색깔이 밖으로 나타나야 하며, 안에서 나타나서는 안 된다. (解曰: 將本求利看印堂, 宜黃明, 色在內, 不宜在外. 紅白色宜水路, 紅黃色宜陸路. 空拳在外, 宜色在外, 不宜在內.)

❀ 지위가 높고 권세가 있는 사람을 배알하고 재물을 구하고자 하면, 홍색은 좋지 않고 황색과 백색이 나타나야 하는데, 그 모두 인당 부위를 보아야 한다. 사회적 지위가 높고 귀한 사람과 가깝게 지내려면 용궁과 누당 2개 부위를 보아야 하며, 만약 그 부위에 청색이 나타나면 불길하므로 그렇게 할 필요가 없다. (謁貴求財, 不宜紅, 只宜黃白, 俱在印堂看. 近貴還看龍宮淚堂, 若有靑色, 不必求之.)

❀ 만약 물건을 구매하고자 할 때는 기색이 암색을 띠면 좋고, 물건을 팔아버릴 때는 기색이 밝은 색을 띠면 좋다. 밭에서 재물을 구하고자 하면

지고 부위의 색깔이 밝고 맑은지를 보아야 한다. 남에게 부탁하여 이익을 남기려고 한다면 눈썹 꼬리가 밝아야 한다. (置貨宜色暗, 脫貨要色明. 田土上求財, 還要地庫色明. 托人求利, 眉尾宜明.)

● 자리를 옮겨 재물을 얻고자 하면 천이궁 부위가 왕성한 색을 띠어야 한다. 만약 삼광 부위가 밝고 윤택하면 재부가 하늘에서 내려온다. 삼광은 천창, 태양, 태음, 인당, 준두, 양쪽 눈 등이 부족해서 말하는 것이다. (更改求財, 遷移要旺色. 三光明潤, 財自天來. 三光者, 天倉, 太陽, 太陰, 印堂, 準頭, 目不足也.)

둘, 명성을 구함을 본다. (求名)

● 학교에 들어가 명성을 얻고자 한다면 명문, 양쪽 귀, 인당, 산근 부위를 보는데, 이들 부위에 황색이 나타나 윤택하며 밝고 맑으면 좋으며, 홍색, 적색, 흑색, 청색이 나타나면 꺼린다. 과거에 급제하는지는 양쪽 눈썹을 보아야 하며, 이때 양쪽 눈썹 부위에 밝은 빛이 나고 백색이 나타나야 한다. 그리고 이륜, 명문, 삼양, 년상과 수상 등 부위에는 모두 황색이나 백색이 나타나야 하며, 만약에 어느 한 부위라도 밝지 않으면 과거에 급제하기가 어렵게 된다. (解曰: 入學看命門, 雙耳, 印堂, 山根, 宜黃潤明亮, 忌紅赤黑靑. 登科看眉, 各宜明白. 耳輪, 命門, 三陽, 年壽, 此數處俱宜黃白, 如一處不明, 亦難得中.)

● 봄철에 실시하는 과거는 눈썹 안의 삼양 부위를 보는데, 자색이 나타나면 길한데 청색과 황색이 나타나면 좋지 않은 것으로 본다. 조그마한 명성을 얻고자 하면 사고[천창과 지고]만 보면 되는데, 사고 부위에 홍색과

황색이 나타나면 좋으며, 자색이 나타나면 더욱 좋다. (春間看眉內三陽, 俱宜紫色爲應, 靑黃不妙. 小就只看四庫, 俱宜紅黃爲喜, 紫色大好.)

❋ 관리의 손바닥 한가운데는 홍색이 나타나고 또 밝아야 좋으며, 그 이외에도 사고 부위를 보아야 한다. 만약 명성을 얻고자 하면 앞길이 크고 작음에 관계없이 모두 인당, 관록, 역마 등 부위를 보아야 하며, 이들 부위가 홍색, 황색, 백색을 띠고 윤택하면 좋고, 만약 암색, 체색, 적색, 청색을 띠게 되면 좋지 않다고 본다. (吏員掌心宜紅明, 亦看四庫. 凡求名之色, 不拘大小前程, 俱要印堂, 官祿, 驛馬, 紅黃白潤方好, 若暗滯赤靑不妙.)

셋, 먼 길을 떠남을 본다. (出行)

❋ 먼 길을 떠나는 것은 오직 역마[이마 모서리]와 변지[이마 모서리] 부위를 보며, 사계절 모두 이 부위가 황색을 띠고 밝아야 비로소 길을 떠날 수 있다. 이들 부위에 청색, 암색, 백색이 나타나면 길을 떠나서는 안 된다. (解曰: 凡出行, 只看驛馬邊地, 四季俱要此處黃明, 方可出路. 靑暗白不宜出行.)

❋ 만약 적색이 없으면 역마는 움직이지 않는다. 적색이 생기면 역마는 움직이기 시작하며, 이때 집안에서 지루하게 기다리지 말고 행동해야만 비로소 재물운이 들어오게 된다. 만약 집안에 지루하게 지키고 있으면 질병에 걸릴 뿐만 아니라 구설수에 휘말리게 된다. (若無赤色, 爲驛馬不動. 有赤色, 爲驛馬動, 不宜守, 要行動, 方有財氣. 若守, 反有疾病, 口舌不遂.)

❋ 때문에 역마는 힘들게 지키고 있어서는 안 되며, 행동을 하면 재부가 생긴다고 말한다. 만약 이 2개 부위에 백색 기운이 나타나면 역마가 움

직이지 않으며, 먼 길을 떠나기가 어렵게 된다. (故馬不宜困, 動則生財. 若白氣爲驛馬不動, 難以出行.)

❀ 관리는 다른 궁위의 기색을 자세히 관찰해야 하며, 만약 역마가 움직이면 승진할지 좌천할지의 여부가 확정되며, 역마가 움직이지 않으면 승진도 좌천도 하지 않는다. (如在官, 細察別宮氣色, 若驛馬動, 方可決陞降, 如驛馬不動, 則不陞不降.)

넷, 송사를 본다. (公訟)

❀ 시비가 끊이질 않고 많은 것은 얼굴에 적색이 나타났기 때문이며, 청색이 나타나면 소송이 있게 된다. 이마에 암색이 나타나면 대부분이 감옥에 들어가는 재앙을 불러오며, 하정이 맑고 밝으면 구원의 손길을 만나게 된다. (解曰: 是非多因赤色, 官事只爲靑光. 額暗多招牢獄, 下停明, 還有救星.)

❀ 송사로 관청에 가면, 년상[콧등]과 수상[콧대], 정조[콧구멍과 콧등] 부위가 적색을 띠어서는 안 되고 변지 부위가 청색을 띠어서는 안 된다. 만약 이 중에서 하나라도 범하면 반드시 형벌을 받아 위험에 처하게 된다. (凡見官, 不宜年壽, 井灶赤色及邊地靑, 若犯一件, 必有刑險.)

❀ 액각[이마] 부위가 청색을 띠면 주로 감옥에 들어가며, 하고 부위가 밝으면 송사에 이기는 기쁜 소식을 듣게 된다. 또 하고 부위가 청색, 암색, 흑색, 적색을 띠면 모두 길하지 않으며, 오직 황색과 백색을 띠어야 길하다. 그리고 눈에서 광채가 비치면 반드시 재판에서 이긴다. 만약 눈빛이 멍하고 정신이 없으면 재판에서 반드시 지게 된다. (額角靑, 主下獄, 下庫

明, 主見官得喜, 靑暗黑赤俱不利, 只宜黃白爲喜色. 目有光彩必勝, 目散神必負.)

🏵 요컨대, 얼굴에 적색이 나타나면 감옥에 들어가는 재앙을 면하기 어렵게 될 뿐만 아니라 송사가 길어진다. 사고 부위가 밝으면 소송이 끝나게 되고, 변지 부위에 청색이 나타난 사람은 시비에 휘말리지 않으면 몸을 상하게 된다. (總論赤色一到, 牢獄重灾, 久訟公庭, 四庫一明卽散, 邊地靑, 乃開非纏繞傷身.)

다섯, 혼인을 본다. (婚姻)

🏵 무릇 규중의 처녀가 온 얼굴에 옥과 같이 맑고 흰색이 나타나면 1년 내에 반드시 마음먹은 대로 원하는 남자에게 시집을 갈 수 있다. 명궁 부위에 자색이 나타나고 준두가 밝은 빛을 내면 주로 귀인을 낭군으로 맞이하게 된다. 여자가 출가할 때 만약 인당 부위에 자색이 나타나면 남편 집을 흥성하게 하고 일찍 아들을 얻게 될 뿐만 아니라 복을 누리고 장수를 하게 된다. (解曰: 凡閨女滿面瑩玉, 年內大遂心志. 命宮紫貫, 準若自明, 主得貴人爲夫. 女出嫁時, 若紫色生印堂, 乃旺夫生子, 福壽之人.)

🏵 만약 인당이 밝고 윤택하면 중급의 색깔이고, 황색을 띠고 밝으면 하급의 색깔로서 남편을 왕성하게 하지 못하고 자식에게도 도움을 주지 못한다. 여자가 출가할 때 온 얼굴에 백색이 나타나면 망하는 색깔로서 출가 후에 반드시 형벌이나 상해를 입게 된다. (色明潤爲中色, 黃光爲下色, 不旺夫不益子. 白色滿面爲敗色, 嫁卽刑傷.)

🏵 처녀가 때가 되어 출가할 때 나타나는 기색이 바로 결혼 후 평생의 부

귀와 귀천을 결정한다. 만약 처녀의 얼굴색이 어둡고 체색이 되면 30세가 되어야 비로소 출가할 수 있다. (臨期出嫁, 氣色可定一生貴賤. 若色多暗滯, 三旬方配夫君.)

여섯, 처첩을 본다. (妻妾)

✿ 간문[눈옆]과 어미[눈옆] 부위는 처와 첩의 궁이며, 왼쪽은 처의 궁이고, 오른쪽은 첩의 자리이다. 만약 처의 궁이 홍색과 황색을 띨 뿐만 아니라 밝고 맑으며 윤택하면 때가 되면 처와 재물을 많이 얻게 된다. 그런데 처의 궁이 흑색을 띠게 되면 처를 구했어도 다시 헤어지게 된다. 암색을 띠게 되면 설사 애를 쓰고 많은 노력을 해도 아내를 맞이하기가 매우 어렵다. (解曰: 奸門魚尾, 乃妻妾之宮, 龍乃妻宮, 右爲妾位. 若妻宮紅黃明潤, 臨期多得妻財. 黑者成而復破, 暗者費力難成.)

✿ 밖에서 첩을 얻는 것은 오른쪽 어미의 색깔을 보아야 하는데, 만약 이 부위가 밝고 윤택하며, 또 암색 속에 밝고 맑은 황색이 나타날 뿐만 아니라 인당에 자색이 나타나면 재색을 겸비한 미모의 첩을 얻을 수 있다. (宜在外娶妾, 看右邊魚尾明潤, 暗內生明黃, 印得紫, 則招美妾而又賢能.)

✿ 만약 처첩궁 부위가 밝고 윤택한데 그 속에 암색이 나타나게 되면 처가 강하고 첩이 유약하며, 암색 속에 밝은 색이 나타나면 첩이 처보다 강하다. (凡妻妾宮明中生暗, 妻强妾弱, 暗內生明, 妾盛於妻.)

✿ 만약 간문 부위가 오랜 기간 동안 암색을 띠게 되면 첩이 낳은 서자를 보게 되며, 만약 색깔이 새롭게 선명하면 미모의 첩을 얻고 가업을 이룬

다. 무릇 처와 첩을 얻는 것은 명궁이 홍색, 자색, 적색을 나타내야만 이루어진다. (奸門長暗, 子當庶出. 色若新開, 可招美妾. 內整家業 凡娶妻妾, 宜命宮紅紫赤成.)

일곱, 부모의 병을 본다. (父母病)

❁ 부친의 병은 일각[이마] 부위를 관찰하여 알게 되는데, 만약 일각의 기색이 짙은 암색이었는데 갑자기 밝은 색으로 변하면 반드시 사망하게 되며, 만약 엷은 암색이었는데 갑자기 밝은 색으로 변하면 질병이 곧 치유된다. (解曰: 父病看日角, 暗重一明卽死, 暗輕一明卽愈.)

❁ 만약 일각 부위가 눈송이와 같은 백색을 띠게 되면 사망하며, 만약 일각에 뿌연 연기와 같은 흑색과 회색이 나타나면 부친의 몸이 상처를 입게 되거나 자신에게 손해가 온다. (白如點雪卽死, 黑若煙濛 父傷, 身還有損.)

❁ 만약 일각 부위에 기가 오고 홍색이 나타나고 윤택하면 부모가 10일 내에 재앙이 가벼워지고 자기도 도한 번창한다. (氣來紅潤, 旬日災輕, 自己還昌.)

❁ 만약 월각[이마] 부위에 청색과 암색이 나타나면 주로 모친이 중병에 걸리며, 백색과 적색이 나타나면 모친이 반드시 형벌이나 상해를 입게 된다. 가벼운 홍색과 짙은 자색이 나타나야 비로소 모친이 위험에서 벗어나 평안하게 되며, 밝고 윤택하며 막히는 색이 나타나지 않으면 모친이 병에 걸리지 않고 건강하게 산다. (月角靑暗, 主母病重; 白赤色, 必刑傷; 紅輕紫重, 母方安; 明潤不滯, 母無病.)

여덟, 형제의 병을 본다. (兄弟病)

🌸 만약 눈썹 속에 적색이 많고, 좁쌀 같은 백색, 그리고 재나 먼지 같은 황색이 나타나면 반드시 형제에게 형벌을 입히게 한다. 준두[코끝] 부위 위에 한 점의 흰 빛이 나타나면 반드시 형제가 사망하게 된다. 수염 속에 암색이 나타나면 역시 형제가 형벌이나 상해를 입게 된다. (解曰: 眉內多赤色, 白如粟米, 黃若灰塵, 必刑手足. 準頭上有一點白光, 必主兄弟孝服. 鬚內生暗色, 亦主手足刑傷.)

아홉, 처첩의 병을 본다. (妻妾病)

🌸 만약 처첩궁 자리에 청색과 암색이 나타나면 병에 걸려 있는 처나 첩은 죽지 않는다. 백색이 나타나고 윤택해도 역시 죽지 않고, 홍색과 자색이 나타나면 치유된다. 적색이 나타나면 형벌이나 상해를 입게 되고, 마른 뼈와 같이 백색이 나타나면 처나 첩은 반드시 죽게 되며, 와잠 부위에 흑색이 생기면 처나 첩은 목숨을 잃게 된다. (解曰: 靑暗不死; 白潤不死; 紅紫卽愈; 赤色有刑; 白如枯骨卽死; 若臥蠶生黑色方喪.)

🌸 처가 병에 걸렸을 때는 왼쪽 처첩궁을 보아야 하며, 첩이 병에 걸렸을 때는 오른쪽 처첩궁을 보아야 하는데, 이 법에 의거하지 않으면 안 된다. 상서에서는, 처와 첩이 병이 있는지를 알아 보는 부위는 어미에 있고 와잠 부위에서는 기색을 보아야 하는데, 이는 매우 영험한 방법이라고 하였다. 설사 간문 부위에 백색이 생기더라도 와잠 부위에 흑색이 나타나지 않으면 결코 처와 첩을 극하거나 해롭게 하지 않는다. (妻看左, 妾看右, 此法不可不依. 書云: "部位在魚尾, 氣色在臥蠶, 極驗之法." 奸門雖有白色, 臥蠶不黑,

決不刑傷妻妾.)

열, 자녀의 병을 본다. (子女病)

❀ 아들이 병이 났는지는 왼쪽 와잠을 보아야 하고, 딸이 병이 났는지는 오른쪽 와잠을 보아야 한다. 만약 와잠 부위가 흑색을 띠면 자녀는 주로 사망하게 되며, 와잠의 색깔이 밝고 윤택하면 평안하며 무방하다. 와잠 부위가 살이 없고 마르면 자녀는 반드시 죽으며, 흑색이나 황색이 나타나도 자녀가 죽고, 짙고 깊은 청색이 나타나면 자녀는 살아난다. (解曰: 子左女右. 臥蠶黑, 主死, 若臥蠶之色明潤, 亦不妨. 枯者死, 黑黃者死, 靑重者生.)

❀ 만약 삼양과 삼음[오른쪽 눈] 자리에 백색이 나타나면 주로 자식에게 상극이다. 와잠 부위가 비록 흑색을 띠더라도 간문 부위가 밝으면 결코 자식에게 형벌을 입히지 않는다. 만약 간문 부위가 흑색인데 또 암색을 띠게 되면 반드시 자식에게 형상을 입힌다. (白起三陽三陰, 主剋子. 臥蠶雖黑, 奸門若明, 決不刑子. 若加奸門暗, 必刑無疑.)

열하나, 노복의 병을 본다. (奴僕病)

❀ 만약 역마 부위에 암색이 나타나고, 노복궁 자리에 체색이 나타나면 자연스럽게 노복은 죽어 없어진다. 설사 목숨을 잃지 않는다 하더라도 타향으로 도망간다. (解曰: 驛馬色暗, 奴僕宮滯, 自然喪盡. 縱不死喪, 亦逃他鄕.)

열둘, 가축의 왕성함을 본다. (六畜旺)

🌸 가축의 상태를 볼 때는 별도의 부위가 없지만 주로 변지[이마 모서리]와 변성[양 이마]에서 살펴야 하며, 각 궁의 자리를 구분하여야 할 뿐만 아니라 각 궁 자리의 상황에 근거하여 살펴야 한다. 만약 궁의 자리에 황색과 백색이 나타나면 가축은 번창하고 왕성하게 되며, 청색과 흑색이 나타나면 가축은 흩어져 버리고, 자색이 나타나면 가축으로 인해 재물을 얻게 된다. (解曰: 六畜之位不在部位, 在邊地邊城, 本屬各宮上看. 黃白自旺, 靑黑多散, 紫色因畜得財.)

🌸 각 궁위의 상황은 각각 대응하고 있는 사물과 관계가 있다. 가축에게 나타날 징조는 자, 축, 인, 묘의 십이궁 자리에 나타나는데, 오직 진궁 자리에는 백색이 나타나서는 안 되고, 자궁 자리에는 황색이 나타나서는 안 된다. 이들 자리는 각 궁의 바로 위에 있지 않고 가장자리에 있다. (發在某宮, 卽應某事. 畜乃子丑寅卯十二宮也, 獨辰宮不宜白, 子宮不宜黃. 此位在宮分之邊, 不在宮分之上.)

열셋, 주택의 평안함을 본다. (住宅安)

🌸 천이, 천창, 지고 등 부위를 본다. 만약 이들 부위가 적색을 띠게 되면 화재를 조심해야 하고, 백색을 띠게 되면 소인배들의 도적질이나 강도질을 조심해야 한다. 흑색을 띠게 되면 기물이 파손되는 일이 있고, 황색을 띠게 되면 질투와 손해를 만난다. 오직 밝고 맑은 홍색이 최고로 길한 색이 되니, 이 홍색이 나타나면 가택이 평안하고 안정된다. (解曰: 在遷移天倉地庫看. 赤防火燭, 白防小人, 黑有損壞, 黃遭妬害, 獨喜明紅, 住宅安穩.)

열넷, 밖에서 가택의 평안함을 묻는다. (外問家宅)

✿ 만약 콧등의 산근 부위에 황색이 나타나면 가택이 길하며, 인당[눈썹 사이] 부위에 홍색과 자색 2가지 색깔이 나타나면 집안사람들 모두가 평안하고, 정조[콧구멍과 콧등] 부위에 적색과 암색이 나타나면 집안사람들이 불안하다. 그리고 용궁과 사고[천창과 지고] 부위에 적색이 나타나면 화재가 나고 도적이 든다. (解曰: 山根發黃色, 家宅吉, 印堂有紅紫二色, 家宅人口俱安, 井灶起赤暗, 人口不安, 龍宮四庫赤色, 火盜相侵.)

✿ 각 궁위와 관련된 육친을 보는 데는 역시 앞에서 언급된 방법을 따라야 한다. 만약 산근과 와잠 부위에 청색과 적색이 나타나면 어린아이에게는 길하지 않으며, 인당과 정조 부위에 밝은 색이 나타나면 가택은 평안해진다. (看各宮六親, 亦從前法. 若山根臥蠶上青赤, 小口不利, 印堂井灶若明, 家宅和安.)

열다섯, 본인의 질병을 본다. (本身疾病)

✿ 질병을 보는 방법으로는 년상과 수상, 삼양, 삼음, 명궁, 명문, 준두 등 몇 곳의 부위를 보게 되는데, 이들 부위가 모두 적색을 띠게 되면 반드시 큰 병이나 또는 급성 전염병에 걸리게 된다. 년상과 수상 부위에 청색이 나타나고 삼양 부위에 백색이 나타나면 배에 질병이 생기며, 년상과 수상 부위에 적색이 나타나면 반드시 피고름이 나는 질병에 걸리고, 인당 부위가 밝은데 년상과 수상 부위가 어두우면 하복부에 질병이 생긴다. 무릇 이러한 기색은 질병의 징조를 알려주는 것으로서 일단 흉한 색이 사라지거나 밀려나게 되면 질병은 반드시 치유된다. (解曰: 看病之法,

年壽, 三陽, 三陰, 命宮, 命門, 準頭, 此數處俱赤色, 主大病時灾. 年壽靑, 三陽發白, 肚腹之灾, 年壽赤光, 膿血之灾, 印堂明, 年壽暗, 下元之疾. 凡此氣色, 不過主病, 待色開必愈矣.)

❁ 무릇 병자는 천창[양 이마]과 지각[양 턱] 부위에 암색과 흑색이 나타나지 않고, 구각 부위에 황색이 나타나지 않으면 반드시 죽지는 않는다. (凡病人, 天倉, 地閣不暗黑, 口角不發黃, 必不死.)

❁ 만약 아래와 같은 기색이 나타나면 병자는 의심의 여지가 없이 죽게 된다. 기색이 밝지도 않고 어둡지도 않으며, 피부가 메마르고 목의 피부가 주름이 많아 쭈글쭈글한 병자는 반드시 죽는다. 그리고 입술이 푸르고 혀가 검은 것이 자색을 띤 간과 같으면 그 병자는 십중팔구 병들어 죽게 된다. (若以下之色一到, 卽死無疑矣. 氣色俱不明不暗, 皮膚一乾, 項皮一縐, 卽死. 脣靑舌黑如紫肝, 十病九死.)

❁ 만약 병자가 입술에 백색이 나타나고, 지고 부위에 밝은 빛이 나타나면 약효가 좋은 약방문이 있어 목숨을 건지게 된다. 온갖 색깔이 나타나면 병자가 살아나며, 오직 목구멍에 적색이나 또는 흑색과 암색이 나타나면 병자는 곧 죽게 된다. 이 경우는 아침에 나타나면 저녁에 반응하고, 저녁에 나타나면 아침에 나서 곧 바로 반응하고 드러난 징조도 잘 맞는데, 손바닥 한가운데의 혈색이 밝게 나타날 때 병자는 비로소 치유된다. (病人喜脣發白, 地庫光明, 自有良方來救. 諸色俱生, 獨喉上起一赤色或黑色暗, 卽死. 朝發暮應, 暮發朝應, 掌心血明, 方言有救.)

열여섯, 아동의 질병을 본다. (兒童疾病)

❀ 아동은 골격이 완전히 성숙되지 않았기 때문에 그 질병을 관찰하려면 기색을 위주로 해야 한다. 먼저 콧등의 산근, 년상과 수상 부위를 보아야 하며, 그런 후에 다시 명문과 입술 부위를 보아야 한다. (解曰: 小兒骨格未成, 獨氣色爲主. 應先看山根年壽, 次看命門口脣.)

❀ 만약 이들 부위에 모두 청색이 나타나면 아이는 5일 이내에 죽게 되며, 황색이 나타나면 3일 이내에 죽고, 인중 부위에 흑색이 나타난 아이는 다시 살아나기를 기대할 수가 없고 재앙이 물러나기를 기대하기 어렵다. (俱有靑色者, 五日內喪. 俱有黃色者, 三日內亡. 人中黑, 休望再活. 印堂赤, 難許退災.)

❀ 천창 부위에 적색이 나타나면 좋은 징조가 아니며, 지각 부위에 황색이 나타난 아이는 반드시 사망한다. 눈이 흐리멍덩하고 입술에 청색과 흑색이 많이 나타나면 곧바로 사망한다. 아이가 살아날 수 있는 기색이란, 명문과 인중 부위에 백색이 나타나고, 인당 부위에 황색이 나타나며, 천창 부위에서 적색이 물러나고, 입술 부위에 백색이 나타나는 것인데, 바로 이런 경우에는 아이가 10일 내에 회복되어 생기를 되찾게 된다. (天倉赤, 不是好色, 地閣黃, 主死無疑. 眼若散光, 脣多靑黑, 卽刻身亡. 若看得生之法, 命門人中白, 印堂黃, 天倉退赤, 口脣白, 旬日得生.)

❀ 어린아이가 천연두에 걸릴 때는 귀의 이미[귀끝], 이륜[귓바퀴], 이주[귓볼]를 보는데, 이 3개 부위가 밝으면 치유될 희망이 있으며, 흑색이나 암색이 나타나면 살아날 희망이 없게 된다. 만약 머리 부위에 적색이 나타나면, 이런 아이는 살아남기가 어렵다. 어린아이에게 천연두와 홍역이

생길 때 두피와 목 부위의 피부에 적색과 홍색이 나타나면 10명 중 9명은 모두 죽게 된다. (麻痘, 看耳尾耳輪耳珠, 此三處宜明不宜黑暗. 若頭一赤, 不得全生. 凡痘疹, 頭皮項皮一赤, 十有九死.)

● 명문 앞의 높고 튀어나온 곳을 풍패(風牌) 또는 탐구(探口)라고도 하는데, 속어로 말하면 이공(耳空)이라고 한다. 딱 부러지게 확실한 부위가 없다. (命門前高者爲風牌, 又名探口, 俗云, 耳空, 故無部位.)

열일곱, 정원의 숲과 대나무를 본다. (園林竹木)

● 만약 임묘와 교외 2개 부위에 백색이 나타나면 마땅히 대나무를 심고 뽕나무를 재배해야하며, 반드시 큰 이득을 얻게 된다. (解曰: 林墓郊外色白, 宜種竹栽桑, 必獲重利.)

열여덟, 풍수로 무덤의 길흉을 본다. (墳塋風水)

● 조상의 무덤을 보는 풍수는 반드시 임묘, 천중, 천정, 그리고 발제 가장자리 등 부위를 보아야 한다. 만약 이들 부위가 맑고 빼어나며, 발제의 가장자리가 가지런하게 잘 정돈되어 있고, 빛이 밝고 백색이 나타나면 조상 무덤의 풍수가 지극히 좋다. (解曰: 凡風水, 在林墓天中天庭髮際邊看. 淸秀, 際根齊, 有光明亮白色, 祖塋風水極好.)

● 그러나 이들 부위에 황색이 나타나면 집안이 망하며, 청색이 나타나고 탁하면 조상의 무덤을 손보아 고쳐야 하고, 백색이 나타나면 조상 무

덤의 풍수가 빼어나다고 한다. (起黃光, 主人破損, 起青濁, 宜修理, 起白色, 風水秀.)

열아홉, 연못을 파고 물고기를 기른다. (鑿池養魚)

❀ 만약 상고 부위에 흰빛이 나타나면 연못을 만들어 물고기를 기르는 데 적합하며, 수산업에 종사하면 큰 보상을 얻게 된다. (解曰: 上庫開白光, 宜造塘養魚.)

스물, 부동산을 사는 것을 본다. (置産)

❀ 부동산을 구입하는 것은 산근과 천이 부위를 보아야 하며, 이 2개 부위에 황색과 자색이 나타나고 밝은 빛이 나면 성사된다. 만약 이들 부위의 주름에 적색과 암색이 나타나면 시비와 구설수에 휘말리고 성사되지 않으며, 설사 성사된다고 하더라도 자손의 재부가 되지는 않는다. (解曰: 凡置房屋, 要看山根遷移, 此二處俱發黃光紫色, 方得成就. 若紋赤暗, 招口舌是非, 亦不宜成, 雖成亦難爲子孫之計.)

스물하나, 집을 수리하는 것을 본다. (修造)

❀ 집을 수리하는 것과 같은 일은 얼굴의 좌우에 위치한 산림[양 이마] 부위와 정조[콧구멍과 콧등] 부위를 먼저 보아야 하는데, 만약 이들 4개 부위에 홍색과 황색2개 색이 나타나면 흙을 파헤치고 집을 짓는 공사를 시작

할 수 있다. 그런데 이들 부위가 밝고 윤택하면 길하지만, 청색과 암색을 띠면 좋지 않으니 흙을 파헤치면 안 된다. (解曰: 在左右山林井灶看, 此四處若起黃赤二色, 當得動土修造. 明潤爲吉, 靑暗不宜.)

❋ 하고[호이와 귀래, 노복] 부위에 백색이 나타나면 흙을 파헤치고 공사를 할 경우 식구들이 손해를 보게 된다. (白色下庫起, 起工要損人口.)

스물둘, 물건을 구입하는 것을 본다. (置物)

❋ 살림살이에 쓰이는 온갖 기물과 집기의 구매는 반드시 정조 부위가 밝고 윤택할 때 비로소 진행할 수 있다. 만약 재백궁 자리에 암색과 적색이 나타난 경우에 물품을 구매하면 뜻하지 않게 피해를 보고, 파손되면 반대로 길하다. (解曰: 凡置家什物, 俱宜井灶光明. 若財帛宮暗赤, 主置物爲, 害破反吉.)

❋ 만약 준두 부위에 암색이 나타나고, 조문 부위에 밝은 빛이 나면 기물을 구매할 수 있다. (準頭暗, 灶門光, 應該置物.)

스물셋, 임신을 본다. (姙娠)

❋ 여인이 해산할 때를 맞이하면, 첫째는 명문 부위에 홍색과 자색이 나타나야 하고, 둘째는 양쪽 눈에 광채가 나야 하고, 셋째는 귀에 흰빛이 나타나야 하며, 넷째는 목소리가 맑고 낭랑해야 한다. 이렇게 되어야 비로소 편하게 바로 순산을 하게 되고, 모친은 반드시 기뻐하며, 아이가 성

인으로 자라는데 도움이 된다. (解曰: 凡女人臨産之期, 第一要命門紅紫, 二要雙眼光彩, 三要耳有白光, 四要聲音淸亮. 方順便而生, 必是母喜, 利益成人.)

❀ 여인이 해산할 때를 맞이 해서는, 첫째는 명궁과 천정 부위에 암색이 나타나는 것을 꺼리며, 둘째는 얼굴에 청색이 많이 나타나고 귀에 희미한 암색이 나타나는 것을 꺼리고, 셋째는 입술이 파랗고 구각[입아귀]에 암색이 나타나는 것을 꺼리며, 넷째는 말을 못하고 눈이 흐리멍덩한 것을 꺼린다. 만약 이중에서 한 가지라도 범하게 되면 난산을 하고 대부분 오직 여아만 낳게 된다. (第一忌命宮天庭起暗色, 二忌面多靑光, 耳暗如濛, 三忌脣靑口角暗, 四忌音啞眼無神. 但犯一件卽有産厄, 多只生女.)

❀ 해산하는 날에는 산부의 좌우 손바닥이 밝고 윤택한지, 그리고 살집과 혈색이 홍색을 띠고 윤택한지를 보며, 반드시 손바닥 한가운데를 위주로 보아야 한다. 만약 손바닥 한가운데의 혈색이 물같은 홍색을 띠게 되면 반드시 남아를 낳게 되고, 백색과 청색을 띠게 되면 주로 여아를 낳게 된다. (凡當盆之日, 看左右手中可明, 肉血紅潤, 必以掌心爲主, 若血倂紅如水者, 立産得男, 若倂白靑, 主女.)

❀ 만약 손바닥 한가운데의 혈색이 암색과 흑색을 띠고 또 매우 짙으면 난산을 피할 수 없을 뿐더러 산모나 아이의 건강이 염려되며, 황색을 띠고 또 짙으면 산모는 지킬 수 있으나 영아의 생명은 보장하기가 어렵다. 그리고 백색을 띠게 되면 영아의 생명이 보장되며, 암색, 흑색, 청색, 황색을 띠게 되면 산모와 영아 모두의 생명이 보장되지 않는다. (暗黑二色若重, 恐難産有損. 黃光重, 全母不全子. 白光全子. 暗黑靑黃者, 子母難全.)

❀ 이상의 내용은 원래 전해 내려오지 않는 비결이니, 절대로 경솔하게

이 천기를 누설해서는 안 되며, 만약 누설한다면 반드시 하늘의 노여움을 사 목숨을 잃게 된다. (此乃要法, 不可輕洩, 恐露天機, 以致損壽.)

스물넷, 아들을 낳을지를 묻는다. (問生子)

❋ 아들을 낳는 것은 간문[눈옆] 부위에 백색, 암색, 흑색이 나타나는지의 여부를 먼저 보고, 이를 근거로 처와 첩이 아들을 낳을 때의 길흉을 판단해야 한다. 처가 임신을 하면 왼쪽 간문을 보며, 첩이 임신을 하면 오른쪽 간문을 본다. (解曰: 凡人問生子, 看奸門, 可有白暗黑色, 方定妻妾吉凶. 妻妊看左, 妾妊看右.)

❋ 그런 후에 와잠[눈밑]을 보는데, 만약 와잠 부위에 자색과 홍색이 나타나면 남아를 회임한 것이며, 관골[광대뼈] 부위에 홍색이 나타나도 역시 남아를 낳게 되고, 준두 부위가 홍색을 띠고 인당 부위가 홍색을 띠어도 역시 남아를 낳는다. (然後看臥蠶, 紫紅則爲男喜. 顴骨紅亦生男, 準紅印紅亦主生男.)

❋ 만약 와잠 부위에 황색이 나타나면 여아를 낳고, 삼양[왼쪽 눈]과 삼음[오른쪽 눈] 부위에 청색이 나타나도 여아를 낳으며, 홍색이 없어도 여아를 낳는다. 앞에서 언급된 방법에 의하여 각 궁 자리에 나타나는 다른 색깔에 근거하여 구체적인 해산 날짜를 추산할 수 있다. (臥蠶黃者生女, 三陽三陰靑者生女, 而無紅色生女. 依前法, 某色可定某日.)

❋ 《상서》에 다음과 같이 이르고 있다 : "삼양 부위에 화(火)가 왕성할 때는 갑일, 을일, 병일, 정일에 남아를 낳을 수 있고, 삼음 부위에 청색

이 많이 나타나면 경일, 신일, 임일, 계일에 여아를 낳을 수 있다. 그리고 간문 부위에 암색과 흑색이 나타나고 와잠 부위에 청색이 나타나면 처가 출산할 때 난산을 겪게 되며, 준두 부위에 암색과 체색이 나타나고 어미 부위에 반점이 생기면 아들이 장차 아비에 상극이 되고 어미에게 형벌을 받게 한다."(書云: "三陽火旺, 甲乙丙丁可生男; 三陰靑多, 庚辛壬癸應生女. 奸門暗慘, 臥蠶靑, 妻遭産厄; 準頭暗滯, 魚尾斑, 剋父刑妻.")

스물다섯, 관아에 들어가는지를 본다. (入衙門)

❀ 관아에 들어가 일을 하는 것은 먼저 조문[콧구멍]과 준두 부위를 본다. 만약 이들 부위에 물과 같이 맑고 백색이 나타나면 주로 길하고 귀인을 만나볼 수 있으며, 양쪽 귀의 색깔이 밝으면 귀인의 도움을 받아 가업을 일으켜 세운다. (解曰: 凡入公門, 亦看灶門準頭. 白如水色, 利見貴人; 雙耳色明, 貴人得喜, 可興家業.)

❀ 만약 귀에 먼지와 같이 희미한 회색이 나타나고, 준두 부위에 청색과 암색이 나타나며, 변지 부위에 청색이 나타나면 관아에 들어가서는 안 된다. (如耳塵濛, 準頭靑暗, 邊地靑, 不宜入公門.)

스물여섯, 배를 만들어 항해하는 것을 본다. (造船航)

❀ 만약 배를 타고 항해하려고 하면 먼저 하고[호의와 귀래, 노복]의 가장자리와 주거[턱 모서리] 부위를 보아야 하는데, 이들 부위에 여러 개의 주름살이 있으면 평생 물 위에서 재물을 구해야 한다. (解曰: 在下庫邊, 舟車上

看, 若有重紋, 一生利於財生水上.)

🌸 만약 하고의 가장자리와 주거 부위에 적색이 나타나면 물로 인한 재난을 만나게 되고, 백색과 황색이 나타나고 또 밝으면 수로에서 이득을 얻는다. 그리고 정조 부위가 밝고 적색이 나타나고 주차 부위가 밝고 맑으면 배를 만들어 항해하는 것이 좋다. (若赤色有水災; 白黃明則有水利. 井灶明赤, 舟車明亮, 宜造船航.)

스물일곱, 바다를 항해하는 것을 본다. (飄洋過海)

🌸 바다를 항해하는 것은 관리나 백성을 불문하고 모두 승장[입술밑] 부위를 본다. 만약 승장 부위에 흑색이 나타날 경우 항해를 하면 헛된 놀랄 일이 생기는데 불과하지만, 또 백색이 나타나면 항해 도중에 물속에 사는 맹수를 만나 놀라고 두려워한다. (解曰: 凡飄洋, 不拘官庶, 俱看承漿. 若起黑色, 不過虛驚. 白色遇水獸驚恐.)

🌸 승장 부위에 황색이 나타나면 출항을 해서는 안 되고, 적색 힘줄이 생겨도 역시 출항이 불가하며, 청대와 같은 청색이 나타나도 출항을 해서는 안 된다. 무릇 승장 부위의 색깔은 희고 빛나며 밝고 윤택해야만 하며, 그럴 경우 바다로 멀리 나가 항행하는 것이 이롭고 편하다. (起黃色不可行, 赤筋起亦不可行, 靑如靛不可行. 凡承漿之色, 只宜白光明潤, 則爲利便.)

🌸 《고서》에 다음과 같이 이르고 있다 : "만약 승장 부위에 매우 깊은 주름살이 나타나면 파도에 밀려 물속으로 빠질까 걱정이고, 푸른 힘줄이 생기면 평생 호수나 바다의 깊은 곳에 들어가서는 안 된다." (古書云: "承

漿深紋, 恐投浪裏; 青筋若現, 一世不可入湖海淵源深處.")

스물여덟, 농사를 본다. (田苗稼穡)

🌸 만약 천창[양 이마] 부위에 적색이 나타나면 농사짓는 밭이 물에 잠기게 되며, 하고 부위에 황색이 나타나면 논밭이 한재를 겪게 되고, 사고[천창과 지고] 부위에 암색이 나타나면 오히려 꺼리지 않는다. (解曰: 天倉赤色遭水淹, 下庫黃色遭旱灾, 四庫暗反不忌.)

🌸 사고 부위가 밝으면 곡식이 잘 자라고, 정조 부위에 적색이 나타나면 수확할 곡식이 없다. 산근 부위에 자색이 나타나지 않으면 거두어들일 곡식을 기대하기가 어렵게 된다. 여름철의 수확은 산근 부위를 보며, 가을철의 수확은 정조 부위를 보고, 잡곡은 오직 삼양 부위를 보아야 한다. (四庫明, 苗大熟; 井灶赤色, 田土不收. 山根不紫, 莫望田苗. 夏收須看山根, 秋收要看井灶, 雜穀唯看三陽.)

스물아홉, 분가함을 본다. (分居)

🌸 분가의 기색인지 아닌지를 결정하는 것은 가족과 그 구성원이 흥하는 길로 가느냐 아니면 망하는 길로 가느냐의 징조를 의미하는 것이다. 만약 온 얼굴에 기뻐하는 기색이 나타나고 미간에 자색이 나타나면 함께 밥을 지어먹어야 하며 갈라서서는 안 된다. (解曰: 凡分居之色, 乃興敗之兆. 滿面喜容眉間紫, 只宜共炊不宜分.)

❀ 만약 삼양[눈] 부위에 체색이 나타나고 창고[식창과 녹창] 부위에 암색이 나타나면 가족 구성원 간에 간사한 꾀를 부려도 궁색함을 벗어나지 못한다. 형제간에 각기 사는 것은 눈썹에 암색과 체색이 나타나기 때문이다. 온 얼굴에 광채가 나면 3대가 함께 살 뿐만 아니라 논밭과 집이 모두 흥성한다. (滯色三陽倉庫暗, 多生奸計也還窮. 兄弟各居, 只爲眉生暗滯. 新光滿面, 同堂三世旺田莊.)

❀ 만약 눈썹이 밝고 윤택하면 형제가 분가한 후에 부유해지며, 눈썹에 암색이 나타나면 형제가 분가한 후에 반드시 가난해진다. 또 만약 눈썹에 적색이 나타나면 형제간에 시비로 구설수가 있으며, 황색이 나타나면 재물을 날려 버리고, 백색이 나타나면 크게 이롭지 않다. (眉生明潤, 分居必富. 眉生暗色, 分後必貧. 赤色主口舌, 黃色主破財, 白色大不利.)

서른, 옛 것을 지키는 것을 본다. (守舊)

❀ 만약 암색 속에 밝은 색이 나타나면 옛 것을 지켜야 한다. 만약 삼양 부위에 청색, 흑색, 적색이 나타나고, 콧등의 준두 부위에 홍색이 나타나며, 또 지각 부위에 백색이 나타나면 응당 옛 것을 지켜야 하며 절대로 바꾸어서는 안 된다. (解曰: 暗內有明, 宜守舊. 三陽靑黑赤色發動, 準紅, 白色發地閣, 四件俱守舊.)

❀ 만약 기색이 열려 흐트러지지 않으면 역시 옛 것을 지켜야 한다. 설사 이들 부위에 한두 점의 밝고 윤택한 색이 나타나더라도 옛 것을 지켜야 하며 경솔하게 바꾸어서는 안 된다. (氣色不開, 亦宜守舊. 縱有一二明潤之色, 亦不宜輕改.)

서른하나, 직업을 고치고 변통하는 것을 본다. (更改)

❁ 변경하고 이동하는 문제는 다만 천청을 보고 옮겨야 하는데, 이 부위가 홍색, 황색, (홍색을 띠는) 백색을 띠어야 비로소 이롭고, 적색, 흑색, (청색을 띠는) 백색을 띠면 좋지 않다. 만약 색깔이 지나치게 맑으면 (백색은 종이와 같이 희고, 흑색은 먹과 같이 검고, 홍색은 피와 같이 붉으면) 반드시 바꾸어야 한다. (解曰: 凡更改只看天倉爲遷移, 此處紅黃白者方利, 赤黑白不如, 明色宜更改.)

❁ 만약 삼양 부위에 홍색이 나타나고, 명문 부위에 밝은 색이 나타나고, 황색은 적고 홍색은 많으면 모두 고치거나 바꾸는데 적합하다. 무릇 바꾸는 것은 오직 천창 부위를 보고 옮겨야 하며, 이 부위에 적색, 백색, 흑색이 나타나면 좋지 않으며, 반드시 홍색, 황색, 백색이 나타나야 크게 길하고 이롭다. (三陽紅, 命門亮, 黃少紅重, 俱宜更改. 凡更改只看天倉爲遷移, 此處赤白黑俱不妙, 必紅黃白者方大吉利.)

서른둘, 돈으로 관직을 얻는 것을 본다. (加納)

❁ 돈으로 관직을 사고[천창과 지고] 명성을 얻으려고 한다면 반드시 천창, 관록, 명궁 부위를 보아야 하며, 이들 부위가 황색이고 밝으면 이 일을 진행해도 좋다. 만약 이들 부위 중에서 1곳이라도 밝지 않으면 돈을 주어도 일이 이루어지지 않는다. (解曰: 凡加納功名, 還看天倉, 官祿, 命宮, 此數處俱要黃明, 方宜行此事. 若一處不明, 縱加納也不成.)

서른셋, 승진을 본다. (陞遷)

❀ 무릇 관리의 승진은 콧대 부위에 반드시 청색이나 황색이 관통해야 하며, 홍색이 명궁 부위를 둘러싸고 눈썹 꼬리에 자색이 나타나면 반드시 높은 직급으로 승진한다. (解曰: 凡官吏陞遷, 要靑黃貫鼻, 紅繞命宮, 紫透眉尾, 定主高遷.)

서른넷, 황제에게 간하는 것을 본다. (上諫)

❀ 관리가 황제에게 상주문을 올리려면 천창 주변과 역마, 주서 부위를 보는데, 이들 부위가 청색, 황색, 암색을 띠게 되면 황제에게 상소하는 일은 해서는 안 되니, 어려운 일을 만날까 걱정이다. 그러나 일각[이마]과 월각[이마] 부위에 홍색과 자색이 나타날 경우에 간하게 되어야 비로소 황제의 은전을 받게 된다. (解曰: 進本看天倉邊驛馬奏書, 靑黃暗不宜, 恐遭難, 日月紅紫, 方得恩喜.)

서른다섯, 출정하는 것을 본다. (出征)

❀ 무릇 병사를 이끌고 출정할 때는 목 부위의 피부에 나타나는 기색은 적색이 나타나서는 안 되며, 목구멍에 홍색 핏줄이 나타나서도 안 된다. 명궁 부위에 암색이 나타나고, 인수 부위에 청색이 나타나며, 목의 피부에 적색이 나타나는 것을 장군이 크게 꺼린다. 인수 부위와 명문 부위가 빛나고 윤택하면 출정하는데 어떤 장애도 없다. (解曰: 凡出征, 項皮氣色不宜赤, 喉上不宜起紅絲, 命宮暗, 印綬靑, 項皮赤, 此乃將軍大忌. 印綬命門潤, 何怕出征.)

서른여섯, 행군하는 것을 본다. (行軍)

❀ 행군할 때는 역마[이마 모서리], 변지[이마 모서리], 변성[양 이마] 부위를 관찰해야 한다. 지휘관은 당부와 국인 2개 부위를 보아야 하는데, 그 모두가 자색과 홍색을 띠고 윤택해야만 행군이 매우 순조롭게 된다. (解曰: 軍行要看驛馬邊地邊城, 主帥要看唐符國印, 俱要紫色紅潤色爲大進.)

❀ 또 이들 부위가 암색, 체색, 적색을 띠면 꼼수에 말려들게 된다. 또 이들 부위에 청색과 적색이 나타나면 모든 것이 불리하니 절대로 행군을 감행해서는 안 된다. (暗滯赤三色遭奸. 靑赤二色全者不利, 切不宜行.)

서른일곱, 벗을 사귀는 것을 본다. (交友)

❀ 무릇 얼굴에 적색이 나타나면 친구를 사귀는 것이 적합하지 않다. 기색이 지나치게 밝고 맑아도 친구를 사귀지 말아야 한다. 도원결의[유비, 장비, 관우가 도원에서 의형제를 맺었다.]는 그들의 미간과 눈썹꼬리의 기색이 구름과 노을 같았기 때문이었다. (解曰: 凡色赤不宜交友. 色明太過不宜交友. 桃園結義, 皆因眉頭眉尾色如霞.)

❀ 손빈(孫臏)이 방연(龐涓)의 커다란 해를 받아 양쪽 다리를 잃은 것은 그의 눈썹 부위 속에 밀가루와 같이 청색과 백색이 나타났기 때문이었다. 무릇 눈썹에 청색과 백색이 나타나면 반드시 마음이 악하고 독한 친구를 꺼리게 된다. 이러한 방법은 세상에 극소수의 사람만이 알고 있다. (孫臏遭龐涓大害, 只爲羅計內色生靑白如粉. 凡眉內生靑白二色, 忌心惡之友, 狠毒之朋, 此法世人罕知.)

서른여덟, 기녀와 동침하는 것을 본다. (宿娼)

❀ 만약 간문[눈옆] 부위에 자색이 나타나고, 얼굴 가득히 도화색이 나타나면 장기간 동안 창기의 집에 머물 뿐만 아니라 이익을 얻는다. 만약 눈썹꼬리에 암색과 청색이 나타날 뿐만 아니라 얼굴에 들뜬 빛이 나타나면 주색으로 인해 패가망신하며 재난과 질병을 얻게 된다. (解曰: 奸門生紫色, 滿面起桃花, 久住娼家獲利. 眉尾靑暗, 滿面光浮, 因花酒敗家, 尙有灾病.)

❀ 만약 명문 부위에 암색이 다시 나타나면 결국 주머니 속의 돈을 전부 써버리게 된다. 그리고 년상과 수상 부위에 주사와 같은 색이 나타나면 기생한테 푹 빠져 질병을 얻는다. (命門再暗, 到底傾囊. 年壽如朱, 因嫖致疾.)

서른아홉, 사냥하러 가는 것을 본다. (遊獵)

❀ 사냥을 나갈 때는 산림과 변성 부위를 먼저 관찰하는데, 이들 부위에 청색이나 황색이 나타나면 큰 이익을 얻을 수 없으며, 적색과 암색이 나타나면 사냥 도중에 야수의 습격을 당해 놀라게 된다. (解曰: 看山林邊城有黃色者, 不得重利, 赤暗者, 遇怪獸之驚.)

❀ 이 밖에도 또 다른 방법이 있다. 손톱에 백색이 나타나면 사냥을 할 때 나무가 우거진 깊은 숲 속으로 들어가서는 안 된다. 또 콧등의 준두 부위에 암색이 나타나면 깊은 산림 속으로 들어갈 수 없다. (又有一法: 指甲起白星, 不宜入林木深處; 準頭發暗, 不許入山林.)

마흔, 물고기를 잡는 것을 본다. (捕魚)

❋ 만약 얼굴의 자궁과 해궁 부위에 황색 빛이 나타나면 물고기를 잡으러 물에 들어가서는 안 되며, 산악 부위에 맑은 색이 나타나도 물에 들어가서는 안 된다. 그러나 하고 부위에 흰 빛이 나타날 뿐만 아니라 밝고 윤택하면 깊은 물속에 들어가 반드시 큰 이익을 얻을 수 있게 된다. (解曰: 子亥二宮起黃光, 不宜入水, 山岳起淸色, 不宜入水. 下庫白光明潤, 宜入深源, 必得重利.)

마흔하나, 소식이나 편지가 오는지를 본다. (音信)

❋ 양쪽 눈썹꼬리는 주로 문서와 관인을 담당하는 궁 자리이며, 소식이나 편지가 있는지를 알고자 한다면 주로 눈썹꼬리의 기색을 본다. (解曰: 雙眉尾爲文書宮, 問信在此看.)

❋ 만약 부친이 아들의 소식을 듣고자 한다면 눈썹꼬리 부위가 반드시 밝고 맑아야 하며, 아들이 부친의 편지를 기다린다면 눈썹꼬리 부위에 홍색이 나타나야 한다. 만약 처가 남편의 소식을 알고자 하면 눈썹꼬리 부위에 백색이 나타나야 하며, 남편이 아내의 소식을 기다린다면 피색이어야 하고, 눈썹꼬리 부위에 백색이나 또는 황색이 나타나도 모두 이롭다. (父問子信宜明, 子求父書宜紅. 妻問夫宜白, 夫問妻宜血, 白黃俱利.)

❋ 만약 문서궁 부위에 이상의 기색이 나타나면 먼 곳으로부터 소식이나 편지를 받게 되며, 만약 그렇지 않으면 소식이나 편지는 오지 않는다. 대신이 황제가 내라는 은혜로운 조서를 기다린다면 역시 양쪽 눈썹 부위

를 보아야 하는데, 만약 눈썹꼬리가 암색과 체색을 띠게 되면 소식은 있지만 기쁜 소식이 아니며, 눈썹꼬리가 밝고 윤택하면 주로 기쁜 소식을 받아보게 된다. (若文書發動, 卽有信至, 不動不通音信. 求恩詔, 亦要看雙眉. 眉尾暗滯, 得音不喜. 明潤, 主約喜信.)

✿ 만약 눈썹꼬리가 혈색과 황색을 띠게 되면 유용한 소식이며, 청색과 암색을 띠게 되면 재앙을 알리는 소식이고, 적색과 자색을 띠게 되면 주로 기대하던 편지가 온다. (宜血黃爲用, 靑暗爲灾, 赤色紫色, 亦主書信到.)

마흔둘, 구설수가 있는지를 본다. (口舌)

✿ 얼굴에 적색이 나타나면 시비로 구설수에 오르게 되며, 이때는 어느 부위에 적색이 나타났는지를 보고 구체적으로 보고 무슨 일로 구설수에 오르게 되었는지를 판단한다. (解曰: 凡赤色主口舌, 看發動何處, 則主何事口舌.)

✿ 오직 명궁 부위와 년상 및 수상 부위는 적색이 나타나는 것을 꺼리며, 변지 부위 역시 적색을 꺼리고, 다른 부위는 조금 꺼리는 면이 있기는 하나 그다지 큰 문제가 되지는 않는다. (獨命宮年壽忌赤, 邊地亦忌赤, 其外還輕.)

마흔셋, 병을 고칠 수 있는지를 본다. (求醫)

✿ 명궁 부위가 밝고 맑으며 윤택하고, 이륜[귓바퀴]에 적색이 나타나면 반드시 좋은 처방을 만나 병이 치유된다. 만약 정조[콧구멍과 콧등] 부위에

적색이 나타나고 년상[콧등]과 수상[콧대] 부위에 청색이 나타나면 병세가 심각하고 마땅한 약이 없어 치료가 어렵게 된다. (解曰: 命宮明潤, 耳輪赤, 必有良方來濟. 井灶赤, 年壽青, 沉病難醫.)

마흔넷, 모여서 쌓이는 색을 본다. (聚色)

🌸 취색(聚色, 색이 모여 쌓이는 색)이란 기가 왕성한데 색깔이 밝지 않고 윤택하지 않은 것이 취색인데, 안과 밖이 모두 밝고 윤택한 것은 대취색이고, 사고 부위가 열려 흐트러진 것도 대취색이다. 그리고 혈과 기가 왕성한 것은 취색이고, 손바닥의 기가 왕성한데 얼굴 부위의 혈색이 왕성하지 않은 것 역시 취색이며, 손바닥의 혈색이 왕성한데 얼굴 부위에 암색과 체색이 나타난 것 역시 취색이다. (解曰: 凡氣足色不明爲聚, 內外俱明爲大聚, 四庫新開爲大聚, 血和氣旺爲聚. 掌氣足面不足亦爲聚, 掌色足面暗滯亦爲聚.)

🌸 요컨대, 이 여러 건 가운데 암색을 띤 사람은 매사가 뜻한 대로 이루어지지 않지만, 만약 색깔이 적색이면 성공할 가능성이 있고, 이는 취색이 나타나는 것이다. 만약에 취색이 비교적 많이 나타나면 1년 내내 흥성하게 되며, 취색이 적게 나타나면 한 계절만 흥성하게 되니 머지않아 즐거워하게 된다. (凡此數件, 雖色暗諸事不如. 赤有成望, 乃聚色至矣. 多則主年內興旺, 少則一季而興旺, 故樂不遠矣.)

마흔다섯, 기색이 흐트러지는 것을 본다. (散色)

🌸 산색(散色, 흐트러지는 색)이란 색은 있고 기가 없는 것이 산색이고, 얼굴

에 광채가 나고 각종 색이 혼잡해 있는 것, 밝은 색 속에 어두운 색이 있는 것, 얼굴색이 맑고 윤택한데 손바닥이 기색이 없는 것 역시 산색이다. 그리고 얼굴색이 밝은데 귀와 코가 어두운 색을 띤 것도 산색이다. 이와 같이 흐트러지는 산색은 크게 쇠락하고 망함을 미리 알려준다. (解曰: 有色無氣爲散, 滿面光彩花雜爲散, 明中生暗爲散, 面色瑩潤掌無氣色亦爲散, 面明耳鼻暗爲散, 此數件俱主大敗.)

마흔여섯, 변하는 색을 본다. (變色)

❀ 어둡고 컴컴한 색이 다시 밝고 맑은 색으로 바뀐 것은 기쁜 색이고, 밝고 맑은 색이 다시 어둡고 컴컴한 색으로 바뀐 것은 걱정스럽게 변하는 것이다. 얼굴에 이와 같이 어지럽고 혼란스러운 변색이 나타나면 기색이 설사 보기에는 아주 좋다 하더라도 결코 좋은 것은 아니다. (解曰: 暗復明爲變喜, 明復暗爲變憂. 有此變亂作態之色, 雖十分好看, 亦不爲美.)

❀ 만약 기색이 하루만에도 홀연히 돌변한다면 그것은 좋지 않은 것이다. 3일 내지 4일 만에 한 번 변한다 해도 역시 좋지 않으며, 어두운 색이 밝은 색으로 바뀌어도 역시 좋지 않다. 요컨대, 얼굴의 기색이 비교적 자주 변하는 것은 기의 뿌리가 온정되지 않음으로 인해서 나타나는 것이기 때문이다. (若一日忽變, 則不大妙. 三四日一變, 亦不妙. 就是明, 亦不好. 此乃根不穩, 則面有往來變色也.)

마흔일곱, 움직이는 색을 본다. (動色)

❀ 만약 기색이 밝고 윤택하며 새롭게 열리면 일을 하기 위해 마땅히 행동에 옮겨야 하고, 이때 행동하지 않고 기다리고 지키기만 하면 이롭지 못하다. 만약 무겁고 짙은 적색이 나타나면 복지부동하는 것이 상책이다. (解曰: 明潤新開, 宜動, 居守不利. 若赤重, 亦不宜動.)

마흔여덟, 지키면서 기다리는 색을 본다. (守色)

❀ 만약 암색, 체색, 적색, 흑색이 나타나면 움직이지 말고 기다려야 하며, 불길한 색이 흩어져 사라져서 열리기를 기다려서야 비로소 움직이는 것이 좋다. (解曰: 滯暗赤黑宜守, 待色開, 方宜動.)

마흔아홉, 성사되는 색을 본다. (成色)

❀ 어떤 일을 이루고, 창업을 준비하며, 건물을 세우고, 재물을 구하며, 기쁜 일을 하는 것 등은 귀가 밝은 색을 띠고, 인당[눈썹사이] 부위가 홍색을 띠며, 준두[코끝] 부위가 밝은 색을 띠게 될 때에 비로소 착수하면 길하고 기쁜 조짐인데, 이러한 방법은 신처럼 영험한 것이다. 귀와 코와 준두 부위가 밝은 색을 띠지 않으면 결코 기쁜 징조가 아니다. (解曰: 凡成事起造, 求謀財喜, 俱宜耳明印紅準明, 方爲喜兆, 其驗如神. 耳鼻準不明, 決非喜兆.)

쉰, 해를 끼치는 색을 본다. (害色)

❋ 만약 년상과 수상 부위에 적색이 나타나면 소송을 당해 형벌을 받거나 해를 입는 것을 꺼리고, 사고[천창과 지고] 부위에 암색이 나타나면 노상에서 여인의 음해를 당하는 것을 꺼리며, 정조[콧구멍과 콧등] 부위에 적색이 나타나면 재물이 소진되는 것을 꺼린다. (解曰: 年壽赤, 忌官刑害; 四庫暗, 忌途路女人害; 井灶赤, 忌破耗之害.)

❋ 만약 산림 부위에 적색이 나타나면 불로 인한 재액을 꺼리며, 지각 부위에 흑색이 나타나면 물로 인한 수액을 꺼리고, 인당 부위에 청색이 나타나면 사건에 연루되는 피해를 꺼리며, 온 얼굴에 난잡한 색이 나타나면 먼 길을 떠나서 해를 입게 되는 것을 꺼린다. (山林赤, 忌火光之害. 地閣黑, 忌水厄之害. 印堂靑, 忌牽連之害. 花雜滿面, 忌出行之害.)

쉰 하나, 매사가 순조롭게 진행되는 색을 본다. (利便色)

❋ 만약 기색이 암색인데 그 속에 밝은 색을 띠고, 귀와 준두 부위에 모두 백색이고 나타나고, 손바닥 한가운데의 기와 혈이 윤택하며, 피부와 혈색이 모두 광채가 나고, 눈이 맑고 정신이 또렷하면, 이러한 모든 것들은 매사가 순조롭게 진행됨을 알려주는 것이다. (解曰: 暗中有明, 耳準俱白, 掌心氣潤, 皮血光彩, 眼內神足, 行事便利.)

쉰둘, 매사 막히고 좌절하는 색을 본다. (蹇滯色)

❋ 사고 부위가 진흙먼지와 같이 희미하며 어둡고, 귀와 준두 부위가 연

기와 같이 뿌옇고 어두우며, 삼양 부위가 열리지 않고 얼굴 가득히 희미하고 어두운 색이 나타나 있으며, 얼굴에 불과 같이 붉은 색이 나타나 있고, 기름 처럼 밝고 맑은 색이 나타나면, 이들 모든 색은 크게 궁색하고 고달픈 색이다. (解曰: 四庫如泥, 耳準如烟, 三陽不開, 滿面如濛, 面紅如火, 明亮如油, 俱是大窮大困之色.)

쉰셋, 색을 범하는 날짜를 본다. (忌日期犯色)

❋ 기색을 범하는 날에는 일을 추진해서는 안 된다. 적색은 화일(火日)인 병일과 정일을 꺼리는데, 이 날에 일을 하면 주로 길하지 않다. 홍색은 수일(水日)인 임일과 계일을 꺼리며, 흑색도 역시 마찬가지로 수일을 꺼린다. 황색은 목일(木日)인 갑일과 을일을 꺼리며, 백색도 화일을 꺼리고, 청색 역시 목일인 갑일과 을일을 꺼린다. (解曰: 犯色不宜行事. 赤色忌丙丁火日, 主不利. 紅色忌壬癸水日, 黑色亦忌水日, 黃色忌甲乙木日, 白色忌火日, 靑色亦忌甲乙木日.)

❋ 《시》에 다음과 같이 이르고 있다 : "만약 오색이 꺼리는 날짜를 분명하게 판별하지 못하면 시간과 노력만 허비하고 얻는 것이 없게 된다. 만약 길하고 흉한 방위를 알지 못하면 길한 색이 나타난다 하더라도 모든 일이 허사가 되고 만다." (詩曰: "五色之中辨不明, 徒然費力枉勞心. 若是不知方位者, 縱有好色亦成空.")

기색과 방위의 길흉
氣色方位之吉凶

● 얼굴에 청색이 짙게 나타나면 동남 방향으로 가야 오히려 큰 이득을 얻게 되고, 서북 방향으로 간다면 반드시 재앙이 있게 된다. (青色重往東南, 反得重利, 若往西北, 必有灾殃.)

● 홍색이 한번더 진해지면 적색이 되는데, 이때는 동북 방향으로 가야 하며, 동북 방향의 수와 목이 왕성한 곳에서는 오히려 흉한 것이 길한 것으로 바뀐다. 그런데 남방의 화와 토가 왕성한 곳으로 가면 반드시 재앙이 있게 된다. (紅色一重, 必作赤色, 偏宜往東北, 水木旺郷, 可反凶而爲吉, 若從南方火土旺地, 灾必至矣.)

● 얼굴에 적색과 암색이 짙으면 북방으로 가거나 또는 먼 길을 떠나야 비로소 재액을 면할 수 있다. (赤暗色重, 亦可往北方, 或遠行, 方免其灾厄.)

● 황색은 어느 부위에 나타나건 먼 길을 떠나는 데는 전혀 문제가 되지 않는다. 남방으로 가려면 화와 토가 왕성한 달이 되어야 비로소 가는 것이 좋으며, 수가 왕성한 지방으로 가는 것은 불길하다. 때문에 겨울철에는 황색이 구각 부위에 나타나는 것을 꺼리게 되는데, 이는 토가 수를 극하는 상이어서 반대로 길한 것이 오히려 흉하게 되기 때문이다. (凡黃色不拘, 諸謀爲宜. 在南地, 或火土旺月方好, 水旺之方不利. 故冬季忌黃色生口, 乃土不宜

剋水, 反吉爲凶.)

❀ 백색은 북방에서 왕성하니, 만약 백색이 동방에서 나타나면 크게 불길하고, 동남방 역시 불길하며, 오직 서북방으로 가야만 좋으니 일을 도모하고자 행동하는데 유리하다. (白色旺在北方, 死絶在東地, 不喜東南方, 只宜西北, 求謀行動方好.)

❀ 무릇 7품 이상부터 2품, 3품, 4품 이하까지의 관리는 인당, 역마, 이문 이 3개 부위 중에서 어느 하나라도 맑고 밝은 빛이 나면 곧 높게 승진하는 기쁜 소식을 들을 수 있다. 만약 코의 준두 부위가 암색을 띠고, 명궁이 적색을 띠며, 변지가 암색을 띠게 되면 관직을 잃거나 파직을 당하게 되고, 미간에 자기가 나타나면 황제의 은전이 도래한다. (凡七品以上, 二三四品以下, 但得印堂, 驛馬, 耳門一明, 卽得高遷喜信; 若準暗, 命宮赤, 邊地暗, 卽休官罷職; 眉間紫氣, 現有恩典到.)

❀ 7품 이하의 관리는 암색을 꺼리지 않으며, 오직 창고[식창과 녹창] 부위가 열리고 명문 부위가 홍색을 띠고 또 윤택하면 승진한다. 사고[천창과 지고] 부위가 청색을 띠면 곧 관직을 잃고 파직을 당하는 소식을 접하게 되며, 명궁 부위에 적색이 나타나면 말다툼이 있게 되고, 정조[콧구멍과 콧등] 부위가 밝으면 재물과 녹봉이 풍성하여 가득차고 오랫동안 관직을 유지하게 된다. (七品以下不忌暗色, 只要倉庫開, 命門紅潤, 主有高遷; 四庫一靑, 休官立至; 命宮一赤, 是非卽來; 井竈明, 財祿豊盈, 爲官久長.)

크게 꺼리는 5가지 상
有大忌五件之相

1. 만약 천창[양 이마] 부위에 청색이 나타나면 먼 길을 떠나서는 안 된다. (解曰: 天倉靑, 不可出行)

2. 년상[콧등]과 수상[콧대] 부위에 적색이 나타나면 관리를 만나서는 안 된다. (年壽赤, 不可見官.)

3. 인당[눈썹사이] 부위에 암색이 나타나면 집이나 기타 건축물을 개수하거나 지어서는 안 된다. (印堂暗, 不可起造.)

4. 지고[양 턱] 부위에 암색이 나타나면 사람을 쓰지 말아야 한다. (地庫暗, 不可用人.)

5. 얼굴에 밀가루처럼 광채가 나면 친구를 사귀면 큰 피해가 있을 것이니 사귀지 않는 것이 좋다. 얼굴에 기름기가 흐르고 광채가 나는 것은 도화색을 띤 얼굴이다. (面多光粉, 不可交友, 恐有大害, 爲桃花, 卽面上光彩.)

오행과 기색에 대해서는 반드시 자세히 관찰하여 분명하게 해야 한다. 얼굴의 서로 다른 부위, 서로 다른 궁위에서는 유발되는 결과는 그 경중을 살펴 보아야 한다. 각 부위가 서로 교차하는 위치에 대해서는 사람을 보면서 입신한 것처럼 세밀하게 보고 대충 보아 넘기지 말고 신중한 자세로서 자세히 관찰해야 한다. (五行氣色, 定要察得分明. 各位各宮, 可審輕重, 各宮禁境界, 要看人細入神, 不可大槪, 定要用心.)

❀ 털끝만큼 미세한 차이라도 소홀히 지나치면 결과적으로 엄청난 착오로 이어질 수 있다는 것을 알아야 한다. (如毫釐之差, 有千里之錯.)

❀ 정신을 논하고 기를 논할 때는 온몸의 동작과 행동을 관찰함으로써 그 길흉을 판단하게 된다. (論神論氣, 可看周身.)

❀ 겉에 나타난 색을 논하고 얼굴의 빛을 논할 때는 서로 다른 각 부위를 관찰해야 한다. (論色論光, 可觀各部.)

❀ 세상만사는 여러 실마리가 있으며, 각기 자체의 도리를 가지고 있게 마련이니 한 가지 방법만을 고집하여 예단할 수는 없는 것이다. (雖萬事多端, 各有頭項, 不可一理而推.)

비전구결
秘傳口訣

상을 보면 그 드러난 징조가 잘 맞는다 할지라도 상을 볼 때 신의 경지 속으로 들어갈 수 있기란 그리 쉽지 않다. 따라서 지금 상을 보는 비결을 책으로 출판하게 되니, 이들 신기하고 영험한 비법을 대대로 전할 수만 있다면 백성들은 운명을 보는데 있어서 그르치고 잘못을 범하지 않게 될 것이다.(相雖應驗, 難得入神, 今將秘傳梓書, 使神異相傳, 庶無舛誤.)

그 중에서 만약 여러 가지의 도리와 사리에 통달하게 된다면 그 깊고 얕음을 분별하고 그 경중을 상세히 헤아릴 수 있게 되니, 살아 있는 법으로 마음을 바꾸고 마음속에 깊이 새겨 시기와 형세를 판단하는데 있어서 상술을 자유자재로 응용할 수 있는 신의 경지에 이를 수 있게 된다.(基中再約深淺, 詳量輕重, 以活法變心, 推情爲用自然 術幾於化矣.)

● 눈썹 부위에 뼈가 튀어나오고, 그 꼬리 부분이 제비꼬리처럼 갈라진 사람은 주로 자식에게 형상을 입힌다. (尾起骨鎖分鷰尾, 主多刑子息.)

● 눈이 크고 눈빛이 밖으로 드러난 사람은 주로 중벌을 범하여 사형을 당하게 된다. (眼大露光, 主犯刑死.)

❀ 콧등이 나뉘어 마디가 생긴 사람은 주로 가업을 망치며 타향에서 죽는다. (鼻起節, 主破家, 死在外鄕.)

❀ 뚱뚱한 사람이 얼굴에 적색이 나타나면 주로 성질이 악하고 마음이 흉하다. (肥人面赤, 主性惡心凶.)

❀ 마른 사람이 머리카락이 황색이면 주로 탐욕스럽고 간사하다. (瘦人髮黃, 主多貪奸殺之徒.)

❀ 머리가 크고 목이 짧은 사람은 30세가 되기 전에 죽는다. (有頭無項, 三十前死.)

❀ 목이 둥글고 머리가 작으며 머리가 기울고 깎인 사람은 평생 되는 일이 없다. (項圓頭小, 頭偏頭削, 一生不成事.)

❀ 목이 둥글지 않으면 주로 소년일 때 요절한다. (如項再不圓, 主少年死.)

❀ 남녀를 불문하고 눈동자가 황색을 띠게 되면 주로 성질이 조급하며, 눈이 밖으로 드러나면 형벌을 받게 된다. (男女睛黃, 性多主燥急, 再露者, 犯刑名.)

❀ 남자가 눈이 크면 항상 여인의 구설을 불러온다. (男人眼大, 常招陰人口舌.)

❀ 남자가 눈썹이 가느다라면 주로 여인으로부터 재물을 얻는다. (男人細眉, 主得陰人財帛.)

❀ 여인이 머리카락이 짙고 촘촘하면 이성을 좋아하며, 남자 역시 마찬가지이다. (女人髮深多好色, 男人亦同.)

❀ 남녀를 불문하고 울대뼈[목젖]가 큰 사람은 악몽을 자주 꾼다. (男女有結喉者, 招惡夢.)

❀ 눈썹이 가볍고 엷으며 입이 큰 사람은 항상 물로 인한 재액을 입어 놀라게 된다. (眉輕口闊, 長招水驚.)

❀ 귀에 검은 점이 있는 사람은 항상 물로 인한 재액을 만나 놀라지만 생명에는 지장을 받지 않는다. (耳間生黑子, 長招水驚, 在本命不妨.)

❀ 눈썹에 검은 점이 있는 사람은 여인의 구설을 불러오며, 또 물로 인한 재액을 당한다. (眉生黑子, 招陰人口舌, 又主水厄.)

❀ 곱슬머리인 남자와 여자는 이성을 좋아하고, 이성 문제로 인해 형벌을 받게 된다. (男女卷髮, 犯刑好色.)

❀ 머리카락이 황색을 띠고 있는 사람은 하류 인생이다. (髮黃者, 下流之論.)

❀ 목 뒤에 살덩어리가 있고, 목 뒤의 발제[머리카락 경계 부분] 아래에도 살집이 뭉쳐 덩어리가 높게 쌓여 있으며, 눈이 깊게 푹 들어가 있고, 머리카락이 황색을 띠고 있는, 바로 이러한 사람의 목숨을 범하게 된다. (項背上生肉如堆, 項後髮外生高肉如堆, 眼深髮黃, 二者, 俱主犯人命.)

❀ 눈썹꼬리에 잔털이 혼란스럽게 나 꽃핀 것 같은 사람은 운이 불통하여 나쁘다. (眉梢開花, 運不通.)

❀ 수염과 눈썹 부위에 잔털이 혼란스럽게 꽃핀 것 같은 사람은 매사 뜻대로 되지 않고 막혀 고생한다. (鬚眉開花, 多蹇滯.)

❀ 눈썹에 긴 털이 나고 양쪽 귀의 크기가 서로 다른 사람이면서 만약에 이 2가지에 해당한다면 집에서 낳은 자식이 아니고 밖에서 낳아 기른 자식이다. (眉生毛, 耳大小, 若犯此二件, 俱主外家養大之人.)

❀ 눈동자를 굴리지 않고 곧바로 상하좌우를 보는 사람은 도적질을 한다. (眼不轉睛, 及上下左右視者, 俱主做賊.)

❀ 눈썹이 아래로 늘어져 있고 귀의 위치가 비교적 낮은 사람은 대부분이 첩이 낳은 자식이다. (眉垂耳低, 多是偏生庶出.)

❀ 귀에 귓바퀴가 없을 뿐만 아니라 이마가 좁고 골격이 거친 여인은 주로 첩이 된다. (女耳無稜, 額削骨粗二者, 多主爲妾.)

❀ 얼굴을 치켜들고 하늘을 바라보고 있는 여인은 대부분 간음하는 일이 있다. (婦人仰面, 多有奸淫.)

❀ 머리를 낮게 숙이고 있는 남자는 마음이 탐욕스럽고 냉혹하다. (男人垂頭, 一心貪酷.)

❀ 몸은 큰데 손이 작은 사람은 평생 재물을 모으지 못하며, 몸은 작은데

손이 큰 사람은 평생 어리석고 못난 짓을 한다. (身大手小, 一生不聚財, 身小手大, 一生下愚.)

❀ 모래같은 피부를 가진 사람은 재물을 모아 집안을 일으키며, 뱀의 가죽과 같은 피부를 가진 사람은 집안을 망친다. 모래같은 피부란 날씨가 추울 때 나타나는데, 초년에는 좋지 않으나 노년에 이르러 자수성가한다. (沙皮多起家, 蛇皮多破家. 沙皮者, 似沙魚皮一樣, 遇寒天卽起, 初年不妙, 晚年白手成家.)

❀ 얼굴이 지나치게 큰 여인은 효성이 없다. (面大婦人, 多不孝.)

❀ 눈동자가 둥근 여인은 반드시 시어머니를 방해한다. (睛圓女子必妨姑.)

❀ 입이 뾰족하고 얼굴이 움푹 들어간 사람은 노예가 될 운명으로서 하루에 매를 3번 맞는다. 그리고 얼굴은 큰데 코가 작은 하인은 충직하고 집안을 일으켜 세우며 주인을 흥성하게 한다. (嘴尖面陷, 爲奴一日要打三遭. 面大鼻小之僕, 忠直興家旺主.)

❀ 입이 크고 입술이 붉은 사람은 주로 음식을 탐낸다. (口闊脣紅, 多貪飮食.)

❀ 배가 작고 등이 움푹 들어간 사람은 가난하며 평생 녹봉을 받지 못한다. (肚小背陷, 一生無祿.)

❀ 허리가 바르지 않고 배꼽이 깊은 사람은 음탕하고 간사하다. (腰偏臍深, 多有邪淫.)

❀ 눈이 붉고 말을 더듬는 사람은 이성을 지나치게 좋아한다. (目紅語結, 好色無窮.)

❀ 양쪽 눈의 크기가 다르고 수염이 왼쪽으로 치우친 사람은 마누라를 무서워한다. (眼大小鬚偏左, 俱主懼內.)

❀ 왼쪽 어깨가 높은 사람은 자수성가하여 부호가 되며, 오른쪽 어깨가 높은 사람은 매우 가난하며 큰 고생을 한다. (左肩高, 主白手大富, 右肩高, 主大貧大苦.)

❀ 꿈을 꾸면서 말을 하는 사람은 평생 함부로 지껄이고 사리에 맞지 않는 말을 한다. (夢語者, 一生多胡說妄言.)

❀ 입술이 열리고 치아가 밖으로 드러나 있으며, 웃을 때 잇몸이 밖으로 드러나는 뻐드렁니를 가진 사람은 주로 마누라를 무서워하며, 마누라가 자주 병으로 고생을 하고, 나이가 어릴 때는 성격이 불안정하다. (包牙多主懼內, 妻病, 少年不穩.)

❀ 입술이 엷으며 입을 다물고 오물거리는 사람은 간사하고, 돈을 모으지 못하며, 말과 행동을 믿지 못한다. (脣薄動者, 多奸, 不聚財, 不信行.)

❀ 입술이 청색을 띠면 늙어서 가난하고 굶주린다. (脣靑, 主老來飢餓之病.)

❀ 땀을 많이 흘리는 여인은 평생 노고가 많으며, 땀을 흘리지 않는 여인은 아들을 낳지 못한다. 그리고 땀 냄새가 향기로운 여인이 낳은 자식은 귀해지며, 땀 냄새가 고약하고 탁한 여인이 낳은 자식은 비천해진다. (女

人汗多, 主一生勞苦, 無汗無子. 汗香子貴, 汗濁子賤.)

❀ 잠을 자면서 이를 가는 어린아이는 주로 부모를 방해하며, 입을 벌리고 잠을 자는 어린아이는 기르기가 어렵다. (小兒囓齒, 主妨父母, 開口睡, 難養.)

❀ 손등 부위에 튀어나온 뼈 부위와 엄지손가락 뿌리 뼈 부위가 높게 솟아 있지 않은 사람은 남자건 여자건 사악한 악마를 불러들인다. 손바닥 배면의 높은 뼈를 '각(閣)'이라고 하며, 엄지손가락 뿌리 아래 부위를 '중(中)'이라고 한다. (閣中不起, 男女主招邪魔「掌後高骨爲閣, 在大指根下, 爲中處」.)

❀ 혼잣말로 중얼거리는 사람은 귀신에 홀리거나 단명한다. (自言自語, 主招鬼迷, 亦壽夭.)

❀ 간문[눈옆] 부위에 십(十)자 모양의 주름이 있는 남자는 주로 처를 구타한다. (奸門有十字紋者, 主打妻.)

❀ 관골[광대뼈]의 위치가 안각[눈꼬리]보다 지나치게 높은 여인은 주로 남편을 구타한다. (女人顴骨高於眼角上者, 主打夫.)

❀ 관골이 높이 솟아 있고 손바닥의 뼈가 거친 여인은 생활력이 강하며 억척같이 살아간다. (女顴高大, 手骨粗, 能作生涯.)

❀ 눈 속에 점이 있는 남자는 총명하며, 눈 속에 점이 있는 여자는 음탕하고 난잡하다. (男眼中有痣聰明, 女眼中有痣, 淫亂.)

❀ 귀가 엷고, 콧등이 낮으며, 입이 굽은 활 모양과 뾰족하고, 가슴이 볼록하게 나온 사람이 있는데, 이 4가지 가운데 하나가 있으면 남의 종이 되지만, 이 4가지를 모두 갖고 있는 사람은 평생 종살이를 하며 남의 마음을 얻지 못한다. (耳薄, 梁低, 嘴彇, 胸凸, 犯此四件, 主爲人奴. 四件全者, 一生爲奴, 不得人意.)

❀ 정신이 산만한 소년은 반드시 죽고, 늙어서 두피와 목의 피부가 마르고 윤기가 없으면 반드시 죽는다. (少年神散, 卽死, 老者頭項皮乾, 卽死.)

❀ 입술이 흰 여인은 병에 걸리며, 입술이 푸른 여인은 사망한다. (女人脣白得病, 脣靑卽死.)

❀ 눈에 흑색이 나타난 소아는 열에 아홉은 크게 자라지 못한다. (小兒眼黑, 十無一大.)

❀ 머리가 한 쪽으로 치우쳐 있는 남자는 한 가지도 되는 일이 없다. (男子頭偏, 主無一成.)

❀ 입술이 흰 여인은 자식이 열이라도 아들을 얻지 못한다. (婦人脣白, 十無一子.)

❀ 늙어서 두피가 건조하면 열에 하나라도 살지 못할 것이다. 이상의 내용들은 모두가 매우 훌륭한 상법이다. (老來頭乾, 十無一生, 此乃眞法.)

❀ 눈썹에 가는 잔털이 나면 장수하는데 불과하고, 잔털이 위로 향해 난 사람은 처와 자식과 상극한다. (眉毛生毫, 不過主壽, 朝上者, 剋子剋妻.)

❀ 수염이 제비꼬리처럼 갈라진 사람은 10명의 아들 중에 9명의 아들이 죽는다. (鬚分燕尾, 十子死九.)

❀ 늙어서 얼굴색이 희고 주름이 없고, 머리카락과 수염에 황색 꼬리가 있으며, 양의 수염처럼 희면 주로 자식과 상극한다. (老來面白無紋, 髮鬚有黃尾, 白如羊髥, 數件俱主剋子.)

❀ 늙어서 귀에 백색이 나타나면 주로 자식이 귀하게 되고, 입술에 자색이 나타나도 주로 자식이 귀해진다. (老來耳白主子貴, 脣紫主子貴.)

❀ 늙어서 성생활이 빈번하면 주로 장수하고, 자식이 귀하게 된다. (老來房事多, 主有壽, 主子貴.)

❀ 늙어서 수염이 빠지면 주로 자식과 상극하고, 늙어서 머리카락이 빠지지 않으면 바쁘게 부지런히 살아가고, 여인이 머리카락이 빠지면 오래 장수한다. (老落鬚, 主剋子, 老不落髮, 主勞碌, 女不落髮, 主大壽.)

❀ 귀두[음경 끝의 커진 부분]에 흑색이 나타난 사람은 자식을 일찍 두며, 귀두에 백색이 나타난 사람은 자식을 늦게 둔다. (龜頭黑色子早, 白色子遲.)

❀ 콧등의 준두가 기운 사람의 자식은 어질고 유능하다. (準頭偏, 主賢子.)

❀ 발꿈치가 깎여서 좁고 작은 사람은 후대는 그만 못하다. 만약 혈맥이 홍색을 띠고 윤택하면 조금씩은 가능하게 된다. (脚根削小, 主後代不如. 若血紅潤, 稍可.)

❀ 얼굴에 산봉우리가 고독하게 홀로 솟아있는 사람은 중죄를 범하여 형벌을 받고 가정을 망치고, 다만 자신만은 살아 남지만 궁색하게 지낸다. (孤峯獨聳, 刑破敗家, 只存本身, 還要受窮.)

❀ 만약 귀에 귓바퀴가 없으면 80세를 넘게 살 수 있고, 아들과 손자가 성공하여 영화를 누리며, 만약 귀에 귓바퀴가 있으면 상황은 반대이다. (耳若無邊, 到有八旬之壽, 子盛孫榮, 上有邊者, 亦爲反.)

❀ 수염이 목 아래로 길게 난 사람은 외가의 재산을 많이 얻는다. (鬚生項下, 多得外家財産.)

❀ 목 아래에 뼈마디가 나 있는 사람은 대부분 일찍 사망하고, 외가도 재산이 깨지고 소모시킨다. (項下起骨節, 多夭, 外家破耗.)

❀ 승장 부위에 (승장은 입술아래 있는 것이다) 수염이 없고 입술에 자색이 나타나면 반드시 물로 인한 재액을 당하게 된다. (承漿無鬚, 唇再紫, 定遭水厄「承漿者, 在唇下是也」.)

❀ 검은 점 위에 털이 난 사람은 반드시 영웅호걸이며, 유방의 가장자리에 길고 가는 머리카락이 나 있는 사람은 아들이 반드시 고결하고 귀하다. 그러나 머리카락은 너무 많아서는 안 되며 두서너 뿌리만 있어야 비로소 좋다. 너무 많이 자라면 잡초와 같은 인생이다. (痣上有毛, 定是豪傑, 乳邊生毫, 子必淸高. 二三分方好. 多者爲草.)

❀ 아랫입술이 커서 윗입술을 덮고 있는 여인은 늙어서 까지도 평생 구설수에 휘말리며, 윗입술이 커서 아랫입술을 덮고 있는 여인은 뇌공[천둥

번개의 신] 주둥이로서 현숙하지 못할 뿐만 아니라 평생 아들이 없다. (女人下脣包上, 一生口舌到老, 上脣包下, 爲雷公嘴, 主無子而又不賢.)

✿ 여인이 입을 열고 말을 할 때 여운이 없고 쉰 목소리를 내면 주로 비천하며, 남자가 말을 할 때 여운이 없고 쉰 목소리를 내면 주로 가난하다. (女人開聲無韻, 主賤, 男人開聲無韻, 主貧.)

✿ 발가락이 짧고, 발바닥이 움푹 들어가고, 발이 말라 뼈가 많이 나오는, 이들 3가지 중에서 하나라도 해당되면 반드시 가난하고 비천하다. (足指短, 足心陷, 足多骨, 三者犯一, 必主貧賤.)

✿ 발에 살집이 많고 부드러운 털이 난 사람은 평생 안락하게 살며, 발에 홍색이 나타나고 윤택한 사람은 고귀하다. (足生肉, 足生軟毛, 俱主一生安樂, 足紅潤, 主多貴.)

✿ 귀 속에 청색이 나타나면 혈액으로 인한 질환으로 목숨을 잃게 된다. (耳內靑色, 血疾亡身.)

✿ 남자는 머리카락이 거칠고 뻣뻣하면 법을 위반하여 형벌을 받고, 여자는 머리카락이 거칠고 뻣뻣하면 남편에게 형벌이나 상해를 입히고 자식에 상극한다. (男子髮粗, 多犯刑名, 女人髮粗, 刑夫剋子.)

✿ 얼굴색이 분이나 눈처럼 희게 되면 좋다고 말할 수 없으니, 무거운 형벌을 받을까 걱정된다. (色如粉雪莫言好, 恐遭重刑.)

✿ 손가락이 여섯 개인 사람은 대부분이 부친을 방해하고, 평생 영화를

누리지 못하고 비천한 상이다. (六指者多妨父, 一生不得顯榮, 下賤之相.)

❀ 몸에는 백색이 나타나고 얼굴에는 황색이 나타나면 오래지 않아 어려움을 겪게 되고, 몸에는 황색이 나타나고 얼굴에는 백색이 나타나면 오래지 않아 부귀영화를 누리게 된다. (身白面黃, 不久守困, 身黃面白, 不久身榮.)

❀ 여인의 손바닥에 주름이 깊게 있으면 아들을 낳게 되고, 남자의 음낭에 주름이 없으면 반드시 후사가 끊긴다. (女人掌上有紋深, 方言有子, 男人陰囊上無紋, 必主絶嗣.)

❀ 여인이 손에 뼈마디가 생기면 평생 힘들고 고달프게 살고, 주로 빈천하다. (女人手起節骨, 一生辛勤, 主多賤.)

❀ 머리가 둥근 여인은 좋은 아들을 낳고, 이마가 작고 깎여서 뒤로 자빠진 남자는 평생 성공하지 못하고 이름도 날리지 못한다. (女人頭圓, 主生好子. 男子額削, 一生不得顯達.)

❀ 손톱이 없는 여자는 평생 어리석고, 배꼽 아래에 (배꼽 아래는 자궁이다) 털이 난 여자는 음탕하고 천박하며, 역시 좋지 못하다. (女無指甲, 一生下愚, 臍下生毛, 淫賤淺薄, 亦不妙「臍下, 乃子宮也.」)

❀ 미간 중심에 적색 혈관이 보이면 여자는 주로 귀하고 남자는 주로 부유하다. (眉心有赤脈, 女主貴, 男主富.)

❀ 허리와 배에 나타난 힘줄이 가로로 있으면 귀하고, 세로로 있으면 궁

핍하며, 적색이면 귀하고, 청색이면 그 다음이다. 남녀를 불문하고 모두 가로로 된 것을 좋아하고 세로로 된 것은 꺼린다. (腰腹起一筋橫, 主貴, 直主窮, 靑爲次, 赤爲貴, 男女俱宜橫忌直.)

● 키는 큰데 팔이 짧은 사람은 평생 큰 그릇이 되지 못하고, 어미[눈옆] 부위에서 주름이 자라 천창[양 이마] 부위까지 이어진 사람은 자수성가하며 끝내는 크게 부귀해 진다. (人長手短, 一生不成器. 魚尾紋直上天倉, 白手成大貴.)

● 여인의 얼굴에는 검은 점이 있어서는 안 되며, 다만 천창 부위에 점이 있는 여인은 4명의 아들을 낳게 된다. (女面不宜有痣, 獨天倉生痣, 應主生四子.)

● 여인이 치아가 밖을 향해 자라면 주로 형벌이나 상해를 입게 되며, 안을 향해 있으면 주로 고독하게 지낸다. (女人齒朝外主刑傷, 朝內主孤孀.)

● 여인이 얼굴에 흑색이 나타나고 몸에 백색이 나타나면 비천하고, 얼굴에 반점이 생기고 몸에 청색이 나타나면 비천하다. (女人面黑身白賤, 面斑身靑賤.)

● 여인의 상에서, 마른 여인이 입술에 홍색이 나타나면 아이를 많이 낳아 기르며, 마른 여인이 입술에 백색이 나타나면 장수하지 못하고 단명한다. (女相, 瘦人脣紅, 生子成羣, 瘦人脣白, 壽元短促.)

● 얼굴색이 황색인 여인은 이성을 매우 좋아하며, 입술에 청색이 나타나거나 또는 백색이 나타나면 절대로 아들이 없다. (黃面婦人多好色, 脣靑

脣白決無兒.)

❀ 몸이 여위고 혈색이 흰 사람은 주로 성질이 사납고, 뚱뚱하고 혈색이 붉은 사람은 주로 성품이 자비롭다. (瘦人血白, 主心狼, 肥人血紅, 主心慈.)

❀ 얼굴에 솜털이 없는 사람은 가난하고 궁색할 뿐만 아니라 타향으로 도망간다. (面上無寒毛, 貧窮逃異鄉.)

❀ 머리가 크고 말솜씨가 매우 좋은 사람은 마음씨가 매우 간사하다. (縫頭順嘴, 其心極奸.)

❀ 소년이 피부에 검은 반점이 생기면 주로 사망한다. (少年皮生黑斑, 主死.)

❀ 소아가 허리둘레가 크면 반드시 장수한다. (小兒腰闊, 必須有壽.)

❀ 노인이 몸에 반점이 생기면 장수하고, 반점이 높고 검어야 비로소 좋지만 평평하고 황색을 띠면 주로 가난하다. (老人生斑爲壽, 斑高黑方好, 平黃主貧.)

❀ 사람의 몸에 살이 생기는 것은 먼저 허리로부터 시작되어야 비로소 유용하며, 가슴과 얼굴에 살이 생기는 것은 좋지 않다. (凡人生肉, 先從腰上起, 方爲有用, 胸上面上生, 非好也.)

❀ 사지가 마르고 여위면 1년 안에 죽고, 사지가 윤택하면 2년 안에 부자가 된다. (四肢乾, 一年主死, 四肢潤, 二年主富.)

❁ 늙어서 검은 머리카락이 나고 이가 새로 생기는 사람은 주로 장수하지만, 이와 동시에 반드시 자손에 상극이 되어 형벌과 상해를 입히게 되고, 지극히 고독하게 지낸다. (老轉黑髮, 老生齒, 主壽, 然必剋子刑孫, 乃大孤獨相.)

❁ 액각[이마] 부위에 가마가 있으면 주로 다른 집에 입양되며, 이마에 주름이 어지럽게 나 있어도 남의 집에 입양되어 자라게 된다. (額角有旋毛, 主過房, 額多亂紋, 主過房.)

❁ 이마에 주름이 3~4줄 있고, 이마가 크고 얼굴은 작으며 뾰족하거나, 이마가 크고 콧등이 없으면 화개액에 속한다. (額有三四紋, 額大面小, 尖額大無梁, 俱是華蓋額.)

❁ 좌우 양쪽 태양[눈] 부위나 천정[이마] 부위에 생긴 한 덩어리의 뼈를 화개골이라고 부른다. 화개골은 화개액과는 다르다. 만약 이마 뼈에 '천(川)'자 모양으로 줄이 3개 있으면, 이 사람은 반드시 과거에 급제하여 이름을 올리게 된다. (兩太陽並天庭有一骨, 方名爲華蓋骨. 華蓋骨, 與華蓋額不同. 骨如三條川字樣, 何愁金榜不題名.)

❁ 산림[양 이마] 부위에 1개의 점이 있는 사람은 큰 재물을 얻는다. (山林得一痣, 主得大財.)

❁ 검은 점 위에 긴 털이 쌍으로 나면 주로 귀한 자식을 낳는다. (痣上生雙毫, 主生貴子.)

❁ 와잠[눈밑] 부위에 자색이 나타나면 주로 귀한 지식을 낳는다. (臥蠶發

紫, 主生貴子.)

◉ 현상[눈썹] 부위에 작고 검은 점이 있으면 주로 귀한 자식을 낳게 되고, 현상 부위가 낮을 뿐만 아니라 흑색과 암색이 나타나면 모든 아들에 상극하여 잃고 만다. (弦上有小黑子, 主生貴子, 弦低黑暗, 子要剋盡.)

◉ 간문[눈옆] 부위에 혼란스러운 잡색이 나타난 사람은 창부를 맞이하여 처첩으로 삼는다. (奸門有雜色, 娶娼婦爲妻妾.)

◉ 년상[콧등]과 수상[콧대] 부위에 움푹 들어간 곳과 결함이 있는 곳이 있거나 또는 주름이 1줄 있거나 상처가 1줄 있으면 주로 1번의 성패가 있으며, 주름이 2줄 있으면 2번의 성패가 있다. (年壽有一陷一缺, 或一紋一痕, 主成敗一次, 有二紋, 成敗二次.)

◉ 십이궁의 해궁 자리에 좁쌀의 낟알과 같이 작고 흰 점이 생긴 사람은 주로 노복에게 피해를 입는다. (十二亥宮起白包如粟粒, 主遭奴僕之害.)

◉ 미간의 아래와 위에 백색이 나타난 사람은 주색에 빠져 몸을 망친다. (眉間上下生白包, 主招花酒亡身.)

◉ 눈 가에 혹이 나면 주로 자녀가 형상을 입게 되며, 온 얼굴에 혹이 생기면 처가 사망하고 자식이 상처를 입는다. (眼邊生包, 主子女多刑, 滿面生包, 主要傷子損妻.)

◉ 발바닥의 주름은 가로로 생기면 나쁘고 세로로 생기면 좋다. 주름은 쌍으로 이루어져야 하며 첩첩이 생겨 혼란하면 좋지 않다. 만약 발바닥

의 주름이 첩첩이 난잡하게 나 있으면 형벌을 받게 되고 자손도 늦게 본다. (足底紋宜直不宜橫, 宜雙不宜交亂, 如亂多刑, 子孫亦遲.)

● 손가락과 발가락이 뱀의 대가리나 오리의 주둥이와 같이 생긴 사람은 평생 간교하고 고독하게 지내며, 여인은 주로 부모에게 형벌이나 상해를 입힌다. (手指足指如蛇頭鴨嘴, 主一生奸狡孤獨, 女人主刑父母.)

● 여인이 성인이 된 후에 갑자기 이가 새로 나면 주로 남편에게 형벌이나 상해를 입히고 자식에게 상극이 되며, 남자가 갑자기 새로운 이가 나면 주로 처와 자식에게 상극이 되며 평생을 빈천하게 지낸다. (婦生牙兒, 主刑夫剋子, 男人主剋子剋妻, 一生貧賤.)

● 오리의 다리처럼 짧고 기운 다리를 가진 여인은 혼인을 중매하는 매파 일을 하며, 오리의 다리처럼 짧고 기운 다리를 가진 남자는 평생 어리석고 비천하게 지낸다. (女人鴨脚, 多是姨婆. 男人鴨脚, 一生下愚人.)

● 배꼽이 얕은 남자는 입을 것과 먹을 것, 녹봉이 없겠고, 배꼽이 얕은 여자는 절대로 아들을 낳지 못한다. 전에도 있었지만 이상의 2가지 방법은 반드시 기억해야 한다. (男人臍淺, 豈無衣祿, 女人臍淺 決不生子. 前雖有此二法, 宜切記之.)

● 자식을 낳고자 하거나 재물을 얻고자 하는 사람은 모두 혈색이 건장하고 혈기가 왕성해야 한다. 이 2가지 점에 대한 해석은 그 방법이 반드시 적절해야 하며, 사리에 맞지 않게 함부로 말하지 말아야 한다. 처에게 형상을 입히고 자식에게 상극하는 것은 혈색이 윤택하지 않고 혈기가 부드럽지 못하기 때문이다. 간문[눈옆]과 와잠[눈밑] 부위로부터만 판단할

수 있는 것이 아니며, 기와 혈을 근거하여 판단해야 한다. (凡人生子發財, 俱要血壯氣足. 此二件最要得法, 不可亂言. 刑妻剋子俱因色不潤, 氣不和. 非奸門臥蠶一處爲用, 還要氣血爲用.)

◈ 한 권의 상서는 오직 기와 혈 두 글자를 관건으로 삼고 있으며, 뿐만 아니라 정신에 근거하여 판단한다. 그리고 얼굴의 모든 부위는 인당을 위주로 본다. 인당은 일생의 운명을 관장하는 것이기 때문에 각양각색의 상황은 모두 인당을 위주로 보게 된다. (一本相書獨以氣血二字爲妙, 精神爲用. 滿面部位印堂爲用, 印堂可管(觀)一身一世, 各樣事俱看印堂爲主.)

◈ 여인에 대해 말한다면, 주로 유방, 배꼽, 음부 등 부위를 보면서 자손의 귀천을 판별한다. 음부가 앞과 위에 위치하면 좋고, 뒤와 아래에 위치하면 좋지 않으며, 배꼽 속에 털이 어지럽게 나면 좋지 않다. (女人切記看乳臍陰戶, 以辨子孫貴賤. 陰戶前上者佳, 後下者不如, 毛亂生臍者不如.)

◈ 콧등의 산근 부위에 한 가로로 난 주름이 1줄 있으면 조상을 떠나며, 가로로 주름이 2줄 있으면 육친을 떠나고, 가로로 주름이 3줄 있으면 자수성가하여 부귀를 누린다. (山根有一根橫紋主離祖, 二根橫紋㖊離六親, 三根橫紋白手大成家.)

◈ 노인이 침을 흘리게 되면 길하지만 젊은 사람이 침을 흘리는 것은 나쁘다. 만약 30세가 된 사람이 밤에 잘 때 침을 흘리면 2년 후에 사망하고, 40세가 된 사람이 밤에 침을 흘리면 3년 후에 사망한다. 50세인 사람은 5년 후, 그리고 60세인 사람은 6년 후에 사망한다. (口水爲夜漕漕, 老人喜, 年少嫌, 三十有二年死, 四十有三年死, 五十有五年亡, 六十有六年亡.)

❀ 《고서》에 다음과 같이 이르고 있다 : "눈썹에 난 잔털은 귀에 난 잔털만 못하며, 귀에 난 잔털은 목 아래에 난 잔털만 못하고, 목 아래에 난 잔털은 노인이 밤에 잘 때 침을 흘리는 것만 못하다."(古書曰: "眉毫不如耳毫, 耳毫不如項下條, 項下條不如夜漕漕.")

❀ 어떤 사람은 야조조[1]를 오줌이라고 말하는데, 사실은 아니다. 오줌을 자주 보는 것은 늙어서 다리에 질병이 있는 것이며, 하원[하반신?]에도 역시 질병이 있다. (有人言夜漕漕, 乃小水, 非也, 小水頻者, 老來主足疾, 下元亦有疾.)

❀ 늙어서 잠이 많으면 주로 사망하며, 소년이 잠이 많으면 주로 우둔하다. (老來多睡, 主死, 少年多睡, 主愚.)

❀ 눈빛이 갑자기 아래로 드리우면 사망한다. (忽然眼垂下視, 主死.)

❀ 목소리가 갑자기 메마르면 중병에 걸리며, 목소리가 쉬고 맑지 않으면 사망한다. (忽然聲燥, 主重疾, 乾韻主死.)

❀ 설사 기색이 좋다 하더라도 입술에 백색이 나타나면 역시 좋지 않다. (縱然氣色好, 脣白亦不好.)

❀ 남녀를 불문하고 중년에 이르러 정수리에 머리카락이 빠지면 늙어서 고생하며 처량하게 지낸다. (男女中年頂髮落, 老來最苦.)

---

1 야조조(**夜漕漕**)는 노인이 밤에 잠을 잘 때 침을 흘리는 것을 말한다. 침을 흘리는 노인은 80세까지 장수한다고 한다.

❀ 머리카락에 융털돌기가 난 사람은 남녀를 불문하고 모두 곤궁하다. (髮生絨毛者, 男女俱主困窮.)

❀ 관골[광대뼈] 부위에 주름이 있는 사람은 재물이 크게 부서지고 없어진다. (顴上有紋, 主大破耗.)

❀ 소년이 머리카락에 백색이 나타나면 주로 부모에게 상처를 입히며 크게 이롭지 않다. (少年髮白, 主傷父母, 大不利.)

❀ 어미[눈옆] 부위에 매화 반점이 생기면 주로 처로 인해 집안이 망하게 되며, 주름이 수직으로 나면 크게 곤궁해진다. (魚尾有梅花, 主因妻破家, 有直紋, 大困窮.)

❀ 천창 부위에 주름이 가로와 세로로 나면 주로 가업이 깨지고 무너진다. 상서에 다음과 같이 이르고 있다 : "지고 부위에는 주름이 있어야 하며, 천창 부위는 밝은 색이 나야 한다." (天倉橫直紋, 主破家, 書云: "地庫要紋, 天倉要明.")

❀ 남방 사람은 콧등의 준두 부위가 기울고 치우친 것을 꺼리지 않으며, 오직 준두 부위에 굽은 것만을 꺼린다. 《상서》에 다음과 같이 이르고 있다 : "남방 사람은 코가 바른 것이 없다." 북방 사람은 준두 부위가 기울고 치우친 것을 꺼린다. 준두가 왼쪽으로 기운 사람은 외가가 파탄이 나고, 오른쪽으로 기운 사람은 늙어서 곤궁하게 된다. (準頭南方不忌偏, 惟忌曲, 書云: "南方無正土." 北方人忌偏, 偏左外家破, 偏右老來窮.)

❀ 콧구멍 속에 한두 뿌리의 털이 있는데, 털이 길면 긴 창이라고 말하

며, 털이 많으면 식량이 남는다고 한다. 차라리 창고에 식량이 남아돌아 가기를 바라지, 정조 부위가 긴 창과 같은 것이 있게 하지는 말라. (鼻孔有一二毫, 長者爲長槍, 多者爲有餘糧. 寧使倉庫有餘糧, 莫使井灶有長槍)

● 정조 부위가 엷고 움직이게 되면 평생 재부를 모을 수 있기를 바랄 수가 없으며, 이런 사람은 가산을 탕진하고 집안을 망치는 자식이 된다. (井灶薄而能動, 一世休望聚財, 乃敗子也.)

● 지각 부위에 주름이 1줄 있으면 1곳에 논밭을 소유하고 있음을 말하는 것이며, 주름이 2줄 있으면 2곳에 논밭을 소유하고 있음을 말한다. (地閣有一處紋, 主處田莊, 二紋, 主二處田莊.)

● 잠을 잘 때 미칠 듯이 소리를 지르는 사람은 주로 나쁜 사람의 음해를 받아 죽는다. (臥中大狂叫者, 主遭惡人死.)

● 병에 걸린 사람이 몸을 엎드리고 자면 살아난다. (病人伏臥, 主生.)

● 정상적인 사람이 엎드려 잠을 자면 사망한다. (常人伏臥, 主死.)

● 잠을 잘 때 한숨을 쉬면 결코 길한 징조가 아니다. (臥中歎氣, 決非吉兆.)

● 잠을 잘 때 이를 갈면 처나 자식을 해친다. (臥中切齒, 害子害妻.)

● 잠을 잘 때 아궁이에 불을 부는 것과 같으면 소년은 주로 중형을 받아 사형을 당하며, 늙어서는 평안하게 죽음을 맞이하지 못한다. (臥中如吹火, 少年主刑死, 老來不善終.)

❀ 육혹[살로만 된 혹]이 홍색을 띤 것은 좋고 백색을 띤 것은 좋지 않다. 만약 육혹이 등 뒤에 자라면 주로 부자가 되는데, 그 좋은 상황이 오래 가지는 못한다. (凡肉瘤紅色佳, 白色者不好. 生背後, 主富, 然亦不長久也.)

❀ 얼굴에 육혹이 생기면 주로 궁핍하며, 하반신에 육혹이 생기면 주로 비천하다. (面上生瘤, 主窮, 下身主賤.)

❀ 손톱이 밖을 향해 뒤집혀 있는 사람은 평생 고독하게 지낸다. (指甲朝外主孤.)

❀ 목에 난 털과 군살이 나선형인 사람은 크게 재물을 모으며, 목에 난 털과 군살이 언덕처럼 쌓여 있는 사람은 재앙을 불러들인다. (項內髮肉卷螺者, 主大發財, 項內髮肉如堆者, 俱主招凶.)

❀ 얼굴에 검은 점이 난 것이 크고 높으면 주로 귀하게 되며, 만약 작고 낮으면 장수하지 못한다. (面生黑子, 宜大宜高, 主貴, 若低小不壽.)

❀ 다리에 난 털은 부드럽고 가늘며 적어야 좋다. 만약 털이 풀과 같이 많고 어지럽게 나 있으면 자손이 어질지 못하며, 또 털이 없으면 자손이 효성스럽지 않다. (脚生毛者, 宜軟宜細宜少. 多亂如草, 子孫不賢, 無毛主子孫不孝.)

❀ 식창과 녹창 부위에 주름이 생기면 주로 늙어서 가난하다. (食祿二倉生紋, 主老貧.)

남자가 꺼리는 41가지 빈궁한 상
男人所忌四十一種貧窮之相

1. 머리가 한 쪽으로 치우치고 깎여 있는 것을 꺼린다. (頭忌偏削.)

2. 머리카락이 거칠고 빽빽하며 두터운 것을 꺼린다. (髮忌粗重.)

3. 눈썹꼬리가 아래로 늘어져 있는 것을 꺼린다. (眉忌尾垂.)

4. 귀가 꽃이 핀 것처럼 뒤집혀 있는 것을 꺼린다. (耳忌開花.)

5. 눈빛이 지나치게 밖으로 드러나는 것을 꺼린다. (睛忌露光.)

6. 콧마루가 움푹 들어가고 깎여 있는 것을 꺼린다. (梁忌陷削.)

7. 년상[콧등]과 수상[콧대] 부위가 기복이 심하고 마디가 드러나 있는 것을 꺼린다. (年壽忌節.)

8. 준두[코끝] 부위가 산봉우리처럼 뾰족하게 솟아있는 것을 꺼린다. (準忌尖峰.)

9. 지각[턱] 부위가 뾰족한 것을 꺼린다. (地閣忌尖.)

10. 정조[콧구멍과 콧등] 부위가 위로 향해 있는 들창코는 꺼린다. (井灶忌仰.)

11. 난대[왼쪽 콧망울]와 정위 부위가 움푹 들어가고 깎여 있는 것을 꺼린다. (臺尉忌削.)

12. 인중의 가장자리에 주름이 생기는 것을 꺼린다. (人中邊忌紋.)

13. 입김을 불어내듯 볼록한 모양을 한 입을 꺼린다. (口忌如吹.)

14. 하고[호이와 귀래, 노복] 부위가 움푹 들어가고 깎여 있는 것을 꺼린다. (下庫忌削.)

15. 목에 뼈대가 드러나 있는 것을 꺼린다. (項忌露骨.)

16. 변지[이마 모서리] 부위에 솜털이 생기는 것을 꺼린다. (邊地忌生寒毛.)

17. 가슴이 높게 솟아있는 것을 꺼린다. (胸忌高露.)

18. 등에 움푹 들어간 구덩이가 생기는 것을 꺼린다. (背忌陷坎.)

19. 유방이 희고 작은 것을 꺼린다. (乳忌白小.)

20. 배가 크고 위로 당겨져 있는 것을 꺼린다. (腹忌上大.)

21. 배꼽이 지나치게 아래에 있는 것을 꺼린다. (臍忌近下.)

22. 무릎이 한쪽으로 기울거나 치우친 것을 꺼린다. (膝忌偏斜.)

23. 무릎에 힘줄과 핏줄이 밖으로 드러나 있는 것을 꺼린다. (膝忌露筋.)

24. 발이 움푹 들어가거나 깎여 있는 것을 꺼린다. (足忌陷削.)

25. 손가락 마디가 크고 거칠며 굳은 것을 꺼린다. (指忌粗硬.)

26. 눈이 깊숙이 푹 들어가고 내려가 있는 것을 꺼린다. (眼忌削下.)

27. 목소리가 낮고 작은 것을 꺼린다. (聲忌低小.)

28. 궁둥이가 뾰족하고 작은 것을 꺼린다. (臀忌尖小.)

29. 손바닥이 엷고 깎여 있으며 살이 없는 것을 꺼린다. (手忌掌削.)

30. 손가락이 짧고 곧지 않은 것을 꺼린다. (指忌短偏.)

31. 치아가 엷고 작으며 성긴 것을 꺼린다. (齒忌薄小稀疎.)

32. 뱀처럼 걷는 걸음걸이를 꺼린다. (步忌蛇行.)

33. 낮고 쉬고 까르륵 우는 목소리 내는 것을 꺼린다. (聲忌低泪.)

34. 정신[神]이 짧고 적은 것을 꺼린다. (神忌短少.)

35. 얼굴색이 기름처럼 반질반질하게 빛나는 것을 꺼린다. (色忌如油.)

36. 호흡이 거칠고 탁한 것을 꺼린다. (氣忌粗濁.)

37. 살집이 비어있고 들떠있는 것을 꺼린다. (肉忌虛浮.)

38. 뼈대가 크고 거칠며 단단한 것을 꺼린다. (骨忌粗硬.)

39. 혈색이 어둡고 막히고 탁한 것을 꺼린다. (血忌帶暗.)

40. 머리카락에 꽃이 피어있는 것을 꺼린다. (髮忌開花.)

41. 배꼽이 아래로 향해 있는 것을 꺼린다. (臍忌朝下.)

여자가 꺼리는 24가지 빈천한 상
女人所忌二十四種貧窮之相

1. 머리가 뾰족하고 깎여 있는 것을 꺼린다. (頭忌尖削.)

2. 머리카락이 황색을 띠고 혼탁한 것을 꺼린다. (髮忌黃濁.)

3. 귀가 안으로 말리고 밖으로 뒤집혀 있는 것을 꺼린다. (耳忌反復.)

4. 눈썹꼬리가 아래로 늘어져 있는 것을 꺼린다. (眉忌尾垂.)

5. 눈이 황색 빛이 나는 것을 꺼린다. (目忌黃光.)

6. 코가 뾰족하고 움푹 들어간 것을 꺼린다. (鼻忌尖陷.)

7. 코가 뾰족하고 높게 돌출해 있는 것을 꺼린다. (嘴忌尖凸.)

8. 치아가 희고 작은 것을 꺼린다. (齒忌白小.)

9. 관골[광대뼈]이 높게 솟아있는 것을 꺼린다. (顴忌高聳.)

10. 입이 뾰족하고 삐뚤어진 것을 꺼린다. (口忌尖偏.)

11. 목이 크고 거칠며 짧은 것을 꺼린다. (項忌粗短.)

12. 머리카락이 명문[눈과 귀 사이] 보다 긴 것을 꺼린다. (髮忌過命門.)

13. 등이 크면 움푹 들어간 것을 꺼린다. (背大忌陷.)

14. 가슴이 크면 높게 볼록 나온 것을 꺼린다. (胸大忌高.)

15. 유방이 희고 작은 것을 꺼린다. (乳忌白小.)

16. 배꼽이 얕고 낮은 것을 꺼린다. (臍忌淺低.)

17. 허리가 한쪽으로 기울고 치우친 것을 꺼린다. (腰忌偏斜.)

18. 다리에 푸른 힘줄이 많이 드러난 것을 꺼린다. (腿忌多觔.)

19. 살집이 비어있고 들떠있는 것을 꺼린다. (肉忌虛浮.)

20. 혈색이 적색과 암색을 띤 것을 꺼린다. (血忌赤暗.)

21. 뼈대가 크고 거칠며 단단한 것을 꺼린다. (骨忌粗硬.)

22. 목소리가 큰 것을 꺼린다. (聲忌宏大.)

23. 지나치게 올려보고 있는 얼굴은 꺼린다. (面忌如仰.)

24. 광채가 이리저리 떠다니는 얼굴색은 꺼린다. (色忌光浮.)

附錄

천금부[1]
千金賦

부부가 신과 기를 전하여 주고, 정자와 난자가 결합하여 태아의 형체가 생성되며, 태아는 최초에 음양의 조화를 이루게 하는 원기를 받고, 오행인 수와 화의 근원을 얻는다. (神傳氣授, 精合形生, 禀陰陽鐘秀之源, 受水火智心之本.)

❀ 따라서 사람의 얼굴 생김새가 만들어지고, 그 균형이 식별될 수 있게 되며, 사람의 얼굴 생김새는 깨끗함[淸]과 뛰어남[奇]의 구분이 있지만, 그보다 먼저 얼굴 생김새의 순박하고 옛스러움[古]과 괴이함[怪]을 분명하게 구분해야 한다. (才成相貌, 鑒識權衡, 凡有淸奇, 先分古怪.)

❀ 얼굴 생김새가 '깨끗하다'는 것은 빛이 곱고 아름다운 구슬이 깊은 못에 숨겨져 있는 것과 같으며, 얼굴 생김새가 '뛰어나다'는 것은 깨끗한 옥이 돌 속에 감추어져 있는 것과 같다. 얼굴 생김새가 '순박하고 예스럽다'는 것은 만 석의 곡물을 실은 큰 배와 같은 것이고, 얼굴 생김새가 '괴이하다'는 것은 바위에 매달려있는 노송나무와 같은 것이다. 이상의 4가지 귀인이 되는 상격은 모두가 정신 속에서 표현된다. (淸則如珠在淵, 奇則如玉蘊石, 古則萬斛之舟, 怪若懸岩之檜. 四般貴格, 皆在精神.)

---

1 《천금부(千金賦)》는 《주역》의 원리에서 파생되어 육효점(六爻占)의 길흉과 변화를 쉽게 판단하도록 서술한 책이다. 저자는 미상이다.

❀ 사람의 형체에 근거하여 마음속을 들여다보게 되며, 인륜의 진위를 판별하게 된다. 목소리를 듣고 혈색을 관찰함으로써 빈궁함과 영달함이나 또는 어리석음과 현명함을 알게 된다. (因形見心, 辨人倫之眞僞, 聽聲察色, 知窮達之愚賢.)

❀ 정말 탄복할 만 하도다! 치아가 밖으로 드러나고 입술이 위로 뒤집힌 사람이 어찌 조정의 귀한 벼슬아치가 될 수 있겠는가? (嗟乎! 齒露脣掀, 豈京朝之貴臣?)

❀ 눈썹이 모여 오그라들고 입이 밖으로 튀어나온 사람이 어찌 간언을 담당하는 공경[삼공과 구경]이 될 수 있겠는가? (眉攢口撮, 非臺諫之公卿.)

❀ 쥐의 눈을 하고 노루의 머리를 한 사람은 반드시 벼슬길에 오르기가 어렵다. (鼠門獐頭, 必竟難登僕路.)

❀ 꿀벌의 허리와 같고 제비의 몸과 같은 사람이 어찌 공을 세운 신하가 되겠는가? (蜂腰燕體, 如何解作勛臣?)

❀ **임천**[2]에는 벽안[푸른 눈]의 신선이 있으며, 세상에는 양쪽 눈썹이 함께 엇갈리거나 마주치는 재상은 없다. (林泉有碧眼神仙, 世上無交眉宰相.)

❀ 한 사람의 부귀를 알고자 한다면, 이 사람은 반드시 골격이 준수하고 신기가 맑고 깨끗해야 한다. (要知富貴, 定須骨秀神淸.)

---

2 임천(林泉)은 수풀과 샘물. 수풀 속에 있는 샘물이란 말로 은사(隱士)의 정원(庭園)으로 비유되기도 한다.

❁ 한 사람의 빛나는 기운을 보고자 한다면, 이 사람은 반드시 혈기가 밝고 왕성하며, 혈색이 맑고 윤택해야 한다. (欲見光華, 盡是氣明色瑩.)

❁ 호랑이의 머리와 용의 눈을 가진 사람은 문무를 겸비하고 재상 자리에 오른다. (虎頭龍目, 武文兼宰相之權.)

❁ 신선과 별의 자태를 갖춘 사람은 조정을 보필할 수 있는 사람이다. (仙表星標, 輔弼作公侯之格.)

❁ 거북이의 형상과 학의 몸을 한 사람은 심적으로 지혜롭고 총명하며 도덕적으로 어질고 현명하다. (龜形鶴體, 心靈而道德仁賢.)

❁ 참새의 배와 같고 승냥이의 목소리를 가진 사람은 가정이 망할 뿐만 아니라 어리석고 고집스러우며 불손하다. (雀腹豺聲, 家破而愚頑蠢濁.)

재앙을 만나도 구제되는 사람은 관골이 높게 솟아있고 복당이 밝기 때문이다. (逢灾有救, 顴骨高而福堂明.)

❁ 위태롭고 험한 일을 만나도 흉한 꼴을 당하지 않는 사람은 얼굴에 음즐문[눈밑]이 있을 뿐만 아니라 정신이 밖으로 드러나지 않기 때문이다. (遇險無凶, 陰騭見而神不露.)

❁ 눈이 깊으나 또 밖으로 드러난 사람은 매우 가까운 친족이라 하더라도 역시 타인으로 지낸다. (眼深又暴, 至親而亦必他人.)

❀ 변지 부위가 풍만하고 융기된 사람은 친족이 아니더라도 함께 있으면서 유쾌한 날을 보낸다. (邊地豊隆, 非親而偕同言笑.)

❀ 개의 형상을 하고 뱀처럼 보는 사람은 항상 악독하고 시기하는 마음을 품고 있다. (犬形蛇視, 常懷妬毒之心.)

❀ 닭의 눈을 하고 말의 울음소리를 내는 사람은 성질이 흉악하고 난폭하다. (鷄目馬聲, 每蘊凶强之性.)

머리가 작고 뇌가 얇은 사람은 유랑생활을 하며 타향으로 간다. (頭小腦薄, 浪走他鄕.)

❀ 울대뼈[목젖]가 나오고 치아가 드문드문 난 사람은 처자식을 가지기가 어렵다. (喉結牙疏, 難招妻子.)

❀ 슬프다! 착한 일을 하지만 착하게(착하다고?) 소문나지 않는 사람은 얼굴의 금거 부위에 모자람이 있고 가득함이 있기 때문이다. (傷乎! 聞善不善, 謂金柜之虧盈.)

❀ 걱정을 해야 하는데 걱정을 하지 않는 사람은 옥당 부위가 서로 마주보고 모여 있기 때문이다. (當憂不憂, 賴玉堂之朝揖.)

❀ 이륜[귓바퀴]이 밖을 향해 뒤집혀 있고 얇으면 친척과 조상을 가지기가 어렵다. (耳輪反薄, 親祖難招.)

❀ 뼈대가 적고 살이 많은 사람은 반드시 일찍 죽는다.(骨少肉多, 壽數必夭.)

❀ 천정 부위가 단정하고 솟아있는 사람은 지위가 높고 귀한 사람의 지지와 협조를 얻는다. (天庭端聳, 得上貴之提携.)

❀ 지각 부위가 얕고 평평할 뿐만 아니라 움푹 들어간 사람은 소인의 부족함을 불러온다. (地閣淺虧, 招下人之不足.)

❀ 얼굴이 넓고 풍채가 밝고 윤택한 사람은 설사 기가 막혀있을지라도 가난하지 않다. (若也面闊神瑩, 雖氣滯而不貧.)

❀ 근골이 드러나고 체형이 기운 사람은 설사 혈색이 밝을지라도 귀하지 않다. (骨露形偏, 縱色明而不貴.)

❀ 눈에 윤기가 없고 말라서 까칠하며 눈썹이 부족한 사람은 늙어서 색이 쇠퇴하고 흉악해진다. (眼澁眉虧, 遇色衰而亦凶惡.)

❀ 얼굴이 차고 몸이 엷은 사람은 평생 곤궁하게 지내며 처량하고 비참해진다. (貌寒體薄, 守困窮而見凄惶.)

봉황의 눈과 용의 눈동자를 가진 사람은 삼대와 팔좌[1]에 있는 고관이 된다.(鳳目龍瞳, 位三臺而居八座.)

---

[1] 삼대(三臺)는 관명(官名)으로서 상서(尙書)를 중대(中臺), 어리(御吏)를 헌대(憲臺), 그리고 알자(謁者)를 외대(外臺)라고 한 것을 말한다. 팔좌(八座)는 재상(宰相)의 지위로 판서(判書)의 반열에 오르는 것을 이른다.

❀ 거북이의 뺨과 학의 정수리를 가진 사람은 천하를 유람한다. (龜腮鶴頂, 游四海而泛五湖.)

❀ 절름발이와 애꾸눈의 사람은 탐욕스럽고 악독하며 간사하다. (足跛目眇, 貪毒貪奸.)

❀ 정수리가 작고 정신이 흐릿한 사람은 평생 되는 일이 없다. (頂細神昏, 無成無立.)

❀ 아! 사람이 빈한하고 하천한 것은 가슴이 돌출하고 궁둥이 높기 때문이다. (嗚乎! 貧寒下賤, 無非胸突臀高.)

❀ 하급 벼슬아치와 하인이 되는 사람은 대체적으로 몸이 거칠고 얼굴이 작다. (胥役輿臺, 大抵身粗面細.)

❀ 인생살이를 하면서 식구가 한 마음으로 함께 늙어가는 사람은 반드시 골기[뼈대와 기질]가 분명하며, 친척과 친구 중에서 중도에 멀어지는 사람은 반드시 누당[눈밑]이 깊고 움푹 들어가 있다. (眷屬同心偕老, 骨氣分明; 親朋中道分離, 淚堂深邃.)

❀ 치아가 드문드문 나 있는 사람은 시비가 많으며, 입술이 엷은 사람은 남들의 원한을 산다. (齒疏而多是多非; 口薄而招尤招怨.)

귀하고, 천하고, 일찍 죽고, 오래 사는 것은 모두가 육체와 정신에 의해 만들어지는 것이며, 얻고, 잃고, 영화롭고, 쇠락함은 모두가 기와 색을 벗어나지 못한다. (抑夫貴賤夭壽, 無不造于形神; 得失榮枯, 實難逃于氣色.)

진박 선생[1]의 풍감[2]
陳搏先生風鑑

하나, 인간의 생명은 모두 수(水)로부터 상응한 기(氣)를 얻으며, 화(火)로부터 상응한 형(形)을 얻는다. 수는 정기와 본성을 대표하며, 화는 정신과 의지를 대표한다. 그리고 정자와 난자가 결합한 후에 정신이 생성하며, 정신이 생성한 후에 형체가 완전하게 되고, 형체가 완전하게 된 후에 색이 갖추어진다. (人之生也, 受氣于水, 稟形于火. 水則爲精爲志, 火則爲神爲心. 精合而後神生, 神生而後形全, 形全而後色具.)

❀ 이로부터 알게 되듯이, 밖에 나타나는 것은 이른바 형상[形]이라 하고, 마음속에서 생기는 것은 이른바 정신[神]이라고 하며, 피와 살 속에 있는 것은 이른바 기(氣)라 하고, 피부에 있는 것은 이른바 색(色)이라고 한다. (是知顯于外者謂之形, 生于心者謂之神, 在于血肉者謂之氣, 在于皮膚者謂之色.)

❀ 형상은 사람으로 말하면, 금형인, 목형인, 수형인, 화형인, 토형인이 있으며, 날짐승과 길짐승으로 비유된다. (形之在人, 有金, 木, 水, 火, 土之象,

---

1 진박 선생은 송(宋)나라 시대에 태극학설(太極學說)을 전문으로 연구한 사람으로 본명이 진희이(陳稀夷)로 진박노조(陳搏老祖)라고 불린다. 그는 당시의 명인(名人) 이정(二程), 주희(朱熹)등과 함께 《태극도설(太極圖說)》을 써서 남겼다.
2 풍감(風鑑)이란 사람의 용모(容貌)와 풍채(風采)로써, 그 사람의 성질(性質)을 감정(鑑定)하는 일이다.

有飛禽走獸之論.)

❀ 금형인은 모가 나고 균형이 잡힌 체형이며, 목형인은 마르고 깨끗한 체형이며, 수형인은 살이 찌고 뚱뚱한 체형이며, 화형인은 뾰족하고 작은 체형이고, 토형인은 투박하고 탁한 체형이다. (金不嫌方, 木不嫌瘦, 水不嫌肥, 火不嫌尖, 土不嫌濁.)

❀ 금형인과 같은 사람이 금을 만나게 되면 더욱 더 의지가 굳세고 강직하게 변한다. (似金得金剛毅深.)

❀ 목형인과 같은 사람이 목을 만나게 되면 재산이 늘어나 큰 부자가 된다. (似木得木資財阜.)

❀ 수형인과 같은 사람은 수를 만나게 되면 좋은 글을 쓰고 학문적으로 큰 업적을 남긴다. (似水得水文章貴.)

❀ 화형인과 같은 사람은 화를 만나게 되면 사물을 깊고 멀리 내다보게 되고 병권을 장악하게 된다. (似火得火兵機大.)

❀ 토형인과 같은 사람은 토를 만나게 되면 창고와 궤짝에 재물을 잔뜩 축적하게 된다. (似土得土多柜庫.)

둘, 날짐승과 같은 사람은 마른 것을 꺼리지 않으며, 길짐승과 같은 사람은 살찐 것을 꺼리지 않는다. (似禽者不嫌瘦, 似獸者不嫌肥.)

❀ 날짐승이 살이 찌면 날지를 못하며, 길짐승이 여위면 힘을 쓰지 못한다. (禽肥則不飛, 獸瘦則少力.)

❀ 난새[상상의 새]와 봉황의 상을 가진 사람은 눈썹이 솟아있고 눈이 빼어나며, 깨끗하며 마른 형체를 가지고 있다. (如鸞鳳之形, 則眉聳目秀, 與夫形體淸瘦.)

❀ 무소와 호랑이의 상을 가진 사람은 머리 뿔이 높이 솟아있으며, 턱과 뺨이 풍만하다. (如犀虎之象, 則頭角高聳, 與夫頤腮豐滿.)

❀ 이와 같은 종류의 사람은 모두 귀한 상이며, 이에 반하는 사람은 모두 천한 상이다. (如此之類皆貴矣, 反此者皆賤矣.)

셋, 형상이 사람에게 적용된 것을 보면, 목형인은 체구는 마르고, 얼굴색은 청색이다. 몸이 마르니 밖으로 드러나지 않으며, 얼굴색이 푸르니 가볍게 떠다니지 않는다. (形之在人, 木形本瘦, 其色靑. 瘦則不露, 靑則不浮.)

❀ 얼굴색이 푸르고 몸이 마르면 세밀하고 튼튼하며, 드러나고 들떠있으면 거칠고 속이 비어있다. (靑瘦則細而實, 露浮則粗而虛.)

❀ 세상 사람들은 단지 몸이 마르고 얼굴색이 푸르니까 목형인이라고 말을 하고 있지만, 그러나 소나무와 잣나무 같은 종류의 나무와 같이 거칠고 큰 나무가 있다는 것을 모른다. 소나무와 잣나무는 그 줄기가 튼튼하고 나뭇잎이 푸르기 때문에 '세밀하고 튼튼하다[細實]'고 한다. 뿐만 아니라 오동나무와 같은 나무는 그 속이 텅 비어있으며, 그 밖은 견고하

지 않아 '거칠고 비어있다[粗虛]'고 한다. (世之論木者, 但知其瘦取形, 不知其有粗如松柏之木, 其本以實, 其葉愈靑, 謂之細實. 至如梧桐之木, 其內本虛, 其外不牢, 謂之粗虛.)

넷, 한 사람이 목형에 속하는지의 여부를 결정하는 것을 어찌 일률적으로 논할 수 있단 말인가? 목형인은 모두가 결코 단일적인 것이 아니며, 금을 지닌 목형인이 있고, 수를 지닌 목형인도 있으며, 화를 지닌 목형인과 토를 지닌 목형인도 있다. (然取木之形, 安可一槪而論哉! 木之形非在其一, 有帶金者, 有帶水, 火, 土者.)

🏵 수형인은 모두가 결코 단일적인 것은 아니며, 토를 지닌 수형인이 있고, 금을 지닌 수형인도 있으며, 화를 지닌 수형인과 목을 지닌 수형인이 있다. (水之形非在其一, 有帶土者, 有帶金, 火, 木者.)

🏵 화형인도 모두가 단일적인 것은 아니며, 수를 지닌 화형인, 금을 지닌 화형인, 토를 지닌 화형인과 목을 지닌 화형인이 있다. (火之形非在其一, 有帶水者, 有帶金, 土, 木者.)

🏵 토형인도 단일적인 것은 아니며, 목을 지닌 토형인이 있고, 수를 지닌 토형인이 있으며, 화를 지닌 토형인과 금을 지닌 토형인이 있다. (土之形非在其一, 有帶木者, 有帶水, 火, 金者.)

🏵 요컨대, 자신과 상생하는 것을 지닌 형은 길하며, 자신과 상극하는 것을 지닌 형은 흉하다. 예를 들어 한 사람이 어렸을 때 몸이 마른 상태이면 그 사람은 목형인에 속하며, 중년에 이르러 몸이 거칠게 변하면 금

형인이 되고, 장년에 이르러 몸이 뚱뚱해지면 수형인이 되며, 노년에 이르러 몸이 두텁고 알차게 되면 토형인으로 변한다. (帶其相生則吉, 帶其相剋則凶. 如人之始則瘦, 此木之形也, 中則粗, 是金形也, 次而肥, 是水形也, 其次厚實, 是土形也.)

❀ 사람은 태어나 어렸을 때는 마른 상태이나 자라면서 살이 찌고 뚱뚱해지는데, 이는 수(水)가 목(木)에서 생성되는 것이며, 그런 후 또 다시 두텁고 알차게 변하는데, 이는 목(木)이 토(土)의 도움을 얻었기 때문인 것이다. (始瘦次肥, 爲水生于木, 此又厚實, 此木之得土也.)

❀ 어떤 사람이 태어났을 때 마른 상태로부터 거칠고 투박한 상태로 변하게 되면, 이는 곧 '막혀있는[滯]' 것이고, 처음의 마른 상태로부터 뚱뚱하고 두툼한 상태로 변하는 것은 '피어나는[發]' 것이라고 한다. 만약에 보통 백성이라면 재물이 들어오고, 관원이라면 승진을 하게 된다. (始若瘦次粗, 爲滯也. 始瘦此肥厚, 此爲發也. 庶人進財, 官員加職.)

❀ 목이 토를 지니고 비교적 얕은 사람은 **지현**이 되며, 토가 깊은 사람은 **군수1**가 된다. (木帶土淺, 爲知縣; 土深, 爲郡守.)

❀ 얼굴이 모가 나고 등이 두툼한 사람은 목이 있고 토가 있는 사람으로서 **직사2**가 된다. (又或面方背厚, 此爲有木有土, 則作職司.)

❀ 어떤 사람은 무관직을 담당하지만 정식이 아닌 견습관리에 머물며, 어떤 사람은 문관직을 담당하지만 선과에만 합격한 선인에 머물게 되는

---

1 지현(知縣)은 현의 으뜸 벼슬이고, 군수(郡守)는 군의 으뜸 벼슬이다.
2 직사(職司)는 직무에 따라 책임지고 맡아서 사무를 보는 직이다.

데, 이는 목이 토의 도움을 받지 못하기 때문이며, 다만 직위는 직사의 위에 있다. (或武則止于列職之官, 文則止于選人, 是木無土也, 其在職司之上.)

다섯, 신이 사람에게 적용될 경우, 신은 깊은 곳을 취해야 하며 얕은 곳을 취해서는 안 된다. (神之在人, 欲其深不欲其淺.)

✿ 신(神, 정신)이 깊은 사람은 지혜가 깊고, 얕은 사람은 지혜가 얕다. (神深則智深, 神淺則智淺.)

✿ 신은 쓰일 때는 눈에서 나타나며, 합해질 때는 마음속에 숨는다. (用則開于眼, 合則收于心.)

✿ 신은 가까이 보면 요염하고 아름다우며, 멀리 보면 위엄이 있다. (近觀則有媚, 遠觀則有威.)

✿ 신은 눈을 휘둘러 볼 때는 힘이 있으며, 잠을 잘 때는 쉽게 깨어난다. (其瞻視有力, 其睡臥易醒.)

✿ 등불을 예로 든다면 그 등불의 중심 부분은 신에 비유되며, 불심지 끝이 타서 맺힌 불꽃은 신광[신의 신비스러운 빛]에 비유되고, 등불 주변의 불빛은 넋에 비유된다. (譬如燈之火, 其心之分, 則謂之神; 其燈之花, 則謂之神光; 其四畔之光, 則謂之魄.)

✿ 등유는 등의 '정(精)'이며, 등유가 깨끗하면 등불이 밝은데, 이를 '저(著)'라고 부른다. (油乃精也, 油明而後燈明, 此謂之著也.)

여섯, 기가 신에게 적용되는 경우, 견고하고 맑으며 깨끗하고 운치가 있는 기는 취하고, 강건하며 강하게 소리가 나는 기는 있지 않다. (氣之在神, 要其堅響淸韻, 而不在乎剛健强鳴.)

❀ 기(氣)의 안이 평화로운 사람은 자신이 뜻하는 바의 목표를 성실하게 추구하며, 기의 밖이 상쾌한 사람은 기가 화합하고 마음이 평안하다. (其內平則志篤, 其外舒則氣和.)

❀ 기는 맑은 것과 탁한 것의 구분이 있으며, 맑은 기 속에 탁한 기가 있고, 탁한 기 속에 맑은 기가 있는 경우도 있다. (有淸焉, 有濁焉, 有淸中之濁, 有濁中之淸.)

❀ 만약 절강 사람과 양회 사람의 기를 가지고 논한다면, 절강 지역에 사는 사람의 기는 무겁지만 소리가 나서 울려 퍼지지 않으며, 양회 지역에 사는 사람의 기는 소리가 나고 울려 퍼지지만 무겁지는 않다. 그리고 남방 사람의 기는 맑지만 두텁지 않으며, 북방 사람의 기는 두텁지만 맑지는 않다. (若以浙人, 淮人之氣論之, 浙人之氣重而不鳴, 淮人之氣鳴而不重. 南人之氣淸而不厚, 北人之氣厚而不淸.)

❀ 따뜻한 기[陽氣]가 상쾌하고 위로 올라가면, 산천의 경관이 빼어나고 무성하며, 해와 달이 뜨면 천지가 밝아지는데, 이는 기가 가장 뚜렷이 드러나 있기 때문이다. (陽氣舒而山川秀茂, 日月出而天地光明, 此氣之著也.)

일곱, 색이 사람에게 적용되는 경우, 비록 색이 피부 위에 있지만, 색은 실제로 존재하는 색을 취해야 하고 들떠서 떠다니는 색을 취해서는 안 되며, 응집된 색을 취해야 하고 느슨하게 흐트러진 색을 취해서는 안 된다. (色之在人, 雖在皮膚之上, 要其實不要其浮, 欲其聚不欲其散.)

🏵 사람의 색은 오장의 겉과 속에서 생성되며, 찬란한 빛을 발하면서 화려한 모습으로 나타난다. (生于五臟之表裏, 飾于一日之光潤.)

🏵 당거(唐擧) 선생[상술가]은 다음과 같이 말하고 있다. "광(光)이라고 부르기에 부족한 부분을 색(色)이라고 부른다. 사람은 얻는 것이 있을 때는 기뻐하고 즐거워하는 기분이 겉으로 나타나게 되며, 잃은 것이 있을 때는 걱정하고 근심하는 감정이 마음속에 숨겨진다." (唐擧先生曰: 光不足爲之色, 人之有得, 則喜形于外; 有失, 則憂存于心.)

🏵 색은 진한 색과 엷은 색의 구분이 있으며, 엷은 색은 구체적으로 말해서 나이가 많은 사람이 젊은이의 색을 지니고 있는 것을 말한다. 그리고 진한 색은 길하다고 말하며, 엷은 색은 흉하다고 말한다. 그런데 상법 속에서 오직 색만이 각종 원인으로 인해서 이와 같이 막힌 것이 아니며, 형체가 어린 것은 모두가 이와 같은 것이다. (有老焉, 有嫩焉, 嫩者謂年紀深而帶後生之色. 色老者吉, 色嫩者凶. 然相法之中, 不惟其色之如此者滯, 凡形嫩者亦如之.)

🏵 얼굴색을 관찰하는데 있어서는 삼광(三光), 오택(五澤), 삼암(三暗), 오고(五枯) 등 서로 다른 방법이 있다. (有三光焉, 有五澤焉, 有三暗焉, 有五枯焉.)

여덟, 형과 신을 말한다면, 형이 여유가 있고 신이 부족한 상황이 있으며, 또 신이 여유가 있고 형이 부족한 상황이 있다. (形神者, 有形有余而神不足者, 有神有余而形不足者.)

❁ 형(形)이 여유가 있고 신(神)이 부족한 사람은 처음에 볼 때는 위엄이 있는 것 같으나, 오래 보게 되면 얼굴색[神色]이 어두운 것을 발견하게 된다. (形有余而神不足者, 初見似威, 久視而晦.)

❁ 신이 여유가 있고 형이 부족한 사람은 처음에 볼 때는 얼굴색이 어두운 것 같으나, 오래 보게 되면 점점 정신이 맑고 밝아지게 된다. (神有余而形不足者, 初見似晦, 久視愈明.)

❁ 신과 형이 모두 여유로운 사람은 알든 모르든 관계없이 사람을 보면 매우 즐거워한다. (神形俱有余者, 識與不識, 見而悅之.)

❁ 신과 형이 부족한 사람은 다시 물을 필요도 없이 남들이 싫어하고 미워하게 만든다. (神形不足者, 不必更問, 令人可惡.)

❁ 형과 신은 서로를 비추어 주고, 기와 색은 서로 도와준다. (形與神相照, 氣與色相扶.)

❁ 신이 온전하면 형이 온전해지고, 기가 온전하면 색이 온전해진다. (神全則形全, 氣全則色全.)

❁ 신은 기를 머물게 할 수 있고, 기는 신을 머물게 할 수 없다. (神能留氣, 氣不能留神.)

❁ 기는 색을 머물게 할 수 있고, 색은 기를 받아들일 수 없다. (氣能留色, 色不能留氣.)

아홉, 형이란 신, 기, 색 세 글자를 싣고 있는 물체로서, 형은 두터운 것과 얇은 것이 있다. 두터운 것은 길하고 얇은 것은 흉하다. (至于形則載之而已, 有厚焉, 有薄焉, 厚者吉, 薄者凶.)

❀ 때를 만나고 뜻을 이루고자 하는 세상의 모든 사람들은 시작할 때는 자신이 이루고자 하는 일이 성취될 수 있기를 바라지만, 중년에 이르러 많은 장애물로 인해 좌절하게 되고 끝내 세상을 떠나게 되는데, 이는 사람들이 도량이 좁아 모든 것을 받아들여 실을 수가 없기 때문이다. (世人有遭時得志者, 其始皆欲有爲也, 及其中則滯, 末則卒, 皆由度量淺狹, 不能容載也.)

❀ 담벼락이 얇으면 쉽게 붕괴되고, 술맛이 엷으면 쉽게 쉬어 버리며, 종이가 엷으면 쉽게 찢어진다. 이와 같이 사람의 형상이 엷으면 쉽게 죽고, 수와 토가 엷으면 먹구름이 몰려오게 된다. (墻薄則易頹, 酒薄則易酸, 紙薄則易裂. 人薄則易亡, 水土薄則不足以致陰云之附.)

❀ 자신의 단점은 고려하지 않고 남의 잘못만 말하며, 남에게는 손해를 입히면서 자신은 이득을 챙기고, 면전에서는 옳다고 끄떡이면서 뒤로 돌아서면 다른 말을 하고, 친척과 친구와는 화목하지 않으면서 남들만 받들어 섬기며, 성질이 원래 경솔한데도 차분하고 무게가 있는 것처럼 속이고, 일상적인 것을 바꾸고 낡은 것을 버리며, 은혜를 망각하고 자기를 도와주었던 사람을 깔보며, 아직 지위가 높고 귀하지 않은데도 뜻한 바를 이룬 양 먼저 우쭐거리고 뽐내며, 아직 부유하지 않은데도 먼저 사치하고 방탕하며, 아직 학문적 성취도 없는데도 오만하게 구는, 이와 같은 사람은 가장 경박하다. (不度己短, 專談人過; 侵削人物, 以爲己恩; 面前說是, 背後說非; 不睦親長, 却奉外人; 性本輕率, 佯爲沉重; 改常棄舊, 忘恩忽人; 未貴先盈, 未富先驕, 未學先滿, 此大薄矣.)

❀ 또 이러한 사람은 깨진 상일 뿐만 아니라 수명이 길지 않으며, 또한 자손과 후대에까지 재앙이 미친다. 그런데 장수하는 사람의 얼굴 생김새는 용모의 크고 넓음에 있는 것이 아니며, 눈동자가 들뜨고 밖으로 드러나면 단명한다. (若此者, 不惟破相, 又損其壽, 殃及子孫. 然壽之相, 非在乎形貌恢偉, 眼目浮突, 便言夭矣.)

❀ 용모가 큰 사람은 타고난 본성이 너그럽고 온후하며, 그것은 정(情)과 기(氣)가 서로 의존하고 화합한 것이라고 한다. (形貌恢偉之人, 若有時情寬性厚, 此謂之情氣相附也.)

❀ 만약 도량이 좁고 성급하면, 그것은 정과 기가 서로 부합하지 않는 것이라고 한다. (若度量褊窄, 此謂不稱也.)

열, 세상 사람들은 단지 눈썹 위와 귀 속에 생긴 털이 많고, 장수하는 골격인 수골이 귀 속으로 들어가고 겸해서 인중이 깊고 길며, 법령이 분명하면 장수한다는 것만을 알고 있으며, 그 속에 나름대로의 원인이 있다는 것은 모르고 있다. (世之人惟知其眉上兼耳內生毛多, 壽骨入耳兼人中深長, 法令分明, 便言有壽, 然不知其有所禀也.)

❀ 이는 정(精)과 기(氣)가 뼈 속에 충만할 뿐만 아니라 뼈 속의 골수로부터 나오기 때문인 것이다. 정과 기가 골수로부터 나온 후에야 비로소 머리카락이 눈썹에 나고, 귀와 법령[코옆]도 깨끗하고 분명해지며, 인중도 깊게 자라게 된다. 이는 나무는 뿌리 부분이 알차고 튼튼해야 가지가 나고 잎이 무성하게 되며, 등불은 기름이 가득해야 밝아지고, 몸은 정과 기가 풍족해야 건강하고 편안하게 되는 것과 같은 것이다. (此盖精氣內實其

骨, 乃從精髓而透出. 然後毫毛方始生于眉, 耳, 法令方始分明, 人中方始得深長. 如樹之根本牢實, 上面方始發生枝葉, 似油盛燈明, 精足則身安.)

❀ 당 선생이 다음과 같이 이르고 있다 : "세상 사람들은 호랑이 골격과 용의 눈동자를 한 사람은 길한 상임으로 알고 있으며, 울대뼈[목젖]가 나오고 치아가 밖으로 드러나 있는 사람은 흉한 상으로 알고 있다. 그런데 비록 길한 상이라 하더라도 모두가 반드시 길한 것은 아니며, 흉한 상이라 하더라도 반드시 흉한 것은 아니다." (唐先生曰: "虎骨龍睛, 世人皆知其吉; 結喉露齒, 世人皆知其凶. 然而吉者未必爲吉, 凶者未必爲凶.")

❀ 울대뼈가 나오고 치아가 밖으로 드러나 형편없는 상이라 할지라도 마음씨가 착하면 길하고 부귀할 수 있으며, 다만 자신에게 이로우면 처자에게는 불리할 수도 있다. (結喉露齒, 雖則劣相, 有時心地吉者, 又貴矣, 但利其身, 不利妻子.)

❀ 삼첨오로인 사람은 귀한 사람이 많으나 그 신기가 깊고 순수해야만 좋은 상에 속한다. 3개 부위가 뾰족하다는 '삼첨'이란 손가락의 끝 부분이 뾰족하고, 입이 뾰족하며, 아래턱이 뾰족한 것을 가리킨다. (如三尖五露之人, 貴者多矣, 但其神氣深粹, 皆可取也.)

❀ 정신[神]과 기(氣)가 깊고 순수한 사람은 형체가 안정되고, 남이 말하는 대로 행동하지 않으며, 남이 입을 다물고 있다고 해서 멈추지 않고, 상황의 변화에 따라 움직이지 않고, 시류를 쫓아 바꾸지 않으며, 마음이 안정되고 풍치가 있으며 우아한데, 바로 이러한 사람은 자신의 분수를 알고 도리를 다 한다. 그런데 오늘날의 사람들은 부귀영화를 누리면서도 만족할 줄을 모르며, 마음속으로 즐겁지 않다고 느끼는 경우가 다반

사이다. (神氣深粹之人, 形安體靜, 不隨語行, 不隨默止, 不隨色動, 不隨色轉, 安而定, 詳而雅, 如此之人, 皆知分也. 今之人享富貴而心不足, 不快者多矣.)

❁ 정신과 기가 안정된 사람은 마음씨가 여유롭고 넓어서 매사 대담하게 된다. 그런데 사람에게서 형상, 정신, 신기, 얼굴색은 막힌 경우가 많다. 형상이 8년 동안 막힌 사람은 곧바로 운명하게 되며, 정신이 4년 동안 막힌 사람은 몸이 굳어버리고, 신기가 3년 동안 막힌 사람은 마음이 상처를 입게 되며, 얼굴색이 1년 동안 막힌 사람은 정신이 피곤해진다. (其神氣安靜之人, 心地空閑而所爲放心. 然形, 神, 氣, 色之于人, 有滯者多矣. 形滯八年, 則塵埃; 神滯四年, 則身硬; 氣滯三年, 則心傾; 色滯一年, 則神困.)

열하나, 상에는 음과 양의 구분이 있으며, 양에 속하는 상은 음을 지닐 수가 없고, 음에 속하는 상은 양을 지닐 수가 없다. 만약에 남자가 여자의 상을 지닌다면 이런 사람은 나약할 뿐만 아니라 평생 성취하는 바가 없으며, 여자가 남자의 상을 지닌다면 이러한 사람은 남편을 잃게 된다. (有陰有陽焉, 陽者不可帶陰, 陰者不可帶陽. 若男帶女相, 懦而無立; 女懷男相, 主失其夫.)

❁ 양가의 부인은 유순해야 하며, 남자는 굳세고 정직해야 한다. 지체 있는 집안의 부인은 위엄이 있고 아양을 떨지 못하며, 창기는 아양만 떨 줄 알고 위엄이 없다. (婦人要柔而順, 男子要剛而正. 良人之婦, 有威而少媚; 娼家之婦, 有媚而少威.)

❁ 그러나 세상에서 상을 보는 사람들은 대부분이 얼굴만 보지 그 근본 원인을 파고들지 않는다. 골상을 예로 든다면, 무릇 사람의 눈썹, 코, 양

쪽 뺨 부위에는 뼈가 있지만, 귀인의 뼈는 정수 속으로부터 나온 것이기 때문에 뼈가 빼어나고 가늘며, 빈천한 사람은 그렇지 않기 때문에 뼈가 표면에 들떠있을 뿐만 아니라 거칠고 투박하다. (然世之相者, 但觀其面部之多而不究其根本. 如骨者, 凡人于眉, 鼻, 兩頰之相皆有也, 在貴人則有從精髓內生出, 故其骨乃秀而細, 及貧賤之人, 則浮于上而粗.)

❁ 관골[광대뼈]을 예로 든다면, 만약 보통 사람이 관골이 자란 위치가 얼굴 부위의 상단에 있고, 관골이 귀 속으로 연결되어 있으면 비교적 장수하며, 관골이 밖으로 드러나 있지 않으면 부유해진다. 관골이 자라 양쪽 빈모[귀밑털] 속으로 연결되어 있으면 벼슬자리가 감사에 이르고, 관골이 자라 천창[양 이마] 부위로 연결되어 있으면 벼슬자리가 양부에 이르며, 관골이 산봉우리와 같고 양쪽 눈 꼬리로 이어져 있으면 벼슬자리가 태수에 이른다. (如顴骨上, 一位庶人, 入耳不過有壽, 不露不過有富. 至若作監司之人, 生入兩鬢; 兩府之人, 則生入天倉; 其作太守之人, 則堆成峰而入兩眼之尾而已.)

❁ 아래를 보필하는 부위는 주로 창고와 노비를 관장한다. 만약 지각[턱] 부위가 넓고 풍만하면 자연히 창고와 노비를 갖게 되며, 만약에 지각 부위에 결함이 있으면 거주할 집이 없을 뿐더러 노비와 창고도 없게 된다. (至下輔主倉庫奴婢. 若其地閣闊厚, 自有倉庫奴婢; 設使地閣缺陷, 是無宅可居, 安有奴婢之驅兼倉庫哉!)

❁ 멀리 바라보는 사람은 지혜도 깊고 멀며, 높은 곳을 향해 보는 사람은 지혜도 높으며, 머리를 숙여 아래를 향해 보는 사람은 지혜가 낮고, 곁눈질을 잘 하는 사람은 심성이 사악하고 독하다. (視遠智遠, 視高智高, 視下智下, 視斜智毒.)

❋ 눈동자를 자주 굴리는 사람은 사람을 죽이며, 이리저리 두리번거리면서 쳐다보는 사람은 일을 성취할 수 없다. (睛屢轉者, 殺人; 或流視迫上迫下, 此瞻視不常之人, 不可兼立事矣.)

❋ 상정[天, 이마에서 눈썹 사이]가 잘 생긴 사람은 귀하고, 하정[地, 코끝에서 턱 사이]가 잘 생긴 사람은 부유하며, 중정[人, 눈썹에서 코끝 사이]가 잘 생긴 사람은 장수한다. 만약에 상부가 있고 하부가 있으면 세상사가 좋지 않으며, 이러한 사람은 그 자신의 상을 가지고 있다. (有天者, 貴; 有地者, 富; 有人者, 壽. 有天有地, 人事不修, 是徒有其相也.)

동원경의 잡단가
洞元經雜斷歌

❀ 기가 거친 사람은 정신이 좋지 않은 것을 제일 꺼리며, 골격이 가는 사람은 살이 쪄서 둔해지는 것을 가장 싫어하는데 이러한 사람은 젊었을 때 관록을 얻는다. (그러나 《오총귀(五恩龜)》에서 "이러한 상을 가진 사람은 소년기에 반드시 뜻밖의 재앙으로 죽게 된다."라고 하였다.) 나이가 40이 지나면 사망하게 된다. (氣粗切忌精神短, 骨細偏嫌肉頓生. 此相少年須得祿, (《五總龜》云:"此相少年須橫殺.") 年過四十屬幽冥.)

❀ 인생이 고독한 것은 어떻게 된 것인가? 그것은 광대뼈가 높고 기가 화합하지 않기 때문이다. 게다가 어미 부위가 마르고 살이 없으며, 얼굴의 처자궁 부위에 마귀가 있기 때문이다. (人生孤獨問如何? 頰骨高兮氣不和. 更加魚尾枯無肉, 妻子宮中自有魔.)

❀ 뱀의 눈과 승냥이의 목소리(《오총귀》에서 "형(形)"이라고 하였다)를 가진 사람은 친구로 사귀어서는 안 되며, 참새처럼 걸어가고 쥐처럼 달아나 숨는 사람은 서로 가깝게 지내지 말라. 이러한 상을 가진 사람은 다른 사람은 그르고 자신은 올바르다고 하면서 헛소리와 거짓말을 밥 먹듯이 하는데, 하는 말은 아름답고 달콤하지만 옳거나 진실이 아니다. (蛇眼豺聲(《五總龜》作"形")休締結, 雀行鼠竄莫相親. 非人是己多虛誕, 美語甛言不是眞.)

❀ 형상만 있고 기가 없는 사람은 지위가 높고 존귀해지기가 어려우며, 육체만 있고 정신이 없는 사람은 매우 빨리 늙고 쇠약해진다.(有形無氣應難發, 有體無神立見衰.)

❀ 아름다운 모습에 하락한 모습이지만 여전히 마음속에 우울함이 보이면 자연히 그는 속세의 혼탁한 것에 뒤섞이지 않을 사람임을 알게 된다. (美貌融融仍鬱鬱, 自然知不混塵埃.)

❀ 눈썹이 펼쳐지고 눈이 꼿꼿하게 바로 선 것이 보기에 금강장사 같은 사람이 한쪽이 거칠다면 (《오총귀》에는 "거칠다."고 하였다) 가히 막을 수 없는 기세와 심지를 가지고 있다. 만약 그 기가 거칠 뿐만 아니라 화형인에 속한다면 (《오총귀》에는 "얼굴에 화기를 띠고 있다."고 되어 있다) 사람을 죽이고 칼을 들고 마을에 불을 놓는다. (張眉立目似金剛, 一片痴(《五總龜》作 "粗")心不可當. 若更氣粗形屬火(《五總龜》作 "面帶火"), 殺人持刃繞村坊.)

❀ 눈썹과 눈이 분명하며 빼어난 기가 나타나고, 용과 호랑이의 눈과 같이 눈빛이 빛나며, 걸음걸이가 가볍고, 말을 할 때 목소리가 낭랑하며 간단명료하고 조리 있게 말을 하는 사람은 젊었을 때 등과하여 이름을 널리 알린다. (眉目分明秀氣生, 龍瞻虎視步行輕, 聲音落落高辭簡, 年少登科有異名.)

❀ 《인륜풍감(人倫風鑑)》에 다음과 같이 이르고 있다 : "호랑이 머리와 제비 이마를 한 사람은 반드시 공경[삼공과 구경]의 자리에 오를 수 있으며, 오리걸음을 하고 거위 형상을 한 사람은 비천하고 가난하다. 표범과 이리처럼 밥을 먹는 사람은 장수가 되고, 호랑이처럼 기세가 등등하게 위엄을 보이는 사람은 병권을 장악할 수 있다." 그 밖의 내용은 앞과 같다. (《人倫風鑑》云: "虎頭燕額公卿位, 鴨步鵝形賤且貧. 豹食狼養爲將帥, 虎威彪怒

握兵權." 余同前.)

❀ 눈썹은 화개[꽃우산]이고 눈은 성신[별]이니, 화개는 반드시 높아야 하고 눈은 반드시 귀하고 밝아야 한다. (眉爲華盖眼爲星, 華盖須高眼貴明.)

❀ 아래턱의 지각 부위는 반드시 위를 향해야 하며, 성곽이 안정되고 무거운 사람은 어지러운 속세에서 반드시 공경이 될 수 있다. (地閣朝天城廓穩, 塵中好好認公卿.)

❀ 만약에 3개 부위가 뾰족하고[삼첨] 5개 부위가 밖으로 드러나 있는[오로] 상격을 가진 사람을 만나면 그 사람이 일반적인 보통 사람이라고 말해서는 안 된다, 어느 때인가 그 사람의 역마 부위가 변지와 연결되면, 자세히 말해서 그 사람은 장교가 된다. (若遇三尖五露人, 莫言此相便埃塵. 有時驛馬連邊地, 也作兵官與細論.)

❀ 만약 용모가 아름답고 정신이 빼어나며, 발을 내딛는 것이 화락하고 조용하며 기가 더욱 윤택하고 온화하며, 남에게 말할 때 임기응변을 잘하는 사람은 반드시 나이가 어릴 때 우수한 성적으로 과거에 급제할 것으로 안다. (形容洒落精神秀, 擧步雍容氣更和, 對語言辭能委曲, 定知年少中高科.)

❀ 보기에는 정신이 밖으로 드러난 것 같지만 밖으로 드러나 있지 않고, 골격이 보기에는 거칠고 투박한 것 같지만 거칠지 않은, 바로 이러한 용모를 가진 사람을 만나면 반드시 싸움터에 나가면 반드시 좋은 성과를 얻게 될 것을 안다. (《오총귀》에서 "반드시 싸움터에서 공을 세워 벼슬길에 오른다."라고 하였다.) (精神似露還非露, 骨格如粗又不粗, 若見此般形相者, 定知弓矢是亨途. (《五總龜》云: "定知弓矢役官途."))

통선록
通仙錄

❀ 우주의 주재자인 하늘은 한 순간도 쉼이 없이 만물을 낳아 기르며, 원기를 북돋아 움직이게 하고 만물을 창조하는 능력을 가지고 있다. (眞宰生育妙無停, 鼓動元氣開陶鈞.)

❀ 하늘은 금수와 초목에게 수천만 가지의 형상을 부여하며, 우리들 인간은 삼라만상 중에서 가장 빼어난 만물의 영장이다. (禽獸草木賦萬象, 秀出萬象惟吾民.)

❀ 하늘과 땅을 본받아 사람의 머리는 둥글고 발은 모가 나며, 별과 같이 사람의 눈은 얼굴의 높은 부위에 있다. (頭圓足方肖天地, 高挂眼目爲星辰.)

❀ 얼굴은 120개 부위로 구분되며, 그중에서 오악[이마, 코, 턱, 양 광대뼈]과 사독은 잘 다듬은 누에실과 같이 분포되어 있다. (面分一百二十部, 五岳四瀆相經綸.)

❀ 한 사람이 귀한지 천한지, 또 빈궁한지 현달한지를 알고자 한다면 아주 사소한 부분까지도 설명할 수 있어야 한다. (欲知貴賤與貧達, 仔細錙銖爲君說.)

❀ 목소리가 깊고 무거울 뿐만 아니라 맑고 우렁차게 퍼져나가며, 호흡을 가늘고 길게 하며 단전을 통해 숨을 쉬고, 고개를 숙이고 물이 흐르듯 걸어가며, 등에는 거북이 모양의 골격이 높이 솟아 있다. 열 개 손가락은 섬세하며 굳세고 힘이 있으며, 눈은 검고 길며 정신은 불이 타듯 빛난다. 삼양과 와잠 부위는 가로로 놓여있는 손가락과 같고, 콧대가 높게 솟아 천중과 발제[머리카락 경계 부분]를 관통하며, 머리를 돌려 사람과 말할 때는 천천히 몸을 돌린다. 이러한 상격을 지닌 사람은 고대 순 임금의 현신이었던 기[夔]와 설[契]를 넘어서는 어진 신하의 지위에 오른다. (喉音深重聲淸圓, 喘息氣長出丹闕, 俯然闊步如流水, 突兀背中聳龜骨, 纖纖十指虎降龍, 睛黑眼長神煥發, 三陽臥蠶如橫指, 鼻梁聳貫天中發, 背後接語和身轉, 位冠人臣作夔契.)

❀ 눈은 깊고 콧등은 낮고 약하며, 치아는 가늘고 뽀족하며 눈썹은 모여서 오그라들고 입술은 엷으며, 발을 내딛기 전에 몸이 먼저 움직이고, 목 뒤에 털이 없고 이마가 깎인 듯이 납작하고 평평하며, 다른 사람들과 이야기할 때 항상 고개를 숙이고 말한다. 이러한 상격을 지닌 사람은 평생 가난하고 고생스럽게 지내며 의지할 곳이 없다. (眼深反視鼻低弱, 齒細眉攢脣又薄, 擧足未起身先搖, 項後無毛額如削, 接人談論首常低, 一生窮苦無依托.)

❀ 배꼽은 깊고 배는 두터워야 하며, 가슴은 평평하고 입은 '사(四)' 자 모양이어야 하며, 귀는 조금 떨어져서 마주 보아 보이지 않아야 한다. 치아는 희고 입술은 홍색을 띠며 팔은 연뿌리와 같고, 삼정[상정, 중정, 하정]은 단정하며 두텁고 눈썹뼈가 일어나 있다. 이러한 상격을 지닌 사람은 관록을 얻어 부귀를 누리게 된다. (臍須深兮腹須厚, 胸中平平四字口, 對人數步不見耳, 齒白脣紅手如藕, 三停端厚眉骨起, 富貴科目還自有.)

❀ 목소리는 가볍고 작아서는 안 되며 반드시 위엄이 있고 의지가 굳세

어야 하고, 가슴에 털이 나면 큰 그릇이 될 수 없으며 별반 하는 일도 없게 된다. (聲不要輕須嚴毅, 心上生毛非遠器.)

❀ 머리가 한쪽으로 치우치고 정수리가 움푹 들어가 있으며 귀가 옆으로 기운 사람은 부모가 처한 상황이 그다지 좋지 않다. (頭偏頂陷耳傾側, 父母位中終有忌.)

❀ 눈동자가 들뜨고 밖으로 드러나 있으며, 붉은 실핏줄이 맺혀 있고, 눈빛이 밖으로 투사되고 있는 사람은 대낮에 살인을 하며 사람들이 두렵게 느끼도록 한다. (睛浮縷赤光射外, 白日殺人誠可畏.)

❀ 마음이 강직하고 강하지만 신기가 비교적 여린 사람은 평생 분투노력하지만 성사되는 것이 없다. (心雖剛兮色又嫩, 一生無成空自奮.)

❀ 얼굴 생김새가 부유한 것 같지만 부유하지 않은 사람은 늙어서 재물을 얻게 되는데, 이는 태어나서 좋은 운을 만났기 때문이다. (不富似富老有財, 此是生來合長運.)

❀ 집안의 재산이 엄청나게 많은데도 탐욕스러울 뿐만 아니라 인색하기가 그지없고, 입을 열고 말을 할 때 목소리가 쉬고 메마른 사람은 독서를 하라고 권할 필요가 없으며, 이러한 사람은 일명 '파리 목소리를 내는 사람'이라고 하여 귀하지 않은 상으로 본다. (家財巨萬性貪鄙, 開口欲談聲焦毀, 勸君用意休讀書, 名曰蠅聲人不貴.)

❀ 당나라 때 임금을 보좌하는 좌명직에 있었던 방현령(房玄齡)은 봉황의 눈과 용의 몸을 하고 있어 그 누구도 그가 참된 인물임을 알아볼 수 있었

다. (我唐佐命房玄齡, 鳳睛龍體誰識眞.)

● 한나라 재상이었던 장량[張子房]은 한 눈에 사랑을 받고 장차 크게 될 인물임을 인정받았다고 한다. 장량은 용의 체형을 가지고 있으면서 체구가 크고 등이 솟아있으며, 입술이 단사와 같이 붉고, 등이 앞으로 조금 굽어 있으며, 피부가 물고기의 비늘과 같았다. (惟有下邳張子房, 一見愛重還如神, 龍體形長背體聳, 口丹背俯皮如鱗.)

● 호랑이의 체형을 가진 사람이 눈이 크고 목이 투박하고 짧거나 학의 체형을 가진 사람이 키가 크지 않으며 마르고 진실로 순박하다. (虎形眼大項頸短, 舞鶴不高瘦而眞.)

● 거북이의 체형을 가진 사람은 코가 큰지 작은지를 분명하게 구분해야 한다. 코가 작은 거북이형 사람은 산림과 소택이 있는 땅을 좋아하고, 출가하여 승려나 도사가 되는 것이 적합하며, 평생 우아하고 청수한 생활을 할 뿐만 아니라 장수한다. (龜形須辨鼻大小, 鼻小之龜樂山沼, 優游無事宜僧道, 只得年高不促夭.)

● 코뿔소의 체형을 가진 사람은 팔뚝이 두툼하고 살집이 풍만하며, 풍치가 있고 우아한 선비로서 일찍이 온 세상에 이름을 드날리게 된다. (犀牛膊厚肉須豊, 望月爲儒名早了.)

● 쥐의 체형을 가진 사람은 토끼 체형의 사람과 매우 흡사하여 구분하기가 어려운데, 토끼형은 조금 음탕한 면이 있고, 쥐형은 형극을 당하게 된다. (鼠形似兎誠難測, 兎則少淫鼠被剋.)

❀ 개의 체형을 가진 구형인, 돼지의 체형을 가진 저형인, 닭의 체형을 가진 계형인, 그리고 뱀의 체형을 가진 사형인은 평생 입을 옷이 없고 먹을 음식이 없다. (欲加犬豕與鷄蛇, 身上無衣口無食.)

❀ 원숭이의 체형을 가진 후형인은 의심이 많고, 반응이 빠르며 행동이 민첩하고, 피부는 굳은 기름과 같이 희고 윤택하고 미끄러우며 매우 고귀하다. (戲猴入相情猜敏, 膚似凝脂貴無敵.)

❀ 사자의 체형을 가진 사형인은 눈썹이 거칠고 넓으며 머리가 크고 얼굴이 둥글다. 만약 진정한 사형인이라면 정말로 아쉽게도 앞을 향해 가려고도 하고 또 뒤로 돌아 가려고도 하는 등, 우물쭈물하고 결단을 내리지 못하면서 남들 앞에서 몹시 바쁘게 뛰어다닌다. (獅廣眉大頭面圓, 若得正形眞可惜, 欲向前兮欲向後, 只在人前似奔走.)

❀ 인중 부위가 작고 아래로 늘어져 있으며 항상 콧물이 마르지 않고 축축하게 흘러내리고, 속눈썹 위에 눈곱이 잔뜩 끼어있을 뿐만 아니라 덜덜 떠는 사람은 반드시 형제가 확고한 힘을 얻지 못하며, 시종 빈궁하고 집안에 지킬 것이 없다. (人小垂唾常不干, 睫上生眵頻抖擻, 必知兄弟不得力, 久久貧窮無所守.)

❀ 어떤 사람이 100세를 넘어 살 수 있는지를 묻는다면, 그것은 귀 속에서 긴 털이 나고, 눈썹이 절반은 흰색으로 변한 사람이다. (借問何人年過百, 耳內生毫眉半白.)

❀ 목 밑에 두 갈래의 힘줄이 있는 사람은 장수한다. (項下雙條勝一條, 此是人間壽星魄.)

❀ 멀리서 보면 용모가 정정당당하게 보이지만, 앉아서 오래 보면 정신과 풍채가 없는 사람은 오직 집안에서 가업을 계승하며, 중년에 이르러서는 형(形)과 상(相)에 상처를 입게 된다. (巍然遙望形堂堂, 坐來久視無神光, 只可居家承父業, 中年切忌形相傷.)

❀ 갑자기 보면 용모가 순박하다고 느끼지만, 오래 보게 되면 풍채와 골격이 있고, 말할 때의 목소리가 맑고 우렁차며, 가파른 바위와 같은 기질이 나타난다. 이러한 사람은 오래 된 무덤 속에 매장된, 춘추시대 오나라 장인인 간장(干將)이 만든 명검과 같이 번쩍번쩍 빛난다. (忽然相見形貌古, 久視風骨星琅琅, 巉岩氣格旋發露, 有類古獄埋干將.)

❀ 일찍이 선현들은 성인과 현인에 관한 이론을 확립하였는데, 그 이론은 몸소 정성을 다해 상세히 터득해야 한다. (先賢曾著聖賢論, 此說猶宜著意詳.)

❀ 한 침상에서 잠을 잘 때 함께 자는 사람이 숨을 쉬는 소리를 듣지 못하며, 몸에 난초와 사향과 같은 향료가 없지만 향기가 풍기는 사람은 운세가 좋다. (一床同睡息不覺, 不帶蘭麝自微香.)

❀ 어떠한 사람이 국가의 동량인 재상감이 될 수 있는지를 알고자 한다면 옛날에 한 고조가 얻은 장량을 보면 안다. (有人欲識廊廟器, 漢祖昔日求張良.)

❀ 갑과에 수석으로 장원에 급제한 사람이 어느 집의 아들인가? 바로 그 사람은 반드시 이마뼈가 모가 나고 양쪽 귀가 높게 일어나 있다. (名冠甲科誰氏子, 額骨稜稜聳雙耳.)

❀ 목뼈가 굴절되고 눈동자가 밖으로 드러난 사람은 중년에 반드시 사망한다. (項骨若折眼露睛, 不過中年須夭死.)

❀ 목소리가 매우 짧고 얼굴에 약간 적색이 나타난 사람은 형제가 재능이 없고 힘을 쓰지 못한다. (語聲極短面微赤, 昆仲不才還少力.)

❀ 말을 할 때는 한 마디 한 마디가 단정해야 하며, 남들 면전에서 믿음이 가도록 해야 한다. (言須端兮語須正, 莫向人前無的信.)

❀ 자신의 이익을 얻고자 하는데 반드시 더디고 지지부진한 사람은 부귀를 매우 일찍 얻게 되지만 반드시 목숨을 잃게 된다. (欲求身計必遲遲, 富貴早來須殞命.)

❀ 성격이 가벼우며 점잖게 처신하지 못하고, 대중과 함께 즐거움만 추구하고 탐욕스러운 사람은 집안이 무너지고 몸을 의지할 것이 없게 되는 것을 방지해야 하며, 왕왕 운명이 어그러지고 귀신에 홀린 듯 행동한다. (爲性輕掀不持重, 愛樂貪歡宜入衆, 莫教家破身無依, 往往命乖遭鬼弄.)

❀ 비록 피부와 뼈대가 뛰어나더라도 완전히 의지할 수 있는 것은 아니고 후천적인 수양을 필요로 한다. 마음과 몸 및 인의도덕을 갈고 닦아야 하며, 마음과 용모가 서로 결합될 때 비로소 복기가 뿌리를 내리게 된다. 그리고 일생의 운명은 천기에 있지 않고 인사에 있다. (皮骨雖奇怎可恃, 亦須修心理仁義, 心形相稱福有根, 不在天機在人事.)

❀ 용모가 흉하면 반드시 굴욕을 당한다고 말해서는 안 된다. 충효에 근거하여 말을 하고 행동을 할 수 있으면 반드시 복을 누리는 분수를 보태

게 된다. 그렇지 않으면 용모가 좋아도 마음이 초조하고 애를 태우며, 좌절과 몰락의 길로 들어서거나 심지어는 죄를 저질러 감옥살이를 하게 된다. (休說形凶必遭辱, 能行忠孝須增福. 不然形善心火燒, 定見淪亡陷刑獄.)

❀ 어떤 이가 나에게 묻기를 이것이 무슨 상법이냐고 하기에 그것을 얼굴은 여유가 있고 마음은 부족하다고 하였다. 이 상법은 완전히 자신을 믿고 세밀하게 관찰하고, 정밀하고 자세한 곳을 연구한 것으로서, 함부로 부적합한 사람에게 전해주어서는 안 된다. (問君此法胡爲然? 所謂貌余心不足. 此法凭君細細觀, 究盡精微莫妄傳.)

❀ 목 뒤에 갑자기 살집이 불룩하게 튀어나온 사람은 설령 선비가 되더라도 심성이 선량하지 못하다. (突然項後肉粗起. 雖則爲儒性不賢.)

❀ 삼정이 불균등하고 다리는 짧고 정강이는 길며, 허리는 단단하고 주먹을 흔들면서 길을 걸어가고, 입술이 벌어져 항상 침을 흘리며, 눈썹이 아래로 늘어져 눈이 눌린 채로 있으며, 치아가 밖으로 드러나고 궁둥이가 높게 솟아 있으며 어깨는 오그라들고, 입은 뾰족하고 이마 양쪽의 머리카락은 빙빙 돌아 움집을 이루고 있으며, 귀는 엷고 귓바퀴도 없고 귀가 전면을 향해 있다. 이러한 얼굴 생김새를 가진 사람은 가련하게도 형극을 당하게 되며, 하늘의 업신여김을 받아 단명하기도 하고, 평생 고독하고 빈한하게 살기도 하며, 뜻밖의 재앙을 만나기도 한다. (三停上短長脚脛, 腰硬行來却掉拳, 脣開涎垂眉壓眼, 齒露臀高又縮肩, 口尖兩額旋成窟, 耳薄無輪向面前, 可憐相貌多刑剋, 天暴孤單遭禍纏.)

❀ 눈은 크고 작음에 관계없이 모두 흑백이 분명해야 하며, 귀는 크고 작음에 관계없이 이륜과 이곽이 이중으로 된 성벽과 같아야 한다. (眼不拘大

小, 黑白要分明; 耳不在大小, 輪廓要重城.)

❀ 온 얼굴에 청색과 남색이 나타나면 흉한 일이 생길지의 여부를 알 수는 없으나, 만약 얼굴에 황색이 조금이라도 나타나면 반드시 부귀영화는 없다. (靑藍滿面多凶否, 色帶微黃必少榮.)

❀ 무엇 때문에 평생 경작할 수 있는 땅이 없는지를 감히 당당하게 묻는다면, 그러한 사람은 반드시 눈썹이 오그라들고 콧등의 산근 부위가 절단되었으며, 만약 그렇지 않으면 입이 작고 콧대가 가로로 생겼거나 또는 등이 얇고 머리가 치우쳐있을 뿐만 아니라 울대뼈[목젖]가 튀어나와 있기 때문임을 알게 된다. (敢問堂堂貌峰聳, 因甚年來無土耕? 定知眉蹙山根折, 不然口小鼻梁橫, 背薄頭偏喉露結.)

❀ 음식을 먹을 때 목멜 정도로 삼키는 사람은 설령 입을 옷과 먹을 양식이 있다 하더라도 반드시 객사한다. (食物欲呑如哽咽, 縱有衣糧必客死.)

❀ 절름발이 자라와 같이 다리를 절뚝거리면서 길을 걷는 것은 매우 꺼린다. 이러한 사람은 일을 당하여 결단하지 못하고 앞뒤를 재면서 어물어물하고, 다른 사람의 은밀한 사생활을 엿보는 것을 좋아한다. (又忌行時如跛鱉, 瞻前顧後愛傍窺.)

❀ 눈이 요염하고 간문의 뼈가 작고 개밋둑[언덕]과 같으며, 조리 없이 말을 하며 까닭 없이 웃는다. 이러한 사람은 남녀관계가 혼잡하며 여인과 천하게 섞여 지내면서 떠나려고 하지 않는다. (媚眼奸門骨如垤, 語無緒兮笑無經, 混亂閨門常不別.)

❀ 사람의 기풍과 풍채는 반듯하고 날카로운 모서리와 깍아내린 듯한 벼랑끝과 같아야 하며, 위엄이 있고 도량이 넓으며 단정하고 신중한 사람은 구름 위에 번개가 치듯이 장차 반드시 크게 성공할 수 있는 기회가 주어지는데, 설사 제후와 같이 큰 인물은 아니더라도 조정의 존귀한 대신이 된다. (須要風神有棱崿, 威重恢諧又端恪, 雲雷遭遇必有時, 不坐邦城卽臺閣.)

❀ 피부가 자홍색일 뿐만 아니라 두터운 사람은 반드시 뒤늦게 현달하며, 피부가 엷을 뿐만 아니라 황색을 띤 사람은 나이가 어려서 뜻을 이루게 된다. (紫紅皮厚發必晚, 膚薄色黃年少作.)

❀ 집안이 부유해지더라도 불행하게 기가 허약하고 몸이 튼튼하지 않은 아들을 낳아 가정이 깨지고 망하지 않도록 해야 한다. (莫敎家內方富豪, 生得兒郞却輕弱.)

❀ 뭇사람들 속에서 보기에 정신이 허약하고 기색이 일찍 쇠약해진 사람은 마치 나무에 잎이 나기도 전에 꽃이 시들어버린 것과 같다. (入重神虛色先喪, 葉未開兮花已落.)

❀ 차린 모습은 보기가 좋으나 옷을 벗어버리면 별 볼일 없는 사람은 의관으로 인해 기세가 꺾이게 된다. (等閑衹祖好容儀, 才被衣冠氣勢低.)

❀ 등 뒤에서는 풍화와 같이 하나하나 사리에 들어맞게 말을 하는데, 손님의 면전에서는 한 마디도 말을 못 꺼내는 사람은 집에 있으면 뜻밖의 재액을 면할 수 있으며, 늙어서는 하는 일 없이 무위도식한다. (背後談論似風火, 對面嘉賓無一辭, 只好居家無橫禍, 至老無成徒尒爲.)

❀ 준두[코끝] 부위가 황색을 띠며, 입은 주먹이 들어갈 수 있을 정도로 크고 혀도 긴 사람은 귀인이다. (貴人須得準頭黃, 口闊藏拳舌又長.)

❀ 발밑에 털이 나고 검은 점이 있으며 지각[턱] 부위가 풍만하고 솟아있는 사람은 반드시 부강하다. (足下生毛兼黑痣, 地閣豊隆定富强.)

❀ 입가에 털이 나거나 피부가 균열 되서는 안 되며, 그렇지 않은 사람이 아들이 있으면 고향을 떠나 타향에서 살도록 해야 한다. (口邊不欲毛粗裂, 有子應須出外鄕.)

❀ 일찍이 3번 결혼하여 처를 얻었음에도 나중에는 결국 혼자서 지내게 되는 사람은 각문이 마르고 움푹 들어가 있으며 코의 끝이 높게 우뚝 일어섰기 때문이다. (獨臥何緣三度娶, 閣門枯陷鼻頭昂.)

❀ 인중 부위에 세로로 주름이 있는 사람은 아들을 많이 두게 된다. 그러나 인중이 아래는 뾰족하고 위는 넓은 사람은 빈 침상을 지키며 자손이 없게 된다. (縱理人中多抱子, 下尖上廣亦空床.)

❀ 손바닥에 가로로 된 주름이 선명하게 나타난 사람은 지모가 없으며, 주름이 없는 사람은 반드시 빈궁하며 먹을 양식이 부족하다. (掌中橫斷心無智, 若更無紋必乏糧.)

❀ 얼굴이 작고 몸이 큰 사람은 **팔극**[1]에 이름을 날리고, 목이 짧고 몸이 큰 사람은 일찍 죽는 것을 방지해야 한다. (面細身粗名八極, 項促形恢忌少亡.)

---

1 팔극(八極)은 팔굉(八紘)이라고도 한다. 여덟 방위의 멀고 너른 범위라는 뜻으로, 온 세상을 이르는 말이다.

❀ 몸의 상반신은 길고 하반신이 짧은 사람은 공작과 후작이 되는 상이며, 마치 옛적에 상반신은 길고 하반신이 짧은 손권(孫權)이 홀로 강동 지역을 제패했던 것과 같다. (上長下短公侯相, 昔日孫權覇一方.)

❀ 눈썹에 나선형의 가마가 있는 사람은 서로 다투고 싸우는 과정에서 죽게 된다. 등 부위의 피부와 살집이 풍만하고 삼갑이 있으며, 하복부가 팽창하여 삼임이 있는 사람은 장수하며 건강하게 지낸다. (眉旋成螺終鬪死, 三甲三壬入老鄕.)

❀ 총명하고 지혜가 많으며 계략이 백출하는 사람은 소변을 볼 때 반드시 오줌발이 흐트러지며, 대변을 볼 때는 그 줄기가 반드시 동서남북 사방으로 퍼진다. (聞君聰慧計百出, 尿必散兮屎必方.)

❀ 입을 열고 말을 할 때 입술이 위로 치켜 올라가고, 걸음을 걷는 모습이 담장이 무너질 것처럼 위태롭고, 눈썹이 '팔(八)'자와 같으며, 이마가 오그라든 사람은 돌아갈 집이 없어 길가에 드러누워 임종을 맞게 된다. (言辭在口脣上掀, 擧步傾危似倒墻, 眉成八字復蹙額, 深恐臨終臥路旁.)

❀ 눈동자가 옻칠을 한 점처럼 새까맣고, 손바닥에 홍색 주름이 가득한 사람은 많은 재부를 축적한다. (難得雙瞳如點漆, 掌散紅紋多貯積.)

❀ 지위가 높은 사람은 지각 부위가 반드시 풍만하고 융기되어 있으며, 부귀한 사람은 양손이 무릎까지 늘어져 있지 않다. (位高地閣須豊起, 富貴無過手垂膝.)

❀ 얼굴이 크고 몸이 미끄러우며 손이 솜과 같이 부드러운 사람은 일찍

이 대궐로 들어가 관리가 되어 궁문을 자유롭게 출입한다. (面粗體滑手如綿, 早入金門受通籍.)

❀ 길을 가는 것은 무겁고 걸음걸이는 가벼우며, 밥을 먹을 때는 천천히 씹으면서 함부로 소리를 내지 않는다. 등을 구부릴 때는 앉아있는 호랑이처럼 반듯하고 단정한 사람은 나이가 젊을 때 관리가 되어 궁궐을 활보한다. (行須重兮步須輕, 咀嚼凝然不浪鳴, 俯背端然如坐虎, 少年闊步上天庭.)

❀ 눈 밑의 살집이 메마른 여인은 설사 3명의 남편을 죽이지 않으면 2명의 남편은 죽인다. (女人眼下肉常枯, 不殺三夫卽兩夫.)

❀ 사람을 보면 얼굴을 가리고 계속해서 웃는 여인은 왕왕 길을 가는 사람을 좇아서 야반도주한다. (見人掩面笑不斷, 愛逐行人夜半逋.)

❀ 목소리가 남자와 같고 입술은 넓고 두터우며, 관골[광대뼈]이 높이 솟아있는 여인은 설사 부귀영화를 누리더라도 끝내 과부로 고독한 생활을 보낸다. (雄聲脣闊面顴聳, 縱得豊榮亦守孤.)

❀ 무릎을 흔들며 등이 솟아나온 여인은 풍류를 즐기고 음탕하며, 손의 피부가 간강[말린 생강]과 같이 거친 사람은 입을 옷과 먹을 음식이 여유롭다. (膝搖背聳須奸蕩, 手若干姜却有余.)

❀ 말씨가 얌전하고 정숙한 여인은 남편을 따라 귀하게 된다. 눈이 유성과 같으며 입술이 주홍색을 띠고, 입을 열고 말을 하기 전에 먼저 웃으며, 허리와 사지가 단단한 사람은 상법에서는 '파패한 돼지[破敗猪]'라고 부른다. (言辭窈窕從夫貴. 眼似流星口似朱, 未言先笑腰肢硬, 相法名爲破敗猪.)

● 이마가 좁고 입술이 위로 치켜 올라가고 치아가 밖으로 드러나 있는 여인은 아들을 죽이고 남편이 없이 혼자 산다. (額窄脣掀微露齒, 殺子無夫亦自居.)

● 눈이 밝은 달과 같고 목소리가 우렁차게 울리며, 성품이 온후한 여인은 남들의 사랑을 받으며 손바닥 위의 빛이 고운 아름다운 구슬과 같다. (眼如明月聲音嚮, 溫厚還如掌上珠.)

● 상법에서 남자와 여자의 생김새는 모두 같은 것이다. 무릇 비어있고 들떠 있는 것은 모두 천한 상이고, 꽉차있고 가라앉아 있는 것은 귀한 상이다. (丈夫女子形皆一, 賤則浮虛貴則實.)

● 몸의 형상에서 5개 부위가 짧고 5개 부위가 밖으로 드러난 사람은 많은 사람들 속에서 극히 드물다. (五短之形並五露, 此輩人中少儔匹.)

● 관골이 봉우리를 이루어 높이 솟아 있고 옥침이 돌출한 사람은 반드시 조정의 어질고 착한 중신이 된다. (顴骨成峰玉枕高, 必作朝堂賢輔弼.)

● 몸은 작은데 강 건너에서 들릴 수 있을 정도로 목소리가 큰 사람은 만리를 내다보듯 장래가 매우 양양하며 나래를 펴고 하늘로 오르듯 대업을 성취한다. (身微聲大隔江聞, 千里看看騰羽翼.)

● 당나귀의 입술, 쥐의 귀, 그리고 뱀의 눈을 가진 사람은 남을 비방할 뿐만 아니라 간교하고 탐욕스러우며 매우 악독하다. (驢脣鼠耳並蛇眼, 謗語奸貪心似螫.)

❀ 미간이 곧게 일어서 있는 사람은 성격이 굳세고 강하며, 얼굴에 살집이 가로로 난 사람은 질투심이 강하다. (眉頭直起性剛强, 面肉橫生心妬嫉.)

❀ 만약 어떤 사람이 살아있는 송장처럼 아무데도 쓸모가 없는 사람인지를 묻는다면, 그것은 정신에 광채가 부족하고 살집이 진흙과 같은 사람이라고 한다. (試問何者是行尸, 精乏神光肉似泥.)

❀ 인중은 아래로 내려갈수록 더 얕아지고 입술은 위로 올라갈수록 더 오그라진 사람은 집을 멀리 떠나 백일도 되기 전에 위험에 처하게 된다. (人中漸滿脣先縮, 遠去應無百日期.)

❀ 천중 부위가 황색을 띠고 모락모락 피어오른 안개와 같으며, 아래로는 산근과 준두가 고르고 가지런한 사람은 매우 빠르게 승진하며, 30일 이내에 소식을 받게 된다. (天中黃色如蒸霧, 下遏山根與準齊, 加官授印來須速, 不過三旬便可知.)

❀ 만약 기는 산근과 지각의 위치에 있고, 색은 황색이나 자색이 나타나게 되면 기쁜 소식이 비교적 늦게 도래하게 된다. (若在山根並地閣, 色分黃紫喜應遲.)

❀ 아무 이유도 없이 갑자기 심장이 뛰고, 얼굴에는 술에 취한 듯이 붉은 색이 나타나며, 양쪽 눈동자에 적색 무리가 나타나기도 하고 청흑색이 보이기도 하는 사람은 큰 재액이 있게 되니 자세히 헤아려야 한다. (忽然無事心微動, 顏色紛紛似醉時, 雙眸赤暈兼青黑, 禍至君須細細推.)

❀ 맥을 짚어보고 질병이 없다고 말해서는 안 되며, 이러한 사람은 반드

시 예방에 유념해야 하며, 응당 늦지 않게 의사를 찾아 약방문을 구해야 한다. (脈候莫言無病患, 提防須早去尋醫.)

❀ 꿈속에서 갑자기 공경[삼공과 구경]을 만나며, 임금에게 특별한 은혜를 받아 궁문에 이르는 것은 마음속으로 부귀영화가 올 것이라는 것을 미리 느끼는 것이며, 실제로 높은 지위나 벼슬을 얻으려면 만 길이나 되는 사다리를 올라가듯 상당히 오랜 시간이 지나야 한다. (夢中忽與公卿會, 又似承恩到玉墀, 榮貴欲來心預覺, 穩穩靑雲萬丈梯.)

❀ 대체적으로 말해서, 만 가지 종류의 사람은 만 가지 종류의 생김새를 가지고 있으며, 아주 정밀하고 세세한 곳까지를 한 번 보고 비교하기란 불가능하다. 상을 보려면 먼저 품행을 보고 그 다음에 용모와 정신을 보아야 비로소 귀인인지 못나고 어리석은 사람인지를 판단할 수 있다. (大凡萬種人之貌, 精微不可錙銖較, 先看信行次形神, 方辨貴人並不肖.)

❀ 이와 같이 상법에 관한 보잘 것 없는 나의 관점을 표현하기 위해 짧은 노래 형식의 비결을 만들어 보니 상법의 무궁무진하고 오묘한 구석까지를 설명할 수 있게 된다. (因抒鄙思作短歌, 說盡源源無限妙.)

잡론
雜論

하나, 아래에서 말하는 상격에 해당되는 사람은 귀하지 않으면 부유하게 된다. (入于此相者, 不貴而富也.)

● 머리의 골격은 풍만하고 일어서 있어야 하고, 이마의 골격은 높아야 한다. (頭骨欲起, 額骨欲峻.)

● 눈은 길어야 하고, 눈썹은 빼어나야 한다. (眼則欲長, 眉乃欲秀.)

● 머리카락은 흑색을 띠어야 하며, 귀는 단단해야 한다. (髮則欲黑, 耳乃欲硬.)

● 코는 높게 솟아있어 하고, 입은 모가 나고 반듯해야 한다. (鼻乃欲隆, 口乃欲方.)

● 법령[코옆]은 길어야 하고, (또는 깊어야 하며) 인중은 길어야 한다. (法令欲長「一作深」, 人中欲長.)

● 변정은 풍만해야 하고, 왼쪽 콧망울인 난대는 깊어야 한다. (邊庭欲豊, 蘭臺欲深.)

🏵 정조[콧구멍과 콧등] 부위는 반드시 깨끗하고 밝아야 하며, 콧대의 뿌리에 해당하는 산근은 두툼해야 한다. (井灶欲明, 山根「一作林」欲厚.)

🏵 창고[식창과 녹창] 부위는 풍만해야 하고, 역마 부위는 살이 찌고 통통해야 한다. (倉庫欲滿, 驛馬欲肥.)

🏵 인중 부위는 넓어야 하고, 목소리는 크고 우렁차야 한다. (井則欲寬, 聲則欲宏.)

🏵 치아는 희고 깨끗해야 하고, 숨결은 빠르지 않고 느슨하며 부드러워야 한다. (齒則欲白, 氣卽欲寬.)

🏵 가슴은 넓어야 하고, 마음은 평온해야 한다. (胸乃欲闊, 心乃欲平.)

🏵 허리는 두툼해야 하고, 몸은 반듯해야 한다. (腰乃欲厚, 體乃欲正.)

🏵 피부는 윤기가 나야 하고, 배꼽은 깊어야 하며, 배는 아래로 늘어져 있어야 한다. (皮則欲滑, 臍則欲深, 腹則欲垂.)

🏵 손은 길어야 하고, 다리는 짧아야 하며, 색깔은 밝아야 한다. (手則欲長, 脚則欲短, 色則欲明.)

🏵 앉은 자세는 큰 산과 같아야 하고, 정신은 맑아야 하며, 걸음걸이는 물이 흐르는 것과 같아야 한다. (坐欲如山, 神乃欲淸, 行欲如水.)

🏵 소변은 흐트러지기도 하고 빠르기도 해야 하며, 대변은 사방으로 퍼

지기도 하고 가늘기도 해야 한다. (小便欲散而疾, 大便欲方而細.)

❊ 수호(水戶)는 급하고 막혀있어야 하고, 화호(火戶)는 아래로 늘어지고 깊어야 한다. (水戶欲急而滯, 火戶欲垂而深.)

들, 무릇 아래에서 말하는 상격에 해당되는 사람은 선악이 한 몸에 뒤얽히어 혼잡하게 있다. 어떤 이는 부귀를 누리지만 단명하고, 또 어떤 이는 비천하지만 장수하며, 또 어떤 이는 귀하지만 가난하고, 또 어떤 이는 처음에는 귀하지만 나중에는 천하게 되며, 또 어떤 이는 처음에는 부유하지만 나중에는 가난해진다. 이러한 것들은 모두 세심하게 취급하고 헤아려야 한다. (入此相者名折除, 善惡相雜也, 或富則夭, 或賤則壽, 或貴則貧, 或先貴而後賤, 或先富而後貧, 宜精理而推之.)

❊ 이마는 넓지만 턱이 뾰족하며, 골격은 깨끗하고 높지만 피부가 거칠다. (額雖廣却尖頤, 骨雖峻却皮粗.)

❊ 귀는 비록 두텁지만 콧등은 낮다. (耳雖厚, 鼻梁低.)

❊ 눈은 비록 길지만 눈썹은 깨지고 오그라져 있다. (眼雖長, 蹙破眉.)

❊ 입은 비록 모 났지만 목소리는 우는 것과 같다. (口雖正, 聲如嘶.)

❊ 등은 비록 솟아있지만 손은 망치와 같이 거칠다. (背雖隆, 手如槌「粗枝如木槌」.)

🏵 혀가 비록 홍색을 띠더라도 입이 불을 부는듯 뾰족하다. (舌雖紅, 口如吹「如吹火」.)

🏵 입술이 비록 모가 나더라도 치아가 가지런하지 않다. (脣雖方, 齒不齊.)

🏵 호흡은 맑고 깨끗하지만 걸음걸이가 기울고 비스듬하다. (氣雖淸, 行步欹.)

🏵 허리가 비록 두텁지만 행동은 말이 달리듯 민첩하다. (腰雖厚, 行如馳「如走馬」.)

🏵 말을 할 때 비록 부드럽지만 정신이 멍하고 바보와 같다. (語雖和, 神如痴.)

🏵 눈이 비록 밝지만 여기저기를 두리번거리면서 본다. (眼雖明, 視東西.)

🏵 드러누워 잠을 잘 때는 비록 편안하고 고요하지만 음식을 먹을 때는 듬뿍듬뿍 왕성한 식욕을 발휘한다. (臥雖靜, 食淋漓.)

🏵 머리는 비록 길지만 허리가 절단되어 있다. (頭雖長, 折腰肢.)

셋, 《시》에 다음과 같이 이르고 있다 : "사람의 생김새는 비록 천차만별이지만 각기 그에 상응하는 짐이나 징후가 있으며, 상법은 원래 이와 같이 심오한 것으로서 그것을 모르는 사람은 사람의 운명을 헤아려 알기가 매우 어렵다. 서로 만나서 얼굴을 마주볼 때 한 번 보고 곧 상대방의 길흉을 너무 쉽게 판단해서는 안 되며, 반드시 상법에 따라 신중하고 세심하게 관찰하고 헤아려야 한다."(詩曰: "貌異形殊各有宜, 元來相法最難知. 莫教一見知凶吉, 須更留心仔細推.")

❀ 눈썹은 거칠고 이마는 좁으며 목소리는 마르고 바삭바삭 타들어간 사람은 입을 옷과 먹을 양식이 넉넉하지 않다. 만약 이러한 사람이 무엇 때문에 녹봉과 벼슬자리를 얻을 수 있는지를 묻는다면, 그것은 그 사람이 피부가 윤택하고 허리통이 좋기 때문이라고 한다. (眉粗額窄或聲焦, 相子形容食不饒. 借問因何逢祿位, 奈緣皮滑好身腰.)

❀ 만약 어떤 사람이 무엇 때문에 관직을 얻게 되는지를 묻는다면, 그것은 그 사람이 두 눈에 정신이 있고 기색 역시 흐리지 않기 때문이라고 한다. 오직 목소리가 단전 아래로부터 나온 것으로서 듣기에도 항아리 가운데에서 나오는 소리와 같이 맑고 순수하게 울려 퍼진다. (問君因甚爲官職, 兩眼精神色不昏. 惟有一聲臍下出, 渾然却似瓮中間.)

❀ 콧등이 낮고 치아가 가늘며 울대뼈가 높을 뿐만 아니라 허리가 마르고 엷은 사람은 수명이 넉넉하지 못하다. 그러나 이러한 사람이 늙을 때까지 살 수 있는 것은 그 사람의 귓속에서 긴 털이 자라고 있기 때문이다. (鼻低齒細結喉高, 腰薄知君命不饒. 爲甚倉惶今已老, 必須耳內出長毫.)

❀ 콧등이 높게 솟아있을 뿐만 아니라 살집이 풍만하고 두툼하며 허리가 좋고, 귀가 솟아있으며 입술이 모가 나고 눈이 밝은 사람은 중년이 되면 갑자기 폭사하게 되는데, 이는 그 사람의 정수리가 움푹 들어가 있고 뒤통수에 구덩이가 있기 때문이다. (鼻隆欲厚好腰身, 耳聳脣方目有明. 近入中年聞暴死, 定知頂陷腦成坑.)

넷, 길을 걸을 때 발걸음이 구름이 흐르는 것과 같고 신색도 밝으며, 게다가 살결이 매우 곱고 부드러우며 등이 두텁고 평평한, 바로 이러한 사람은 남들이 전혀 예상하지도 못하게 갑자기 사망하게 되는데, 이는 오직 목구멍이 메마르고 잠겨서 오리의 소리와 같이 쉰 소리를 내기 때문이다. (進步如雲色又淸, 更兼皮細背隆平, 忽然暴夭人難覺, 只爲喉干似鴨聲.)

❀ 정신이 쇠약하고 호흡이 박약하며 안색이 윤택하지 않다. 이러한 상을 가진 사람은 부유해지고자 생각하는 것 자체가 매우 어렵다. 그러나 지금 돈을 벌고 많은 재부를 축적했다고 하면 그것은 그 사람이 말이 적을 뿐만 아니라 가슴 속의 깊은 마음이 탁 트이고 화통하기 때문인 것이다. (神枯氣薄色還干, 相爾豊隆事且難, 却道而今多積穀, 必然不語寸心寬.)

❀ 귀는 엷고, 입술은 길고 짧고 들쭉날쭉하여 가지런하지 아니하며, 눈은 밝지 않은, 이러한 사람이 어찌하여 관리가 될 수 있는가? 이는 그 사람이 허리와 등이 거북이의 등처럼 두터울 뿐만 아니라 그가 말하는 목소리가 듣기에 둥글고 부드러우며 귀를 기쁘게 해주고, 눈썹과 눈이 맑고 빼어나기 때문이다. (耳薄脣差目不明, 此人何事有官榮. 更看背厚如龜樣, 又聽聲圓眼秀淸.)

❀ 인당 부위가 낮고 좁으며 또 양쪽 눈썹에 가려져 있는, 이러한 상을 가진 사람이 관리가 될 수 없다는 것은 모든 사람이 알고 있다. 그러나 뜻밖에도 초년에 관리가 되는데, 중년에 이르러는 갑자기 사망하게 된다. (印堂低窄又交眉, 相法無官衆共知. 不意初年沾祿命, 中年暴夭死相隨.)

❀ 소년기에는 지나치게 비만이어서는 안 된다. 지나치게 살이 찌면 근육이 느슨하게 되고, 관록도 뒤늦게 온다. 만약 이 말이 믿기지 않으면

조정의 공경[삼공과 구경]과 재상을 보면 된다. 이들은 골격이 두텁고 살이 적으며 날아가듯이 걷는다. (少年不欲大充肥, 肉重筋寬祿自遲. 但看朝廷公與相, 骨隆肉少步如飛.)

❀ 상을 볼 때 만약 그 사람의 얼굴 생김새가 매우 거칠고 엉성하며, 살집이 느슨하며 흐물거리고, 치아는 뾰족하고 눈은 구슬처럼 둥근데, 지금은 마을에서 재산이 제일 많은 부호가 되었다면, 그 사람은 반드시 머리가 풍만하고 호흡이 부드럽고 트여있기 때문이라고 본다. (相君形貌太粗疏, 肉緩牙尖眼似珠. 今已居村家富盛, 必然腦滿氣寬舒.)

다섯, 소년기에 몸이 가볍고 입술이 엷으며 기량은 좁고 정신은 텅 비어있으며 성질은 미치광이라면, 지금은 비록 입을 옷과 먹을 양식이 풍족하더라도 부모가 사망한 이후에는 곧 성질이 비틀어진다. (體輕口薄少年郎, 氣狹神空性有狂. 今日雖然衣食足, 莫敎父死便乖張.)

여섯, 좋은 상격이 살집이 아닌 골상에 의해 결정된다는 점에서 보면, 오직 살집 보다는 골격이 좋아야 하며, 살집이 많고 골격이 부족해서는 안 된다. (只宜帶骨不帶肉, 莫令肉多骨不足.)

❀ 갑자기 사망하는 사람은 대부분이 눈에 신기가 없기 때문이며, 양쪽 어깨가 빈약하여 힘을 쓰지 못하고 푸른 힘줄이 묶음 형태로 드러나 있는 사람도 역시 좋지 않다. (暴亡只爲眼無神, 又怕肩寒筋似束.)

❀ 남들과 달리 신색이 황색과 백색으로 나타나고 혈기가 깨끗한 사람

은 젊을 때 관직과 녹봉을 얻게 된다. (黃白神淸氣不同, 便知祿位少年豊.)

❀ 만약에 기색이 적색과 흑색이거나 또는 홍색과 자색으로 나타나면 중년에 이르러 관직과 녹봉을 얻을 수 있게 된다. (若言赤黑並紅紫, 食祿中年似合逢.)

❀ 이마가 잘못 생기고 신색이 항상 흐릿하고 희미하며, 웃음소리가 듣기에는 놀라서 허겁지겁하는 것과 같고, 길을 걸을 때는 미칠 듯이 급히 달리는 것과 같은, 이러한 사람은 의심할 여지도 없이 젊은 나이에 관직을 얻고 입을 옷과 받는 녹봉이 풍족하지만, 앞으로 나아가지 못하고 뒷걸음질만 치고, 오래지 않아 재화를 만나게 되며, 악귀가 문 안으로 들어온다. (神庭不粹色常昏, 笑語驚狂走似奔. 莫訝少年衣祿足, 逡巡禍發鬼臨門.)

일곱, 《상법》에 또 다음과 같이 이르고 있다 : "눈은 주인이고 눈썹은 손님이다. 만약에 눈썹과 눈이 모두 길고, 눈동자가 옻칠을 한 점과 같이 검은, 이러한 사람은 부귀하며 천하지 않은 상격이다." (又云: 目爲主, 眉爲客. 眉目俱長如點漆, 富貴不賤格.)

❀ 눈 밑이 '일(一)' 자와 같이 평평한 사람은 행하는 바가 모두 분명하다. (目下一字平, 所作皆分明.)

❀ 눈 밑의 와잠 부위에 주름이 있는 사람은 장차 존귀하게 될 자손을 얻는다. (目下臥蠶紋, 當生貴子孫.)

❀ 눈이 작은 사람은 평생 녹봉을 받지 못하며, 눈썹이 거친 사람은 주로

고독하다. (目小終無祿, 眉粗却主孤.)

❀ 눈 밑이 살이 없고 마른 사람은 설사 아들이 있다 하더라도 다투고 도망간다. 역시 성질이 음험하고 독하다. (目下無肉, 一子相逐「亦主陰毒」.)

❀ 눈알을 쉬지 않고 굴리는 사람은 대부분이 간사하다. (睛展轉者多奸詐.)

❀ 눈 꼬리 뒤에 좁쌀만 한 구덩이가 있는 사람은 총명하다고 한다. (目尾後有穴如粟米者, 謂之聰明.)

❀ 입을 벌리고 잠을 자는 사람은 수명이 짧다. (開口睡, 命夭滯.)

❀ 아랫입술이 긴 사람은 음식을 탐낸다. (下脣長, 貪食忙.)

❀ 입이 엷을 뿐만 아니라 양쪽 구각이 아래로 늘어진 사람은 대부분이 사기를 당한다. (口薄兩角垂, 多是被人欺.)

여덟, 난대[왼쪽 콧망울] 부위가 높게 솟아있는 사람은 좋은 명성을 얻게 된다. (蘭臺起, 聲譽美.)

❀ 콧대가 높게 솟아있는 사람은 주로 관운이 많게 된다. (鼻高昂, 主官昌.)

❀ 코가 가지런하게 정돈되어 있으면서 절단된 것 같이 보이는 사람은 일사천리로 승진하게 된다. (鼻如截, 官不歇.)

● 이륜[귓바퀴]에 살이 붙어있는 사람은 집안이 금은보화로 가득차게 된다. (耳輪貼肉, 金玉滿屋.)

● 머리가 뾰족하고 귀가 작은 사람은 평생을 고뇌 속에 산다. (頭尖耳小, 多苦多惱.)

● 귀가 얼굴보다 흰 사람은 모든 사람의 부러움을 산다. (耳白過面, 天下欽羨.)

● 귀가 눈보다 높이 있는 사람은 평생 하늘이 주는 복록을 받는다. (耳高于目, 合受天祿.)

● 귀가 눈썹보다 한 치가 높은 사람은 한평생 가난하지도 않고 질병에 걸려 고통을 받지도 않는다. (耳高眉一寸, 永無貧病困.)

● 인중이 매우 얕은 사람은 재운이 순조롭지 못하다. (人中淺, 財命蹇.)

● 인중이 짧은 사람은 자손이 드물다. (人中短, 子孫罕.)

● 인중이 높고 두터운 사람은 단명할 뿐만 아니라 후손이 없다. (人中高厚, 無壽無後.)

● 인중이 깊고 긴 사람은 장수하며 자식이 창성한다. (人中深長, 有壽有郞.)

● 인중이 분명한 사람은 성품이 바르고 곧다. (人中分明, 性直如神.)

💠 눈썹이 어지럽게 흩어져 너풀거리는 사람은 아들은 적고 딸을 많이 둔다. (眉毛婆婆, 兒少女多.)

💠 눈썹이 눈보다 짧은 사람은 앉아서 선친의 복을 향유한다. (眉短于目, 多主頑福.)

💠 양쪽 눈썹이 이어져 있는 사람은 녹봉을 바라지 말아야 한다. 이런 사람은 간사하고 질투심이 강하며 남의 재물과 곡식을 잘 훔친다. (眉連休望祿, 奸妬偸財谷.)

💠 눈을 크게 뜨지 않는 사람은 대부분이 뜻하지 않은 재난을 당하게 된다. (不得强開目, 多遭橫禍逐.)

💠 눈썹이 짙고 머리카락이 두터운 사람은 마음이 사악하고 수명이 단축된다. (眉濃髮厚, 心賊損壽.)

💠 눈썹이 평평하고 가지런한 사람은 지위나 신분이 높고 귀하다. (眉毛平, 尊貴人.)

💠 눈썹이 눈보다 긴 사람은 지혜가 남보다 뛰어나며 남들이 마음속으로 기뻐하며 머리를 숙이도록 한다. (眉過于目, 智過人伏.)

💠 남자의 얼굴은 반드시 높아야 하고, 여자의 얼굴은 반드시 모가 나야 한다. (男面要昻, 女面要方.)

💠 얼굴이 오이와 같은 사람은 부귀영화를 누린다. (面如黃瓜, 富貴榮華.)

❀ 얼굴에 갑자기 검은 기색이 나타난 사람은 내일 아침이 되면 곧 큰 병을 얻게 된다. (面上忽黑氣, 大病明朝至.)

아홉, 한밤중에 남의 상을 볼 때는 주로 그 사람의 목소리를 들으며, 대낮에 남의 상을 볼 때는 주로 그 사람의 품행을 본다. (夜半聽聲, 白日看行.)

❀ 말을 할 때 웃을 뿐만 아니라 얼굴색이 홍색을 띠며 윤택한 사람은 마음속에 생각하는 일을 감추지 않는다. (語笑面赤, 不藏事迹.)

❀ 말을 할 때 웃을 뿐만 아니라 얼굴색이 검게 변하는 사람은 마음속으로 생각하는 일을 남에게 말하지 않고 비밀로 한다. (語笑面黑, 心情秘密.)

❀ 목소리가 듣기에 여자의 목소리와 같은 남자는 처를 방해하며, 목소리가 듣기에 남자의 목소리와 같은 여자는 남편을 방해한다. (男雌聲妨婦, 女雄聲妨夫.)

❀ 금(金)에 속하면서 골격이 단단하고 살결이 솜과 같이 부드러운 사람은 대부분이 현귀할 뿐만 아니라 돈이 많이 가지고 있다. (金骨肉細滑如綿, 多貴又饒錢.)

❀ 목(木)에 속하면서 몸이 야위고 청색과 흑색을 띠고 있을 뿐만 아니라 골격이 거칠고 큰 사람은 대부분이 재액으로 고생한다. (木骨瘦而靑黑色, 骨頭粗大多窮厄.)

❀ 화(火)에 속하면서 뼈대가 많고 머리가 뾰족한 사람은 매우 부귀하다.

(火骨多頭尖, 富貴不可言.)

🌸 수(水)에 속하면서 뼈대가 많고 머리가 큰 사람은 덕이 없을 뿐만 아니라 노비처럼 비천하다. (水骨多頭粗, 無德賤如奴.)

🌸 토(土)에 속하면서 골격이 크고 거친 사람은 아들을 많이 두며 부유하다. (土骨大而粗, 子繁富有余.)

🌸 부귀함은 골격의 발달 여하에 따라 정해지며, 기쁨과 자애로움은 얼굴색의 여하에 따라 정해진다. (富貴在于骨發, 喜愛在于容色.)

🌸 골격과 살집이 단단하고 팽팽한 사람은 장수하지만 평생 여유가 없이 바쁘게 지낸다. (骨肉緊硬, 壽而不閑.)

🌸 골격이 많고 살집이 적은 사람은 지위가 높고 귀하다. (骨多肉少, 尊上.)

🌸 골격이 적고 살집이 많은 사람은 지위가 낮다. (骨少肉多, 卑下.)

열, 용처럼 행동하는 사람은 삼공의 지위에 오르며, 호랑이처럼 길을 걷는 사람은 장군이 된다. (龍行爲三公, 虎步爲將軍.)

🌸 길을 가면서 주위를 둘러보는 사람은 음험하고 악독하며 탐욕스럽다. (行而視, 陰狠貪利.)

🌸 길을 걸어가면서 자주 뒤를 돌아보는 여인은 음란하며 다른 남자와

사통한다. (女行返回顧, 淫亂逐人去.)

❉ 팔이 비록 길더라도 말하는 목소리는 대숲과 같아야 한다. (手臂雖長, 語須如篁.)

❉ 목은 크고 짧아야 하고, 발은 두텁고 반듯해야 한다. (項須粗短, 足厚須方.)

❉ 손바닥에 주름이 없는 사람은 도적이 되어 살아가려고 해도 문제가 있어 불가능하게 된다. (手掌無紋, 作賊遭論.)

❉ 손가락이 푸른 파와 같은 사람은 녹을 받는 것이 만 종(鍾, 섬)이나 된다. (指如春葱, 食祿萬鍾.)

❉ 손과 발이 솜과 같이 부드러운 사람은 반드시 중년에 부귀영화를 누린다. (手足如綿, 榮貴中年.)

❉ 손가락의 등에 주름이 많은 사람은 평생 미끄러지고 넘어지며 되는 일이 없다. (指背紋多, 一生蹉跎.)

❉ 팔이 긴 사람은 모든 것을 버리면서 베푸는 것을 좋아하며, 팔이 짧은 사람은 탐을 내며 욕심이 많아 가지는 것을 좋아한다. (臂長好舍, 臂短好取.)

❉ 손등의 색깔이 피를 뿜어내듯 붉은 색을 띠고 있는 사람은 부귀함이 그치질 않는다. (手如噀血, 富貴不絶.)

❂ 배가 아이를 품고 있듯이 풍만하고 솟아 있는 사람은 경성에 이름을 떨친다. (腹如抱兒, 名振京師.)

❂ 배꼽이 깊고 넓은 사람은 복록이 왕성하다. (臍深廣, 福祿旺.)

❂ 배꼽이 우뚝 볼록하게 나온 사람은 일찍 죽는다. (臍兀出, 命先卒.)

금수의 모양으로 보는 인상
禽獸與人相

🌸 사자형(獅形)

● 사자형의 사람은 머리가 모가 나고 이마가 넓으며, 뇌의 후면에는 돌출한 삽산골이 있고, 천정[이마] 부위는 뾰족하게 나와 있으며, 눈썹은 검고 짙다. 눈은 흑백이 분명하고 둥글기도 하고 크기도 하며, 산근[콧등] 부위가 잘려 있고, 입을 벌리면 크고, 수염과 빈모가 있고 뺨이 높으며, 그 마음속의 깊은 곳을 알기가 어렵다. (夫獅形者, 頭方額闊, 腦後有揷山骨起, 天庭突起, 眉濃, 眼白睛黑, 圓滿而大, 山根斷, 口闊, 須鬢頰高, 難知心腹之人也.)

● 남자가 만약에 이러한 상격을 가지고 있으면 관직이 절도사와 관찰사에 이르고, 열후나 제후로서 소국의 왕이 되며, 주로 장수하게 된다. 여인이 이러한 상격을 가지고 있으면 국모가 된다. (入此相者, 位至節察, 列土侯王, 主壽. 女人入此相者, 爲國母.)

● 이러한 상격과 유사한 사람은 천하제일의 부호가 된다. 숲 속에서 나온 사자형의 사람은 기세가 있으며, 집을 지키는 사자형의 사람은 돈이 많다. 산에 앉아있는 사자형의 사람은 순박하고, 향기로운 사자형의 사람은 주로 한가하게 세월을 보낸다. 그림 속 사자형의 사람은 위엄이 없고, 겨루고 있는 사자형의 사람은 욕심이 많다. 병풍을 받들고 있는 사

자 형의 사람은 주로 시종이 되고, 누워있는 사자형의 사람은 매우 게으르다. (似者, 天下大富. 有出林獅子, 有勢. 鎭宅獅子, 多財. 坐山獅子, 多淳. 香獅子, 主閑. 畵獅子, 無威. 戲獅子, 多欲. 承屛風獅子, 主從. 臥獅子, 多懶.)

❀ 《시》에 다음과 같이 이르고 있다 : "사자형의 사람은 위엄이 산과 강을 떨치며, 능히 군주를 보필할 수 있고 힘써 충성을 다한다. 이러한 용모를 가진 사람은 일반적으로 머리가 모가 나고 이마가 높으며 양쪽 눈썹이 매우 짙고, 뇌의 후면에는 뼈가 일어서고 천정 부위가 쑥 나와 있으며, 열후와 제후로 봉해지고 땅과 작위를 하사받는다." (詩曰: "威震山河佐主忠. 頭方額高更眉濃. 腦後骨起天庭突. 列土分茅爵累封.")

기린형(麟形)

❀ 기린형의 사람은 머리 형태가 모가 나고 이마가 넓으며, 정수리 뼈가 높고, 체형은 높게 위로 향해 우러러 보고 있다. 귀는 높고 눈은 깊으며, 눈썹은 거칠고 입은 크고, 목소리는 궁음과 상음을 내며, 행동은 법도가 있다. (夫麟形者, 頭方額闊, 頂骨高, 身形仰, 耳高眼深, 眉粗口闊, 音中宮商, 行中規矩.)

❀ 기린형의 상격을 가진 사람은 모두 크게 귀하다. 여인이 이러한 상격을 가지고 있으면 임금의 아내가 된다. 무릇 이러한 상격과 유사한 사람은 빈손으로 시작하여 돈을 많이 번다. (得麟形眞者, 皆主大貴. 女人入此相者, 爲后妃. 像者, 赤手有錢.)

❀ 《시》에 다음과 같이 이르고 있다 : "기린형의 사람은 이마가 넓고 눈썹이 짙고 거칠며 뺨과 턱이 뒤엉켜 비정상이고, 귀는 높고 가지런할 뿐

만 아니라 매우 두터우며, 눈은 검고 귀와 수평으로 있다. 몸집이 크고 위엄이 있으며 기세가 씩씩하다. 따라서 이들의 빛나는 재주는 능히 국가의 대사를 보좌하고 나라를 태평하게 하며 무거운 짐을 홀로 처리할 수 있다."(詩曰:"額廣眉粗腮頷橫, 耳高齊厚黑睛平. 身形高仰威雄勢, 佐國升平獨秉鈞.")

백호형(白虎形)

● 백호형의 사람은 키가 크고 날씬하며, 눈은 적색을 띠고 있고, 눈썹은 길며 눈과 나란히 가지런하게 있으며, 콧등은 곧고 입은 크며, 입술은 가지런하고 치아는 거칠며 하얗다. 머리는 짧고 둥글며, 이마는 길고 반듯하며 두텁고, 인당[눈썹사이]과 오악이 모두 불쑥 나와 있으며, 팔은 길고 보폭은 크며, 걷거나 앉아있을 때 몸이 앞으로 굽어진다. 말을 할 때 목소리가 천둥이 치는 소리와 같고, 말을 할 때 눈썹과 눈이 모두 광채가 나며, 위세가 있고 맹렬하게 사람을 보며, 성난 얼굴빛을 하고 있다. (夫白虎形者, 身細長, 眼赤, 長眉與眼齊, 鼻直口大, 脣齊齒粗白, 頭短圓, 額長方厚, 印堂五岳皆起, 手長步大, 行坐身曲前向, 語聲如雷, 凡欲語則眉眼光起, 威猛看人, 似作怒色.)

● 이러한 상격을 가진 사람은 장군이 될 수 있으며, 열후와 제후에 봉해지는 길운이 있다. 만약 여인이 이러한 상격을 가지면 천자나 제후의 아내와 같은 귀부인이 된다. 이러한 상격과 유사한 사람은 부유하고 존귀해진다. (入此相者, 爲將軍, 有列土侯王之分. 女人入此相者, 爲夫人. 似者, 富貴.)

● 《시》에 다음과 같이 이르고 있다 : "백호형의 사람은 용모가 우뚝 솟아있고 정신은 맹호와 같이 위엄과 기세를 나타내며, 눈은 길고 눈썹은

청수하며 준두가 아래로 늘어져 있다. 이러한 사람은 모략에 능숙하고, 병졸을 이끄는 빼어나고 훌륭한 장수이고, 세상에서 거리낌 없이 멋대로 행동할 수 있는 힘을 가지고 있으며, 혼자서 백 만 대군을 지휘한다."
(詩曰: "貌聳精神猛虎威, 眼長眉秀準頭垂. 强謀妙將橫天下, 百萬雄師獨秉持.")

코끼리형 (象形)

❀ 코끼리형의 사람은 천중과 천정 부위가 모두 일어서 있고, 인당 부위는 편편하고 반듯하며, 눈썹은 가늘고 눈은 길다. 콧구멍은 위로 치켜 올라가 있고 치아는 밖으로 드러나 있으며, 몸집이 크고, 잠을 별로 자지 않아도 정신이 말짱하다. 바로 이러한 상의 특징을 지닌 사람은 관위가 공경[삼공과 구경]에 이르며 주로 장수한다. (夫象形者, 天中, 天庭起, 印平, 眉細眼長, 鼻仰齒露, 身形大, 多不睡. 入正形者作公卿, 主壽.)

❀ 《시》에 다음과 같이 이르고 있다 : "코끼리형의 사람은, 침골 위에 밝은 구슬이 있고 이마가 빛이 나며 평평하고, 몸집이 크고 두툼하며 삼정이 균등하고, 걸음걸이가 거칠고 난폭하며 앉은 자세는 편안하고 묵직하며, 말을 할 때의 목소리는 침착하며 깊은, 바로 이러한 사람은 군사를 이끌고 산하를 방어하는 장수에 속하며, 능히 임금을 도와 나라를 훌륭히 통치할 수 있도록 한다." (詩曰: "枕上明珠額光平, 身形長厚美三停. 行粗坐穩言深重, 遠鎭山河協聖明.")

❀ 또 거느리는 코끼리에 대해 《시》에 다음과 같이 이르고 있다 : "코끼리형의 사람은 3가지 유형이 있는데, 그중에서 거느리는 코끼리는 최상급으로서 가장 강력하며, 이러한 상격을 가진 사람은 공적인 일이나 사적인 일 모두에 비교할 수 없는 고귀함을 보여 주는데, 다만 아들을 두지

못할 뿐이다."(御象詩曰: "象形有三種, 御象最高強, 公私多高貴, 只是少兒郎.")

❀ 또 서있는 코끼리에 대해 《시》에 다음과 같이 이르고 있다 : "서있는 코끼리의 상격을 가진 사람은, 평생 입을 옷과 먹을 양식이 풍족하고, 성격이 서두르지 않고 느긋하며, 남을 위해 좋은 일을 많이 한다. 바로 이러한 사람은 수명이 매우 길다."(立象詩曰: "立象衣食足, 性慢不多忙. 爲人多好善, 壽命主延長.")

❀ 그리고 걸어가는 코끼리에 대해 《시》에 다음과 같이 이르고 있다 : "걸어가는 코끼리의 상격을 가진 사람은 일생을 바쁘고 힘들게 고생하면서 살아가며, 밖에서 남을 위해 분주히 돌아다니는 것이 끝날 날이 없으며, 가정은 흐트러지고 사라진 별과 같이 살림이 줄어들어 보잘 것 없이 되고, 임종할 때 옆에서 지켜줄 아들이 없다."(行象詩曰: "行象多辛苦, 驅馳無了時. 家活如星散, 臨終亦少兒.")

무소형(犀形)

❀ 무소형의 사람은 머리 형태가 둥글며, 천정 부위가 높고, 복서골이 솟아나왔으며, 이마와 아래턱이 서로 마주 향해 있으면서 상하가 서로 대칭을 이루고 있다. 삼정이 균등하고 몸집이 뚱뚱하며, 눈썹은 전쟁터에 뜬 구름과 같고, 눈은 크고 보골[이마]이 없다. 바로 이러한 상격을 가진 사람은 대다수가 귀인이며 조정의 대신이 될 수 있다. (夫犀形者, 頭圓, 天庭高, 伏犀骨起, 天地相朝, 上下三停一體肥, 眉如陣雲, 眼大無輔. 入正形者, 乃貴人而爲大臣.)

❀ 《시》에 다음과 같이 이르고 있다 : "무소형의 사람은, 머리 형태가 둥

글고 눈이 크며 게다가 눈썹은 짙고, 귀 속에 매우 가는 털이 나고 몸이 살이 찌고 풍만하다. 이러한 상격을 가진 사람은 재상의 자리에 오르며, 다른 사람은 복을 누리면서 장수한다."(詩曰: "頭圓眼大更眉農, 耳內豪毛體肉豊. 若得正形臺鼎位, 其他人福壽而終.")

❀ 《시》에 다음과 같이 이르고 있다 : "산과 물의 무소형에 속하는 사람은 육조의 정5품 벼슬인 정랑에 이르며, 태어날 때부터 깨끗하고 귀하며 조정에 앉아 있게 된다. 이러한 사람은 집안에 많은 금은보화를 축적하며, 80세까지 장수한다."(詩曰: "山水犀形止正郎, 生來淸貴坐朝堂. 金銀財帛多藏畜, 壽限須期八十亡.")

원숭이형(猿形)

❀ 원숭이형의 사람은 얼굴이 둥글고 작으며, 눈썹과 눈이 모두 둥글고, 팔이 길고 목소리가 우렁차게 울려 퍼지며, 깨끗한 것과 자신을 꾸미는 것을 좋아하며, 꽃과 열매를 좋아한다. 성격이 온화하고 자제력이 있으나 성급할 때도 있고 의리를 중히 여기며, 항상 귀인과 접촉하면서 관계를 유지하고, 주로 장수하며 녹봉을 향유한다. 원숭이형에 속하는 사람은 여러 종류의 등급이 있으며, 주로 7가지 유형으로 구분된다. (夫猿形者, 面圓而小, 眉目俱圓, 臂長音嚮, 好潔淨修飾, 喜花果, 性溫剋而急義, 却常與貴人交接, 主壽祿. 自有等第, 其形有七.)

❀ 《시》에 다음과 같이 이르고 있다 : "원숭이형의 사람은 머리는 둥글고, 눈은 검고, 턱과 뺨은 평평하며, 다리는 짧고, 손은 길며, 매우 가뿐하게 걷는다. 항상 안개와 구름이 끼고 한적하고 쓸쓸한 곳을 걸어가며, 평생 실속이 없는 헛된 명성만 있게 된다."(詩曰: "頭圓眼黑頷腮平, 脚短手

長行走輕. 去在烟霄閑散處, 一生止是主虛名.")

❁ 나뭇가지에서 떨어지는 원숭이의 상격에 대해 《시》에 다음과 같이 이르고 있다 : "나뭇가지에서 떨어지는 원숭이의 상격에 속하는 사람은 높고 귀하며, 평생 성격이 급하고 지략이나 행동이 뛰어나고 재빠른 일면이 있다. 남이 자신을 나쁘게 말해도 견디면서 원망하지 않으며, 아무 말 없이 묵묵하고 성실하게 살아간다." (墜枝猿詩曰: "墜枝猿尊重, 平生急性靈. 任他人說惡, 怨恨實無聲.")

❁ 나뭇가지를 붙잡고 오르는 원숭이의 상격에 대해 《시》에 다음과 같이 이르고 있다 : "나무에 오르는 원숭이의 상격을 가진 사람은 평생 어려운 일을 당하여 몹시 애쓰며, 평생 자유가 없다. 47세에 이르러 운이 오며, 늙어서 아무런 걱정이 없게 된다." (攀枝猿詩曰: "攀枝猿辛苦, 終身不自由. 運逢四十七, 老後却無憂.")

❁ 나뭇가지에 서있는 원숭이의 상격에 대해 《시》에 다음과 같이 이르고 있다 : "나뭇가지에 서있는 원숭이 상격에 속한 사람은 성격이 고독하며, 허공을 바라보면서 자신의 부모가 이 세상에 없어 부모의 도움을 받지 못하는 것을 슬퍼하여 곡을 한다. 인생이 고독하며 형제가 없고, 후대에 자손도 매우 적다." (立枝猿詩曰: "立枝猿獨自, 望空哭爺娘. 孤然無兄弟, 後代少兒郎.")

❁ 집안의 원숭이 상격에 대해 《시》에 다음과 같이 이르고 있다 : "집안의 원숭이 상격에 속하는 사람은 가장 존귀하며, 가히 깊고 오묘한 성품을 지니고 있다. 얼굴은 삼단에 이어져 있어 묘한 곳이 많아 관리가 되면 능히 임금의 신하에 오르게 된다." (家猿詩曰: "家猿人最貴, 論情不可陳. 面連

三斷細, 位極至王臣.")

● 앉아있는 원숭이의 상격에 대해 《시》에 다음과 같이 이르고 있다 : "앉아있는 원숭이의 상격에 속한 사람은 평생 입을 옷과 먹을 양식이 풍족하며, 말을 할 때 몸을 좌우로 흔드는 것을 좋아하고, 겉발림 말을 잘하고 듣기 좋은 말을 잘 하여 편리함이 많아 일을 하는데 우월감을 가지고 있다."(坐猿詩曰: "坐猿衣食足, 語話愛身搖. 言詞多吉慶, 主事自優游.")

● 달아나는 원숭이의 상격에 대해 《시》에 다음과 같이 이르고 있다 : "달아나는 원숭이 상격에 속하는 사람은 현재는 매우 힘들고 고통스러우며, 논과 밭을 모두 자신이 경작한다. 남에게 존경을 받지도 못하며, 평생 바쁘게 돌아다니면서 피곤하게 지낸다."(走猿詩曰: "走猿今日苦, 田園盡屬他. 爲人不尊重, 一生走波波.")

● 숨어있는 원숭이의 상격에 대해 《시》에 다음과 같이 이르고 있다 : "숨어있는 원숭이 상격에 속하는 사람은 관리가 될 수 있을 뿐만 아니라 관리가 되면 입을 옷과 먹을 양식이 풍족하다. 관위는 높게 오를 수 있으며, 구경이나 또는 어사에 올라 국사를 보좌할 수 있으며, 삼공에 상당하는 직위에 오르게 된다."(藏猿詩曰: "藏猿節察位, 居官衣食豊. 九卿幷御史, 佐國近三公.")

현무형(玄武形)

● 현무형의 사람은 머리는 작고 얼굴은 길며, 이마는 모가 나고 크며, 천정 부위는 작고 뾰족하며, 귓불은 아래는 크며 위는 작다. 오악[이마, 코, 턱, 양 광대뼈]과 사독이 상응하며, 입은 작으며 모가 나고, 입술은 자색

을 띠고, 치아는 가늘며 희고, 머리를 쳐들고 큰 걸음으로 걷고, 안색은 빛이 나고 윤택하다. (夫玄武形者, 頭小面長, 額方而大, 天庭小尖, 耳垂下大上小, 岳瀆相應, 口小方, 脣紫, 齒細白, 頭仰步闊, 色常光潤.)

❀ 바로 이러한 상격을 가진 남자는 직위가 공경[삼공과 구경]에 이른다. 이러한 상격에 속하는 여인은 임금의 아내가 된다. 현무형과 유사한 상격을 가진 사람은 주로 부귀하다. (入正形者, 位至公卿. 有女人入此相者, 爲后妃. 似者, 主富.)

❀ 《시》에 다음과 같이 이르고 있다 : "현무형 상격에 속하는 사람은 이마는 작고 머리는 뾰족하며, 몸은 살이 찌고 사지는 뾰족하고 가늘며, 뺨과 턱은 두텁다. 비록 지위는 공경에 이르지만 집 밖 길바닥에서 임종을 맞이하게 된다." (詩曰: "額小頭尖體帶肥, 四肢尖細厚腮頤. 雖然位徹公卿上, 爭奈臨終在路岐.")

자라형 (黿形)

❀ 자라형의 사람은 몸이 작으면 여위고 희며 깨끗한 색을 띠고 있으며, 몸이 비대하면 자색과 흑색을 띠고, 길을 걷는 것이 매우 다급하고 절박하게 보인다. 머리가 조금 기울어져 있으며 성질은 급하고, 말을 분명하게 하며, 눈은 흑백이 분명하고, 사람을 볼 때 눈빛이 살아있으며, 콧등은 높고 뾰족하고, 인중 부위가 넓다. (夫黿形者, 形小瘦則淸白, 肥大則紫黑, 身形行緊, 頭偏而性急, 言淸, 目黑白, 一般看人光耀, 鼻高尖, 人中闊.)

❀ 이러한 상격을 가진 사람은 관리가 되면 높고 귀하게 되며, 승려나 도사가 되는 것이 가장 마땅하고, 보통 사람이라면 대다수가 부유하다. 그

러나 여전히 좋은 도장을 필요로 하며, 이러한 사람은 역시 장수한다. (入此形者, 主爲官高貴, 僧道最宜, 俗人多富, 仍須好道裝, 亦主壽.)

❀ 《시》에 다음과 같이 이르고 있다 : "자라형의 상격을 가진 사람은 이마가 일어서 있고 눈썹은 짙고 준두가 뾰족하며, 입술은 붉고 따뜻하며 윤기가 있고, 규칙에 매우 엄격하며, 뺨과 턱이 아래로 늘어지고 풍만하며, 목소리가 맑고 명랑하다. 바로 이러한 상격을 가진 사람은 상절장군이 되며, 심성이 매우 청렴하다." (詩曰: "額起眉濃准帶尖, 脣紅溫潤令多嚴. 腮頤垂滿言淸朗, 上節將軍心性廉.")

거북이형(龜形)

❀ 거북이형의 사람은 머리가 크고 정수리가 튀어나왔으며, 코가 솟아있고 눈썹은 짙으며, 눈은 크고 귀에는 이륜[귓바퀴]과 이곽[귓바퀴]이 있고, 성품은 순박하다. 산수를 좋아하며, 얼굴의 오악은 서로 가까이 있고, 사람들에게서 존경을 많이 받을 수 있으며, 등은 두텁고 몸집은 살이 찌고, 평생을 평안하게 지내면서 복을 향유하고 장수하며, 관리가 되어 육경과 삼상에 이르게 된다. (夫龜形者, 頭大頂突, 鼻聳眉濃, 眼闊耳有輪, 情性淳, 好山水, 五岳相近, 多尊重, 背厚體肥, 康寧福壽, 位至卿相.)

❀ 《시》에 다음과 같이 이르고 있다 : "거북이형의 상격을 지닌 사람은 이마는 일어서 있고 머리는 높으며 코는 솟아있고 가지런하며, 눈썹은 짙고 눈은 크며 뺨과 턱은 두텁다. 거창은 풍만하며 정신은 매우 좋고, 부유하고 장수할 뿐만 아니라 큰 인물을 보좌할 수 있으며, 주로 위엄과 권위를 잃지 않는다." (詩曰: "額起頭高鼻聳齊, 眉濃眼大厚腮頤. 柜倉豊滿精神異, 富壽兼全佐主威.")

뱀형(蛇形)

● 뱀형의 사람은 얼굴은 길고, 얼굴의 오악은 가지런하지 못하며, 이마와 눈썹은 작고, 눈은 길고 윤각이 없으며, 눈 속에 흑색은 적고 백색이 많다. 살결이 항상 청색을 띠고 있고, 입은 크고 입술은 길며, 혓바닥은 뾰족하며 가늘고 청색을 띠고 있으며, 치아는 가늘고 희며 드문드문 나 있다. 귀는 위는 크고 아래는 작으며, 코는 작고 길며 뾰족하고, 길을 걸을 때 허리가 매우 부드러우며, 머리는 치켜들고 있으며 가슴은 높다. (夫蛇形者, 面長, 五岳不齊, 額眉小, 眼長而無輪角, 黑少白多, 肉色常有靑, 口闊脣長, 尖有鎌芒, 色靑, 齒細而疏白, 耳上大下小, 鼻小長尖, 行腰軟, 頭仰胸高.)

● 뱀형의 상격을 가진 사람은 관리가 되면 5품에 오를 수 있는데, 마지막에는 천수를 다하지 못한다. 이러한 상격을 가진 여인은 귀하지 않고 음탕하다. 이러한 상격과 유사한 사람은 주로 부유하다. (入正形者, 位至五品, 且不善終. 女人入此相者, 少貴而淫. 像者, 主富.)

말형(馬形)

● 말형의 사람은 얼굴은 길고 눈은 크며, 입은 크고 높으며, 치아는 크고 드문드문 나 있으며, 길을 걷고 앉아있는 자세가 매우 정중하고 엄숙하며, 성품은 게으르고 허리는 길다. (夫馬形者, 面長眼大, 口闊而高, 齒大而疏, 行坐尊重, 性慢腰長.)

● 《시》에 다음과 같이 이르고 있다 : "말형에 속하는 사람은 머리는 길고 이마는 짧고 눈언저리가 둥글며, 코는 솟아있고 눈은 높으며 콧수염과 머리카락은 완전하다. 말씨에 지혜가 있으며 심성은 매우 깊고 일을

할 줄 알며, 정의감에서 우러나오는 의리와 기개를 중히 여기며, 결국에는 사람을 죽이고 살릴 수 있는 대권을 장악한다." (詩曰: "頭長額短眼眶圓, 鼻聳眼高髭髮全. 語慧性高爲事干, 義深終秉殺生權.")

표범형 (豹形)

● 표범형의 사람은 머리 형태가 모가 나고 이마가 넓으며, 눈썹은 짙고 눈은 크며, 눈이 둥글 뿐만 아니라 흰색이 나타난다. 오악이 일어서 있으며, 천창[양 이마] 부위는 좁고, 지각[턱] 부위는 둥글며, 입은 밖으로 드러나 있으며 모가 나고 치아는 빽빽하다. (夫豹形者, 頭方額闊, 眉濃目大, 圓睛露白, 五岳起, 天倉窄, 地閣圓, 口露方齒而密.)

● 표범형의 상격에 속하는 사람은 장군이 되고, 자사가 되며, 서로 싸우고 죽이는 것을 좋아하며, 평균수명을 넘어 산다. (入正形者, 爲將軍, 刺史, 好殺, 中壽.)

● 《시》에 다음과 같이 이르고 있다 : "표범형 상격을 가진 사람은 눈썹은 가늘고 눈은 둥글며 오악은 풍만하며, 턱과 뺨은 가로로 일어서 있으며, 가슴 속에 웅대한 뜻을 품고 있는 영웅이다. 귓바퀴에 살집이 붙어 있으며 능히 강직하고 용감하며, 적의 요새 내에서도 명성이 높아 반드시 군대의 대선배가 될 수 있다." (詩曰: "眉細眼圓五岳豊, 頷腮橫起志英雄. 耳輪貼肉能剛勇, 敵塞名高定老戎.")

토끼형 (兎形)

● 토끼형의 사람은 머리는 작고 이마는 뾰족하게 일어서 있고, 눈은 작

으며 눈썹은 가늘고, 눈은 청색을 띠고 눈동자는 백색은 적고 흑색은 많다. 입은 작고 모가 나며, 치아는 청색을 띠고 세밀하며, 입술은 청색을 띠고 자신의 특징을 가지고 있으며, 귀는 작으며 솟아있고, 콧등은 가늘며 백색과 홍색을 띠고 있다. (夫兎形者, 頭小額尖起, 眼小眉細, 睛靑白少黑多, 口小而方, 齒靑而細密, 脣靑有鎌芒, 耳小而聳, 鼻細, 白而紅.)

❀ 바로 이러한 상격을 가진 사람은 관위가 5품에 이른다. 여인이 이러한 상격을 가지면 후궁이 된다. (入正形者, 位至五品. 女人入相者, 爲貴妃.)

❀ 《시》에 다음과 같이 이르고 있다 : "토끼형의 상격을 가진 사람은 이마는 뾰족하고, 눈썹은 가늘며, 입은 조금 모가 나고, 귀는 솟아 있고, 입술은 홍색을 띠고 있으며, 신의를 강조하고, 타고난 지혜가 있다. 30세 이전에 일을 이루기도 하고 실패하기도 하며, 하늘의 문곡성과 같이 그 누구와도 비교할 수 없는 뛰어난 재능의 문장력을 가지고 있다." (詩曰: "額尖眉細口微方, 耳聳脣紅信義良. 三十年前成又敗, 文高無比位星郞.")

산양형(山羊形)

❀ 산양형의 사람은 머리 형태가 모가 나고 반듯하며 이마는 우뚝 솟아 있고, 오악은 우뚝 솟아나오지 않았으며, 눈썹은 가늘고 황색을 띠고 있다. 눈은 덮어 가리어진 달과 같이 희미하고, 눈 속은 흑색이 적고 백색이 많으며, 눈동자가 탁하고 흐릿하며, 머리카락은 황색이 나타나고 콧수염은 깨끗하며, 마음속에는 음모와 모략이 가득 차 있다. (夫山羊形者, 頭方額突起, 五岳不起, 眉細黃, 眼如覆月, 黑少白多, 睛濁, 發黃髭淸, 心愛陰謀.)

❀ 바로 이러한 상격을 가진 사람은 작위와 봉토를 가진 열후에 오르며,

서로 싸우고 죽이는 것을 좋아한다. 만약 여인이 이 상격을 가지면 설사 부유하더라도 음란하다. (入正形者, 位至列土, 好殺. 女人入此相者, 雖富而淫.)

곰형 (熊形)

❀ 곰형의 사람은 이마는 넓고 뒷뇌는 좁으며, 코는 우뚝 솟아 있으며, 입은 크고, 입술은 높고, 치아는 검고 길고 짧으며 들쭉날쭉하다. 아래턱은 가로로 우뚝 솟아있으며, 손과 발은 살이 찌고 두터우며, 어깨와 팔뚝은 두텁고, 걸음걸이가 매우 빠르다. (夫熊形者, 額闊後狹, 鼻聳, 口闊, 脣高, 齒黑參差, 地閣橫起, 手足肥厚, 肩膊厚, 步速.)

❀ 바로 이러한 상격에 속하는 사람은 장군의 지위를 얻을 수 있으며, 싸우고 죽이는 것을 좋아한다. 이러한 상격과 유사한 사람은 주로 부유하다. (入正形者, 將軍之位, 好殺. 像者, 主富.)

❀ 《시》에 다음과 같이 이르고 있다 : "곰형에 속하는 사람은 머리는 길고, 앞이마는 짧고, 눈은 조금 깊이 들어가 있고, 눈 속의 흑백이 분명하며 그 아름다움이 마음에 들고, 손과 발의 살집이 모두 두텁고, 길을 걷는 속도가 느리며, 천하에 뛰어나게 용맹스러운 기풍이 있으며, 성격은 깊고 침착하다." (詩曰: 頭長前短眼微深, 黑白分明美称心. 手足厚豊行步慢, 寰中雄猛性深沉.")

성성이형 (猩猩形)

❀ 성성이형의 사람은 눈썹과 눈이 서로 가깝게 있으며, 콧등은 높고 곧으며, 입은 크며 윗입술은 이끌려 당겨져 있고, 얼굴은 가로로 넓으며 오

악의 골격이 없고, 몸은 가로로 비대하다. 머리카락은 거칠고 크며, 뺨과 턱은 아래로 늘어져 있고, 말이 많고 잘 웃으며, 성질이 급하고 직설적으로 말을 하고, 천천히 걸으며, 보폭이 높고 크다. (夫猩猩形者, 眉目相近, 鼻高直, 口闊, 上脣率, 面橫闊無岳骨, 身橫肥, 髮粗大, 腮頤垂, 多語笑, 性急言直, 行慢步高.)

❀ 이러한 상격을 가진 사람은 유명한 스님이 되거나 그렇지 않으면 청고한 도사가 된다. 만약에 보통 사람이라면 관위가 5품에 이르며, 주로 장수한다. 만약 여인이 이러한 상격을 지니고 있다면 크게 현명한 부인이 된다. (入此相者, 爲名僧, 不然淸高道士. 若是俗人, 官至五品, 主壽. 女人入此相者, 大賢婦也.)

❀ 《시》에 다음과 같이 이르고 있다 : "성성이형의 상격에 속하는 사람은 머리는 평평하고, 이마는 넓고 크며, 얼굴은 거칠며 둥글고, 몸의 잔털은 짙고 빽빽하며, 머리카락은 뱅뱅 돌려 말려있다. 급하게 말을 하고, 말을 시원스럽고 솔직하게 하며, 가슴 속에 큰 뜻을 품고 있고, 기예가 뛰어나며 재력도 갖추고 있다." (詩曰 : 頭平額廣面粗圓, 岳上毫濃髮又旋. 言急語淸懷大志, 藝高財富有雙全.)

✿ 살쾡이형 (野狸形)

❀ 살쾡이형의 사람은 머리는 짧고 둥글며, 이마는 모가 나고 작으며, 눈썹은 가늘고 길며, 눈은 작으며 짧고, 눈 속의 흑색과 백색은 구분하기가 어렵고, 코는 작고 곧다. 인중은 얕으며, 구각은 아래로 늘어져 있고, 얼굴은 우러러 보고 있으며 골격은 높고, 팔을 치켜들고 급하게 걸으며, 뺨과 턱은 아래로 늘어져 있고, 목소리는 작고, 살빛은 자색과 흑색을 띠

고 있다. (夫野狸形者, 頭短圓, 額方小, 眉細而長, 眼小而竪, 黑白不分, 鼻小直, 人中淺, 口角垂, 面仰骨高, 臂起步急, 腮頤垂, 聲小, 肉色紫黑.)

❀ 이러한 상격을 가진 사람은 관리가 되면 자사에 오르게 된다. (入此相者, 位至刺史.)

❀ 《시》에 다음과 같이 이르고 있다 : "살쾡이형에 속하는 사람은 입은 크고, 입술은 높고, 귀는 아래로 늘어져 있으며, 이마는 모가 나고 머리는 짧고 얼굴은 가로로 살집이 많다. 목소리는 높고 성질은 곧으며 가슴을 펴고 걷는다. 이러한 형의 사람은 결국에는 산하를 장악하고 원행을 결심함으로써 자신의 생명에 불어 닥칠 위험을 극복해 나간다. 또한 살쾡이형의 사람은 마음씨가 악독하며, 형제와 잘 지내지 못하고, 고향을 떠나 타향만리에서 지내며 하는 일마다 모두 날려버린다."(詩曰: "口闊盾高耳暈垂, 額方頭短面橫肥. 言高性直行胸仰, 終秉山河定遠危." "須知此形毒, 兄弟不調和, 離鄕家萬里, 事業已消磨.")

낙타형(駱駝形)

❀ 낙타형의 사람은 머리는 길고, 이마는 넓고 평평하며, 목은 길고, 오악은 반듯하지 않으며, 눈썹은 거칠고 짙으며, 눈은 둥글며 깊고, 콧등의 수상 부위는 낮고, 준두 부위는 가지런하다. 입은 오므라져 있고, 털은 거칠며 적고, 허리는 굽고, 걸음걸이는 느리고, 팔뚝은 굵고 손과 발은 길며, 말이 느리고, 골격은 투박하며, 머리를 내밀고 아래로 숙인 채 걷는다. (夫駱駝形者, 頭長額闊平, 項長, 五岳不正, 眉毛粗濃, 目圓而深, 壽上低, 准齊口聚, 毛髮粗少, 腰曲行緩, 膊闊手腳長, 語慢骨粗, 行走須伸頭低.)

❀ 이러한 상격에 속하는 사람은 조정의 관리가 될 수 있으며, 여인의 용모가 이러한 상격과 유사하다면 첩이 된다. (入此形者, 爲朝官, 女人似者, 爲妾.)

❀ 《시》에 다음과 같이 이르고 있다 : "낙타형의 사람은 눈썹은 가늘고, 눈은 높으며, 오악은 모두 번져 퍼지고, 입은 모가 나고, 입술은 빛깔이 엷으며, 성격은 매우 부드럽다. 목소리는 씩씩하고, 행동은 느리며, 마음은 헤아리기가 어렵고, 주인을 보좌하고 공이 높아도 정점에 이르지 못한다." (詩曰: "眉細睛高岳盡流, 口方脣淡性多柔. 聲雄行慢心難測, 佐主功高不到頭.")

사슴형(鹿形)

❀ 사슴형의 사람은 이마는 넓고, 콧등은 높으며, 눈은 청색과 흑색을 띠고 있으며 조금 길고, 귀는 밖으로 드러나고, 오악[이마, 턱, 콧등, 양 광대뼈]은 모두 높다. 몸은 작고 행동은 느리며, 지각[턱] 부위는 엷고, 뺨은 아래로 늘어져 있지 않으며, 손과 발은 가늘며 길고, 머리 위에는 살집이 있고 뿔이 있으며 뼈가 있다. (夫鹿形者, 額廣, 鼻准高, 睛靑黑而微長, 耳露, 五岳高, 身小行慢, 地閣薄, 腮不垂, 脚手細長, 頭有肉角兼骨.)

❀ 이러한 상격을 가진 사람은 관리가 되면 공경[삼공과 구경]에 오르며, 이러한 상격과 유사한 사람은 주로 장수한다. (入此相者, 位至公卿, 像者, 主壽.)

❀ 《시》에 다음과 같이 이르고 있다 : "사슴형의 사람은, 머리는 길고, 오악은 모두 높으며, 이마는 넓고, 눈썹은 길며, 타고난 기개와 마음씨

는 오만하다. 문무를 겸비하고 있으며 관리가 되면 최고의 품계에 오르며, 온 세상에서 마음대로 씩씩하고 호걸스러움을 펼쳐 보인다."(詩曰: "頭長五岳位皆高, 額廣眉長意氣傲. 文武雙全官極品, 寰中內外恣雄豪.")

개형(狗形)

● 개형의 사람은 그 형체를 보면 상체의 길이와 하체의 길이가 균등하며, 눈동자는 황색을 띠고 있고, 머리와 목은 투박하고 뾰족하다. 성질은 급하고, 싫어하는 음식이 없으며, 소인으로 증오심이 많고, 남을 도우려는 마음이 있다. (夫狗形者, 其形身與脚相等, 睛黃, 頭項粗而尖, 性急, 飮食無厭, 小人多憎惡, 于人有心力.)

● 이러한 상격을 가진 사람은 육경과 삼상을 망라하는 재상이 된다. 여인이 이러한 상을 가지면 왕비가 되어 권력을 장악한다. (入此相者, 爲卿相. 女人入相, 爲夫人, 有權柄.)

● 《시》에 다음과 같이 이르고 있다 : "개형의 사람은 얼굴은 뾰족하고, 이마는 넓으며, 눈은 황색을 띠고 있으며, 느닷없이 화를 내고 정서가 불안정하다. 만약 기회가 주어져 재상이 된다면 평생을 심혈과 역량을 경주하여 임금을 보좌한다."(詩曰: "面尖額闊眼睛黃, 喜怒平生自不常. 指示得逢蕭相國, 一生心力佐高皇.")

당나귀형(驢形)

● 당나귀형의 사람은 그 형체를 보면 머리 부위가 넓고 평평하며, 뇌골이 없으며, 눈썹은 작고 눈은 크며, 눈은 청색과 황색과 백색을 띠고 있

으며, 부드러운 기운이 없다. 걸어가는 모습이 매우 급하고, 망언을 많이 하며, 성질은 비루하고 추하며, 얼굴은 길고 귀도 길며, 말하는 목소리가 크고 흐트러진다. (夫驢形者, 其形頭闊平, 無腦骨, 眉小眼大, 睛青黃白, 無和氣, 行步急, 多妄談, 性卑汚, 面長耳長, 語音粗散.)

❀ 이러한 상격에 속하는 사람은 주로 존귀하다. (入此相者, 主貴.)

❀ 《시》에 다음과 같이 이르고 있다 : "당나귀형에 속하는 사람은 눈 속이 황색과 백색을 띠고, 얼굴 모양은 길고, 귀는 크고 분명하며, 상은 정상이 아니다. 이러한 사람은 매우 귀한 징조를 보여주는 것으로서 장차 반드시 크게 귀하게 되며, 그렇지 않으면 군왕이 놀라 움직이게 하며, 칭찬을 받고 상을 받게 된다." (詩曰 : 眼中黃白面形長, 耳大分明相異常. 貴兆已成眞大貴, 不然稱賞動君王.)

🌺 노루형(麞形)

❀ 노루형의 사람은 귀 아래 부위가 크고, 몸에는 배가 없으며, 머리는 둥글고 눈은 크며, 모서리는 높고 얼굴은 길다. 이마는 평평하고 아래턱은 뾰족하며, 살빛은 청색을 띠고 있고, 어깨와 팔뚝은 좁고, 말할 때 목소리가 높으며, 성질이 급하다. (夫麞形者, 耳下闊, 身無肚, 頭圓眼粗, 稜高面長, 額平頦尖, 肉色青, 肩膊狹, 語高性急.)

❀ 이러한 상격에 속하는 사람은 관리가 되어 영의정이나 좌의정 또는 우의정과 같은 상국에 오른다. 만약 여인이 이러한 상격을 가지면 왕비가 된다. (入此相者, 位至佐國. 女人入此相, 爲夫人.)

❀ 《시》에 다음과 같이 이르고 있다 : "노루형에 속하는 사람은 눈썹은 짧고, 눈동자는 푸르며, 준두[코끝] 부위는 비대하고, 입술은 높고, 치아는 크고, 뺨과 턱은 두텁다. 또한 목소리는 거칠고, 말은 급하게 하며, 마음은 헤아리기가 어렵다. 이러한 상격을 가진 사람은 산하를 장악하고 모든 것을 통제할 수 있는 역량을 가지고 있다."(詩曰: "眉短睛靑准帶肥, 脣高齒大厚腮頤, 語粗言急性難測, 同秉山河有操持.")

🌸 난새형(鸞形)

❀ 난새형의 사람은 머리는 둥글고, 이마는 짧고 뾰족하며, 사마 부위는 우뚝 솟아있고, 눈썹은 가늘며 짧고, 눈은 깊고 둥글며 작다. 상체는 모진 데가 있으며, 눈동자는 황색을 띠고 있고, 코는 작고 굽어있으며, 입은 작고 모가 나고, 입술은 홍색을 띠고 축축하며, 치아는 가늘고 희다. 얼굴은 작고 둥글고, 오악은 우뚝 솟아있으며, 뺨과 턱은 아래로 늘어져 있으며, 귀는 작고 이륜과 이곽이 있고 살집이 붙어 있다. 체형은 조금 퉁퉁한 편이고, 행동은 춤을 추듯이 느리며, 말을 할 때는 웃는 얼굴이 예쁘고, 살빛은 조금 희다. 성격은 느리고 느긋하며, 행동거지를 보면 머리를 숙이고 생각에 잠겨 왔다 갔다 하고, 콧수염은 검고 윤택하며, 목소리는 맑게 울려 퍼지고, 많은 사람 가운데서 색다른 인상을 가지고 있다. (夫鸞形者, 頭圓額短尖, 司馬起, 眉細短, 目深圓而小, 上半有角, 睛黃, 鼻小曲, 口小方, 脣紅濕, 齒細白, 面小圓, 五岳起, 腮頤重, 耳小有輪廓貼肉, 身形細肥, 行慢似舞, 語笑滋媚, 肉色細白, 性慢, 舉止低徊, 髭髮黑潤, 語聲淸亮, 在衆中有異相.)

❀ 이러한 상격을 가진 사람은 관리가 되면 상경에 오르며, 충성과 신의가 있고, 정의로운 기개를 품고 있으며, 우의를 중시하고, 자식들 중에서 딸은 많고 아들은 적으며, 천수를 다하며 유종의 미를 거둔다. (得正形

者, 位至上卿, 有忠信, 懷氣誼, 多女少男, 善終.)

❀ 이러한 상격과 유사한 사람은 평생 부귀하며 입을 옷과 먹을 식량이 있다. 여인이 이러한 상격을 가지면 주로 후비가 된다. (像此形者, 富貴有衣食. 女人入此相者, 主爲后妃.)

❀ 《시》에 다음과 같이 이르고 있다 : "난새형의 사람은 사마 부위는 조금 우뚝 솟아있으며, 눈빛은 깊고, 말하는 것이 매력적이며, 용모가 단정하고, 성질은 밝고 침착하다. 30세 이후에는 반드시 부귀영화를 누리며, 만약 여인이 이러한 상격을 지니면 후비가 되는데, 이는 하늘의 뜻에 부합되는 것이다." (詩曰: "司馬微起眼光深, 語媚端容性亮沉. 榮祿須知三十後, 位崇后妃合天心.")

주작형(朱雀形)

❀ 주작형의 사람은 눈은 요염하고, 머리는 길고, 이마는 모가 나고, 입술은 홍색을 띠고 입술 위에는 렴망이 있다. 체형은 일어서고 앉아있는 자세가 매우 단정하게 보이며, 지조와 절개를 지키며 충성심을 품고 성군을 모신다. (夫朱雀形者, 眼媚頭長額又方, 口脣丹起有鎌芒. 身形坐起看端正, 秉節懷忠佐聖皇.)

❀ 주작의 용모를 한 사람은 사납지만 목숨을 다할 때 남들의 사랑을 받게 된다. 행동거지는 봉황의 세력과 같으며, 영원히 조정의 관리가 된다. (朱雀容貌狼, 終身主見歡. 行藏如鳳勢, 永作殿中官.)

❀ 이러한 상격에 속한 사람은 공경[삼공과 구경]이 되며, 평생 부귀영화를

누리면서 장수한다. (入此相者, 爲公卿, 一生榮貴, 有壽.)

앵무새형(鸚鵡形)

❀ 앵무새형의 사람은 머리는 길며 이마는 모가 나고 반듯하며, 눈썹은 길며 눈은 작고, 코는 우뚝 솟아있고 준두는 둥글다. 입은 작고 입술은 길며, 뺨과 턱은 뾰족하고, 말을 할 때는 웃는 얼굴이며, 사람을 볼 때는 예의 없이 머리의 측면을 보고, 생각이 많고 마음속이 그다지 한가하지 않다. (夫鸚鵡形者, 頭長額方, 眉長眼細, 鼻聳准圓, 口小脣長, 腮頤尖, 多語笑, 看人頭側, 心不甚好閑.)

❀ 이러한 상격에 속하는 사람은 조정의 관리가 되며, 재물이 많고 장수한다. 여인이 이러한 상격을 가지면 황제의 후비가 된다. (入此相者, 位至殿官, 多財壽. 女人入此形者, 后妃相也.)

❀ 《시》에 다음과 같이 이르고 있다 : "앵무새형의 사람은 이마는 넓고 머리는 높으며 말을 할 때 자주 웃으며, 눈썹은 갈라지고 눈은 요염하며, 성격은 서로 잘 어울려 어긋남이 없다. 평생 맑고 고귀하여 군왕의 은총을 받으며, 지조와 충성심을 지키면서 아첨과 거짓을 단호히 잘라버린다." (詩曰: "額廣頭高語笑多, 眉分目媚性調和. 一生淸貴君王寵, 秉節懷忠斷佞訛.")

❀ 새장 속의 앵무새에 대해 《시》에 다음과 같이 이르고 있다 : "앵무새가 왜 귀한 곳이 있는가? 새장 속의 앵무새는 매우 강하다. 말하는 것 모두가 길하고 경사스러우며, 재부가 풍족하며 아들이 많다." (籠中鸚鵡詩曰: "鸚鵡何言貴, 籠中鸚鵡强. 語言皆吉慶, 財帛足兒郞.")

학형(鶴形)

● 학형의 사람은 그 형상을 보면 창고[식창과 녹창] 부위가 움푹 들어가고, 속눈썹 낮게 늘어져 있고, 몸은 약하며, 머리뼈는 크고, 목은 가늘고 길다. 보폭은 넓고, 삼정에서 일정이 길며, 성격은 온화하고 부드러우며, 산수를 좋아하고, 명성이 매우 높다. (夫鶴形者, 其形倉庫陷, 眼毛垂, 身體弱, 頭骨粗, 項細長, 行步闊, 一停長, 性溫柔, 好山水, 多名譽.)

● 이러한 상격에 속하는 사람은 공경[삼공과 구경]에 오를 뿐만 아니라 주로 장수한다. 만약 여인이 이러한 상격에 속하면 황제의 후비가 된다. 이러한 상격과 유사한 사람은 후일 부귀를 누리게 된다. (入正形者, 位至公卿, 主壽. 女人入此相者, 爲后妃. 相似者, 向後富貴.)

● 만약 얼굴의 사부[양 이마와 양 턱]가 모두 움푹 들어가 있으면 고독한 학형의 사람이며, 얼굴의 오부[양 이마와 양턱, 아랫턱]가 밖으로 드러나 있으면 병이 든 학형의 사람이다. (학이 반드시 목이 긴 것은 아니다. 예를 들면, 잠을 자는 학과 쭈그리고 앉은 학 등은 목이 길지 않다.) 목이 오그라든 것은 잠을 자는 학이고, 가볍게 흔들면서 걷는 것은 하늘 높이 오르는 학이며, 자세가 높고 엄중한 것은 쌍학이라고 한다. (四部陷者, 孤鶴; 五部露者, 病鶴; 項縮者, 睡鶴; 行步輕擺者, 沖天鶴; 容儀峭峻者, 名雙鶴.)

● 《시》에 다음과 같이 이르고 있다 : "학형의 사람은 이마는 짧고 머리는 둥글고 정수리의 뒤에는 홍색이 나며, 콧등은 뾰족하고 우뚝 솟아있으며 성격은 총명하다. 이러한 사람은 황제를 보좌할 수 있는 재목으로서 사람을 죽이고 살릴 수 있는 권력을 가지며, 게다가 사물의 심오한 이치를 터득하고 푸른 하늘 위를 높이 날아간다." (詩曰: "額短頭圓頂後紅, 鼻

梁尖聳性靈聰, 不准佐主權生殺, 更出幽玄合上穹.")

❀ 나는 학에 대해 《시》에 다음과 같이 이르고 있다 : "나는 학 모양의 사람은 역시 고귀하며, 걸을 때 양쪽 다리가 가볍다. 45세에 반드시 금청에 앉게 될 운이 있다." (飛鶴詩曰: "飛鶴亦高貴, 行而兩脚輕. 運須看九五, 定見坐琴廳.")

❀ 쌍학에 대해 《시》에 다음과 같이 이르고 있다 : "쌍학 모양의 사람은 대부분이 고귀하며, 머리와 꼬리를 좌우로 흔들면서 길을 걷는다. 이런 사람은 집안에서 부귀를 누릴 뿐만 아니라 조정의 관리가 된다." (雙鶴詩曰: "雙鶴多高貴, 行而頭尾搖. 在私還富貴, 名位入淸朝.")

❀ 외로운 학에 대해 《시》에 다음과 같이 이르고 있다 : "외로운 학 모양의 사람은 쉽게 늙을 뿐만 아니라 늙어서는 매우 외롭고, 거주할 곳이 없으며, 죽어서는 황폐한 언덕에 묻히게 된다." (孤鶴詩曰: "孤鶴不禁老, 老後沒來由. 身軀無往處, 自死入荒丘.")

❀ 서있는 학에 대해 《시》에 다음과 같이 이르고 있다 : "서있는 학 모양의 사람은 몸이 마르고, 맛있는 음식을 기대하면서 끝까지 기다리며, 사람됨이 기개는 비범하지만 평생을 지내면서 거의 돈은 만지지 못한다." (立鶴詩曰: "立鶴身形瘦, 望食等將來. 爲人雖氣槪, 大段沒錢財.")

매형(鷹形)

❀ 매형의 사람은 머리는 모가 나고 정수리는 둥글며, 곁눈질을 하고, 콧등은 굽어있으며, 눈썹은 얇고 입은 작다. 걸음걸이는 매우 급하고,

귀는 높고, 항상 남을 질투하는 심사를 가지고 있으며, 성격은 파악하기가 어렵고, 일을 하는데 덜렁덜렁하며 신중하지 못하다. (夫鷹形者, 頭方頂圓, 側目鼻曲, 眉薄口小, 行急耳卓, 常懷嫉妬, 性難捉摸, 爲事孟浪.)

🏵 이러한 형에 속하는 사람은 대장군이 되며, 싸움터에서 마구 치는 것을 좋아하고, 천수를 다하지 못한다. (入此形者, 上將軍, 好殺, 不善終.)

🏵 《시》에 다음과 같이 이르고 있다 : "매형의 사람은 이마는 넓고, 눈썹은 짙고, 눈은 광채가 나며, 뺨은 살집이 아래로 늘어져 있고, 턱은 무겁고 자루가 이어져 있으며, 목소리는 맑고, 걸을 때 보폭은 넓으며, 매우 용맹하다. 이러한 사람은 병사를 잘 거느리며, 위엄이 있고 씩씩하며, 군대 내에서 명성을 날린다." (詩曰: "額廣眉濃眼彩光, 腮垂頤重有連囊. 聲淸步闊多雄猛, 解統兵威武事揚.")

제비형 (燕形)

🏵 제비형의 사람은 이마는 뾰족하게 솟아 있고, 눈썹과 눈은 가늘고 길며 예쁘고 요염하게 보이며, 얼굴은 짧고 살집이 두터우며, 뺨과 턱은 아래로 늘어져 있고, 걸음걸이는 느리고, 말을 할 때 자주 웃으며, 목소리는 작지만 울려 퍼진다. (夫燕形者, 額突起, 眉眼細媚長深, 面短肥, 腮頤垂, 步緩, 多語笑, 聲小亮.)

🏵 이러한 형상에 속하는 사람은 청명하고 현달하며 관리가 되어 5품에 오른다. 만약 여인이 이러한 상격에 속하면 부귀하다. (入此形者, 主淸明顯達, 位至五品. 女人入此形者, 富貴.)

❀ 《시》에 다음과 같이 이르고 있다 : "제비형의 사람은 입은 작고 입술은 붉으며 준두는 좁고 둥글며, 몸은 단정하고 마르며, 재능이 뛰어나다. 눈은 깊고, 흑백이 분명하지 않으며, 50세에 군왕을 만나 조정의 관리가 된다." (詩曰: "口小脣紅准促圓, 形端體瘦藝雙全. 眼深黑白難明朗, 十五逢君立殿宣.")

공작형(孔雀形)

❀ 공작형의 사람은 머리는 모가 나고, 정수리는 뾰족하고, 이마는 넓고, 눈썹과 눈은 길고 가늘며, 상하로 윤각이 없으며, 코는 작고 뾰족하며 솟아 있다. 입은 곧고, 입술은 모가 나며, 치아는 자색을 띠고, 귀는 작고 곧게 솟아있으며, 오악은 우뚝 솟아있고, 걸음걸이가 춤을 추듯이 매우 느리다. 성격은 차분하고 침착하며, 말씨에 무게가 실려 있고, 웃을 때 애교가 넘쳐난다. (夫孔雀形者, 頭方頂尖額廣, 眉目長而細竪無輪角, 鼻小尖聳, 直口, 方脣, 紫齒, 耳小竪, 五岳起, 行慢似舞, 性沉語重, 笑有媚.)

❀ 이러한 상격에 속하는 사람은 관리가 되면 공경[삼공과 구경]에 오르며, 장수한다. 만약 여인이 이 상격에 속하면 왕비가 되며, 정조가 굳고 행실이 깨끗한 부인이다. (入正形者, 位至公卿, 有壽. 女人入此相者, 宮妃, 貞潔之婦也.)

❀ 《시》에 다음과 같이 이르고 있다 : "공작형의 사람은 체형은 빼어나고 아름다우며, 행동거지는 단정하고, 말할 때는 요염하고, 양쪽 눈은 밝고 예뻐서 모든 사람이 좋아한다. 얼굴의 삼정은 모두 균등하며 조화를 이루고 아름다우며, 관리가 되어 고위직에 오르고, 재부가 풍족하며, 뚜렷한 목표를 가지고 이를 실현하려는 의지가 매우 다양하다." (詩曰:

"體秀行藏語媚端, 雙眸明媚衆人歡, 三停平等能和美, 官高財足志多般.")

🌸 비둘기형(鳩形)

● 비둘기형의 사람은 머리는 둥글고, 이마는 뾰족하고 평평하며 반듯하다. 눈썹 앞은 거칠고 눈썹꼬리는 가늘며, 눈은 둥글고 코는 홍색을 띠고 있으며, 체구는 짧고 보폭은 넓으며, 말을 할 때는 웃으면서 애교를 부린다. (夫雙形者, 頭圓額尖平正, 眉前粗尾細, 目圓鼻紅, 身短步闊, 語笑多媚.)

● 이러한 상격에 속하는 사람은 조정의 관리가 되며, 만약 여인이 이 상격에 속하면 왕비가 되고, 이 상격과 유사한 사람은 귀하다. (入此相者, 爲殿中之官; 女人入此相者, 爲宮妃; 似者, 貴.)

🌸 까치형(鵲形)

● 까치형의 사람은 얼굴은 작고 청색과 백색을 띠고 있으며, 귀는 높이 솟아있고, 걸음걸이는 매우 급하다. 남이 말을 할 때 너그럽게 받아들이며, 남들이 보면 모두 좋아한다. (夫鵲形者, 面小靑白色, 耳卓, 行步急, 談吐寬容, 人見多喜.)

● 이러한 상격에 속하는 사람은 관리가 되어 공경에 오르며, 만약 여인이 이 상격에 속하면 주로 부귀하다. (入此相者, 位至公卿; 女人入此相者, 主富貴.)

● 《시》에 다음과 같이 이르고 있다 : "까치형의 사람은 얼굴은 작을 뿐만 아니라 얼굴 생김새는 백색과 청색을 띠고 있으며, 말을 하면 사람들

의 호감을 얻고, 모든 사람이 그의 말을 듣기를 좋아한다. 가슴 속으로는 제후에 봉해질 수 있다고 자신하며, 충과 효가 집안 대대로 전해 내려오는 미덕이며, 뛰어난 명성을 가지고 있다." (詩曰: "面小形容白又靑, 出言人盡喜聞聲. 胸中自有封侯印, 忠孝傳家表令名.")

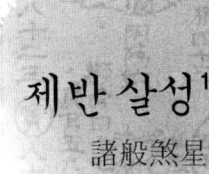

제반 살성[1]
諸般煞星

🌸 고독살(孤獨煞)

🌸 고독살이 있는 사람은 이마에 솜털이 있다. 이마의 왼쪽에 혼잡하고 어지러운 솜털이 보이는데, 이를 '제 아비를 죽이는 칼'이라고 부른다.
(孤獨煞: 君看孤獨煞, 額上有寒毛. 左見雲烟起, 呼爲殺父刀.)

🌸 천라살(天羅煞)

🌸 삼첨이란 머리, 아래턱, 입이 뾰족한 것을 말한다. 만약 얼굴에 이 삼첨이 있고, 이들 3개 부위의 골격이 매우 분명하다면, 이를 '천라'라고 부른다. 천라살이 있는 사람은 아내와 자식을 끝까지 지키기가 어려우며, 죽음에 직면하여 어찌할 바를 모른다. (天羅煞: 三尖光徹骨, 浮露號天羅. 妻子終難保, 衰亡將奈何.)

---

[1] 살(煞)이란 사람이나 생물, 물건 등을 해치고 파괴하는 독하고 악한 기운을 말한다. 살은 간혹 악귀의 소행에 의한 심한 피해를 뜻하기도 하며 친족을 비롯한 여러 인간 관계 사이에 나타나는 좋지 않은 띠앗[情誼]를 표현하기도 한다.

암금살(暗金煞)

❋ 양쪽 눈썹이 뾰족하고 어지러우면, 이를 '암금성'이라고 부른다. 암금살이 있는 사람은 적군과의 교전 중에 부상을 당하거나 전사를 하게 되며, 설사 막강한 권력을 가지고 있더라도 결국에는 패망하게 된다. (暗金煞: 兩眉尖又逆, 名號暗金星. 傷殺臨邊陣, 權高敗有成.)

도검살(刀劍煞)

❋ 눈동자에 적색의 핏줄이 솟아 있고, 양쪽 눈꼬리가 뾰족한 것을 도검살이라고 한다. 도검살이 있으면 횡사를 당할 뿐만 아니라 형상을 입게 된다. (刀劍煞: 赤脈貫瞳子, 雙眸看尾尖. 不惟凶惡死, 仍恐刑傷箠.)

내간살(內奸煞)

❋ 간문 부위에 흉터와 어루러기가 있고, 검은 점과 반점이 있는 것을 내간살이라고 한다. 내간살이 있는 사람은 남녀를 불문하고 모두 음란하고 방탕하며, 남자는 2명의 아내를 두게 되며 음탕한 욕심으로 몸을 잃게 된다. (內奸煞: 奸門痕癥異, 黑子更斑斑. 男女多淫欲, 雙妻命不還.)

천형살(天刑煞)

❋ 왼쪽 눈의 한쪽 머리가 깨지고, 청색 흉터가 있으면 이를 천형살이라고 한다. 천형살이 있는 사람은 운명적으로 갑작스런 재앙을 만나게 되어 있어 공적과 명예를 얻을 수가 없다. (天刑煞: 左眼一頭破, 靑痕定有刑. 命舛遭橫禍, 那解見功名.)

천옥살(天獄煞)

● 오른쪽 눈의 머리 가장자리가 깨진 것을 '옥호개'라고 하며, 천옥살이 된다. 천옥살이 있는 사람은 평생 말썽을 일으키지 않고 조용하게 지내고자 하더라도 재앙이 스스로 찾아 들어 해결할 수 없게 된다. (天獄煞: 右眼頭邊破, 名爲玉戶開. 一生安靜坐, 也解有灾來.)

탐도살(貪饕煞)

● 코가 뾰족하고 도르래와 같이 굽어 있으며, 음식을 탐내 많이 먹을 뿐만 아니라 쉬지 않고 먹는 것을 탐도살이라고 한다. 탐도살이 있는 사람은 설사 넉넉하게 많은 재부를 축적해 놓았다 하더라도 자손으로 인해 걱정을 하게 된다. (貪饕煞: 尖鼻曲如鈎, 饕貪卒未休. 縱饒君積富, 終見子孫優.)

횡망살(橫亡煞)

● 얼굴에 4줄기의 힘줄이 있으며, 사람을 만나면 화를 내는 것과 같은 것을 횡망살이라고 한다. 횡망살이 있는 사람은 중년에 별안간 참혹하게 죽을 뿐만 아니라 사람됨이 흉악하고 사나우며 부모까지 말려들게 한다. (橫亡煞: 橫亡面四筋, 逢人却似嗔. 中年應暴死, 凶狠累雙親.)

단명살(短命煞)

● 입술이 뒤집히고 치아가 밖으로 드러나 있을 뿐만 아니라 혀가 매우 짧은 것을 단명살이라고 한다. 단명살이 있는 사람은 곧 죽게 되는데, 만약 목구멍에 울대뼈[목쳇]가 튀어나와 있으면 반드시 타향에서 죽게 된

다. (短命煞: 脣掀兼齒露, 舌短見身亡. 若更咽喉結, 知君死異鄉.)

패역살(悖逆煞)

❀ 귀가 뒤집혀 있을 뿐만 아니라 색깔이 검은 것을 '패역랑'이라고 한다. 패역살이 있는 사람은 평생 고독하고 양순하며 충성스럽고 선량한 사람이 되지 못한다. (悖逆煞: 耳反兼烏黑, 名爲悖逆郎. 卽宜孤獨坐, 不解順忠良.)

파패살(破敗煞)

❀ 아래턱이 경사지고 바르지 않을 뿐만 아니라 깨진 곳이 있으며, 입술이 위로 치켜 올라간 것을 파패살이라고 한다. 파패살이 있는 사람은 집안을 망하게 하며, 만약 목소리가 맑지 않고 매끄럽지 못하면 부귀영화를 누리지 못한다. (破敗煞: 地閣傾還破, 脣掀破尒家. 若還聲不潤, 爭得見榮華.)

이 도서의 국립중앙도서관 출판시도서목록(CIP)은 서지정보유통지원시스템 홈페이지(http://seoji.nl.go.kr)와 국가자료공동목록시스템(http://www.nl.go.kr/kolisnet)에서 이용하실 수 있습니다.(CIP제어번호: CIP2014002433)

관상학의 교과서
유장상법

2014년 2월 21일 초판 1쇄 펴냄
2014년 9월 17일 초판 2쇄 찍음
2014년 9월 17일 초판 2쇄 펴냄

지 은 이   원충철
옮 긴 이   이건일
펴 낸 이   정철재
만 든 이   권희선 문미라
디 자 인   정은정

펴 낸 곳   도서출판 삼화 | 등록 제320-2006-50호
주   소   서울 관악구 남현동 남부순환로260가길 16
전   화   02) 874-8830 | 팩스 02) 888-8899
홈페이지   www.tonggam.com | www.samhwabook.com

ⓒ도서출판 삼화, 2014, Printed in Seoul Korea
ISBN 978-89-92490-64-1 (03180)

| 이 책의 판권은 지은이와 도서출판 삼화에 있습니다.
| 이 책 내용의 전부 또는 일부를 재사용하려면 반드시 양측의 서면 동의를 받아야 합니다.